KB061999

보이지 않는 가위손

공포의 서사, 선망의 서사

사무사책방의 책은 실로 꿰매어 만드는 사철 방식으로 제본했습니다.
오랫동안 곁에 두어도 손상되지 않습니다.

보이지 않는 가위손

공포의 서사, 선망의 서사

사무사책방
Epiphany

책머리에

21세기의 문턱을 넘어선 지금은 우리의 근접 과거를 돌아보고 우리의 성취와 좌절과 기대와 희망을 긴 안목에서 한 차례 점검해볼 수 있는 좋은 때이다. 우리에게 20세기는 어떤 시대였는가? 우리는 무엇을 성취했고 무엇에 실패했는가? 삶이 속절없이 빠른 속도로 변하고 있는 이 시대에는 우리가 이루고자 한 것이 무엇이었고 우리가 가고자 하는 곳이 어디인지 생각해보는 일은 무엇보다 긴요하다. 지금 우리는 식민지에서 해방과 분단으로, 빈곤에서 성장으로, 독재에서 민주주의로 숨 가쁘게 달려온 지난 100년의 역사에서 우리가 경험한 것을 돌아보고 앞으로 가야할 방향을 중간 점검할 필요가 있다. 특히 민주주의의 안착 여부는 우리에게 아직도 미완의 과제이다. 한국의 민주주의가 퇴행이나 반전의 위험이 없는 안전지대에 들어섰다고 말하기는 어렵다. 민주주의는 그것을 하겠다는 열망

보이지 않는 가위손

과 그것을 지킬 수 있는 뒷심이 모두 필요하다. 열망이 아무리 강해도 그것을 지킬 힘이 없다면 열망은 한때의 불꽃놀이로 끝나고 만다. 민주주의는 일회적 사건이 아니라 지속되어야 할 장기 프로젝트이다.

이 책에 수록된 글들은 비교적 오래전에 쓴 것들이 다수이다. 이 글들은 당장 눈앞의 현안들을 근거리에서 직접 다루고 있지는 않지만 지난 100년 동안 우리가 집단적으로 경험한 것들을 좀 긴 시간대에서 조망하고 뒷심을 기르는 데는 어느 정도 도움이 되지 않을까 싶다. 다음 100년을 경황없이 맞지 않으려는 정신적 숨고르기를 위해 이 책이 다소 쓸모가 있기를 바란다.

2021년 2월
도정일

보이지 않는 가위손
공포의 서사, 선망의 서사

4부 배제와 분할을 넘어

5부 對談 시장전체주의를 넘어서   도정일 vs 여건종

문화는 무엇을 할 수 있는가
우리는 모르는 것을 경배하나니 보이지 않는 가위손에 대하여
문명의 야만성과 세계화 비전

1부

공포의 서사, 선망의 서사

지금 우리 사회에는 공포의 문화와 선망의 문화가 퍼지고 있습니다. 이들 두 가지 문화는 서로 연결되어 있습니다. 공포의 정신상태가 결정적으로 대두한 것은 1997년 금융위기 때의 '노숙자' 현상에서부터지만, 고용 불안과 비정규직의 일반화, 항시적인 실직의 위험, 사회적 열패자로 전락할 가능성의 상존―이런 불안과 두려움은 지금도 상당수 한국인들을 공포의 문화 속으로 밀어넣고 있습니다.

　'선망의 문화'도 있습니다. 지금 우리 사회의 한쪽에는 높은 연봉과 물질적 성공을 자랑하는 사람들이 있고 다른 한쪽에는 그 반대 상황에 놓인 사람들이 있습니다. 매체들은 눈만 뜨면 '억대 연봉'의 사람들을 만인의 '모델'로 추어올리면서 그들처럼 되지 않으면 바보, 무능력자, 열패자라는 듯이 일방적인 '성공의 서사'를 퍼뜨립니다. 소비의 신화는 이제 한국이 풍요사회다, 풍요사회에서는 누구나 맘껏 소비할 수 있고 그래야 인간 품위가 올라간다는 식의 신화를 확산시킵니다.

　한쪽에는 불안과 공포와 방황이 있고 다른 한쪽에는 성공, 소비, 풍요의 신화가 있습니다. 문제는 이런 양극사회에서 사람들이 "나도 뒤쳐질 수 없다"는 강박에 짓눌리고 성공서사의 '모델'을 따라가려

공포의 서사, 선망의 서사

는 '선망의 문화'에 사로잡힙니다. 젊은 여성들 사이의 '성형중독' 현상도 신데렐라라는 이름의 성공서사가 퍼뜨리는 선망의 문화에 속합니다. 나는 지난 20년 우리 사회가 민주주의를 지키고 발전시키려는 시민문화를 잘 기르지 못한 요인의 하나가 이런 선망과 공포의 문화에 의한 사회의식의 마비에 있다고 생각합니다. "민주주의 좋아하네, 잘살고 봐야지"라는 것이 지금 대다수 한국인을 지배하는 생각이고 정신상태입니다. 현대 한국인 가운데 '개발주의자' 아닌 사람은 소수의 소수에 불과할 듯싶습니다.

"나는 구매한다, 고로 나는 존재한다"라는 것이 소비사회에서의 개인들의 존재방식이다. 그러나 이것은 존재방식일 뿐 아니라 구매력과 소유-소비의 능력 유무가 개인들의 자기 이미지를 좌우하는 평가체제임을 의미하는 것이기도 하다. 소비의 일상에서 개인들에게 퍼부어지는 광고 메시지는 "이 새로운 물건을 아십니까?"라는 것이지만, 이 질문에는 "너는 이것을 갖고 있는가?"라는 심문과 함께 "갖고 있지 않다면 너는 어딘가 잘못되어있다"라는 오류선고가 숨겨져 있다. 광고의 효과는 이 심문과 선고의 내면화에 있다. "나는 이 새로운 물건을 갖고 있는가?"로 내면화된 질문은 이어 이 잠재적 소

비자 자신의 이미지와 능력판정에 영향을 주는 자기검열로 발전한
다. 그 좋다는 새 물건을 갖고 있지 않다면 그것은 그의 '오류'이며,
그것을 구매할 능력이 없다면 그것은 그의 '결함deficiency'이다.

 "여자는 이래야 한다"라는 명령의 내면화와 함께 여성들은 그 명
령이 제시하는 여성성femininity과 여성미의 규범에 맞추어 자기 육
체를 가꾸고 개조하는 것을 '자아상의 확립' 사업으로 갖게 된다. 그
는 다이어팅을 해야 하고, 특정의 화장법과 유행을 따라야 하고, 성
형외과를 찾아야 한다. 그의 육체는 항구한 기아선상을 헤매야 하고,
'여성적' 표현을 위한 장식공간이 되어야 하며, 항구한 종속을 위해
매 순간 길들여져야 한다. 이 종속을 명령하는 것은 물론 가부장제
라는 이름의 이데올로기, 그 상징적 권력 아비이다. 그러나 길들여진
여성은 그 대타자의 눈으로 자기를 검열하면서도 그 검열을 의식하
지 않는다. 그 눈은 가부장제 아비의 존재를 의식하기 어렵게 하는
방식으로 온 사회에 편만해있고 무명의 형식으로 검열권을 행사하
며, 여성 자신이 그 권력의 행사자가 되어 있기 때문이다.

 자기검열은 자본주의가 일으키는 핵심적 사회 모순을 '한사코' 보

공포의 서사, 선망의 서사

지 않고 말하지 않고 들추어내지 않으려는 무의식적 의지로 나타난
다. 그 의지는 오히려 '적극적 무지' 또는 '무지에의 적극적 의지'이
다. 지식이 언제나 지식-권력의 연합정권이라는 푸코의 관점은 수정
될 필요가 있다. 권력을 향한 의지는 지식과만 연정을 구성하는 것이
아니라 많은 경우 무지 무의식 또는 무지에의 의지와 연대한다.

　진보신화가 문명과 야만, 빛과 어둠, 지식과 무지, 진리와 미신, 도
덕성과 비도덕성이라는 이분법으로 명확히 세계를 분류했던 것처럼
개발신화도 개발과 저개발, 발전과 후진, 성장과 정체停滯라는 위계
서열적 이분법으로 세계를 분류했다. 진보신화에서 제국주의 국가
들이 문명의 중심부였다면, 개발신화에서도 서구 자본주의 국가들
이 여전히 문명과 발전의 중심부이다. 외면 논리상 한 가지 달라진
것이 있다면, 제국주의가 제국 중심부와 야만 변방 사이에 엄격한
분계선을 유지한 반면, 개발 이데올로기에 와서는 저개발국이 자본
주의 모형을 따르기만 하면 선진국이 될 수 있다는 이른바 '선진국
신화'가 대두했다는 점이다. 이 선진국 이데올로기가 세계 도처에서
어떻게 자연을 파괴하고 인간 희생과 삶의 고통을 초래했는가는 이
미 수많은 연구문헌들에 기록되어 있고, 지금도 기록되고 있다.

문화는 무엇을 할 수 있는가

1. 오늘 우리는 성찰과 전망을 위한 자리에 모였습니다. 성찰은 '돌아보기'이고 전망은 '내다보기'입니다. 1987년 6월의 민주화 대항쟁 발발 20주년을 맞는 현재 시점에서 지난 20년 우리 사회에 발생한 중요한 변화들을 '문화의 관점'으로 되돌아보고 또 한국사회의 가까운 미래를 문화의 관점에서 내다보는 것이 오늘 우리가 할 일입니다.

2. '문화'는 100가지 모양과 99개의 목소리를 가진 괴물과도 같습니다. 문화야말로 '스핑크스'입니다. 괴물의 특성은 "정의할 수 없다"는 데 있습니다. 그러나 정의할 수 없는 것을 정의하는 것이 인간의 버릇입니다. 신은 정의하지 않고 인간은 정의합니다. 인간이 무언가를 계획하면 신이 웃는다는 말이 있습니다. 정의의 경우에도 마찬가지일 듯합니다. "인간이 정의하면 신은 웃는다."

그러나 인간은 자기가 사용하는 용어가 무엇을 의미하

는가를 일단 한정짓고 출발하지 않는다면 어떤 얘기도 할 수가 없습니다. 그래서 문화에 관한 이런저런 정의들이 튀어나옵니다. 인류학은 '인간의 삶의 방식' 전체를 문화라고 말합니다. 문화에 관한 가장 폭넓은 규정이지요. '이 세상에서 생각되어지고 알려진 것들 중에 최선의 것'이 문화라는 관점도 있습니다. 최선의 지식, 최선의 예술, 최선의 교양이 문화라는 소리입니다. '인간이 자연에 노동을 가함으로써 얻는 모든 것'을 문화로 보는 사람도 있습니다. '인간이 자기 삶의 목적을 위해 자연을 조직하고 동화하는 행위 일체'를 문화 또는 문화적 실천이라 말하면, 문화는 '제2의 자연'으로 정의됩니다.

인간은 그러나 자연만을 상대하는 것이 아니기 때문에 문화는 인간이 자연을 길들이는 방식이면서 동시에 '인간이 인간을 길들이는 방식, 인간이 죽음을 길들이는 방식의 총체'라는 정의도 가능합니다. 교육을 포함한 모든 훈육, 감시, 상벌의 장치들이 인간에 의한 인간 길들이기의 방식입니다. 종교와 예술은 인간이 그 자신의 유한성과 대결하는 방식을 대표합니다. 특정의 사회관계를 지속시키기 위해 일정한 가치관, 행동방식, 신념을 가진 사회적 주체들을 재생산하는 특정의 이데올로기도 문화라고 말할 수 있습니다. 이 밖에도 문화를 정의하는 방식은 수없이 많습니다. 정의의 방식이 많다는 것은 문화가 그만큼 많은 얼굴을 갖고 있다는 말이기도 합니다.

3. 오늘 우리의 목적에 비추어 가장 유용할 듯한 문화 정의는 '특정 시기에 한 사회 안에서 우세하게 발현하는 가치, 태도, 신념, 지향점, 정신상태, 전제조건'으로서의 문화입니다. 여기서 문화는 우리가 사회적 삶의 영역들을 '정치, 경제, 사회, 문화'의 네 분야로 나눌 때 그 네 분야의 '하나'로서의 문화가 아니라 다른 모든 영역들(정치, 경제, 사회)에서 사람들의 태도와 행동을 근본적으로 안내하고 지배하는 가치 및 신념의 체계입니다. 이 의미의 문화는 학문, 예술, 여가활동 같은 것과는 선명하게 구별되고, '금강산도 식후경'이랄 때의 그 금강산 구경, 곧 '빵 다음에 문화'라는 식으로 흔히 불요불급의 장식적 활동을 지칭하기 위해 사용되는 문화 개념과도 구별됩니다.

문화는 정치, 경제, 사회와 떨어져 존재하는 별개의 독립영역이 아니라 모든 영역에서 사회적 삶을 특정의 방향으로 조직하게 하고, 거기에 의미와 가치를 부여하게 하며 사람들의 태도와 행동의 변화 여부에 결정적 영향을 주어 '사회발전을 촉진하기도 하고 저해하기도 하는 근본적 요인'입니다. 이를테면 정치의 경우, 정치 민주주의를 지향하고 민주주의 원칙과 가치를 존중하며, 그 체제를 실현시키려는 지향의지가 없거나 미약한 곳에서는 정치 민주주의가 원천적으로 불가능합니다. 경제의 경우, 경제발전이나 번영에 의미를 부여하고 경제발전을 가능하게 하는 태도, 가치관, 지향성이 없는 곳에서라면 경제활동을 통한 번영의 추구나 실현은 가능하지 않습니다.

보이지 않는 가위손

정치발전과 경제발전은 문화와 별개로 이루어지는 것이 아닙니다. 정치-경제발전을 포함해서 사회발전은 문화를 토대로, 문화라는 요인에 의해, 그 발전 여부에 결정적 영향을 받습니다. 문화에 대한 이런 관점이 '성찰과 전망'을 말하기 위한 이 자리에서의 나의 기본 입장입니다.

4. 문화의 '결정적 영향력'이라는 표현은 "알이 먼저냐 닭이 먼저냐"의 논란을 부를 소지가 있습니다. 정치발전이 문화를 바꾸는가 아니면 문화가 정치발전을 유도하는가 하는 논란, 경제발전이 문화를 변화시키는가 아니면 문화가 경제발전을 이끄는가 하는 논란 등이 그것입니다. 학문 세계에서는 이 문제를 놓고 긴 논쟁이 지금도 진행되고 있습니다. 정치학은 정치발전이 문화를 바꾼다는 주장을 대체로 선호하고 경제학에서는 경제발전이 문화발전과 문화의 변화를 끌어온다고 말하기를 좋아합니다.

물론 치열한 반론들도 제기됩니다. 이런 논쟁은 인간세계가 끝나는 날까지 계속될지 모릅니다. 오늘은 학문을 말하는 자리가 아니기 때문에 시시콜콜 논점을 짚어갈 필요는 없지만, "문화는 무엇을 할 수 있는가"라는 질문과 연결지으면 이 문제는 오늘 우리 토론에서도 핵심적으로 중요한 사안입니다. 내가 끌고 들어오고 싶은 것은 어떤 학문적 입장이 아니라 '경험'입니다. 역사상 인간의 경험, 특히 광복 이후 정치적으로 독재와 권위주의를 거치고 경제적으로 빈곤과 궁핍의 시대를 거쳐 오늘에 이른 최근세 한국인의 경험은 그 문제에 아주 유익한 시사점을 던져주고 있습니다.

5. 한국에 제도로서의 정치민주주의가 도입된 것은 민주주의에 대한 문화적 열망이나 지향성이 선행요건 혹은 전제조건으로 미리 존재하고 있었기 때문이 아닙니다. 이 점에서 우리는 문화가 정치발전을 가져온다는 주장에 유보를 달아야 할 것입니다. 그러나 우리의 경우 정치가 정치발전을 가져온 것도 아니고 정치발전이 민주주의를 지향하는 문화적 변화를 유도한 것도 아닙니다. 4·19 학생봉기에서 6·10 항쟁에 이르기까지 민주주의를 향한 근 30년의 사회적 투쟁이 발생한 것은 정치발전이 아닌 '정치의 실패' 때문이며, 그 실패에 대한 국민적 불만 때문입니다.

그런데 이 '불만'이라는 것이 무엇입니까? '어떤 것을 실현하고자 하는 욕구와 열망의 좌절'에서 발생하는 것이 불만입니다. 바꿔 말하면 '민주주의를 향한 욕구와 열망의 좌절'이 독재와 권위주의를 척결하려는 저항의 도화선에 불을 당긴 것이지요. 이 욕구와 열망은 앞서 우리가 채택한 문화의 정의 가운데 언급된 '가치, 태도, 신념, 지향성'에 해당하며, 그 점에서 그것들은 '문화적 요인'이라 할 수 있습니다.

1948년 소위 '민주공화국'이 수립되었을 당시의 한국인들의 의식 속에는 민주주의를 가능하게 할 문화적 전제조건이 존재하지 않았다 하더라도, 독재와 권위주의를 거치는 동안 정치의 실패 앞에서 한국인이 경험해야 했던 불만과 좌절감이 민주주의에 대한 집단적 지향의 열망을 촉발하고 이 열망이 정치변화를 유도해내게 됩니다. 6·10 항쟁에 이르기까지의 민주화 투쟁기는 정치실패에 대한 국민적 불만이 절정에 달하면서 민주주의를 실현해보자는 열망이 다른 욕구들을 압도하는 '우세한 열망'이 되고, "독재나 권위주의보다는 민주주의가 낫다"는 생각이 '우세한 가치관'으로 발현했던 시기입니다.

6. 군사정권 시기 이후의 경제발전에 대해서도 우리는 유사한 관찰을 내놓을 수 있습니다. 군사정권기의 경제성장 드라이브가 정치적으로 확보되지 못한 집권 정당성의 문제를 경제성장의 방법으로 해결하고 정치로는 줄 수 없었던 민주적 자유와 평등을 번영과 부의 약속으로 대체하려 한 동기에 지배되고 있었다는 사실은 새삼 지적할 필요가 없는 일입니다. 그러나 한국의 경제적 발전이 군사정권의 강력한 드라이브와 성장정책의 산물이라고만 말하는 것은 빈곤 탈출을 위해 헌신했던 수많은 사람들의 피와 땀을 무시하고 폄하하는 일입니다.

굶주림, 빈곤, 궁핍은 왕조시대의 근세 조선인은 물론 식민통치기를 거쳐 1960년대에 이르기까지 한국인의 삶을 숙명처럼 옥죈 거대한 박탈의 조건이었고, 한국인이면 누구나 벗어던지고 싶어 한 부정적 유산이었습니다. 절대빈곤을 벗어나 삶의 물질적 토대를 개선하려는 사람들의 욕구와 열망은 군사정권에 의한 성장 드라이브와는 별개 차원에서, 성장정책의 개시 이전부터, 강하게 분출되었다고 말해야 합니다. 한국의 지속적 경제발전을 가능하게 한 것은 무엇보다도 그런 욕구와 열망입니다.

문화의 관점에서 말하면 그 열망도 "번영이 빈곤보다는 낫다"라는 가치관의 '우세한 발현' 형태입니다. 이런 가치관은, 그것 자체에 대한 평가의 문제를 떠나 근면, 교육, 기강, 성취 등을 높게 평가하는 태도와 지향성을 넓게 대중화해서 경제발전을 견인하는 강력한 문화적 요인이 됩니다. 우리는 이 부분의 중요성을 망각할 수 없습니다. 그 열망의 차원, 문화적 가치의 차원을 무시하면 우리는 경제발전의 공로 전체를 군사정권의 것으로 돌리는 오류를 범하게 될 뿐 아니라 경제발전의 요인들을 잘못 분석하고 경제발전을 석연찮게 평가하는 '설명의 빈곤'에서 벗어나기 어렵습니다.

7. 1987년 6·10 민주화 대항쟁 이후 20년, 우리 사회에 발생한 주요 변화들을 문화의 관점에서 돌아볼 때 그 성찰의 기준, 그것의 준거점이 되는 것은 '민주주의'입니다. 6·10항쟁이 사회민주화를 향한 열망의 폭발이었다면, 우리의 당연한 관심은 그 시점 이후 20년 동안 한국의 민주주의는 어떻게 되었는가, 사회변화의 큰 덩치들은 그 민주화의 열망과 어떻게 연결되는가, 민주화와 관련해서 무엇을 이루었고 무엇을 미완의 과제로 남기고 있는가, 이런 문제

보이지 않는 가위손

들에 대한 문화적 반성일 것입니다.

　민주주의의 성장과 연결지어 말하면, 이 시기 가장 괄목할 만한 (물론 아직도 많이 미진하지만) 문화적 발전은 냉전문화의 이완, 검열제도의 점진적 폐지, 인권(특히 여성인권)의 상대적 신장, 문화적 표현과 향수수단의 확대 등에서 찾을 수 있을 것 같습니다. 냉전구조는 정치적 군사적 대결체제일 뿐 아니라 정신상태이고 이데올로기라는 점에서 그것의 느린, 그러나 의미 있는 '이완의 시작'은 중요한 사회문화적 성취입니다. 검열제도는 독재와 권위주의 체제에서 예술, 언론, 출판, 교육, 사상, 표현을 전방위적으로 옥죄고 재갈 물렸던 거대한 가위손이고 망치이며 몽둥이입니다. 물론 그 가위, 망치, 몽둥이가 지금 다 사라진 것은 아닙니다. 그러나 문민정부 3대 15년은 검열폐지를 향한 노력이 지속적으로 진행된 시기이며, 이런 노력이 국민의 문화적 활동에 상당한 활기를 불어넣게 되었다는 사실을 과소평가할 수 없습니다.

　인권은 흔히 정치적 개념으로 이해되지만, 사람의 기본권리와 품위에 관련된 중요한 문화적 가치이고 원칙이기도 합니다. '문화적 권리cultural rights' 개념의 핵심은 기본인권입니다. 한국은 인권국가의 반열에 들기에는 이제 겨우 100리 길의 30리쯤에 와 있습니다. 그러나 20년 전까지의 상황에 비하면 그 30리 진행도 상당한 성취입니다. 표현과 향수수단의 확대에서 주목할 것은 시민들의 자기표현

방식과 수단, 문화적 향수 기회 등의 확대가 문화민주화의 길 한쪽을 열어놓고 있다는 점입니다. 물론 이 모든 평가들은 20년 전까지의 상황에 견준 상대적 평가입니다.

8. 그런데 오늘 내가 강조하고 싶은 성찰의 요목은 좀 다른 부분에 있습니다. 6·10항쟁 20주년에 우리가 우리 자신에게 물어보아야 할 가장 중요한 질문은 우리 사회가 지난 20년간 민주주의의 지탱과 발전, 그것의 안착과 착근을 위한 기본조건들을 얼마나 성숙시켜왔는가라는 것입니다. 민주주의를 유지할 기본조건 가운데 가장 기본적인 것은 '민주주의 문화'입니다. 민주주의는 민주주의 문화의 성숙 없이는 언제든지 퇴행과 반전, 타락과 도괴의 위험 속으로 내몰립니다.

지금 한국의 민주주의가 충분히 발전해서 더 이상 퇴행이나 반전의 위험이 없는 '안전지대'에 들어와 있습니까? 천만의 말씀입니다. "이제 민주주의는 되었다"고 말하는 사람들이 있습니다. 선거도 치르고 정권교체도 일어나고 국회도 돌아가니까 이제 한국 민주주의는 안전궤도에 들어섰다고 그들은 생각하는 것 같습니다.

20년 만에 민주주의를 일구어낸 나라는 역사상 존재하지 않습니다. 민주주의는 단기간에 성숙하는 것이 아닙니다. 제도와 법률만으로 민주주의가 되는 것은 아니기 때문입니다. 우리는 이 사실을 경험으로 알고 있습니다. 민주헌법이 없어서 우리가 반세기 동안 민주주의를 못했던 것이 아닙니다. 제도라는 하드웨어는 민주주의의 외피를 걸치고 있으면서 실질 내용은 전혀 민주주의가 아니었던 것이 건국 이후 근 50년간의 '한국 민주주의'입니다. 민주주의는 정치제도이기만 한 것이 아니라 기본적으로 '문화'입니다.

9. 문화로서의 민주주의는 정치민주주의를 밑바닥에서 떠받치고, 민주사회를 가능하게 하는 일련의 가치, 태도, 행동방식, 신념, 정신상태의 총합입니다. 이 총합은 민주주의를 지키고 발전시킬 수 있는 시민의 능력을 의미하기 때문에 '시민적 역량' 혹은 '시민적 덕목civic virtues'이라는 이름이 붙습니다. 자율성, 자발성, 합리성이라는 민주사회의 3대 원칙을 내면화하고 실행할 능력, 이성적 사고와 판단과 비판의 능력, 개인 이익과 공익을 조화시키고 개인적 자유와 집단의 요구를 중재할 연동적 가치를 가동하는 능력, 공동체적 선린의 정신, 이해와 신뢰의 능력, 사회정의에 대한 감각 등 예를 들자면 이런 것이 민주사회를 지탱하는 시민적 역량이고 덕목입니다.

역량은 열망과는 다릅니다. 열망이 불꽃이라면, 역량은 그 불을 계속 지피고 이어갈 수 있게 하는 기름과도 같습니다. 열망의 폭발이 일시적 사건이라면, 역량은 지속의 힘입니다. 열망이 아무리 강해도 그것을 지킬 뒷심이 없다면 열망은 한때의 불꽃놀이로 끝나고 맙니다. 민주주의는 그것을 하겠다는 열망과 그것을 지킬 수 있는 능력, 그 두 가지를 모두 필요로 합니다. 6·10항쟁은 민주화를 향한 열망이 폭발했던 사건입니다. 그러나 그 폭발 다음은 어찌 되었습니까? 그 폭발은 한 차례의 불꽃놀이로 끝난 것은 아닙니까?

10. 이것이 6·10항쟁 20주년에 우리가 던져보아야 할 가장 중요한 성찰적 질문입니다. 지난 20년간 우리는 민주주의를 지속시킬 시민적 역량과 민주사회를 지탱할 시민적 덕목을 정치, 경제, 사회의 모든 영역에서 키워왔습니까? 정부는 정부대로, 민간영역은 민간영역대로, 그 역량의 강화를 위해 필요한 노력을 경주해온 것입니까? 1990년대 이후 3대에 걸친 이른바 문민정부를 실현하지 않았는가고 말하는 사람도 있겠지요.

그러나 불행히도, 내가 보기엔, 그 문민정부의 어느 정권도 민주주의 '문화의 성숙'이야말로 문민정권의 지속적인 기본 과제라는 인식을 가지고 거기 필요한 정책을 개발해 시행한 적이 없습니다. 왕조시대에서 식민시대를 거치고 광복과 함께 나라를 세우게 된 순간까지, 민주주의를 할 수 있는 시민적 사회적 준비도 훈련도 없이 덜컥 민주주의를 도입해야 했던 것이 우리의 최근세 역사입니다. 전통사회에서 근대적 민주사회로 이행한다는 것은 결코 쉬운 일이 아닙니다. 그 이행은 거대한 사회변화이며, 역사상 세계 어디에서도 쉽게, 무탈하게, 큰 비용 들이지 않고 그 이행을 성취한 나라는 없습니다.

현대 한국은 그 이행기를 거치지 않은 '생략된 역사'의

보이지 않는 가위손

나라입니다. 그러나 이 생략은 '공짜'가 아닙니다. 4·19 학생봉기에서부터 6·10항쟁에 이르는 긴 기간의 희생과 고통으로 우리는 그 생략된 역사에 대한 대가로 지불해야 했기 때문입니다. 우리는 아직도 그 '이행기'에 있다는 역사적 인식이 필요합니다. 지난 20년, 더 정확히는 15년 동안, 문민정권들은 무엇보다도 민주사회의 기본 토양이 되는 민주주의 문화를 성숙시키기 위한 정책적 투자를 아끼지 말았어야 합니다. 그러나 그들은 그렇게 하지 않았습니다. 생략의 역사에 대한 인식이 없었고, 그 생략을 메워 민주주의의 토양을 단단히 다지는 일이 현대 문민정권의 역사적 과제라는 인식을 투철한 수준에서 확보하고 있지 않았기 때문입니다.

11. 시민적 역량과 덕목을 성숙시키는 문화적 과제는 정부라는 대표적 공영역만의 과제가 아닙니다. 더 근본적으로, 그리고 구체적으로, 그것은 민간영역 곧 사회 전체의 과제입니다. 신문, 방송, 잡지, 인터넷을 포함한 매체영역과 중등 및 고등교육의 영역, 가족을 비롯한 친밀집단과 기업조직 등의 사영역, 수평적 연결망으로서의 시민사회 영역—민주주의의 문화를 성숙시키는 일은 이 모든 영역들에 지워진 사회적 과제입니다.

검열폐지와 표현의 자유 신장은 지난 15년의 중요한 성취라고 앞에서 말했지만, 우리 사회의 지배적 언론조직들이 그 '자유'를 어떻게 사용하는지를 보십시오. 문자 그

대로의 '자유의 타락'을 우리는 보고 있습니다. 언론매체는 교육과 함께 민간영역들 중에서도 대표적인 공영역에 들어갑니다. 그러나 지금 우리의 지배적 언론조직들은 객관성과 공정성의 준수 같은 공영역적 책임을 방기하고 몰수하는 것을 언론의 자유라고 생각하는 극단적 이익집단으로 타락해가고 있습니다.

그런 신문들에 대한 혐오와 불신이 젊은 세대를 인터넷으로 몰리게 하는 이유의 하나입니다. 그러나 인터넷 사이트, 포털, 네티즌, 댓글, 유씨씨UCC 등으로 요약되는 한국의 인터넷 문화가 민주주의 문화의 성숙에 얼마나 기여할 수 있을지는 아직 알 수 없습니다. 우리는 인터넷의 강점에 대한 예찬보다는 그것의 약점과 기본적 한계를 깊이 사고해보아야 하는 단계에 이르고 있습니다. 상업주의에 빠진 포털들은 그 영향력의 대단한 증대에 비해 공영역적 책임과 기능을 수행할 의지가 없어 보이고 방법도 빈곤합니다.

댓글은 합리적, 비판적, 이성적 담론과는 먼 거리에 있고 대화와 토론의 장도 아닙니다. 사용자 생산 콘텐츠는 개인들의 취미생활이나 여가활동을 다양화하는 데는 기여하지만 아마추어리즘을 넘어 독창성과 신뢰성을 가진 유용한 지식·정보를 생산하는 데는 역부족입니다. '네티즌 민주주의'가 민주주의가 되자면 그 네티즌은 자유와 책임을 균형 잡는 시민적 역량을 갖고 있어야 합니다. 인터넷이라는 유용한 매체의 한국적 사용 수준은 아직은 오락, 소비, 잡담, 쓰레기 퍼뜨리기, '공짜 추구' 위주의 원시 단계

보이지 않는 가위손

에 머물러 있습니다.

12. 중등교육과 고등교육의 영역에서, 나는 지금껏 시민적 덕목을 체득하게 하는 교육과목이나 과정의 유효한 실행을 본 일이 없습니다. 민주사회에서는 민주주의를 위한 교육은 교육의 중대한 과제이고 사회적 책임입니다. 어떤 조사를 보면 지금의 20대들 가운데 6·10 항쟁을 안다는 사람은 응답자의 40퍼센트가 채 안 되는 것으로 나와 있습니다. 이는 우리의 중요한 사회적 기억들이 교육을 통해 전달되고 있지 않다는 얘기입니다.

중등교육 현장의 비민주성은 말할 것도 없고 교육방식 자체가 자율성과 자발성을 길러주고 합리적 사고력과 비판력과 상상력을 키우는 방식이 아닙니다. 이런 능력들은 개인이 어떤 직종에 진출하느냐에 관계 없이 그의 사회적 경제적 활동을 평생에 걸쳐 지원한다는 점에서 기본적인 능력이고, 그가 책임 있는 시민으로서의 역할을 수행하면서 사는 데도 필수적인 능력들입니다. 한국 교육은 개인도 잘 키우지 못하고 시민도 키우지 못하는 교육입니다.

나는 민주주의의 원칙과 가치와 역사를 가르치고 시민적 덕목을 체득하게 하는 '시민교육'을 필수교양이나 일반 교육과목으로 설정하고 있는 대학을 알지 못합니다. 대학은 기능인만을 기르는 곳이 아닙니다. 사회 전 영역에서 장차 중추적 역할을 하게 될 사람들을 기르는 곳이 대학입니다. 지적으로나 윤리적으로 시민적 역량을 키워주는 일이 참으로 필요합니다. 대학들은 대학의 사회적 존재이유를 좀체 사고하지 않는 정신적 나태에 깊이 침몰해 있습니다.

13. 정치민주주의는 그 자체가 목적이 아니라 '좋은 사회good society'를 만들기 위한 정치적 수단입니다. 좋은 사회는, 간략하게 말하면, '사람이 사람으로 사람답게 살 수 있는 사회'입니다. 민주주의 문화가 중요한 이유는 그것이 정치민주주의의 기본 토양이기 때문이기도 하지만, 더 근본적으로는 그것이 함양하고자 하는 '문화적 가치'들이 좋은 삶을 가능하게 하는 본질적 가치이기 때문입니다.

현대사회에서 개인의 자유 없이는 '좋은 삶'을 생각하기 어렵습니다. 그러나 동시에, 예를 들어, 내가 밤중에 공원에 나가도 칼에 찔리고 지갑을 강탈당할 염려가 없는 신뢰의 공간 없이는 개인의 웰빙도, 행복도, 좋은 삶도 가능하지 않습니다. 그 신뢰, 돌봄, 상부상조의 공간이 '공동체'입니다. 근년 들어 한국인의 상당수를 휘어잡고 있는 '웰빙'은 개인의 건강이나 돈만으로 되는 일이 아니라 공동체의 건강을 필요로 합니다. 개인의 이익과 공익을 조화시키고, 개인의 자유와 집단의 요구(책임, 의무 등)를 화해시킬 가치들은 그런 이유에서도 중요합니다. 선의, 돌봄, 신뢰 같은 것은 그런 공생과 공존의 가치입니다. 비판적 사고능력은 민주사회에서 매우 소중하지만, 공동체의 삶을 가능하게 하는 기본적 가치들을 지키고 옹호할 줄 아는 능력도 대단히 소중합니다. 어떤 가치의 옹호 없이 좋은 사회는 가능하지 않습니다.

　지난 20년 이른바 진보진영이나 시민단체들이 소홀히
했던 것 중의 하나는 이런 '긍정적 가치의 제시와 옹호'라
는 부분이 아닐까 싶습니다. 중앙정부, 자치단체, 정부기관
들의 현시주의 행정과 예산낭비, 허영과 비효율을 감시하
고 비판하는 일은 여전히 필요합니다. 그러나 망가진 공동
체를 일구고 지역사회 사람들을 활기차게 하는 일, 공동체
프로젝트에 대한 주민의 자발적 참여를 자극하고 아이 키
우기에서부터 평생교육에 이르기까지 풀뿌리 민생을 돕는
일도 필요합니다. 이런 일들은 적극적 가치의 제시와 옹호
를 요구합니다.

　가치의 옹호는 정부 정책과 사업에 대한 감시-비판이
라는, 지금까지 시민단체와 매체들이 열심히해온 일과는
전혀 별개 차원의 접근법을 요청합니다. 이른바 진보진영
이나 비판세력은 좋은 사회의 비전을 내고 그런 사회를 만
드는 데 필요한 긍정적 가치들을 사회에 제시하는 일을 소
홀히 할 수 없습니다. 상당수 국민이 시민단체들에 대해
"비판만 하고 대안은 내지 않는다"는 이미지를 갖고 있다
는 것을 시민단체들은 유념해야 합니다. 시민단체를 위해
서가 아니라 민주사회의 성숙을 위해서 그러합니다.

　14. 세계적으로나 국지적으로, 현대사회의 '문화'는 더
이상 사람들을 결속시키고 묶어주는 구심적 원리가 아니
라 사람들이 서로 싸우고 흩어지고 반목하게 하는 원심성

의 원리가 되어가고 있습니다. 문화 때문에 개인과 개인이, 집단과 집단이, 문명과 문명이 대결합니다. 문화적 차이, 특히 종교라는 이름의 믿음의 차이 때문에 살육과 전쟁도 발생합니다.

한국사회 안에서도 신념과 가치, 목표와 이데올로기 등 문화차이로 인한 갈등, 반목, 쟁투는 점점 더 치열해지고 있습니다. 그러나 한 사회, 한 공동체가 유지되자면 구성원들이 공유할 수 있는 가치들을 제시해주는 문화가 필요합니다. 문화적 차이를 인정하고 존중하는 일이 중요하다면 동시에 문화적 공동성commonality을 찾고 확인하는 일도 아주 중요합니다. 그런데 그 공통의 가치, 공동성의 확인을 가능하게 하는 가치들은 무엇입니까? 나는 지식인들이 흔히 고리타분하다고 제쳐버리는 상식적 가치들 속에 공동성의 확인을 가능하게 하는 가치항목들이 있다고 생각합니다. 인간 존재의 비수단적 존엄성과 품위라는 가치, 생명존중과 평화애호라는 가치, 자연과 인간의 공생, 선의와 동정과 관용, 공유의 기억과 정의라는 가치들이 그것입니다. 이 중에 어떤 것은 윤리적 가치로, 어떤 것은 심미적 가치로 여겨지지만, 그러나 내 생각에 그것들은 근본적으로 좋은 사회에 필요한 기본적인 '문화적 가치들'입니다.

나는 이런 문화적 가치들이 정치, 경제, 사회의 모든 영역에서 살아 있어야 하고 옹호되어야 하는 '본질적 가치'라고 생각합니다. 그것들은 어떤 것을 달성하기 위한 수단적 가치가 아니라 그 자체로 목적이라는 점에서 본질적 가치

보이지 않는 가위손

입니다. 문화도 수단이 될 수 있기 때문에 문화적 가치에는 수단적 가치와 본질적 가치가 있습니다. 문화차이와 이해관계의 충돌 때문에 사회가 쪼개지고 풍비박산이 나는 시대일수록 사회는 구성원들을 묶어줄 공통의 문화적 가치들을 찾아야 합니다. 그 공통의 가치는 누구도 거부하거나 부정하기 어려운 본질적 가치들입니다. 그런데 현대사회는 본질적인 것일수록 잊어버리고 내팽개칩니다. 그래서 본질적 가치의 환기와 확인이 더욱 필요합니다.

15. 지난 20년은 우리 사회가 시장 세계화, 시장근본주의, 소비와 오락문화, 기업문화corporate culture, 광고, 디지털 신매체 등에 의해 상당한 사회경제적 문화적 변화와 변동을 경험한 시대이기도 합니다. '한류'를 비롯한 영상문화와 대중문화의 급격한 성장, "문화를 팔자"라는 문화산업의 발전도 주요 변동에 속합니다. 다민족사회의 도래도 주요 현상입니다. 그러나 한정된 시간에 이 모든 사항들을 다 언급할 수는 없습니다. 다만 현대 한국인을 나포하고 있는 몇몇 정신상태mentality와 가치의 전도현상에 대한 얘기는 빼놓을 수 없습니다.

16. '정신상태'는 우리가 내린 문화의 정의 가운데 일부입니다. 여기서 짚고 싶은 것은 지난 약 10년 사이에 우리 사회에 퍼지고 있는 공포의 문화와 선망의 문화입니다. 이들 두 가지 문화는 서로 연결되어 있습니다. 공포의 정신

상태가 결정적으로 대두한 것은 1997년 금융위기 때의 '노숙자' 현상에서부터지만, 고용 불안과 비정규직의 일반화, 항시적인 실직의 위험, 사회적 열패자로 전락할 가능성의 상존 ─ 이런 불안과 두려움은 지금도 상당수 한국인들을 공포의 문화 속으로 밀어넣고 있습니다.

한 예로, 대학 졸업자들이 안정적 직장을 얻어 정착하기까지에는 7~8년, 길게는 10년이 걸리는 수 있습니다. 그들도 일종의 노숙자입니다. 고급 인력들의 인생에는 집 없음, 배우자 없음, 직업 없음의 '3무'를 특징으로 하는 유랑과 방황의 백수시대, 혹은 '도시유목민'의 한 시절이 인생의 불가피한 한 단계처럼 도입되고 있습니다. 어떤 이는 이 기간을 두고 '오디세우스 시기'라고 명명합니다. 고향으로 돌아가기 위해 10년을 방황해야 했던 오디세우스 이야기에 빗댄 것이지요.

17. '선망의 문화'도 있습니다. 지금 우리 사회의 한쪽에는 높은 연봉과 물질적 성공을 자랑하는 사람들이 있고, 다른 한쪽에는 그 반대 상황에 놓인 사람들이 있습니다. 매체들은 눈만 뜨면 '억대 연봉'의 사람들을 만인의 '모델'로 추어올리면서 그들처럼 되지 않으면 바보, 무능력자, 열패자라는 듯이 일방적인 '성공의 서사'를 퍼뜨립니다. 소비의 신화는 이제 한국이 풍요사회다, 풍요사회에서는 누구나 맘껏 소비할 수 있고 그래야 인간 품위가 올라간다는 식의 신화를 확산시킵니다.

한쪽에는 불안과 공포와 방황이 있고 다른 한쪽에는 성공, 소비, 풍요의 신화가 있습니다. 문제는 이런 양극사회에서 사람들이 "나도 뒤처질 수 없다"는 강박에 짓눌리고 성공서사의 '모델'을 따라가려는 '선망의 문화'에 사로잡혀 있다는 점이다. 젊은 여성들 사이의 '성형중독' 현상도 신데렐라라는 이름의 성공서사가 퍼뜨리는 선망의 문화에 속합니다. 나는 지난 20년간 우리 사회가 민주주의를 지키고 발전시키려는 시민문화를 잘 기르지 못한 요인의 하나가 이런 선망과 공포의 문화에 의한 사회의식의 마비에 있다고 생각합니다. "민주주의 좋아하네, 잘살고 봐야지"라는 것이 지금 대다수 한국인을 지배하는 생각이고 정신상태입니다. 현대 한국인 가운데 '개발주의자' 아닌 사람은 소수의 소수에 불과할 듯싶습니다.

18. 잘살아보자는 열망 자체에 문제가 있는 것은 아닙니다. 병들고 굶주리고 아픈 사람에게는 '정치적 자유'란 것이 사실상 무의미합니다. 경제발전은 사회발전을 이끄는 중요한 견인차의 하나입니다. 소위 진보진영과 민주화 세력은 경제발전이나 번영을 평가절하해야 할 아무런 이유가 없습니다. 그런데 무엇이 문제입니까? 문제는 두 갈래로 요약될 수 있습니다.

첫째, 경제발전은 정치민주주의와 마찬가지로 좋은 삶을 향한 길의 하나이고 수단이지, 그 자체로 목적이 아니기 때문에 경제발전에 최고의 가치를 두고 경제적 가치를 유일한 가치로 올려세우는 사회는 수단과 목적의 자리를 뒤바꾸는 가치전도 사회가 됩니다. 둘째, 민주주의와 경제발전은 적어도 이제 우리에게는 어느 것이 먼저다 아니다의 선후 문제가 아니라 함께, 동시에, 추진해가야 하는 과제입니다. 정치발전과 경제발전은 사회발전을 이끄는 두 개의 수레바퀴입니다. 두 바퀴의 어느 하나라도 망가지면 수레 자체가 엎어집니다. 사회발전의 궁극적 목표는 '인간발전'입니다. 경제적 가치는 이 인간발전을 위한 수단적 가치입니다.

우리는 앞에서 수단으로서가 아닌 목적으로서의 '본질적 가치'를 말했는데, 그 본질적 가치들은 '팔아먹을 수 없는 가치'라는 점에서 경제적 가치가 아니고 시장가치도 아닙니다. 물론 팔아먹을 수 있는 문화도 있지요. 문화산업은 문화를 파는 산업입니다. 그러나 팔아먹을 수 없는 가치가 있다는 것을 잊어버리는 사회는 경제발전도, 문화산업도 제대로 할 수가 없습니다. 본질적 가치는 경제발전에 목표와 방향을 주고 번영사회를 안내하는 화살표와도 같습니다. 그 화살표에는 "무엇을 위한 경제발전이고 번영인가"라는 질문이 새겨져 있습니다.

19. 문화는 무엇을 할 수 있는가? 이것은 오늘 우리의 궁극적 질문입니다. 지금까지 그 질문을 염두에 두고 이런저런 얘기들을 한 것 같은데, 요약을 위한 요약을 제시하자면 이렇습니다.

보이지 않는 가위손

• 민주사회를 발전시키자면 민주주의 문화를 성숙시켜야 한다. 시민문화의 토양 없이는 민주사회가 가능하지 않다.

• 사회가 풍비박산을 면하기 위해서는 구성원들이 공유할 공통의 문화적 가치들을 부단히 찾고 확인해야 한다.

• 경제발전은 그 자체가 목적이 아니라 좋은 삶을 위한 수단의 하나이다. 경제적 가치도 수단적 가치이다. 사회발전의 궁극 목표는 인간발전이며, 이 목표를 안내하는 것이 본질적인 문화적 가치이다.

이 요약은 지난 20년에 대한 문화적 성찰의 주요 내용이지만, 내 생각에는, 문화가 무엇을 할 수 있는가에 대한 의견 제시이자 시사이기도 합니다. 문화는 사회의 어느 한 영역이 전담하는 것이 아니고 지식인, 문화인, 교육자들만의 전문적 활동도 아닙니다. 일어난 일들을 성찰하고 사회발전의 방향을 안내할 가치들을 확인하며 태도변화를 유도하고 삶의 목표와 의미를 생각하는 것이 문화가 해야 할 일이라고 한다면, 그 일은 결국 사회 모든 분야에서 모든 사람이 할 수 있고 또 해야 할 일입니다.

우리는 모르는 것을 경배하나니

보이지 않는 가위손에 대하여

1. 검열의 내면화

금지된 것에 접근하려다 맞아 죽는 자의 무덤, 죽어도 다물 수 없는 입 때문에 쇠고랑을 차는 자의 감옥 ─인간 역사는 이런 위반과 형벌의 역사이다. 기록을 남긴 사회치고 위반자의 감옥과 무덤을 갖지 않은 사회가 없었다는 사실은 역사가 금지·탄압·처형의 보편사임을 보여준다.

금지는 법法의 쌍생아이며, 감옥은 법의 빛이 만드는 법의 그림자이다. 법이 있는 순간 금지와 감옥이 있다. 문명의 기본 요건이 '법을 가진 사회'라면, 이 문명사회는 법의 이름으로, 법을 지키고 법을 보호하기 위해 금지, 탄압, 처형의 장치들을 가동시킨다. 문명의 모든 발상지는 예외 없이 법의 탄생지이자 동시에 금지와 탄압의 발생지이다. '다르마에 의한 통치'를 내세웠던 고대 인도 아소카 왕조의 '다르마Dharma', 모세의 동판으로 시작되는 이스라엘의 '토라Torah'는 모두 법을 의미한다. 조상신의 '말씀'은 이미 법이고, 그 말씀을 적은 '책Books', 그 말씀의 책을 푸는 특정의 권위적 '해석'도 법이다. 법에 대한 저항, 이탈, 불복은 이단, 반역, 불경, 신성모독으로 규정되고, 반역자들은 어두운 그림자의 땅으로 추방된다.

법의 빛과 그림자 사이, 그 경계선에 검열이 존재한다. 검열은 '법'과 '법 아닌 것'을 가르고, 위반 여부를 판단하며, 이단의 기미들을 포착·비판·금지한다. 검열은 형벌이라는 형태의 최종성을 부과하기 전에 그 최종성의 유예를 조건으로 순종을 명령하고 불복종의 결과를 계산하게 한다. 형벌의 대상은 거의 전적으로 육체지만 검열의 대상은 육체를 포함한 믿음, 욕망, 사상, 태도 등이다. 검열의 이 전前 형벌적 기능은 위반과 불복종에 대한 징치로서의 처벌에 앞서 "이것은 오류이다"라고 말하는 분류와 판정의 절차를 설정한다. 이 오류 선고의 직접적 대상은 표현물, 관습, 의식儀式, 태도, 사상, 지식, 스타일 등이다. 오류 선고는 오류 판정의 이유, 기준, 범위를 선포하고, 오류로 규정된 것들을 비판하며, 오류 목록을 제시한다. 과거 로마 교황청이 발표하던 '오류의 실라부스Syllabus of Errors'와 '금서 목록Index'은 이런 종류의 금지 목록이다. 검열은 선포된 기준과 목록에 따라 오류를 포착·제거·처벌하는데, 이 경우 검열의 처벌 대상은 형벌의 대상과 구별된다. 역사적으로 이 처벌은 표현-상징물의 압수와 파괴, 금지된 것의 복제·제작·출판·유포의 금지·도서관 불 지르기(알렉산드리아 도서관은 지역 지배자가 세 번 바뀌면서 세 번 불탔다) 등 전 형벌적 형식을 띠고 있다. 물론 검열의 전 형벌적 기능이 모든 경우에 제도화되어 있는 것은 아니다. 지배권력의 성격과 형식, 사회 통제 양식, 검열을 수행하는 권위의 종류, 검열영역(정치·종교·사회) 등의 차이에 따라 금지명령과 형벌 사이의 유예기간에도 차이가 발생한다.

법의 목적과 마찬가지로 검열의 최종 목적도 복종이지만, 검열이 성취하는 복종은 강제가 아닌 '성공적 억압 효과'이다. 검열은 금지명령을 통해 위반의 충동을 억제한다. 위반 충동은 금지된 것에 접근하려는 욕망이기 때문에 이 충동의 억제는 곧 욕망의 억압이다. 억압이 성공적일 때 복종이 따르고, 억압이 실패할 때 위반이 발생한다. 복종이 억압의 효과인 까닭은 그것이다. 따라서 검열의 성공 여부는 성공적 억압, 곧 억압의 효율성에 좌우된다.

억압은 어느 때 가장 '효율적'인가? 이 효율성을 우리는 '억압의 경제학'이라 부를 수 있다. 효율성의 정도를 결정하는 것은 투자와 효과 사이의 역비관계, 다시 말해 최대 투자로부터의 최대 효과가 아니라 '최소 투자로부터의 최대 효과'이다. 따라서 성공적 억압이란 금지 에너지의 최소 투자로부터 최대의 억압 효과(복종)를 실현하는 억압이다. 그런데 검열이 최대 효과를 얻기 위해서 작동시키는 억압의 기제들, 혹은 검열에 의해 작동되는 억압의 기제들은 법의 방식과는 다르다. 법은 금지명령의 외부성을 유지하는 반면, 검열은 그 금지명령의 외부성을 내부성으로 전환시켜 '명령의 내면화'를 기도한다. 성공적 억압은 내면화된 금지명령이다. 검열이 문화영역으로 넘어오는 것은 이 내면화가 정확히 문화의 문제이기 때문이다.

명령의 내면화라는 개념은 "형벌의 위협이 사라졌을 때에도 어째서 억압의 효과는 여전히 남을 수 있는가"라는 기이한 문제를 상당 부분 해명한다. 특정의 법이 사라져도 검열이 성취한 억압은 살아남아 법의 운명이나 형벌 유무에 관계없이 순종을 유도한다. 이때 순종은 외부적 명령의 결과가 아니라 내면화된 명령의 효과이다. 검열관은 밖에 있지 않고 안에 있다. 명령의 내면화가 의미하는 것은 바로 이 검열관의 위치 이동 — 외부로부터 내부로의 이행이다. 이 이동과 함께 두 가지 흥미로운 현상이 발생한다. 검열의 내면화가 이루어지는 순간 검열관은 '검열관'으로서의 이름과 얼굴을 상실하며, 금지명령은 진리·가치·규범으로 바뀐다. 검열관의 소멸과 명령의 내적 규범화는 금지명령 자체의 강제성을 제거하거나 최소한 망각하게 한다. 억압은 억압으로 의식되지 않는다. 이것이 '억압의 자연화'이며, 이 자연화와 함께 억압은 성공적 억압이 되고, 억압으로서의 경제적 효율성도 최대화한다. 자연화된 억압, 억압으로 의식되지 않는 억압은 검열관을 고용할 필요가 없고, 복종을 강요하는 데 소비되는 비용을 부담하지 않아도 된다.

검열에 대한 우리의 문화적 관심은 모든 사회에 검열

이 있다는 사실이 아니라 모든 사회가 반드시 자기검열을 알고 의식하는 것은 아니라는 사실이다. 모든 사회에는 검열이 있다. 이 사회적 검열은 대부분 사회적으로 의식되고, 저항의 대상도 된다. 그러나 내면화된 검열은 의식되지 않기 때문에 의식적 저항의 대상이 되지 않는다. 그러므로 외적 검열보다 더 중요하고 흥미로운 것은 검열로 의식되지 않는 검열, 자연화된 명령, 보이지 않는 가위손의 존재이며, 저항을 소멸시키는 이 가위손의 이상한 작동기제이다. 이 형태의 검열과 그 작동법에 주목하는 일은 왜 중요한가? 그 이유는 무엇보다 그것이 한 사회의 은폐된 검열과 그 자연화의 기제들을 드러내고, 그것들을 다시 의식적 담론의 층위로 끌어냄으로써 그 은폐된 명령에 대한 이성적 성찰을 가능하게 하기 때문이다. 이 성찰은 기원을 알 수 없는 모호한 사회적 히스테리와 광기와 불안, 그리고 여타의 많은 정신적 질병들의 뿌리를 검색할 수 있게 한다. 요한복음에서 나자렛 예수는 이단을 향해 "너희는 모르는 것을 경배하고 우리는 아는 것을 경배하나니, 이는 구원이 유대인에게서 나는 이유니라"고 말한다.

은폐된 검열에 주목하는 일이 흥미로운 까닭은 "한 사회가 '어떻게' 스스로 '모르는 것을 경배'할 수 있는가?"라는 문제 자체가 지극히 흥미로운 것이기 때문이다. 실제로 많은 사회는 아는 것을 경배하는 것이 아니라 모르는 것을 경배한다. 모르는 것을 경배하는 이유를 아는 것은 구원일까? 성찰은 치유이고 구원인가? 이 질문은 우리의 당면 관심사 아니다. 우리의 지금 관심사는 모르는 것을 경배하게 하는 이상한 가위손의 작동에 관한 것이다.

2. 이론의 배경: 프로이트와 푸코

사회적 금기taboo에 대한 프로이트의 성찰은 사회집단에 부과되는 금제명령의 기원을 추적함과 동시에 "그 명령이 어떻게 그 자체의 기원을 망각하게 하는가?"라는 문제를 제기한다. 잘 알려져 있다시피, 금기의 기원에 대한 프로이트의 해명은 아주 단순하고 간명하다. 그것은 아비에 대한 아들들의 반역, 살부, 죄의식, 금지명령의 발생이라는 오이디푸스적 드라마의 플롯 순서 그대로이다.

아들들은 '금지된 여자'에게 접근하기 위해 작당하여 아비를 죽인다. 권력 찬탈에 성공한 아들들은 그러나 살부 행위에 대한 죄책감에 빠지고, 죄를 보속하기 위해 아들들은 '근친상간 금지incest taboo'를 사회적 명령으로 확립한다. 프로이트의 사유에서 이 상간금지령은 최초의 금기이며, 이 금기가 '문화의 기원'을 이룬다. 문화의 기원과 금기의 기원은 동일한 순간의 것이다. 금기 발생의 시초에는 반역(살부행위)이라는 원초적 사건이 있고, 중간에는 죄의식이, 끝에는 금지명령의 문화적 확립이 있다.

역사적 관점에서 보았을 때 금기의 기원에 대한 프로이트의 이 해명에서 문제되는 것은 그가 '원초적 사건'으로 설정한 살부행위가 그야말로 '설정'된 것일 뿐 아무도 그것의 역사적 사실성 여부를 확인할 수도 입증할 수도 없다는 섬이다. 논리적 관점에서도 문제는 있다. 아들들이 접근할 수 없는 '금지된 여자'가 있었다는 설정은 역사가 아닌 논리의 차원에서 프로이트적 기원의 기원성을 전복한다. 그 설정은 금제 명령이 아들들에게서 시작되는 것이 아니라 이미 아비에게서 시작된 것이라는 얘기가 되기 때문이다. 이 경우 아비는 원초적 아비가 아니고, 살부행위는 원초적 사건이 아니다.

그러나 금기에 대한 프로이트의 해명에서 오히려 흥미로운 것은 그 해명의 논리적 결함이 지닌 해석적 잠재력이다. 그의 기원 설정은 사실은 '기원 지우기'이기도 하다는 해석이 가능하기 때문이다. 금지명령은 원초적 사건(살부)을 기억하는 데서 그 권위를 확보하는 것이 아니라, 그 사건을 없었던 일로 은폐하는 데서 권위를 얻는 것은 아닌가? 이를테면 근친상간 금지명령은 부족사회에서 특정의 성적 교환관계를 금지하는 명령이면서 동시에 그 명령을 초래하게 한 원초적 사건 자체를 감추고 잊어버리게 하는 장치이다. 이 장치는 최초의 사건을 없었던 일, 일어나지 않은 사건, 아무도 저지르지 않은 작죄가 되게 한다. 여기서 명령의 권위는 "이런 일은 일찍이 한 번 있었으나, 그 일은 한 번으로 족하며 다시 있어서는 안 된다"는 기억의 환기보다는, "이런 일은 애당초 없었기 때문에 지금 있을 수 없고 이후에도 있을 수 없다"라는 주장, 곧 원초 작죄의 '적극적 망각'으로부터 확보된다. 일찍이 그런 일이 없었기 때문에 이후의 명령 위반은 용서할 수 없는 '최초의 작죄'가 되고, 위반자는 처벌되어야 할 '최초의 죄인'이 된다. '최초'는 먼 과거의 실제성이 아니다. 위반의 매 순간이 그때마다 '최초'를 구성한다. 말하자면 금지명령은 원초적 사건을 실제로 있었던 일이 아닌 '부재의 사건'으로 돌릴 때에만 명령으로서의 신성한 권위와 구속력을 갖는다. 첫 사건은 잊혀져야 하며, '아무도 모르는 일'이 되어야 한다. 부족사회가 자기 토템의 기원을 '모르는' 이유는 이것이다. 그 기원은 망각된 것이다. 기원은 부재의 기원이 됨으로써만 기원일 수 있다. 이 해석의 입장에서 보면 프로이트의 통찰은 금기에 대한 역사적 기원의 설명이 아니면서 그런 설명 이상의 힘을 갖는다. 그 통찰의 힘은 기원을 설정한 데 있다기보다는 그 기원의 지워짐을 말할 수 있게 한 데 있다. 지워진 기원의 경우 기원의 실제성 여부는 중요한 문제가 아니다. 바꿔 말하면, 원초 작죄는 있었던 일이기 때문에 중요한 것이 아니라 없었던 일이기 때문에 중요하고, 망각의 요청에서 보면 그 사건은 실제로는 없었고 다만 이야기 (허구) 속에서만 존재하는 사건이 될 필요가 있다. 기원은 특정의 역사적 사건에 있는 것이기보다는 '상징적 아비(권력)'의 등장과 확립에 있다.

검열의 문제와 관계 지을 때 프로이트의 공로는 물론 검열관으로서의 아비와 그 아비의 금지명령을 사회문화적 검열로 확대할 수 있는 길을 열어놓은 데 있다. 가족 드라마로서의 오이디푸스적 구조에서 아비가 아들에게 내리는 명령은 "너는 이 여자(어머니)에게 접근할 수 없다"는 것이다. 그러나 가족 내부의 이 권력관계는 가족 드라마로 한정되지 않는다. 그것은 사회적 권력관계의 기본적 드라마이다. 프로이트가 그의 여러 저술에서 끊임없이 시도했듯 갈등 원형으로서의 가족 드라마는 동시에 모든 사회적 금기, 문화적 금제명령, 양심, 초자아, 종교, 역사의 차원으로 확대된다. 가족 내부의 사영역적 아비는 사회적 공영역적 아비가 되고, 그의 금지명령은 사회문화적 규범이자 명령이 된다. 가족 내부에서의 아비와 아들 사이의 오이디푸스적 갈등, 거세 위협, 이 위협에 적응하기 위한 아들의 복종과 동일화, 아들이 아비의 금지명령을 동화·흡수하는 내면화의 과정 등은 이미 그 자체로 '사회화 과정'이며, 아들이 '사회질서 속으로 편입되는 과정'이다. 신神, 사회문화적 규범, 양심, 법은 말하자면 '확대된 아비'이며 모든 금지된 것들은 '확대된 어미'이다. 사회화 과정은 이 확대된 아비의 명령 또는 부권질서의 규범에 '복속'되는 과정이며, 이 복속은 명령의 내면화를 거치고 그 내면화를 요구한다.

우리의 당면 관심(검열 현상 그 자체가 아니라 검열의 내부화 방식)에서 보면 가장 중요한 것이 이 '내면화internalization' 개념이다. 내면화는 개체가 밖으로부터 부과되는 명령, 규범, 가치, 기준을 자기 속에 흡수·동화함으로써 외부 권위와 자신을 동일화하고, 그 권위에 전면 복속하는 현상이다. 이데올로기 분석의 관점에서 말하면 내면화는 개체가 그 소속 이데올로기의 질서 속에서 사회적 주체로 수용·인정되고, 정체성을 부여받기 위해 터득해야 하는 주체 형성의 기술이다. 내면화를 통해 개체 혹은 주체는 자아상self-image과 행동방식을 확립하고, 방어해야 할 것과 타기해야할 것의 목록을 갖게 되며, 적응자에게 허여되는 안전과 권력을 부여받는다. 이 복속과 적응의 전 과정은 검열체계에의 적응임과 동시에 그 체계의 내면화이다. 그가 금지명령과 특정의 행동명령에 복속한다는 것은 그것들에 대한 저항을 이미 내면에서 제거하는 일이며, 동시에 자기 내부에 자신이 의식하지 못하는 검열관을 갖는 일이다.

내면화한 검열의 메커니즘을 거의 최초로 이론화한 것은 프로이트이다. 검열의 역사는 오래된 것이다. 그러나 그 검열의 가위손이 어떻게 작동하는가에 대한 연구를 조직적으로 수행한 것은 정신분석이 처음이다. 플라톤에서 시작되는 조직적 문학비평의 첫 과제는 호메로스 텍스트에 대한 철학의 검열이다. 플라톤은 호메로스를 비롯한 신화 작가들이 "신을 어떻게 잘못 재현하고 있는가"라는 문제, 곧 잘못된 재현misrepresentation 또는 재현의 오류라는 근거에서 시에 대한 검열을 수행했지만, 플라톤의 (그리고 사실상 모든) 검열은 텍스트 그 자체가 어떻게 자기검열을 통과하고 나온 것인가라는 문제는 건드리지 않는다. 텍스트 그 자체의 자기검열을 들여다보기 위해 프로이트가 착수한 것은 주지하다시피 꿈 텍스트가 만들어지는 과정이다. 꿈

텍스트의 특징은 변형과 왜곡distortion이다. 이 경우 왜곡되는 것은 꿈의 배후 내용, 프로이트가 '꿈 사상'이라 부른 꿈의 테마이다. 꿈 텍스트가 자기 테마를 왜곡 표현한다는 관점을 유지한다는 점에서는 프로이트도 재현의 전통에 속해 있다. 그러나 그의 방법이 재현론적 방법과 결정적으로 다른 것은 왜곡 그 자체가 아닌 왜곡의 '방식'에 주목한다는 점이다. 꿈(텍스트)이 왜곡되는 이유 중의 하나는 자기검열이 거기에 개입하고 있기 때문이다. 그러니까 꿈은 검열 때문에 왜곡되고, 이 왜곡은 꿈 과정에 개입하는 자기검열의 '형식'이다. 여기서 프로이트의 관심은 꿈이 왜곡의 형식 그 자체이며, 형식은 이미 검열의 존재를 알리는 메시지라는 점이다. "재현은 무엇을 재현하는가?"라는 내용의 차원 외에, '어떻게' 표현하는가라는 새로운 차원(형식과 표상)을 획득한다.

　　프로이트가 찾아낸 왜곡의 형식은 역시 잘 알려져 있듯 '응축'과 '전치'라는 두 개의 메커니즘이다. 응축con-denstation은 유사성을 가진 것들의 집합으로 만들어지는, 그래서 꿈의 주인이 그 의미를 알 수 없는 이상한 이미지이고, 전치轉置, displacement는 어떤 것이 다른 것으로 모습을 바꾸어 나타내는 대체 이미지이다. 이 대체 이미지도 꿈의 주인으로서는 그 대상을 알 수 없거나 적어도 혼동을 일으키게 하는 이상한 이미지이다. 이들 두 개의 왜곡형식들 중에서 프로이트가 특히 검열의 개입형식이라고 본 것은 '전치'의 메커니즘이다. 응축은 의식의 층위에서 이미 익숙한 여러 가지 문화적 상징물의 결과일 수 있기 때문에 특별히 검열기제라 보기 어려운 반면, 전치는 꿈이 동원하는 특징적 자기검열의 형식이고, 그 형식의 표상이다. 검열 방식으로서의 전치가 수행하는 것은 '강조점의 이동'——다시 말해 '중요한 것을 중요하지 않은 어떤 다른 것으로 바꾸어 표상하기'이다. 중요한 것을 사소하고 시시한 어떤 다른 것으로 대체해 표현함으로써 꿈은 검열의 눈을 위장-통과한다.

정신분석이 제시한 내면화의 개념을 근현대 사회에서의 권력구조 변화와 연결지어 이론화한 대표적 경우로는 미셸 푸코의 '전방위 감시체계Panopticon'를 들 수 있다. 푸코는 당초 제레미 벤담이 현대 감옥의 모델로 제시한 '파놉티콘(감옥의 중앙 감시탑)'을 근현대 사회의 미시적이고 전방위적인 감시체계와 '길들이기disciplining'를 분석·기술하기 위한 도구로 변용했는데, 이 푸코적 변용에서 주목할 것은 감시기제의 내면화와 감시권력의 미시적 편재성이라는 문제이다. 감방 죄수들을 언제나 모든 각도에서 감시할 수 있게 설계된 것이 파놉티콘이다. 흥미로운 것은 이 감시체계 속에서의 죄수의 의식상태이다. 그는 중앙에 위치한 감시자가 자기를 보고 있지 않을 때에도 자신이 그 감시자의 눈에 항구하게 노출되어 있다는 정신상태를 발전시키고, 그 눈에 맞추어 행동하고 자신을 길들인다. 파놉티콘이 '전방위'가 되는 것은 이처럼 감시자의 눈이 감시당하는 자의 내부로 들어와 있기 때문이다. 피감시자의 눈은 곧 감시자의 눈이며, 죄수는 죄수이면서 동시에 스스로 자기를 감시하는 간수이다. 자크 라캉의 용어로 표현하면 이는 "주체가 자기 눈으로 자기를 보는 것이 아니라 대타자Other의 눈으로 자기(및 대상)를 보는 '응시gaze'의 확립"이며, 우리의 관심에 맞추어 고쳐 쓰면 그것은 곧 검열관의 내부화이고 검열의 내면화이다.

　푸코의 미시권력론은 근현대 사회에서의 통제양식에 발생한 중요한 변화로서 권력의 미시화에 주목한다. 전근대사회의 권위주의 체제에서는 한 사람(군주)에게 권력이 집중된 반면, 근대사회의 권력은 사회의 여러 길들이기 장치·집단·제도·기구·개인들에로 미세하게 분산되어 있고, 미시적으로 행사된다. 이것이 푸코가 본 '권력의 근대화'이며 사회통제 양식에 발생한 중요 변화이다. 이 미시적 권력 형식은 편만성, 비강제성, 무명성 등의 특징을 갖고 있다. 이 새로운 통제 양식에서 권력은 이를테면 학교, 공장, 병원 등의 길들이기 장치, 제도, 훈육자들에게로 분산되고 사회적으로 편만해 있다. 권력은 모든 곳에 있다. 또 이 통제양식은 과거의 형벌제도 같은 강제수단을 쓰는 것이 아니라 훨씬 세련되고 비강제적인 훈육법을 사용한다. 과거 육체는 형벌의 대상이었으나 지금은 육체와 정신이 모두 길들이기의 대상이다(푸코가 예시하고 있는 길들이기 장치들과 그 훈육법은 루이 알튀세가 논한 비강제적 이데올로기 장치들과 상당한 유사성을 갖고 있다. 물론 이 경우의 비강제성은 궁극적으로 불이익, 배제, 모욕 등의 형벌을 예비한 것이다). 미시화한 권력은 동시에 권력 행사자의 무명성, 혹은 권력의 무명성을 특징으로 한다. 권력은 모든 곳에 있기 때문에 어디에도 없는 것같아 보인다. 예컨대 죄수들을 '항구한 가시성 perpetual visibility'에 노출시키는 파놉티콘의 경우 그 가시성 자체가 무명의 자동적 권력 기능을 수행한다. 또 피감시자의 내부로 이동해 들어간 감시의 눈은 피감시자가 자신을 항구한 가시대상이 되게 하는 눈이므로 피감시자는 스스로 자기를 감시하는 무명의 권력 행사자가 된다. 푸코의 관점에서 현대 사회의 모든 길들이기 장치, 기구, 제도들은 이 파놉티콘적 감옥의 감시구조를 갖고 있다. 다시 우리의 관심사와 연결 지으면, 푸코가 그려 보이는 것은 정확히 검열의 편만성, 비강제성, 무명성으로 옮겨놓을 수 있다. 길들이기 장치들에 구조적으로 들어가 있는 감시의 눈을 자기 속에 내면화한 모든 훈육된 개인은 자기자신의 검열관이다.

3. 보이지 않는 가위손

우리 사회를 지배하는 거대한 이데올로기 성좌들로는 자본주의, 자유주의, 가부장제가 있다. 이 성좌들은 우리 사회의 '대타자Other'들이고, 상징질서 또는 상징적 아비의 질서이며, 그들로 구성되는 성좌 연합이 당대를 지배하는 권력의 3각 구조이자 이데올로기의 우주이다. 물론 이 대타자들 사이의 이해관계가 모든 경우에 반드시 일치하는 것은 아니다. 그러나 상호이반보다는 갈등의 상호조절이 그들에게는 더 크고 결정적인 이득이기 때문에 이 권력의 세 꼭지들 사이에는 매우 강고한 결속이 이루어져 있고, 이 결속의 결과가 현대 한국판 권력 3각형이다. 이데올로기로서의 자본주의는 특정의 생산양식을, 자유주의 이데올로기는 정치체제를, 가부장제 이데올로기는 문화체제를 각각 복제·재생산한다. 물론 이 분담관계는 엄밀하지 않다. 이데올로기는 무엇보다 문화적 헤게모니의 영역이므로 각각의 이데올로기들은 각자 문화체계이면서 동시에 권력체계이다. 이 이데올로기들이 대표하는 3각 권력연합은 그 꼭지들 중의 어느 하나에 심각한 파손이 발생하거나 파손 위협이 있을 때 합종연횡의 방식으로 위기에 대처한다. 이를테면 자본주의가 부도덕성과 경제적 불평등성의 위기에 봉착하면 자유주의가 자유와 평등(번역하면 '경쟁의 자유와 기회의 평등')이라는 이데올로기로 그 구원에 나서고, 자유주의의 위선(정치적 불평등과 부자유)이 노정될 때에는 자본주의가 소유의 평등(번역하면 "누구나 소유할 수 있다")이라는 이데올로기로 그 구원에 나선다. 가부장제 이데올로기의 활약도 눈부시다. 조선시대로부터 넘어온 이 이념체제는 사회합리화를 가로막는 전근대적 모순(예컨대 남아선호, 가문, 입신양명주의, 세습주의, 충효주의, 순종주의, 나이서열화)의 온상이자 불평등의 문화적 기초(이 체제 안의 여성에게는 기회의 평등도 능력경쟁의 자유도 없다)이면서도, 위기 국면에서는 '자본아비Capitalist Father'와 '자유주의 남성Liberal Brother'의 구원에 나선다. 가부장제 체제이념은 무엇보다도 우리 사회의 합리적 비판적 사유와 담론을 봉쇄하는 권위주의 세력이 됨으로써 사회 모순들의 적극적 노정을 미봉하는 마개 역할을 수행한다. 이들 권력연합은 보이지 않는 검열의 가위손을 작동시킴으로써 가장 효과적으로 유지된다.

소비사회의 일상이 매우 정교하고 강력한 검열체제인 것은 그 검열을 아무도 의식하지 않는다는 사실이 가장 잘 말해준다. 멕시코 사상가 과달루페 로에아사의 지적처럼 "나는 구매한다, 고로 나는 존재한다"라는 것이 소비사회에서의 개인들의 존재방식이다. 그러나 이것은 존재방식일 뿐 아니라 구매력과 소유-소비의 능력 유무가 개인들의 자기 이미지를 좌우하는 평가체제임을 의미하는 것이기도 하다. 소비의 일상에서 개인들에게 퍼부어지는 광고 메시지는 "이 새로운 물건을 아십니까?"라는 것이지만, 이 질문에는 "너는 이것을 갖고 있는가?"라는 심문과 함께 "갖고 있지 않다면 너는 어딘가 잘못되어 있다"라는 오류선고가 숨겨져 있다. 광고의 효과는 이 심문과 선고의 내면화에 있다. "나는 이 새로운 물건을 갖고 있는가?"로 내화된 질문은 이어 이 잠재적 소비자 자신의 이미지와 능력 판정에 영향을 주는 자기검열로 발전한다. 그 좋다는 새 물건을 갖고 있지 않다면 그것은 그의 '오류'이며, 그것을 구매할 능력이 없다면 그것은 그의 '결함deficiency'이다. 더구나 옆집 사람, 직장 동료, 대학 후배도 갖고 있는 것을 자기만 갖고 있지 못하고 구매할 능력도 없을 때 이 결함은 그가 스스로 용서하기 어려운 '중대한' 잘못, 무슨 수를 써서라도 교정해야 할 오류이고 퇴치해야 할 결함이다. 그는 자신의 오류와 결함을 스스로 판정하고 선고하는 자기 검열을 수행하고, 그 검열 결과에 맞추어 자신을 길들인다. 소비사회를 지배하는 것은 자본주의의 언어이며, 그 사회의 원활한 운영 여부를 감시하는 것도 자본주의라는 거대한 아비, 그 대타자의 눈이다. 그러나 이 언어와 눈은 소비자 개개인의 내부로 들어와 그의 언어, 그의 눈이 되어 있다. 그는 그 대타자의 언어로 말하고 대타자의 눈으로 자기를 보면서도, 그것이 자신의 언어이고 눈이라 생각한다. 그 대타자의 명령("소비하라!)은 완벽하게 내면화되는 것이다. 푸코적 감시의 관점에서 보면, 감시의 권력은 모든 곳에 분산되어 있고 무명화되어 있다. 이웃, 동료, 가족 ─ 이들은 이미 감시자이다.

이 내면화의 힘은 그것이 소비사회에서 개인들이 경험하는 자유, 평등, 행복의 문제와 직결된다는 데 있다. 내면화 과정의 분석에도 불구하고 그 분석이 소비명령에 대한 비판적 성찰로 좀체 이어지지 않는 것은 거기에 또 다른 차원의 검열이 개입하기 때문이다. 이 또 다른 차원의 검열은 소비사회에의 적응능력이 개인의 능력으로 인정되

보이지 않는 가위손

고, 그 능력의 발휘가 행복이 되는 일련의 메커니즘, 곧 이상적 '자아상의 확립'이 그 적응능력과 불가분으로 연결되어 있다는 데서 발생한다. 높은 구매력은 개인의 자기 이미지 형성에 절대적인 요인으로 작용하고 그의 발언권, 지위, 영향력을 결정한다. 무엇보다도 그것은 그의 자유, 평등, 행복에 직결된다. 그에게 구매력은 그를 자유롭게 하고 소유의 평등을 실현하게 하며 그의 행복을 보장한다. 그러므로 자유, 평등, 행복의 명령은 그로 하여금 이 가치들의 실현에 장애가 될 모든 다른 가치, 행위방식, 태도, 결정을 스스로 감시, 검열, 배제하게 한다.

따라서 소비사회에의 적응능력은 개인이 자기자신을 '유능하고 영향력 있고 행복하고 자유로운 개인'으로 만들 수 있게 하는 순수한 개인적 '기술'— 곧 자아상 확립의 기술이 된다. 이 단계에서 그는 자신의 능력, 행복, 자유, 자신감을 결정하는 이 기술을 '무슨 수를 써서라도' 확보하고 터득해야 한다는 명령을 지고의 절대명령으로 내면화하며, 이 자기 명령에 비추어 자기를 부단히 감시하고 검열한다. 감시자는 밖에 있지 않고 그의 안에 있다. 이 경우 소비사회의 구조적 불평등과 부자유는 순수한 개인적 무능력의 문제로 환원되고, 사회적 부자유와 불평등에 대한 모든 비판은 자기검열에 의해 '오류'로 판정되고 유효하게 배제된다. 물론 소비사회는 자유롭지도 않고 평등하지도 않다. 그러나 자유와 평등이라는 자유주의의 위선과 개인주의 신화가 오히려 자본주의를 구원하는 원병이 되는 이유

는 그 위선과 모순을 '말하지 않고 보지 않기로' 하는 이 일
련의 내면화된 검열 때문이다.

우리 사회의 매체, 광고, 텔레비전 드라마, 프로그램 포
맷 등등이 또한 정교하고 강력한 검열체제를 이루고 있다
는 사실은, 그리 새로운 얘기는 아니지만, 특별히 가부장제
이데올로기라는 거대한 아비의 눈과 관련하여 점검할 필
요가 있다. 이미 다수의 여성학자들이 들추어내고 있듯 가
부장제 이념의 눈은 무엇보다도 여성 '육체'에 대한 세밀한
감시와 검열의 그물을 형성하고 있다. 그러나 이 감시-검
열의 눈은 미세하게 분산되고, 그 권력 행사는 푸코의 현
대권력론에서처럼 미시적으로 온 사회에 편만해 있다. 각
종의 여성잡지·광고·텔레비전 드라마·패션 잡지·텔레비
전 뉴스 캐스팅을 포함한 프로그램 형식, 고용 조건 등이
내놓고 있는 여성성, 여성다움, 여성미의 규범canon들은 우
리 사회에서 여성과 그 육체가 얼마나 철저하고 가혹한 검
열체제 속에 놓여 있는가를 잘 보여준다. 그 규범들은 여
성의 몸가짐, 동작, 보폭·앉음새, 걸음거리에서부터 화장,
액세서리, 복장, 말씨, 표정에 이르기까지 "이래야 여성답
다"라는 조건과 기준과 명령을 제시한다. 이것들에 따르면
풍만성은 여성 육체의 적이다. 여성의 몸은 가늘어야 하고
날씬해야 하며, 모든 경우에 남성의 보호를 필요로 하는
그런 규모와 차원을 유지해야 한다. 경험, 지혜, 성숙성도
여성의 적이다. 여성은 무조건 예쁜 얼굴을 가져야 하고
그 '예쁜' 얼굴은 무경험, 미성숙, 순진성의 표본이어야 하

며, 모든 경우에 남성의 안내와 지도와 감독을 필요로 하고, 자나 깨나 앉으나 서나 남성에의 항구한 의존과 종속을 간절하게 요청하는 그런 표정의 것이어야 한다. 그래야 여성은 '사랑받는 여자, 사랑받는 아내'가 될 수 있다. 이런 조건과 기준과 규범들로부터의 이탈이나 불순종이 여성을 감방으로 보내지는 않는다. 그러나 이 비강제적 길들이기로부터의 이탈은 많은 경우 감방살이 이상의 형벌을 예비한다.

여성 육체에 대한 이런 감시와 검열을 감시와 검열로 의식되지 않게 하는 것이 보이지 않는 가위손의 작동법이다. 이 가위손이 보이지 않는 것은 무엇보다도 그 검열이 여성들 자신에게 성공적으로 내면화되어 있기 때문이다. "여자는 이래야 한다"라는 명령의 내면화와 함께 여성들은 그 명령이 제시하는 여성성femininity과 여성미의 규범에 맞추어 자기 육체를 가꾸고 개조하는 것을 '자아상의 확립' 사업으로 갖게 된다. 그는 다이어팅을 해야 하고, 특정의 화장법과 유행을 따라야 하고, 성형외과를 찾아야 한다. 그의 육체는 항구한 기아선상을 헤매야 하고, '여성적' 표현을 위한 장식공간이 되어야 하며, 항구한 종속을 위해 매 순간 길들여져야 한다. 이 종속을 명령하는 것은 물론 가부장제라는 이름의 이데올로기, 그 상징적 권력 아비이다. 그러나 길들여진 여성은 그 대타자의 눈으로 자기를 검열하면서도 그 검열을 의식하지 않는다. 그 눈은 가부장제 아비의 존재를 의식하기 어렵게 하는 방식으로 온 사회에 편만해 있고 무명의 형식으로 검열권을 행사하며, 여성 자신이 그 권력의 행사자가 되어 있기 때문이다. 이 경우 길들여진 여성은 가부장제 아비에게만 종속되어 있는 것이 아니다. 그는 여성미를 실현하고 여성성을 구현하기 위해 모든 가용자원을 구매하고 소비하는 경제 행위자, 말하자면 자본아비의 귀엽고 이쁜 효녀이기도 하다. '여성성'은 사회적으로 만들어진 차별 범주이면서 동시에 소비사회의 거대시장이고 산업분야이다. 이것은 가부장제 이념체제가 어떻게 자본아비와 합작하여 소비사회의 이해관계에 기여하고 있는가를 보여주는 한 사례이다.

우리의 전통적 속언과 격률, 민담과 전설, 풍속과 관행들은 또 다른 차원에서 보이지 않는 가위손을 형성하고 있다. "긴 경험을 짧은 문장 속에 축약한 것"이라는 말은 세르반테스가 내린 속담의 정의이다. 그러나 '긴 경험'이 긴 세월에 걸쳐 형성된 '진리'를 반드시 의미하지 않는다는 단서가 붙을 때에만 이 정의는 수락할 만한 것이다. 속담이 요약하는 '긴 경험'은 특정의 권력관계와 인식틀이 지배했던 시대의 경험, 따라서 사회관계의 변화와 함께 그 적절성을 상실한 경험일 수도 있다. 속담이 아주 강력한 '이데올로기 요소'가 되는 것은 그것이 사회변화와 함께 이미 그 적절성을 상실하고 나서도 여전히 강한 힘을 지니는 '지혜의 언어'로 계속 작동하는 경우이다. '군사부君師父 일체'는 조선시대의 사회관계, 곧 군사부가 권력의 3각 꼭지를 점하고 있던 시대의 지배체제를 요약한다. 그러나 전통 사회적 사회관계를 과거시제로 돌려놓고 있는 현대 한국에서도 '군사부 일체'는 예컨대 전교조 소속 교사들의 투쟁 시위를 대중적으로 무력화시키기 위한 언어("군사부 일체라 했는데 어떻게 선생들이 붉은 띠 매고 데모 하나?")로 쓰인 적이 있고, 지금도 그 비슷한 문맥에서 쓰이고 있다. 여성 비하를 내용으로 하는 수많은 속담과 교훈, "송충이는 솔잎이나 먹어야지"라는 식의 운명론적 속언들, 죽어서도 아들 밥그릇을 챙겨주기 위해 매일밤 부엌에 오는 '어머니 귀신'류의 전설들, 합리적 사유와 비판적 담론을 일순에 봉쇄하는 "넌 애비도 없냐?"식의 난폭한 언어들——우리 사회에는 이런 종류의 '이데올로기 요소'들이 하다한 경우 진리의 언어로 유통되고, 이 진리의 언어에 맞지 않는 다른 담론과 주장을 '오류'로 판정한다. 속담을 진리의 언어로 내화하고 있는 사람들에게 그 언어를 덮을 다른 진리의 언어는 없다. 문제는 전통 속담, 전설, 격률 등의 '이념소ideologeme'들이 대중적 유통 차원을 벗어나 현대 한국의 사회적 모순들과 체제 위선을 은폐하고 보이지 않게 하는 유용한 자동적 검열기능을 정치와 문화(예술 포함)의 차원에서 수행한다는 데 있다. 이데올로기 요소(이념소)들은 대부분 정치와는 무관해 보이는 비정치적인 혹은 '탈정치적'인 언술의 모습을 띠고 있고, 이 탈정치성이 그것들에 대한 무저항적 내면화를 용이하게 한다. 그러나 이념소들의 이 탈정치성이 바로 그것들이 지니는 강한 정치성이다.

우리의 다수 남성 작가들이 그 소리만 들어도 깜빡 엎어지는 '어머니'라는 범주는 그런 자동적 검열기능을 수행하는 수많은 이념소 가운데 하나이다. 물론 '어머니'는 과거에나 지금이나 우리가 사랑과 헌신과 희생의 대명사로 떠받들만한 위대한 존재이다. 그러나 어머니라는 존재와 모성애라는 것이 조선시대 '열녀'의 경우처럼 '사회적으로 만들어지기도 하는' 문제적 범주라는 사실에 유의하는 것은 어머니의 사랑을 상투화하는 것 못지않게, 문학의 경우에는 당연히 그 상투화 이상으로 중요하다. 우리의 전통적 어머니상像이 그려보이는 어머니의 사랑과는 달리, 사회적으로 만들어지는 어머니의 '모성애' 속에는 그가 그런 모성애를 보이지 않으면 안되었던 사회적 모순과 역사적 질곡의 현실이 스며들어 있을 경우가 허다하다. 여성성의 현대적 범주와 마찬가지로 '모성성motherhood'에도 사회적, 역사적 범주로서의 성질과 차원이 있다. 모성성이나 모성애에 대한 예찬이 이 사회적, 역사적 차원을 망각할 때 '모성애의 물신화'라 부를 만한 맹목이 발생하는데, 이 맹목이 표현하는 것은 어머니에 대한 진실도, 그 사랑에 대한 진실도 아니다. 그것은 오히려 가부장제 이데올로기의 투사이고, 진실의 정치적 왜곡일 수 있다. 현대 한국의 경우에 국한해도 헌신, 희생, 사랑을 말할 만한 어머니의 존재는 낙동강 모래알만큼이나 많다. 그러나 지금 우리 사회에서 '어머니'(특히 중산층 이상의 가족에서)는 가장 심각한 문제적 범주의 하나이다. 이 어머니들은 아들을 위한 희생자이기 전에 가부장제 이데올로기와 자본아비의 희생자들이며, 그 이데올로기의 명령을 내화하고 그 명령에 복속된 여성들, 조선시대 어머니의 유구한 후예들이다. 이들에게는 "어머니는 이래야 한다"라는 내면화된 기준과 명령의 성격은 앞서 언급한 "여자는 이래야 한다"의 성격과 크게 다르지 않다.

검열의 작동기제에 관한 연구에서 프로이트가 "중요한 것을 중요하지 않은 어떤 다른 것으로 대체하는" 전치의 기술에 주목했다는 사실은 앞서 언급한 바가 있다. 욕망의 대상이 예컨대 '어떤 접근 금지된 여자'일 때 꿈 텍스트는 그 대상을 곧바로 정직하게 표출하는 것이 아니라 어떤 다른 것, 이를테면 밀가루 자루나 스타킹 혹은 양말 같은 것으로 바꾸어 표상하는 것이 꿈의 전치 기술이다. 이 바꿔치기, 또는 왜곡이 발생하는 이유는 수면 상태에서도 활동을 아주 중지하지 않는 의식(에고ego)의 검열 때문이고, 검문소를 위장-통과하듯 욕망의 메시지가 검열의 눈을 피해 위장술을 사용해야 하기 때문이다. 사소하고 시시한 것으로 중요하고 핵심적인 것을 대체하는 이 방법이 검열, 특히 내면화한 검열의 무의식적 기술이기도 하다는 것은 매우 흥미롭다. 우리 사회의 경우, 이 방식의 자기검열은 종종 다름 아닌 자본주의가 일으키는 핵심적 사회 모순을 '한사코' 보지 않고 말하지 않고 들추어내지 않으려는 무의식적 의지로 나타난다. 이 무의식적 의지는 정확히 무의식이기 때문에 자기검열 기제이며, 또 오히려 무의식적이기 때문에 더 적극적인 의지이다.

이런 의미에서 우리는 그 의지를 '적극적 무지' 또는 '무지에의 적극적 의지'라 부를 수 있다. 그것은 정당한 지식을 향한 의지가 아니라 무지를 향한 의지이기 때문이다. 이 점에서 지식이 언제나 지식-권력의 연합정권이라는 푸코의 관점은 수정될 필요가 있다. 권력을 향한 의지는 지식과만 연정을 구성하는 것이 아니라 많은 경우 무지·무의식 또는 무지에의 의지와 연대한다. 예를 들어 자본주의가 야기시키는 사회 문제는 누군가의 말대로 일일이 열거하자면 '손에 쥐가 날' 정도로 많다. 그러나 인간의 물건화로부터 초래되는 인간 멸시, 가치의 상품화, 인명 경시, 자연 파괴, 지구를 쓰레기통으로 만들기, 공동체 파괴, 공존을 위한 윤리와 공공철학의 소멸 등은 우리가 꼽지 않을 수 없는 중요한 문제들이다. 그런데 이런 문제가 발생할 때마다 우리 사회가 요란스레 거론하고 '원인분석'으로 제시하는 것은 자본주의의 핵심모순 그 자체가 아니라 언제나 주변적인 것, 2차적인 것, 비핵심적인 것들이다. 반인륜적 범죄가 발생하는 것은 학교에서의 도덕교육이 부실하기 때문이고, 대학에서 『명심보감』을 가르치지 않기 때문이며, 인륜이 땅에 떨어졌기 때문이라는 식의 분석이 그것이다. 이런 원인분석이 분석이 아닌 것은 "왜 인륜이 땅에 떨어졌는가?"라는 질문에 "인륜이 땅에 떨어졌기 때문"이라고 대답하는 것이 원인해명이 아닌 것과 같다. "쓰레기가 왜 생기는가?"라는 질문에 대한 한국식 해답은 '사람들이 쓰레기를 마구 내다버리기 때문'이고, '공중도덕심이 없고 자연을 사랑할 줄 모르기 때문'이다.

그런데 어째서 우리 사회는 이 종류의 분석 아닌 분석에 매달리고, 원인 아닌 원인을 열심히 치켜드는가? 그것은 어떤 일이 있어도 자본아비의 핵심 모순만은 지적해서는 안된다는 내부명령이 있기 때문이다. 이 명령은 우리 사회에 널리 내면화되어 있다. 그러므로 그 명령을 준수하고 명령 위반을 막기 위해서는 '핵심적 원인을 어떤 다른 비핵심적 원인으로 부단히 바꿔치기'하는 위장과 은폐의 기술이 필요하다. 검열의 눈은 핵심 지적을 허용하지 않는다. 이 위장-은폐와 함께 우리는 무지를 사회적 지식으로 갖게 되고, 비핵심적 문제를 문제로 파악하며, 엉뚱한 진단을 원인분석으로 얻게 된다. 이것이 무지와 권력의 연정이며, 이 연정을 유지하기 위해 내면화된 검열의 작동은 부단히 필요하다. 지식은 비지식의 형태로만 존재하고, 사회는 기이한 나르시시즘에 빠져 자기를 길들이는 대타자의 존재와 눈을 자기의 것으로 착각하고 명령의 기원을 망각한다. 이 나르시시즘의 사회는 자기를 경배하면서 사실은 무엇을 경배하는지 모른다. 이 무지가, 기이하게도, 현대 한국인의 행복의 조건이다.

문명의 야만성과 세계화 비전

1

20세기에 살고 있는 사람이 자기 시대 문명의 문제를 객관화하는 데는 한계가 없지 않다. 그는 무엇보다도 당대적 인식의 틀에서 벗어난 아르키메데스적 지점을 확보할 수 없고, 따라서 그가 파악하는 문제와 그 문제의 정의 방식은 시대적 편견으로부터 자유로울 수 없다. 그가 자기 시대의 문제를 정의하는 방식은 당대적 경험의 내부성과 연결된 것이므로 경험의 직접성이 사상되었을 때에만 가능한 역사적 객관성의 지위를 가질 수가 없다.

또 당대적 사건의 의미는 당대인의 경험 범위 내부에서만 구성되는 것이 아니다. 오히려 사건의 의미는 거의 언제나 후대에, '사건 이후'에 구성된다. 의미의 사후구성성을 염두에 둔다면 당대인이 당대 문명의 문제를 정의하는 일은 '역사적' 작업은 아니다. 그러나 바로 이 한계 때문에 당대적 문제 정의는 그 특수한 의미를 지닐 수 있게 된다. 무슨 얘기냐면, 당대인이 정의하는 문제와 그 정의방식은 그 자체로는 역사적인 것이 아니지만 당대 경험으로서의 의미와 중요성을 갖는다. 경험의 특수성은 당대의 것이며, 당대인만이 그것을 제공할 수 있다. 한 시대의 문제의식은 사후적 판단과 기술의 토대가 될 당대 경험의 일부인 것이다.

세기말의 시점에서 돌아볼 때, 우리의 '당대'에 해당하는 20세기는 어떤 시대인가? 문명사의 맥락에서 보자면 20세기를 지배한 것은 단연 '개발의 신화the myth of development'이다. 개발 이데올로기가 전면에 부상한 것은 제2차 대전 종료 이후 세계가 동서 양 진영에 의한 냉전체제로 양극화한 1950년대이고, 그 이데올로기가 절정에 달한 것은 냉전의 절정기인 1960년대이다. 냉전의 절정이 동시에 개발신화의 절정기가 된 것은 냉전체제가 정치군사적 패권경쟁에만 머문 것이 아니라 더 근본적으로는 '산업근대화'의 경쟁체제였기 때문이다. 서방 진영이 '서구식 개발모델'을 내세워 세계를 개발국, 개발도상국, 저개발국의 세 범주로 분류하고, 개도국과 저개발국들에 모방의 모형으로서 '서구식 개발'을 제시한 것은 전략으로 치면 냉전적 경쟁기의 그 어떤 정치군사적 전략보다도 중요한 것이었다. 서방의 개발신화는 '밀고 당김push and pull'이라는 은유로 대표된다. 저개발국으로 분류된 나라는 근대화와 산업화를 통한 사회경제적 발전의 유인동기를 그 내부에 갖고 있지 못한 정체停滯사회로 규정되었고, 이런 사회에서는 '외부로부터의 자극'만이 변화를 가져올 수 있다는 것이 개발이론의 주요 주장이었다. 그러므로 서구식 개발모델은 고인 물웅덩이 같은 정체사회에 침투하여 그 사회를 개발궤도 속으로 '밀 어넣는push' 자극임과 동시에 그 궤도 위로 '끌어당기는pull' 힘이라 선전되었다. 서구식 개발모형을 선택하는 나라만 이 밀고 당김의 힘을 얻어 개발국이 될 수 있다는 이 신화 는, 서방이 사회주의권을 상대로 한 패권경쟁에서 고안해 낸 가장 중요한 세계경영 전략이자 경쟁전략이 된다.

그러나 개발신화가 서방의 주요 전략이었다는 사실만 으로는 그 이데올로기의 20세기적 규모가 설명되지 않는 다. 개발 이데올로기가 팽창하게 된 데에는 무엇보다도 '근 대화'의 비전, 특히 산업근대화에 대한 세계적 매혹이 있 었다는 사실을 간과할 수 없다. 산업근대화가 적어도 개발 이데올로기의 한 주요 내용이었다는 점을 감안한다면, 생 산체제 근대화에 대한 집착은 곧 개발에의 집착이다. 1945 년 이후의 신생독립국들에 산업근대화를 통한 번영의 실 현이라는 꿈은 국가적 목표이자 명령이었다. 산업화의 꿈 은 신생국들만을 매혹한 것이 아니다. 더 중요하게, 그것 은 소련을 비롯한 동구권 국가들의 비전이기도 했기 때문 이다. '개발'이라는 용어가 서방의 전용어였고, 개발의 실 현 수준에 대한 측정방식과 기준이 동서 두 진영 사이에 서 달랐다는 사실은 지금 이 문맥에서는 그리 중요하지 않 다. 개발의 방식, 전략, 모델에 서로 차이가 있었을 뿐 산업

보이지 않는 가위손

화를 통해 물질적 삶의 기반을 풍요화한다는 목표 면에서
는 사회주의권과 서방세계를 갈라놓을 만한 근본적 차이
가 있었던 것이 아니다. 따라서 동서 두 체제간의 모든 실
질적·상상적 변별성에도 불구하고 두 체제를 공히 관통한
것은 개발과 근대화라는 코드이다. 그 두 개의 부호가 어
떤 지점에서 동일성을 갖는다는 점을 상기한다면, 양극체
제는 산업근대화에 관한 한 사실상 같은 이데올로기를 공
유하고 있었다고 말할 수 있다. 사회학자 피터 버거의 지
적(『희생의 피라미드』)처럼, 1960년대에 이르면 세계 거의 모
든 나라들에 개발과 산업근대화는 '피할 수 없는 운명'으로
간주되고 있었던 것이다.

　　서구의 경우, 이 개발신화의 계보적 직계조상이 19세
기의 '진보progress' 신화라는 사실은 20세기의 성격을 이해
하는 데 요긴하다. 물론 진보신화의 역사적 기원은 18세기
계몽주의 시대로 거슬러 올라가고, 18, 19 두 세기의 진보
관념 사이에는 연속성이 존재한다. 그러나 19세기의 진보
신화는 최소한 두 가지 점에서 계몽주의 시대의 진보관과
구별된다. 하나는 19세기적 진보신화가 과학과 기술, 특히
산업에 대한 결정적 확신을 수반하기 시작했다는 점이고,
또 하나는 '진보관념과 제국주의의 역사적 결탁'이다. 산업
혁명과 시장경제에 의한 생산성의 폭발적 증대를 경험하
고, 그 증대에 의한 부富의 무한팽창 가능성을 신봉하게 되
면서부터 19세기 서구 열강은 경쟁적으로 전 세계의 비서
구 지역들을 식민화하는 역사상 유례 없는 광대한 제국주

의의 한 시대를 열게 되는데, 이 시기의 제국주의에 가장 유용한 정당성의 논리를 제공한 것이 진보신화이다.

진보신화와 제국주의의 결탁상을 분명히 파악해두는 일은 지금의 '세계화' 이데올로기를 역사의 문맥에서 이해하는 데 불가결의 절차이다. 그 결탁의 이야기는 현대사의 한 장을 이루고 있을 뿐 아니라, 21세기에도 계속될 것이 확실한 어떤 진행, 곧 미래사의 서장을 구성하기 때문이다. 제국주의의 기본 성질은 '남의 땅을 강점하기'이다. 19세기의 유럽은 그러나 이 강점이 무단 강점일 경우 문명세계로서의 유럽은 '문명'을 내세우면서 사실은 '강도'가 된다는 자기모순에 빠질 것이기 때문에 제국주의 팽창기의 가장 큰 문제는 남의 땅 강점을 합법화할 정당하고 이유 있는 '근거'를 마련하는 일, 다시 말해 제국주의를 정당화해 줄 '이데올로기 작업'이었다. 이 이데올로기 작업을 완성한 것은 진보신화를 동원한 '구원자'의 공식이다. 이 공식은 아주 간단하다. 유럽은 문명세계이고 '진보'의 본고장이며, 아프리카를 비롯한 세계의 여타 비서구 지역은 야만, 무지, 미신의 땅이다. 그러므로 문명세계가 야만의 땅을 접수하여 '진보'를 심어주는 일은 강점이 아니라 '구원'이고, 이 구원에 나서는 문명국은 '이타적 구원자'이다. 진보의 메시지를 파급하는 일은 문명국의 임무이자 사명이다. 따라서 문명국은 야만, 무지, 미신의 땅을 접수할 '권리'를 가짐과 동시에 '의무'를 지고 있다 ─ 진보신화에 입각한 이 구원자

보이지 않는 가위손

공식은 제국주의에 완벽한 도덕성과 정당성을 부여한다. "근대적 진보관념 자체가 제국주의적 성격을 가진 것인가?"에 대한 논의는 일단 별개 문제로 돌리고 볼 경우, 그 근대적 진보관념은 19세기에 들어와 '제국주의와의 동맹'이라는 특수한 역사적 변용 과정을 겪으면서 철저히 타락한다.

이 타락한 진보신화와 동유럽 사회주의 국가들의 관계는 무엇인가? 사회주의권이 출현한 것은 19세기의 사건이 아니라 20세기의 사건이고, 이 사회주의의 역사적 과제는 19세기 제국주의를 '부정·해체·극복'하는 일이었다. 레닌의 경우에서 보듯, 제국주의의 구조적 성격을 적극적으로 분석하고 노출시킨 것은 사회주의이다. 흔히 망각되고 있지만 지금 이 세기말의 시점에서 되돌아볼 때, 제국주의 이데올로기의 '진리' 아닌 '이데올로기성'을 적극 노출시킨 것은 사회주의의 극히 중요한 공헌이다. 이 사실은 무엇보다도 사회주의가 제국주의 이데올로기로서의 19세기 진보신화를 당연히 '배척'했을 뿐 아니라, 그 신화를 '해체'하려 했다는 것을 의미한다. 이 해체작업은 제국주의의 실상(착취와 수탈)과 허상(문명과 진보의 전파) 사이의 괴리를 노출시켜 제국주의 정당화라는 이데올로기 작업 내부의 허위와 야만성을 폭로하는 일이었다.

제2차 대전 이후의 신생국들이란 '예외 없이' 제국 식민지로서의 과거를 가진 나라들이었고, 이들에게 '독립'은 곧 식민 과거의 청산이고 제국주의로부터의 해방이었다.

많은 신생국들이 사회주의적 국가모형에 경도되었던 것은 이 때문이다. 제2차 대전 종료를 계기로 식민지들이 대거 독립하면서 세계의 정치지도가 바뀐 것을 가리켜 20세기 중반의 '질서재편'이라 부르는데, 이 질서재편의 세계사적 의미는 '제국주의 시대'의 외피적 종료라는 것이다. 그러나 이 질서 재편—제국주의가 그 발톱 아래 장악하고 있던 지역들을 풀어주지 않으면 안 되었던 그 재편 자체가 사회주의권의 현실적 존재에 결정적으로 힘입은 것이라는 사실을 기억하는 일은 중요하다. 현실 사회주의가 서구 제국주의의 한 시대에 적어도 정치적 종지부를 찍도록 강요했다는 것은, 역시 이 세기말의 시점에서 20세기를 되돌아볼 때, 사회주의의 세계사적 공헌으로 기억되어야 한다. 19세기 제국주의는 19세기 말에 끝난 것이 아니라 20세기 중반에 와서야 최소한 그 정치적 외피를 포기하게 된 것인데, 이 포기는 이타적 동기에서 나온 것이 아니라 국제역학 관계의 변화가 강요한 불가피한 결과였다.

제2차 대전 종료 직후 서구 국가들이 들고 나온 '개발' 이데올로기는 제국주의 종료와 함께 대두한 새로운 국제질서와 현실에의 절실한 대응책이라는 성격을 갖는다. 제국주의 질서의 붕괴는 진보신화의 이데올로기적 유용성에도 명백한 마침표를 찍게 되고, 사회주의권과의 경쟁이라는 새로운 현실은 서방세계에 새롭고 유용한 대응전략을 요구하고 있었다. 그러므로 서방으로서는 19세기 진보신화를 '대체'할 새로운 이데올로기가 필요했고, 동시에 사회주의와의 경쟁관계에서 신생국들을 '유인'할 새로운 문명(사회 발전)의 모형이 필요했다. '개발'은 이 대체 이데올로기이면서 신생국들을 유인하기 위한 발전모형이다. 그러나 우리의 지금 문맥에서 중요한 것은 '개발'이라는 이름으로의 명칭 변경에 관계 없이 이 새로운 대체 이데올로기와 19세기 진보신화 사이에 연면히 존재하는 근본적 연속성의 문제이다. 진보신화가 문명과 야만, 빛과 어둠, 지식과 무지, 진리와 미신, 도덕성과 비도덕성이라는 이분법으로 명확히 세계를 분류했던 것처럼 개발신화도 개발과 저개발, 발전과 후진, 성장과 정체停滯라는 위계서열적 이분법으로 세계를 분류했다. 진보신화에서 제국주의 국가들이 문명의 중심부였다면, 개발신화에서도 서구 자본주의 국가들이 여전히 문명과 발전의 중심부이다. 외면 논리상 한 가지 달라진 것이 있다면, 제국주의가 제국 중심부와 야만 변방 사이에 엄격한 분계선을 유지한 반면, 개발 이데올로기에 와서는 저개발국이 자본주의 모형을 따르기만 하면 선진국이 될 수 있다는 이른바 '선진국 신화'가 대두했다는 점이다. 이 선진국 이데올로기가 세계 도처에서 어떻게 자연을 파괴하고 인간 희생과 삶의 고통을 초래했는가는 이미 개발인류학의 수많은 연구문헌들에 기록되어 있고, 지금도 기록되고 있다. 진보신화와 마찬가지로 개발 이데올로기는 세계를 선진/후진, 개발/저개발, 성장/정체라는 이분법으로 분할한다. 개발이 있기 위해서는 '반드시' 저개발, 후진, 정체가 있어야 하며 이 저개발, 후진, 정체는 전통 사회나 비산업화 지역만을 의미하지 않는다. '남극 개발'과 열대 우림 개발이 보여주듯 자연은 이미 그 자체로 '저개 발'의 범주, 다시 말해 적극적 개발의 대상이다. 제국주의 가 자본주의 '국제화'의 제1단계라면, 개발신화 시대는 그 국제화의 제2단계이고, 양자 사이에는 연면한 연속성이 존 재한다. 개발신화는 자연의 어느 곳도 그대로 두지 않는다 는 점에서 진보신화 시대의 제국주의보다 더 치열한 제국 주의이다.

서방의 '개발' 이데올로기에 맞선 사회주의권의 대응은 사회주의적 생산관계에 의한 발전모형이었다. 자본주의 가 자본주의적 생산관계를 청산하지 못하는 한 그 생산관 계에 입각한 사회발전은 근본적으로 제국주의의 구조, 비 인간화의 구조, 불평등과 착취의 구조를 벗어날 수 없다는 것이 사회주의적 발전모형의 대안이자 주장이었다. 사회 주의적 발전모형에서 주목해야 할 것은 그 모형 역시 19세 기적 유산 일부를 이어받았을 뿐 아니라 '근대적 진보'라는 18세기적 유산을 계승하고 있었다는 사실이다. 19세기적 유산이란 과학, 기술, 산업, 지식에 대한 확신이고, 18세기 적 유산은 이성에 의한 합리적 사회 건설이라는 근대적 진 보의 관념이다. 말하자면 사회주의는 제국주의 이데올로 기로서의 진보신화는 배척했지만, 18세기에 발원하는 근 대적 진보의 관념, 계몽주의적 진보관과 사회합리화의 이상은 그대로 유지하고 있었다. 근대적 진보관념이 19세기에 들어와 제국주의의 손에 나포됨으로써 결정적 왜곡과 타락을 겪었다면, 사회주의의 과제는 '타락하지 않은 방법'으로 근대적 진보를 역사 과정에 실현시키는 일이었다. 진보 관념을 19세기적 타락으로부터 건져내려 했다는 점에서 역사적 사회주의는 근대기획의 순수한 계승자이다. 또 사회주의의 관점에서 보면 과학, 기술, 산업을 제국주의 구조와 자본주의 생산관계에서 해방시키는 일이 진보를 실현하는 데 핵심적인 사항이었다. 사회주의적 발전모형은 말하자면 자본주의 생산관계가 일으키는 생산력의 왜곡과 타락으로부터 과학, 기술, 산업을 구출하여 진보를 실현한다는 것이었다.

이 '사회주의적 근대화'의 비전에 대해선 두 가지 사항의 지적이 필요하다. 하나는 앞에서 언급한대로 그 비전이 서구식 개발 이데올로기에 맞서서 제시된 사회주의적 개발 모형이었다는 것이고, 또 하나는 그 모형이 서구형 개발 전략과의 경쟁에서 결과적으로 패배했다는 사실이다. 이 패배가 무엇에서 연유한 것이었던가에 대해선 이미 상당한 분석이 나와 있고, 이 글의 당면 관심도 사회주의 패퇴의 원인을 분석하자는 데 있지 않다. 결과만을 놓고 볼 때 사회주의는 자본주의와는 다른 방식으로 자본주의를 압도하는 합리적이고 근대적인 산업사회를 실현시킨다는 방법론에서 실패한 것이다. 물론 이 실패는 사회주의적 이상 자체의 전면적 무효화를 의미하는 것도 아니고,

현존 자본주의 문명에 어떤 형태의 질적 전환을 가져와야 한다는 인류사의 과제를 후퇴시키는 것도 아니다. 그러나 그 실패의 파급효과는 큰 것이다. 무엇보다도 그것은 자본주의적 사회 발전 모형·전략·이데올로기의 유효성·정당성·유일성에 대한 믿음을 결정적으로 강화해주고, 모든 대안적 상상력의 고갈을 가져오는 동시에 자본주의의 전 지구화를 현실화하기에 이른다. 20세기 말미에 발생한 이 또 한 차례의 세계질서 재편으로 자본주의는 그 국제화의 제3 단계에 돌입한다.

'세계화globalization'는 사회주의권의 사실상의 소멸과 함께 개편된 새로운 질서, 곧 자본주의 국제화의 제3단계에 부응하는 이데올로기이다. 제2차 대전 종료에 따른 질서 재편과 냉전적 경쟁체제의 출현이 서방세계에 새로운 대응 이데올로기의 창출을 강요했던 것과 마찬가지로, 냉전체제의 종식은 '자본주의의 세계화'와 '전 지구 시장화'라는 신질서의 요청에 부응하는 새로운 이데올로기의 창출을 요구한 것이다. 신질서는 몇 가지 점에서 20세기 중반의 상황과는 다른 세계를 제시한다. 우선 그것은 자본주의권의 경쟁상대였던 사회주의가 소멸함으로써 자본주의는 경쟁상대를 외부 아닌 자본주의권 '내부'에 갖게 된 세계이다. 또 냉전경쟁기의 산물로서 후발 자본주의 국가들 — 개발이론의 '성장growth' 기준으로 따져 '중진국' 범주에 분류되는 국가들이 등장하게 되고, 이들의 경쟁적 존재를 고려하지 않을 수 없는 시장현실이 출현한 것도 변화의 하나이

보이지 않는 가위손

다. 또 다른 주요 변화로서는 자본주의 기업구조와 행태의 변화, 다시 말해 다국적 기업MNCs과 초국적 기업TNCs의 보편화 현상이다. 세계화라는 말은 당초 이들 다국적/초국적 기업들의 국제화 전략을 기술하는 용어로 사용되다가 1990년 동구 소멸 이후 신질서의 윤곽이 잡히고 새로운 무역질서의 필요성이 대두하면서부터 자본주의 세계경영 전략을 정당화하는 기업 제국주의적 이데올로기로 부상한다. 진보신화가 20세기 중반에 개발신화로 이름을 바꾸고, 개발신화는 다시 '세계화'로 대체된 것이다. 그러나 이 명칭 대체의 역사는 단절이 아닌 연속성을 그 기본 성격으로 하고 있다. 19세기 진보신화가 20세기 역사의 상당 부분을 앞질러 식민화했듯, 세계화는 21세기를 미리 식민화한다. 진보-개발-세계화의 3단계 진행은 결국 자본주의문명의 지속적 세계 지배라는 그림을 완성한다.

2

"세계화만이 살 길이다"라는 근자 우리 사회의 정치구호는 일단은 자본주의 지구화 시대에 '무슨 수를 써서라도' 살아남아야 한다는 생존논리에 근거하는 것으로 보인다. 자본주의 후참국으로 세계시장의 한 귀퉁이를 간신히 점유하고 있는 나라에서는 '무슨 수를 써서라도'의 생존논리가 다른 모든 논리를 압도하는 절박성을 가질 수도 있다. 또 지금처럼 전 지구촌의 시간적·공간적 거리가 소멸하고 세계 모든 주민들 사이의 소통·교류·협력의 가능성과 필요성이 높아진 시대는 누가 구태여 이름을 붙이지 않아도 '세계화의 시대'이다. 각 지역이 독자성·고유성·자율성을 잃지 않으면서 상호 이해와 존중의 문화적 관용을 키운다는 의미에서의 '세계주의cosmopolitanism'는 인간의 오랜 문화적 이상의 하나임에 틀림없다. 인종, 집단, 남녀 사이의 차별, 편견, 불평등을 해소하는 일이라든가 결사·표현·사상의 자유가 보장되는 열린 사회의 성취, 지구환경의 보존을 위한 국제 협력 등은 세련된 형태의 세계화정책과 세계주의적 태도, 국제적 윤리의식과 책임의식을 요구한다. 중국의 대기 오염은 중국 하늘에만 머물지 않고, 로스앤젤레스의 인종 갈등은 미국의 사건으로만 끝나지 않는다. 지금의 지구촌 주민들은 국경 속의 국민이면서 동시에 삶의 많은 영역에서 국경을 벗어난 세계시민이며, 이런 의미의 세계적 시민의식은 오늘날 누구에게나 필요하다.

　그러나 우리가 문제 삼는 '세계화'는 이런 것이 아니다. 우리의 '세계화' 구호는 1993년 말의 우루과이 라운드 쌀 시장 개방 파도를 타넘기 위해 졸속으로 제시된 것이었다. 그 구호가 '개방'과 '무한경쟁 시대'에 특별한 강조점을 두게 된 이유는 거기에 있다. 우리가 자본주의 세계체제 속에 있는 한 시장개방은 불가피하고, 자본주의적 경쟁 역시 어제오늘만의 현실이 아니다. 자본주의는 '처음부터' 경쟁 체제였기 때문이다. "시장개방이 우리의 무역 장부에 흑자를 더 많이 기록하게 할 것인가? 적자폭을 늘리게 할 것인가?"라는 실리적 타산도 문제의 초점이 아니다. 초점은 어디에 있는가? 우리의 세계화는 거의 전적으로 시장개방과 경제적 경쟁환경에 대응할 목적으로 제시된 것이었기 때문에 '개방에 대비한 경쟁력 제고'라는 것이 세계화의 주 내용과 방향을 이루게 된다. 이 과정에서 세계화는 다른 모든 고려사항은 제외한 채 '기업경쟁력 제고를 위한 세계화'를 의미하게 되고, '기업경쟁력이 곧 국가경쟁력'이라는 극히 위험한 등식의 성립을 허용하는 동시에 "무슨 수를 써서라도 이겨야 한다"라거나 "무조건 이기고 봐야 한다"라는 태도와 발상을 정책기조로 삼는 '천민적 수준'으로 추락하기에 이른다. '무슨 수를 써서라도' '무조건' 이기고 봐야 한다는 것은 자본주의와 제국주의가 지닌 동물성과 야만성을 승인할 뿐 아니라, 그것들을 오히려 절대적 가치·명령·행위기준으로 올려 세우는 일이다. 이것이 바로 천민적 수준이라는 것이다. 경쟁은 무조건 이기자는 것이 아니고, 무슨 수를 써서라도 이기는 것도 아니다. 그러므로 적어도 한 국가가 세계화의 내용과 방향을 그같은 동물적 수준에서 설정했을 때 그로부터 발생할 가치의 전도와 혼란, 비정상성과 비이성성의 확산, 사회규범의 정글법칙화 사태는 심각한 것일 수 있다. 우리의 세계화정책에 대한 비판의 초점은 거기에 있다.

　지면이 허락하는 대로 몇 가지 문제들을 세목화해보기

로 하자. 우선 기업경쟁력과 국가경쟁력은 같은 차원의 것도 아니고, 동일한 성질의 것도 아니다. 기업은, 적어도 그것이 자유시장체제 속의 기업인 한, 이윤 극대화의 논리와 동기에 지배되는 고도의 경쟁 단위이다. 그러나 국가는 그런 의미의 '경쟁단위'가 아니다. 기업은 이윤동기에 어긋나는 모든 요소들을 경영합리화의 이름으로 제거할 수 있다. 그러나 국가는 이윤 창출기구도 아니고, 이윤 극대화를 목표로 하는 조직도 아니기 때문에 국가경영의 논리는 기업경영의 논리와 같을 수가 없다. 기업에 좋은 것이 반드시 국가에도 좋은 것이 되지 않는 이유는 거기에 있다. 기업은 자신이 원치 않는 인력을 배제할 수 있지만, 국가는 어떤 시민도 배제할 수 없고 그의 시민적 권리와 존재 이유를 경쟁력의 유무로 결정할 수도 없다. 따라서 국가경쟁력이란 개념은 엄밀히 말하면 애당초 성립불가의 것이다. 더구나 기업경쟁력과 국가경쟁력을 같은 차원의 것으로 등식화한다는 것은 '국가 곧 기업'이라는 국가관 위에서만 가능하다. 성립불가의 것이 지금 성립해 있는 이유는 기업경쟁력의 정도로 국가경쟁력을 결정하는 측정법의 대두와 확산 때문이다. 국가경영이 합리성의 요소를 띠어야 한다든가 관료기구의 합리화라는 의미에서의 관료경쟁력도 있어야 한다는 것은 지금 우리가 제기하고 있는 문제와는 별개의 것이다. 구태여 국가경쟁력이라는 개념을 설정한다면 그 경쟁력은 당연히 기업경쟁력 이상의 것—문화적·도덕적 수월성과 선도성이라는 의미의 경쟁력, 인간이 인간으로 살 수 있는 사회실현력으로서의 경쟁력이어야 한다. 이 의미의 경쟁력은 정확히 동물성과 야만성을 극복하는 차원의 것이며, 정글법칙을 뛰어넘는 능력으로서의 경쟁력이다.

현대 기업의 공기업적 성격이라든가 기업의 사회 발전 기여도를 참작하는 사람들은 '자본주의의 동물성과 야만성'이라는 표현에 심한 거부감을 느낄지 모른다. 우리의 관심은 현존 자본주의체제의 높은 생산성이나 시장체제의 효율성을 전면 부정하자는 것이 아니다. 지금 이 대목에서의 우리의 주 관심은 생산성과 효율성이 궁극적으로 대면해야 하는 근원적 질문——"무엇을 위한 생산성이며 효율성인가?"라는 질문의 중요성을 제기하는 데 있고, '인간의 얼굴을 가진 자본주의'의 실현 가능성 여부를 따져보자는 데 있다. 자본주의의 야만성은 인간 착취와 존재의 상품화 차원에만 있는 것이 아니다. 그것의 가장 노골적인 야만성은 모든 생산의 토대가 되어 있는 자연을 파괴함으로써만 생산성을 높일 수 있는 생산양식 그 자체, 그리고 소비양식 그 자체에 있다. 이 양식은 생산을 위해 생산의 근원적 토대를 파괴한다는 극단적 비합리성에 입각해 있다. 현존 자본주의의 생산과 소비의 효율성은 이 같은 비합리성 위에서만 가능하다. 고도 생산성을 유지하기 위해서는 자연의 무한파괴가 불가피하고, 효율성을 유지하기 위해서는 환경의 무한오염이 불가피하다. 그러므로 고도 생산성과 효율성은 생산의 사회적·인간적 효용의 증대와는 반드시 일치하지 않고, 오히려 그 효용성을 감소시킨다. 효율과 효용 사이의 이 모순이 궁극적으로는 기술 발전에 의해 해소될 수 있으리라는 막연한 기대도 없지 않다. 그러나 기술 발전 자체가 이윤동기와 목적에 종속되어 있는 한 기술이 문제를 전면 해결해주리라는 기대는 갖기 어렵다. 한 예로 유조선의 거대화기술은 슈퍼탱거의 출현을 가능하게 했지만, 엄청난 양의 원유를 실은 슈퍼탱커가 사고를 냈을 때 자연이 입게 되는 손상은 더 크다. 작년에 우리가 겪은 여객기 추락 사고는 기술 부족 때문이 아니라 "가능한 한 회항하지 말라"는 손익계산서상의 명령 때문에 발생한 것이었다. 슈퍼탱커가 자연에 대한 고려보다는 이윤동기에 복종하고, 여객기 운항이 인간 희생의 고통 방지보다는 손익계산에 먼저 복종해야 한다는 것이 바로 효율과 효용 사이의 모순이다. 자연과 인간의 고통을 고려하지 않는 것은 효용의 감소이고, 이 감소 위에서만 효율성을 높일 수 있다는 것이 바로 야만성이다.

현존 자본주의 문명이 인간의 얼굴을 가진 문명으로 전환할 수 있는가라는 문제는 자본주의 그 자체의 문제이고 과제이다. 그것은 동시에 지금의 인류가 당면한 최대의 과제이기도 하다. 이 말은 우리의 세계화정책과 비전이 당연히 이 과제를 정책 시야 속에 넣고 있어야 한다는 의미이다. 간단히 말하면 우리는 자본주의체제의 한 귀퉁이에 살면서 그 체제가 요구하는 경쟁논리만으로 생존의 문법을 삼을 것이 아니라, 그 체제의 야수성을 순치하고 제거하는 선진적 문명성과 도덕성의 문제에 마땅히 관심을 가져야 하며, 동물적 문명을 인간적 문명으로 전환시키는 작업에 우리 스스로가 선도적으로 나서야 한다. 그러나 작금의 세계화 구호 속에서 우리는 이런 관심과 고려를 찾아보기 어렵다. 먹고사는 문제는 언제나 생존의 일차적 관심거리이다. 그러나 무조건 무슨 수를 써서라도 살아남는 것은 동물적 생존이다. 아니, 그것은 동물 이하의 생존법이다. 동물의 세계도 '무조건'의 법칙에 지배되는 것은 아니기 때문이다. 사자는 제 먹을 것 이상으로는 사냥하지 않고, 담비는 먹고 남은 것이 있으면 숲의 다른 존재들이 먹을 수 있게 상까지 차려놓는다.

여기서 우리는 자본주의적 생존경쟁이 자본주의 선진국들 자체에서도 지금 어떤 결과를 몰아오고 있는지에 주목할 필요가 있다. 생존경쟁력만을 유일 가치로 삼는 사회는 무엇보다도 사회 구성원들 사이에 특수한 정신질환을 일으키고, 사회를 통제불능의 수준으로 파편화한다. 제국주의가 식민지 백성들에게 특수한 정신질환(예컨대 비굴성, 사대주의, 자기비하, 허무주의)을 유발하듯, 자본주의의 야만성 부분도 특수한 정신질환을 유발한다. 우울증, 정신분열, 파괴충동, 자살 등은 특징적으로 '자본주의의 정신질환'이며 범죄, 이기주의, 극단적 개인주의 등은 자본주의의 '사회적 질병'이다. 이것들이 초래하는 것은 공동체 의식과 규범의 증발, 인간 황폐화, 사회의 사막화이다. 빌 클린턴 미국 대통령의 1995년도 연두교서가 '시민사회의 건설'을 목표로 내세운 것은 이상하고도 흥미로운 일이 아닐 수 없다. 이상하다 함은 유럽 국가들과 마찬가지로 이 지구상에서 가장 일찍 시민사회를 건설하고 시민사회적 역사와 전통을 자랑해오던 나라가 뒤늦게 다시 시민사회 건설을 정책 목표로 내세우고 나왔다는 사실 때문이고, 흥미롭다 함은 왜 그런 정책이 새삼 제시되어야 했는가가 궁금증을 일으키기 때문이다. 이미 서구 사회학자들과 정치학자들 사이에서 지적되고 있듯 서구권은 '시민사회의 와해'를 경험하고 있다. 서구가 구사회주의 국가들을 비롯해서 세계의 여러 나라들에 시민사회 건설을 극구 권장해온 바로 이 시점에 정작 서구 자체는 시민사회의 붕괴를 목격하고 있는 것이다. 근본적으로 이 와해는 자본주의의 현 발전단계가 자율적 시민사회의 성립과 유지를 적극 방해하는 저해 요소들을 갖고 있다는 사실에 연유한다. 경제영역이 그 자체의 자율성을 보장받아야 한다는 것은 근대적 요청이지만, 지금 문제가 되는 것은 자본의 유일가치화와 세계 지배이다. 이런 사정과 지적 들은 우리의 세계화정책이 "왜 '자본주의 만세'만을 외쳐서는 안되는가?", "왜 생존경쟁의 논리만을 내세워서는 안되는가?", "문명의 방향 전환이라는 과제를 왜 긴 안목으로 내다봐야 하는가?"의 이유를 요약한다.

군사독재 30년의 질곡은 우리 사회에 부패한 정치권력과 부패한 자본의 결탁이 일으킨 구조적 왜곡을 초래했

보이지 않는 가위손

고, 산업영역에서의 근대화만으로 사회근대화를 대체하려
한 독재권력의 자기 정당화 노력은 천민자본주의 문화의
사회적 확산과 가치 혼란을 야기했다. 국민들이 현 문민정
부에 열렬히 '개혁'을 기대했던 것은 그 30년 세월에 우리
가 건설한 것이 시인 최승호의 시「살어리 살어리랏다 흉
가에 살어리랏다」에 나오는 '흉가'──언제 무너질지 모르
는 썩은 기둥들이 지붕을 떠받치고 있는 흉가 이미지 그대
로의 사회였기 때문이다. 시인의 비전과 형상화대로 우리
는 30년간 누적된 적폐들이 어떤 방식으로 사회를 무너뜨
리고 사람들을 타락시켰는지 두 눈으로 똑똑히 보고 있다.
우리의 당면 개혁과제는 바로 그 흉가를 뜯어고쳐 사람의
집, 사람이 살 수 있는 집으로 만들자는 것이다. 여러 비판
에도 불구하고 현 정권은 우리 헌정 사상 그래도 가장 많
은 개혁을 추진해왔고, 최고 권력의 층위에서는 헌정 사상
가장 깨끗한 정부이다. 그러나 국민들이 더 많은 개혁을
요구하는 것은 지금 우리 실정상 '정부만이 추진할 수 있
는 개혁과제'들이 많기 때문이다. 세계화와 개혁을 동시적
으로 추진하는 데는 세계화의 비전 자체를 더 세련화하고
충실화할 필요가 있다. 예컨대 우리의 재벌기업 행태 자체
가 개혁의 대상이 되어 있는 현실에서 재벌기업이 개혁의
선도자인 양 나선다든가 세계화가 곧 기업경쟁력만을 의
미하는 것으로 여겨지는 상황이 전개된다면 그것은 세계
화가 아니라 특정 영역의 신성화 내지 특권화에 해당하며,
아직도 많은 경우 비합리적 행태를 벗어나지 못한 재벌기

업들에 면죄부를 안겨주는 일이 될 것이다.

　우리의 세계화 비전을 세련화하고 충실화해야 한다는
말의 우선적 의미는 '세계화'라는 용어 그 자체의 제국주의
적 배경·맥락·함의에 대한 선명한 인식이 있어야 한다는
뜻이고, 그 배경과 맥락 들로부터 벗어나는 세계화의 비전
쪽으로 안목을 확대해야 한다는 의미이다. 이 글이 앞서
진보신화와 개발 이데올로기의 연장선에서 세계화의 개
념을 검토한 것은 그런 이유에서이다. 외국에서 노동자들
을 데려다 노예노동자로 전락시키고, 인권의 가치와 개념
을 증발시키는 것은 적어도 세계화를 외치는 나라의 할 일
이 아니다. 일개 회사의 광고에 불과하지만 "정복할 것인
가? 정복 당할 것인가?"식의 발상 역시 세계화와는 거리가
멀다. 문제는 이런 발상의 광고가 버젓이 유통되고 사회적
으로 용인될 뿐 아니라, 그것이 무한경쟁 시대의 당연한
논리이고 발상인 양 여겨지고 있다는 점이다. 문명 세계가
필요로 하는 것은 정당한 경쟁이지 제국주의적 경쟁이 아
니며, 남을 '정복'하는 것은 경쟁이 아니다. 그런데 이 종류
의 발상은 우려스럽게도 지금 우리 사회에 만연해가고 있
고, 일정 형태의 사회적·심리적 불안마저 야기하고 있다.
세계화 비전을 세련화해야 한다는 것은 달리 말하면 제국
주의적 발상, 동기, 모방으로부터 우리 자신을 떼어냄으로
써 나라 안팎에서 여러 형태의 제국주의적 행태와 실천을
방지해야 한다는 의미이기도 하다.

자본주의 문명의 야만성을 순치하는 일은 물론 정부 혼자의 과제도, 정부만이 할 수 있는 일도 아니다. 궁극적으로 그것은 사회의 과제이다. 예컨대 이윤동기의 절대화가 문화영역에서 일으키고 있는 타락상, 다시 말해 '문화의 타락'을 방지하는 일은 우리의 사회적 과제이다. 대중매체가 한동안 띄워 올렸던 소위 '신세대 문화론' 일부가 퍼뜨리고자 한 문화는 신소비 계층으로서의 신세대를 집중 겨냥했다는 점에서 타락한 문화이고, 압구정 문화의 재연이다. 대중문화 영역에서 자본의 이해관계는 언제나 (그렇다, '언제나'이다) 타락을 부추길 때 최대의 소득을 얻는다. 이것이 자본과 대중문화의 관계이다. 문화의 몰락을 방지하는 일은 비판력이 살아 있는 건강한 사회에서만 가능하다. 비판적 사회, 그것은 시민사회의 다른 이름이기도 하다. 자본이 사회적 비판세력을 혐오하고 비판력을 마비시키기 위한 타락한 방식의 전략을 채택하는 이유는 거기 있다. 앞서 우리는 자본주의의 현 발전단계가 시민사회의 성숙을 적극 저해하는 요소들을 갖고 있다고 말했는데, 비판력과 비판세력을 마비시키기 위한 자본의 이해관계는 바로 그런 저해 요소들의 하나이다. 이 점에서 우리는 비판적이고 이성적인 시민사회의 성숙을 도모해야 한다는 절실한 사회적 과제를 안고 있다. 작년 여름 이른바 '조문논쟁'과 함께 등장한 마녀사냥과 이데올로기 소동은 우리가 그런 비판적·이성적 시민사회로부터 얼마나 먼 거리에 있는지를 절감케 한 바가 있다.

비판적 시민사회는 무엇보다도 사회 내부에 횡행하는 모순들을 지적하고 바로잡을 수 있는 사회이다. 이를테면 우리 사회는 모순을 보지 '않으려는' 적극적인 의지, 무의식적이면서도 적극적인 '무지에의 의지will to ignorance'를 갖고 있다. 이를테면 세칭 '지존파' 사건 등이 드러낸 우리 사회의 극단적 인간황폐화 현상은 그 근원적 원인이 딴 곳에 있는 데도, 우리는 마치 그것이 인성교육의 부재 때문에 혹은 젊은 세대에 『명심보감』을 가르치지 않았기 때문에 발생한 것이라는 식의 터무니 없는 진단에 이끌린다. 이 종류의 무지에의 의지, 문제의 근원을 보지 않으려는 적극적 무의식은 인간황폐화를 일으키는 가치전도와 혼란의 원인을 끊임없이 엉뚱한 곳으로 전가시킴으로써 사회의 자기교정력을 마비시킨다. 이런 마비에의 의지는 우리의 삶을 지탱하는 체제 문법 자체의 모순을 드러내는 것이 너무도 두려운 일로 여겨지기 때문이다. 또 한 가지 예를 들면 인간황폐화에 대한 교정책으로 '인성 회복론'과 '도덕성 회복론'이 우리 사회에서 열심히 거론되고, 어떤 재벌기업은 '인성을 갖춘 젊은 일꾼'을 구한다는 식의 채용광고까지 내고 있다. 이 주장대로 인성 교육이 강화되어야 한다면 가정과 학교, 특히 학교에서 정서교육과 인간교육의 강화가 시급하다. 그러나 세계화와 경쟁 시대의 구호 등장 이래 학교교육은 대학을 예로 들 경우 거의 전문적 직업 준비를 위한 '기능교육'으로 치닫고 있고, '교양교육'의 개념과 프로그램들은 전면적 위축 내지 소멸의 위기로 내몰

보이지 않는 가위손

리고 있다. 기업들은 '당장 써먹을 수 있는 인력'의 공급을 대학에 요구한다. 인성교육의 중요성을 떠드는 사회의 교육 현실은 그 인성교육을 극도로 약화시키는 기능주의 교육으로 치닫고 있는 것이다. 우리 사회는 제 스스로 무엇을 말하고 있는지, 무슨 짓을 하고 있는지 모를 뿐 아니라 이 무지 자체를 지향한다. 이런 모순 역시 현존 문명의 논리가 지닌 근원적 야만성에 대한 인식의 거부를 보여주고, 졸속의 무반성적 세계화 구호는 그런 인식의 마비를 부추긴다.

비판적 시민사회는 그래서 필요하다. 현실사회주의는 그 자체의 모순과 비인간성 때문에 소멸했지만, 우리는 이 비판적 공동체로서의 시민사회적 이상을 가리켜 어쩌면 '시민사회주의'라 부를 수 있을지 모른다. 그러나 이름은 중요하지 않다. 어차피 우리가 자본주의체제 속에서 살아야 한다면 우리는 그 체제의 야만성을 순치하여 인간의 얼굴을 가진 문명을 지향하지 않으면 안 된다. 그것이 바로 세계화의 비전이 아니겠는가.

인문학의 새로운 모색을 위하여 메두사의 눈, 인문학의 거울
시장의 우상화와 시장전체주의 인문학, 인문교육은 왜 중요한가
시장전체주의와 한국 인문학
인문학의 미래 몇 가지 모색

2부

시장의 우상화와 한국 인문학

21세기는 우리에게 무엇인가? 우리는 무엇을 해야 하는가? 단호한 결심으로 한국의 21세기를 위해 해야 할 것은 '사회갱신social renewal'의 작업이다. 새해 새 봄에 만물이 갱신하듯 사회도 주기적 갱신을 필요로 한다. 갱신의 요구에 항구히 종속된다는 점에서 인간 사회는 근본적으로 자연을 모방하고 자연의 패러다임 속에 있다. 사회갱신에서 주기의 길고 짧음을 결정하는 것은 달력이 아니라 사회 부패의 수준이다. 사회가 썩고 문드러져 죽음이 득실거리고 악취가 온 우주에까지 풍겨나가 별들조차도 코를 감싸고 얼굴을 숨길 때, 그 사회는 갱신을 요구받는 사회이다. 지금 우리가 그런 사회이다. 그런데 우리에게는 썩고 낡은 사회, 죽음이 득실거리는 사회, 악취 풍기는 사회를 한바탕 새로운 사회로 갈아치우려는 갱신의 노력이 없고, 갱신의 주기가 너무 길며, 그리고 무엇보다도 갱신의 필요성에 대한 인식이 없다. 인식이 없으매 갱신의 의지와 프로그램도 없다. 생각해보라, 갱신을 위한 시간이 아니라면 우리에게 21세기는 무엇인가? 갱신이 없다면, 갱신을 위한 행동 프로그램과 실천이 없다면 우리에게 21세기는 아무것도 아니다.

지금 우리가 보고 있는 음울한 가능성은 권력-자본-기술의 3자연정이며 이 연정으로부터 탄생할 수 있는 것이 새로운 형태의 시장 전체주의이다. 시장전체주의의 위력은 그것이 전체주의 같아 보이지 않는다는 데 있다. 시장에는 자유가 있고 자유 경쟁과 자유 선택, 자율 결정이 있어 보인다. 그러나 시장 신(神)의 가장 큰 힘은 자유 시장의 논리로 비판적 지성을 침묵시키고 마비시킬 수 있다는 것이다.

누가 '돈'을 경멸하랴? 그렇다. 지금 우리가 살고 있는 이 세계에서는 아무도 돈을 경멸하지 않고 경멸하지 못한다. 물질적 빈곤에서 벗어난다는 것은 인간의 품위와 자유를 위해서도 필요하고 중요한 일이다. 그러나 지금 우리의 문제의식을 '돈에 대한 터무니 없는 경멸'로 잘못 알아듣는 능력을 가진 사람들을 위해 미리 말해두자면, 인문학은 돈을 경멸하는 것이 아니라 돈밖에 모르는 사회를 경멸한다. 인문학은 시장을 과소평가 하거나 시장논리를 전면 거부하지 않는다. 인문학이 문제 삼는 것은 시장이 아니라 '시장전체주의'이고 시장논리가 아니라 '시장논리의 유일 논리화'이다. 인문학은 돈 버는 사회를 우려하는 것이 아니라 돈에 미친 사회를 우려한다. 인문학은 교육과 학교 경영에 시장원리가 전혀 도입되어서는 안 된다고 주장하지 않는다. 인문학이 경고하는 것은 교육영역에서의 시장원리의

'전면 도입'이고, 학교의 전면적 '시장화'와 그로 인한 교육의 비틀림
이라는 것이다.

현존 자본주의문명이 인간의 얼굴을 가진 문명으로 전환할 수 있
는가라는 문제는 자본주의 그 자체의 문제이고 과제이다. 그것은 동
시에 지금의 인류가 당면한 최대의 과제이기도 하다. 이 말은 우리
의 세계화정책과 비전이 당연히 이 과제를 정책 시야 속에 넣고 있
어야 한다는 의미이다. 간단히 말하면 우리는 자본주의체제의 한 귀
퉁이에 살면서 그 체제가 요구하는 경쟁 논리만으로 생존의 문법을
삼을 것이 아니라, 그 체제의 야수성을 순치하고 제거하는 선진적
문명성과 도덕성의 문제에 마땅히 관심을 가져야 하며, 동물적 문명
을 인간적 문명으로 전환시키는 작업에 우리 스스로가 선도적으로
나서야 한다.

시장체제적 논리가 인간의 정치적 운명과 사회 운영을 전면 규정
하게 되는 상황에서는 시장은 이미 경제영역으로 국한되지 않는 정
치체제이며, 시장전체주의는 시장과 정치가 불가분의 융합 관계를
실현하는 새로운 형태의 전체주의이다. 이 시장전체주의 이데올로

시장의 우상화와 한국 인문학

기의 눈에는 모든 것이 시장이고, 시장을 위해 존재한다. 대학도 예외일 수가 없다. 이 논리의 이데올로기적 맹목은 대학이 기업 같은 경제단위가 아니라는 사실을 망각하고 있다. 기업은, 아주 간단히 말해서, 이윤창출을 목표로 하는 경제단위이다. 그러나 대학은 이윤창출을 그 전면적 목표로 삼지 않고, 삼을 수도 없다. 대학 경영도 경영임에는 틀림없지만, 대학이 '기업처럼' 경영되어야 하는 것은 아니다.

특정의 효율, 예컨대 목적의 정당성을 질문하고 따지기도 전에 특정 목적을 위한 기술적 도구적 수단의 효율성만이 강조될 때 사회는 기술효율에 의한 윤리의 정지를 경험해야 한다. 우리는 지난 50년간 정치에 의한 윤리의 정지를 경험해왔고, 지금은 그것 외에 기술효율에 의한 윤리의 중단을 목격하고 있다.

한국 인문학의 미래를 위한 과제가 있다면 그것은 자기반성, 억압에 대한 비판, 인간분할의 메커니즘을 제거하려는 저항, 관용tolerance 체제의 함양―이 네 가지 요소들로 인문학의 전통을 구성하기 위한 인문문화적 헌신을 강화하는 일이다.

인문학의 새로운 모색을 위하여

메두사의 눈, 인문학의 거울

　인문학의 핵심적 작업은 '인간에 대한 담론의 구성'이다. 물론 인문학만이 인간에 대한 담론인 것은 아니다. 인문학의 특징적 성격은 무엇인가? 소크라테스의 철학적 사유가 인문학 전통의 한 기원지점이 된 것은 외부세계를 향해 있던 인간의 지적 관심을 '인간 그 자신'에게로 돌려놓았기 때문이다. 당대의 지적 관심을 대표한 이오니아학파의 자연과학적 담론이 외부세계에 시선을 집중하고 있었다면, 그 시선의 방향을 시선의 기원(인간)으로 전환시킨 것이 아테네 아카데미아의 철학담론이다. 이 전환과 함께 "세계를 구성하는 물질은 무엇인가?"라는 질문 대신 "인간은 무엇인가?"라는 질문이 대두하고, 외부세계보다는 그 세계를 보고 질문하는 존재인 인간 자신의 성질, 존재 이유, 목적이 새로운 탐구 대상이 된다.

　인간이 마치 거울 속의 자기를 들여다보듯 자신을 성찰하는 것이 '반영성reflexivity'의 방법이다. 자기반사와 반영,

자기반성이 반영성이다. 인간에 대한 담론들 중에서 인문학 담론의 성격을 특징짓는 것은 이 반영성이다. 지성사상 자기성찰의 방법이 처음으로 등장한 것은 고전철학에서이며, 아테네 아카데미에 인문학의 한 기원이 두어지는 것은 그 때문이다. 그후 인문학 담론들의 역사적 전개 문맥을 지배한 이해관계의 변천과 다양성에도 불구하고, '인간이 자기를 보기'로서의 반영성은 인문학 담론을 특징짓는 방법적 원칙으로 남게 된다. 인문학은 인간의 자기반영적 담론이며, 반영성의 방법으로 인간을 이해, 분석, 기술하는 것이 인문학이다.

인문학은 인간의 자기반영적 담론이지만, 그러나 인문학적 담론들이 모두 동일한 내용과 방식으로 전개되어 온 것은 아니다. 인문학 담론은 하나가 아니라 복수이다. 이 여러 담론들 사이에는 크고 작은 차이들이 존재한다. 이를테면 인간에 대한 논의라는 한 가지 공통점을 제외하면 고전철학의 인간담론과 근대철학의 인간담론은 같지 않고, 20세기 후반의 현대담론은 또 그 이전의 담론들과 구별된다. 이런 차이들은 왜 발생하는가? 그 가장 중요한 그리고 주된 이유는 인간 자신이 변하는 존재이기 때문이다. 인간은 변화에 종속된 존재이다.

인간이 변한다는 것은 무슨 의미인가? 무시할 만한 약간의 형태학적 차이를 제외할 때, 몇천 년 전의 인간이 현대인과 현저히 다른 생물학적 차이를 갖고 있었다고 말할 수는 없다. 현생인류의 생물학적 특성이 결정적으로 형성된 것은 약 20만 년 전일 것으로 추산되는데, 그 이후 발생한 생물학적 변화는 극히 미미하다. 침팬지와 인간의 생물학적 차이는 1.6퍼센트에 불과하며, 약 4만 년 전에 절멸한 것으로 알려져 있는 네안데르탈인과 현생인류의 조상 호모 사피엔스 사피엔스 사이의 생물학적 차이는 겨우 0.6퍼센트이다. 감정의 형식과 구조도 그러하다. 5,000년 전의 사람들이 갖고 있었던 정서구조는 현대인의 정서구조와 별로 다르지 않다. 우리가 지금도 3,000년 전의 신화들이나 2,800년 전에 써진 호메로스의 서사시들을 읽으며 깊은 공감을 느끼는 것은 사랑과 증오, 슬픔과 기쁨, 분노와 갈등에 대한 인간정서의 경험구조가 그때나 지금이나 같은 것이기 때문이다. 미소년 아도니스와의 사랑에 빠진 여신 아프로디테의 입을 빌어 "아도니스가 천국보다 낫다"고 표현한 것은 2,000년 전 로마 시인 오비디우스이다. 그 오비디우스 이후 2,000년간 "사랑이 천국보다 낫다"고 말하는 아프로디테의 후예들, 사랑을 위해서라면 10개의 천국이라도 버리려 드는 줄리엣들의 숫자가 줄어든 적은 없다.

그러나 인간은 변한다. 인간은 변화에 종속되어 있다. 여기서 변화란 자연존재로서의 개체 인간이 생로병사의 과정에서 겪는 변화가 아니라 문화적·정신사적 변화, 다시 말해 인간이 자기자신을 어떻게 보고, 무엇이라 말하며, 외부세계와는 어떤 관계를 맺고, 어떤 방식으로 자기 존재를 인식하며, 자기 삶에 어떤 이유와 목적을 부여하는가라

보이지 않는 가위손

는 문제와 관계된 변화—곧 인간에 대한 생각, 인식, 관점의 변화를 의미한다. 우리는 이런 생각, 인식, 관점을 통틀어 인간의 자기 이미지 혹은 '인간에 대한 패러다임'이라 부를 수 있다. 이 패러다임은 세 가지 이유로 대단히 중요하다. 첫째, 자기자신의 이미지를 생산하고 자기를 인지하는 동물은 인간뿐이다. 둘째, 인간은 자기 이미지를 생산할 뿐 아니라 그 이미지를 통해 자기를 생산한다. 셋째, 인간의 자기 패러다임은 고정불변의 것이 아니라 변하는 것이다. 인간이 자기자신을 어떻게 보고 어떤 이미지를 생산하는가에 따라 인간은 다르게 인식될 뿐 아니라 '다른 인간'으로 만들어지고 생산된다. 생물학의 차원에서 혹은 기본적 정서구조의 차원에서 구석기인은 현대인과 별로 다르지 않다. 그러나 우리는 구석기인의 자기인식 방식과 현대인의 인간 패러다임이 같은 것이라 말할 수 없다. 이 차이가 구석기인과 현대인의 결정적 차이이다. 여기서 우리는 인간이 이미지로 자신을 생산하고 그 이미지가 가변적인 것인 한, 그 이미지—패러다임의 변화에 따라 인간도 변화해왔다고 말할 수 있다. 패러다임의 변화가 인간의 변화이다.

　인간에 대한 생각과 관점의 역사에 발생한 변화는 수없이 많고 다양하다. 우리는 지금 그 다양한 패러다임들의 전개사를 일별할 시간이 없고, 그럴 필요도 없다. 우리의 당면 관심과 연결지어 간단한 요약을 시도할 때, 인간이 이 세계에 자신을 위치시키는 방식, 곧 좌표설정의 문제가 역사상 그 많은 패러다임들의 생산과 변화를 결정한 중심적 이해관계였다고 말할 수 있다. 세계사에 '근대modernity'라는 이름의 한 시기가 등장하기까지, 대체로 인간은 이 세계의, 혹은 우주의 중심부에 자기를 위치시킨 적이 없다. 그리스는 고대 세계에서 인간이 성취한 가장 화려한 자기 발견의 순간을 대표한다. 그러나 그리스 신화에서나 철학에서 인간이 세계의 중심으로 인식되었던 것은 아니다. 그리스의 서사적 상상력이 그려낸 세계 인식 지도는 상계(신), 중간계(인간), 하계(동물)로 대별되는 삼분三分 세계이며, 인간의 영토는 상계와 하계 사이의 중간지점이지만, 이 중간지점은 '중간거리'이지 중심이 아니다. 사실 그 중간지점조차도 올림포스 신들의 관장을 받는다는 점에서 인간의 '영토'랄 수 없는, 그냥 그에게 할당된 거주지라 말해야 옳다. 인간을 중심에 놓지 않은 것은 고대 인도, 중국, 이집트의 경우도 마찬가지이다. 중국의 경우, 세계 중심으로서의 '중화'의 인식은 인간을 우주의 중심에 두는 인간관과는 다른 것이다. 그것은 그리스인들이 올림포스 혹은 옴팔로스Omphalos를 세계의 중심으로 잡고, 그것을 그리스 땅에 위치시킨 것과 비슷한 상상적 지리중심주의이지 인간중심주의가 아니다.

아테네 고전철학의 사유는, 앞에서 언급했듯, 인간에게로 눈을 돌리고 인간을 발견했다는 점에서 인문학의 한 기원을 이루지만, 거기서도 인간이 세계 서열의 중심에 놓였던 것은 아니다. 고전철학자들이 발견한 것은 인간이 기억과 이성의 에이전시로서의 '혼nous'을 가진 존재라는 것, 그리고 그 이성성이 인간의 가장 고귀한 중심 능력이라는 것이다. 그러나 인간 자신은 그 이성 혹은 혼nous의 기원지점도, 그것의 고향도 아니다. 혼의 기원은 상계上界이며, 인간 육체는 그 혼을 잠시 담고 있는 허망한 '망각의 자루'에 불과하다. 인간이 죽으면 죽은 육체는 땅으로, 불멸의 혼은 '하늘'로 간다. "인간은 죽으면 땅으로 간다"라는 신화적 인간관의 세계에서 죽지 않는 불멸의 혼을 말하고, 그 혼의 기원과 귀속지점을 '이성의 세계'로 잡은 것은 고전철학의 사상적 혁명임에 틀림없고, 이 혁명은 신화적 인간관과는 다른 새로운 철학적 인간관을 탄생시킨다. 그러나 그 혁명이 인간중심주의로의 패러다임 전환을 의미하는 것은 아니다. 그것이 추구한 탐구 대상object은 인간 자신이 아니라 인간을 포함한 가변세계의 모든 존재자들을 넘어서서 존재하는 항구한 실재, 모든 가변적인 것들의 모델이 되는 불변실재이다. "변하는 것은 지식의 대상이 아니다. 인간은 변화에 종속되어 있으므로 그 자체로 지식의 대상이 될 수 없다. 인간은 진리가 아니라 진리를 알고자 하는 동물이다." 그 진리 혹은 불변실재가 말하자면 세계의 중심이고, 그 실재를 알고자 한다는 점에서만 인간은 동물과 구별된다. 고전철학의 이런 사유는 여전히 인간 오만hubris의 경계, 극단의 회피, 중도사상 등을 핵심으로 하는 그리스 인간주의의 전통 속에 있다. 이 고전적 휴머니즘은 인간을 세계의 중심에 위치시키지 않는다는 점에서 르네상스 이후 태동하는 '인본주의'로서의 근대적 휴머니즘과는 그 성격이 다르다.

셰익스피어의 『로미오와 줄리엣』에는 사랑에 빠진 줄리엣이 로미오를 향해 "당신의 사랑이 변하지 않는다는 것을 맹세하라"고 요구하는 대목이 나온다. 때는 밤이고 하늘에는 마침 밝은 달이 떠 있다. 로미오는 그 "달에 걸고" 사랑을 맹세한다. 그런데 줄리엣의 반응 —"달이라니? 달은 노상 변하지 않는가? 변하는 달에 걸고 사랑을 맹세하다니! 차라리 당신 자신에게 걸고 맹세하라." 우리를 흥미롭게 하는 것은 '당신 자신에게 걸고'라는 부분이다. 인간 '그 자신'이, 마치 달을 압도하는 '불변성'의 모델이라도 된다는 듯이, 약속의 공고하고 확실한 표준으로 떠오르고 있는 것이다. 열병에 빠진 한 처녀의 입을 통해 우리는 그리스적 상상력을 넘어, 플라톤을 넘어, 그리고 중세를 넘어, 확실성certainty의 기초를 인간 자신에게서 발견하는 근대담론의 한 특징적 순간을 포착한다.

데카르트 이후 '인간'에 대해 개진된 근대담론들은 의식의 확실성과 이성의 자율성이라는 두 개의 핵심 개념을 토대로 하고 있다. 여기서 중요한 것은 그 확실성과 자율성의 기초가 인간 외부에 있지 않고 인간 그 자신에게, 그의 내부성의 공간에, 있다는 생각이다. 고전철학의 패러다임에서 인간은 어떤 의미에서도 확실성-자율성의 기초가 아니며, 따라서 이런 개념들로 인간을 규정하려는 시도 자체가 불가능하다. 인간은 불변의 객관 실재를 알고, 그 실재에 의존해서만 인간일 수 있다. 그러나 데카르트 이후의 근대담론에서 인간은 '확실한 의식의 주체'이며, '자율적 이성의 존재'이고, '합리적 판단과 실천을 통해 세계를 재편하고 완전성perfectability을 실현할 수 있는' 존재이다. 고전철학의 관점에서나 기독교 세계관에서 인간은 어떤 형태의 완전성도 실현할 수 없는 존재인 반면, 근대적 패러다임의 인간은 그 내부에 그 자신과 외부(사회)를, 과거와 현재와 미래를, 합리적으로 재편할 수 있는 완전성의 능력을 지닌 존재이다. 인간이 자기 존재를 정초시킬 자율적 기반을 갖고 있다는 생각 — 확실성, 자율성, 가능성의 내적 기초가 인간 자신에게 있다는 관점은 인간의 '내부성interiority'이라는 것에 돌연하고도 화려한 영광을 부여한다. 그 내부성 비춰내기, 그것이 근대담론에서 수행된 인간의 자의식적 자기반영이며, 독일 비평가 요셉 헬러가 '내부를 향한 여행'이라 표현한 근대담론의 특성이다. 그 여행이 발견하는 것은 인간 그 자신이다. 인간은 근대에 와서 재발견되고, 지성사상 처음으로 지적 탐구의 중심부에 놓인다. '인간'이라는 항목이 사전에서 당당한 별개 엔트리의 대접을 받으며 등장하는 것은 디드로의 『계몽 백과사전 Encyclopédie』(1762~1780)에서가 처음이다. 미셸 푸코가 "'인간'이 나타난 것은 200년 미만의 사건"이라 말한 것은 이 근대적 인간의 출현을 가리킨 것이다.

근대 서구 인문학의 성립은 이 근대적 인간관의 출현과 분리될 수 없다. 인간의 근대적 재발견과 함께 서구 인문학은 강력한 인본주의에 기초를 둔 새로운 출발점을 확보하기 때문이다. 근대적 인간 패러다임의 출현 배후에 인간중심주의의 이해관계가 있다는 사실은 새삼 언급할 일이 못된다. 신神을 밀어낸 자리에 인간을 들여앉히는 이 '대체代替'의 이해관계는 인본주의, 개인주의, 인간완전성주의human perfectability, 합리주의, 이성중심주의, 자율주체론 등등으로 구성되는 근대담론의 우주를 관통하고 있다. 이 인간중심주의 이데올로기의 형성과 과학지식의 증대 사이에는 전반적으로 깊은 관계가 있지만, 과학 분야에서 근대적 패러다임 전환을 대표하는 '지동설'과 근대적 인간 패러다임 사이의 관계는 매우 역설적인 것이다. 지동설이 지구를 우주의 중심에서 주변으로 몰아내고 있는 동안 근대적 인간관은 오히려 인간을 세계의 중심에 끌어들이고 있었기 때문이다. 이 근대적 인간중심주의는 봉건체제-절대왕정-국민국가로 이행하는 정치적 변동, 시민계급의 부상이라는 사회경제적 변동, 이성적·비판적 담론으로 교회와 국가의 권력을 약화시키려 한 계몽이성의 투쟁, 개인 자유와 보편 인권에 대한 요구의 증대 등과 더 밀접하게 연결되어 있다. 계몽이성과 자유주의적 개인주의를 반드시 동일 선상에 놓고 말할 수는 없지만, 양자 사이에도 결합, 협상, 상승작용의 순간들이 존재한다.

우리가 아까운 시간을 쪼개어 근대 인문학의 기초가 된

보이지 않는 가위손

근대적 인간관의 특징을 요약해본 것은 그 부분에 대한 조명 없이는 20세기 후반에 전개된 현대 인문학 담론들의 기이한 '반反인문학적' 성격을 이해할 수 없기 때문이다. 기이하다라는 말은 현대 인문학 담론이 오히려 '반'인문주의적 논의방식을 통해 인문학 담론으로서의 가능성을 열고자 한 역설적 사정을 묘사한다. 1950년대에 클로드 레비-스트로스는 구조주의의 방법을 선포하면서 "인간은 해소되어야 한다"라는 선언을 내놓는다. 그 발언이 기념비적인 것은 그보다 더 잘 20세기 인문학 담론의 성격, 충동, 방법을 요약해주는 말은 없기 때문이다. 근대담론에서 신을 밀어내고 사물의 질서 중심부에 들어섰던 '인간'을 '해소의 대상'으로 지목한 그 선언 이후 서구 인문학은 반인간주의 혹은 반인본주의라는 방향을 공통의 이해관계로 갖게 된다. 오해를 막기 위해 말해두자면, 여기서 '인간'이 의미하는 것은 생물학적 인간이 아니라 근대담론이 성립시킨 합리적 '자율주체'로서의 인간이다. 근대담론은 지배적으로 '주체'담론이다. 데카르트에게 인간은 의식주체이고, 계몽이성의 인간은 합리적 주체이며, 헤겔의 경우는 자의식주체, 자유주의에서는 개인주체, 그리고 마르크시즘에서는 집단적 실천주체이다. 그러므로 현대 인문학 담론들의 반인문주의·반인간주의는 정확히 말해 근대담론에서 형성된 인간주의·인본주의에 대한 반란이라는 특징을, 그리고 그 반란의 방법적 전개는 당연히 근대 인간관의 핵심이 된 '자율주체'를 해소하거나 해체한다는 특성을 띠게 된다.

현대 인문학 담론들이 근대적 인간주체를 해체하는 방식은 다양하고 현란하다. 구조언어학 이후의 이른바 '언어학적 선환linguistic turn'이 여러 인문학 분야에서 촉발시킨 대표적 해체절차는 '언어' 또는 '기호'로 인간을 대체하는 것이다. 인간은 언어로 의미의 세계, 의미 있는 세계를 만든다. 그러나 인간이 언어의 주인, 의미의 기원origin, 의미생산의 독창적 주체라는 생각은 환상이다. 의미는 정확히 기호체계의 산물이며, 인간(의식주체)은 의미생산의 주체가 아니라 오히려 '기호의 효과'이다. 『로미오와 줄리엣』의 의미생산자는 세익스피어가 아니라 언어 자체의 의미생산체계이다. 언어를 사용한다는 사실 때문에 인간은 자기가 의미기원이고 의미생산자라는 환상에 빠지지만, 실은 인간이 언어를 말하는 것이 아니라 언어가 "인간을 통해서 말"한다. "인간은 기호의 효과이다"라는 이 언어학적인 구조론적 인간 정의가 무엇을 목표로 한 것인가는 아주 분명하다. 그 목표는 근대적 의식주체를 해소하여 그를 의미의 주인이 아닌 언어의 생산물로 밀어내는 것이다. 이 인간 밀어내기는 결국 주체라는 이름의 '환상'을 깨는 작업이며, 정신분석 담론이 수행한 인간해체 절차도 환상의 격파라는 점에서 특징적으로 현대적이다. 물론 "인간은 자기 의식의 주인이 아니다"라는 말로 근대적 의식주체의 분쇄에 나섰던 것은 프로이트이다. 그러나 자크 라캉의 정신분석 담론에 현대성을 부여하는 것은 프로이트와 현대 구조언어학을 접목시킨 방식으로 인간해체를 수행했다는 점이

　　　　　　　　　　　보이지 않는 가위손

다. 라캉이 해체한 것은 '에고Ego'이며, 이 에고는 근대 자유주의적 개인주의의 초석이 된 인간 이미지이다.

'욕망desire'에 대한 현대담론들도 인간해체와 직결되어 있다. "인간은 욕망의 존재이다"라고 말하려는 것은 현대욕망론의 관심사가 아니다. '확실성'과 '자율성'이라는 근대담론의 두 초석을 깨뜨리는 것이 현대욕망론의 핵심적 이해관계이다. 이를테면, 지식은 확실한가? 고전철학에서 지식의 안정성이 그 대상(진리)의 확실성에 의해 보장되었다면, 데카르트의 경우는 의식주체의 유효하고 확실한 탐구 '방법'이 확실한 지식을 생산한다. 말하자면 지식은 방법의 기능이고, 방법이 확실한 것일 때 지식의 확실성은 보장된다. 근대 자연과학의 경우에도 방법의 유효성은 과학의 이상이다. 그러나, 니체가 지식을 권력의지의 산물로 본 것과 유사하게, 현대욕망론의 관점에서 지식은 어이없게도 '욕망의 효과'이다(푸코의 경우 지식은 권력과 분리되지 않는다. 지식은 권력담론의 효과이다). 그런데 인간 자신은 그 욕망의 확실한 안정적 주체가 아니므로 욕망의 효과로 산출된 지식은 어느 경우에도 확실성을 보장받지 못한다.

인간이 자기욕망의 주체가 아니라는 말은 욕망의 자율성, 혹은 '욕망의 자율적 주체'로서의 인간이라는 근대 관점을 동시에 전복한다. "나는 욕망한다"고 말할 때의 '나'는 미안하지만 욕망의 자율적 기원이 아니다. 알튀세의 경우 '나'는 이데올로기의 산물이며, 따라서 '나의 욕망'은 이데올로기의 욕망이다. 라캉에게 그것은 (대)타자의 욕망이며, 르네 지라르의 경우 그것은 사회적 모방욕망이다. 예컨대 광고가 '나'의 욕망을 결정하고, 모방욕망이 '나'의 구매욕과 소유욕을 부추겼다면, '나'는 욕망의 자율주체인가? 욕망주체는, 신화속의 오이디푸스처럼, 자기 욕망의 기원을 모른다는 점에서 이미 해체된 주체, 다시 말해 욕망의 자율성이 부정된 주체이다. 이 일련의 논의들에서 근대적 자율성의 초석은 깨어지고, 자율주체는 라캉의 에고처럼 착각과 오인에 의해 구성된 이미지이거나 알튀세적 이데올로기의 상징질서 안에서 '나'로 작동하고 '너'로 호명 받는 명목상의 빈껍데기 주체로 내려앉는다.

근대적 인간을 언어, 기호, 무의식, 이데올로기, 욕망의 주체가 아닌 그 생산물로 대체하는 것은 '중심부'를 탈취하기 위한, 그래서 인간을 밀어낸 자리에 어떤 새로운 중심을 확립하는 일인가? 현대담론의 또 한 가지 특성은 이 대체가 중심의 자리바꿈이 아닌 '중심 그 자체의 해체'라는 점이다. 이 작업을 가장 열심히 수행한 것은, 주지하다시피, 1960년대 이후 약 30년간 영미 비평이론에 결정적 영향을 준 데리다의 해체론이다. 인간이 신을 대체하고, 그 인간을 또 어떤 다른 것이 대체하여 중심부를 차지한다면 그것은 대체의 악순환일 수는 있어도 지배구조 그 자체를 허무는 일은 아니다. 데리다의 관점에서 보면, 서구담론의 역사에서 이 지배구조를 유지해온 대표적 장치는 '본질/현상'의 이분법으로 요약되는 형이상학적 서열구조이다. 이

서열구조는 고전철학의 사유에서부터 근대담론에 이르기까지 서구 담론/사유를 지배해온 기본장치이며, 데리다의 말로는, 서양문명의 토대이다. 그 토대는 지배와 배제, 억압과 착취, 살육과 청소 등으로 점철되어온 서구역사, 특히 근현대적 '폭력의 토대'이다. 그러므로, 데리다의 관점에서, 서구담론의 기본장치를 깨뜨리는 일은 문명의 폭력적 토대 자체를 허무는 일이 될 수 있다("이분법 무너지는 곳에 낙원 있다"라는 말로 이 토대 허물기의 열정을 요약한 것은 롤랑 바르트이다). 우리는 이런 해체론적 시도가 정신분석, 탈구조주의 등과 함께 페미니즘, 탈식민주의, 생태론, 문화연구, 역사학, 인류학, 예술사, 교육학, 비평이론 등 현대 인문학 담론 전반에 준 영향의 크기와 깊이를 알고 있다.

이상의 소략한 논의를 여기 펼친 것은 인문학의 전개사를 주마간산으로 구경하기 위해서가 아니라 인문학 자체가 어떻게 역사적으로 변화에 종속되어온 담론이며, 인간 담론이 어떻게 인간 자신을 생산하는가에 대한 통찰의 소스를 얻기 위해서이다. 인문학이 변하는 것이라면, 우리는 21세기의 혹은 미래의 인문학 역시 지금까지의 인문학과는 다른 양상으로 전개될 수 있을 것이라 보아야 한다. 여기서 우리는 인문학의 몇 가지 고민에 봉착한다. 인문학자체가 부단히 변한다면 인문학은 훨씬 더 안정적이고 지속적인 '인간의 가치'를 발견할 수도 대변할 수도 없단 말인가? 인간에게는 애당초 어떤 항구한 가치도 규범도 없는 것인가? 근대담론이 주장해온 자율성은 해체되고 포기되어야 하는 환상인가? 인간은 어떤 지속적 지식의 대상도 될 수 없는 것인가? '전통'으로서의 인문학은 불가능한가? 인문학의 새로운 패러다임은 필요한가?

인문학이 최근 대면하게 된 도전과 위기, 딜레마의 실상은 일반적으로 인식되고 있는 것보다 훨씬 심각하다. 어쩌면 우리는 21세기 전반부에 지금까지의 '인간'에 대한 그 어떤 그림도 들어맞지 않는 '신인간'의 출현을 보게 될지 모른다. 이 신인간은 인간에 대한 그림의 변화가 아니라 인간 자신이 실체성을 버리고 정보, 이미지, 그림으로 존재하게 되는 그런 인간이다. 어떤 점에서, 이 신인간의 출현은 이미 시작되고 있다. 분자생물학과 생명공학은 인간의 몸을 '유전자 책'으로 읽어낼 준비를 하고 있는데, 이것의 의미는 인간 육체가 완전 판독이 가능한 '유전정보체계'로 전환된다는 것이다. 정보체계는 통제조작의 대상이 될 수 있다. 고전철학에서 아무 정보도 지식도 없는 무지-망각의 자루로 여겨지고, 근대담론에서도 그 중요성을 인정받지 못했던 '육체'가 지금은 개체 인간의 지능, 정서, 성격, 운명을 결정하거나 조작할 수 있는 정보체계가 된 것이다. 이것은 육체의 승리인가, 육체의 소멸인가? 육체가 정보화할 때 인격주체 혹은 윤리적 주체로서의 인간도 소멸한다. 미래의 인간은 기억주체도 의식주체도 아닐 수 있다. 인간 두뇌의 기억정보를 디스크에 혹은 씨디롬CD-ROM에 '다운로딩Downloading'할 수 있을 때, 혹은 특정 정보를 학습 없

보이지 않는 가위손

이도 두뇌 기억소자들에 직접 이전시킬 수 있게 될 때, 기억주체는 인간이 아니라 디스크, 씨디롬 혹은 정보망 그 자체이다. 서구 인문학에서 육체가 폄하되어왔다면, 미래 인간에게 육체는 언제든 교체, 수정, 조작이 가능한, 그러므로 육체가 탈육되어버린, 순수 정보망이 된다. 완벽한 통제 조작이 가능한 육체에 인간의 '마음'은 어떤 방식으로 담길 것이며, 육체와 정신은 서로 어떤 방식의 관계를 가질 수 있을 것인가?

인간복제에 대한 윤리적 선택은 아직은 지금 세대의 결정사항으로 남겨져 있는 것 같지만, 사실 사정은 그렇지 않다. 조만간 세계는 복제장기의 시대로 돌입할 것이 확실하며, 이는 사실상의 인간복제이다. 유전자 조작에 의한 인간의 '주문생산'도 예상해야 하는 새로운 사태이다. 생명체의 유전자 변형은 이미 시작된 지 오랜 사건이다. 생명공학에 의한 자연질서의 과격한 수정과 재편은 인간의 경험과 정서에 항구한 토대가 되어온 자연-인간의 관계에 큰 변화를 몰고 올 것이 확실하다. 자연은 저항력을 가진 실체가 아니라 언제든 바꾸고 수정할 수 있는 그림 혹은 이미지로 바뀐다. 20세기 말 현재, 아직까지는, 자연질서 속에서 토마토는 토마토를 낳고, 오이는 오이를 낳는다. 돼지는 돼지를 낳고, 새앙쥐는 새앙쥐를 낳는다. 그러나 이미 지금의 단계에서도 사정은 달라지고 있다. 유전자변형기술 덕분에 토마토는 토마토를 낳으면서 동시에 감자를 낳고, 오이는 오이를 낳으면서 동시에 호박을 낳는다. 돼지는 돼지이면서 동시에 인간의 심장을, 콩팥을, 또는 그 무엇무엇을 기르고, 새앙쥐는 새앙쥐이면서 동시에 인간의 귀를 그 등판에서 길러낸다. 이 달라진 질서 속에서 인간은 어떤 방식으로 자연과 관계 맺을 것이며, 자연은 어떤 '마음'을 인간에게 기를 것인가? 복제시대의 인간은 어디서 자기 고유성의 근거를 발견할 것인가?

　우리의 경우, 사회적으로도 문제는 상당히 심각하다. 지금 우리 현실이 잘 보여주듯 사회적 가치체계에서 '인간'은 이미 현저한 소멸을 겪고 있다. 인문학이 중시해온 미학적 윤리적 비판적 인간은 지금 기술인간, 경영인간, 효율인간의 강조 앞에서 하루가 다르게 퇴색하고 있다. 발터 벤야민이 60년 전의 에세이 『이야기꾼』에서 진단했듯 인간 경험의 가치는 몰락하고, 경험 전달양식으로서의 '이야기'(혹은 우리의 이해관계에서의 문학)는 변방으로 밀려난다. 경험의 가치를 퇴락시키는 것은 '정보'라는 진단을 벤야민은 이미 60년 전에 내놓고 있다. 이 진단은 정보 시대의 도래 앞에서 정보의 중요성을 폄하하는 데 그 의미가 있는 것이 아니라, 정보로 대표되는 가치의 단명성, 일회성이 모든 지속적 내구적 가치를 대체하는 가치관과 정신상태를 길러낸다는 사실을 지적하는 데 있다. "정보의 가치는 그것이 필요한 한순간이 지나면 신속히 소멸한다"고 벤야민은 말한다. 말하자면 정보의 가치는 그 단명성에 있다. 지금 우리 사회의 문제는 단명성이 모든 것에 대한 가치판단의 형식이 되고, 그로 인해 지속적 내구적 가치들은 비가치 혹은 무가치의 영역으로 밀려나고 있다는 사실이다. 효율성의 경우에도 문제는 심각하다. 효율성 자체는 어떤 사회도 희생할 수 없는 중요한 가치이다. 그러나 특정의 효율, 예컨대 목적의 정당성을 질문하고 따지기도 전에 특정 목적을 위한 기술적 도구적 수단의 효율성만이 강조될 때 사회는 기술효율에 의한 윤리의 정지를 경험해야 한다. 우리는 지난 50년간 정치에 의한 윤리의 정지를 경험해왔고, 지금은 그것 외에 기술효율에 의한 윤리의 중단을 목격하고 있다.

한국 인문학의 미래를 위한 과제가 있다면 그것은 자기반성, 억압에 대한 비판, 인간분할의 메커니즘을 제거하려는 저항, 관용tolerance 체제의 함양 ── 이 네 가지 요소들로 인문학의 전통을 구성하기 위한 인문문화적 헌신을 강화하는 일이다. 한국 인문학 담론이 이 네 가지 요소들을 반드시 무시해온 것은 아니다. 그러나 반성컨대 인문학의 위축을 불러온 내적 요인으로 우리는 "인문학이 무엇을 할 것인가?"에 대한 문제의식의 빈곤, 인문학이 관심을 갖고 대응해야 할 의제agenda 구성에서의 나태, 인문교육의 활력을 키우고 유지할 교육학적 방법의 저개발 등을 꼽지 않을 수 없고, 이 전반적 실패는 인문학이 세워야 할 전통의 내용을 잘 정의해내지 못했다는 사실과 관계된다. 우리 학계에 인문학 분야들은 많다. 그러나 '인문학' 자체는 우리에게 익숙한 담론양식이 아니며, 이 전통의 빈약도 한국 인문학을 긴 잠에 빠져 있게 한 요인의 하나이다. 서구 인문학의 경우 자기반영의 방법이 아테네에서 세워진 이래 반성, 성찰, 비판은 그 대상의 변화에도 불구하고 인문학의 오랜 전통이 되고 있다. 현대 서구 인문학이 근대담론을 향해 전개한 일련의 전복 작업은 반인문주의가 아니라 오히려 근대적 오만을 성찰하고 비판한 것이라는 점에서 인문학 전통의 성실한 계승이라 말할 수 있다. 근대 성찰과 비판이 우리에게는 무의미한 것인가? 그 내용에서나 방법론에서, 서구 인문학의 근대 비판이 우리에게 시사하는 바는 상당히 큰 것이다. 이를테면 아직도 한국인을 지배하고 있는 조선 시대적 가부장제 이데올로기와 담론구조와 소통방식, 식민 시대의 제국주의 담론구조, 1960년대 이후의 성장주의와 권위주의 담론 ─ 이런 것들에 대한 비판을 강화하고, 그 성찰-비판의 '방법적 쇄신'을 시도하는 일은 우리 인문학의 큰 과제이다.

저항과 관용체제의 전통도 그러하다. 서구 인문학 담론이 이를테면 인종, 성차gender, 계급, 민족, 국가, 이데올로기 등의 범주들을 '인간분할의 장치'로 규정하고, 그 분할 메커니즘에 대한 치열한 분석을 통해 인문학 담론의 저항적 활력을 키우고 있는 동안, 그런 분할장치에 의한 지배, 배제, 착취, 희생의 누적된 경험들이 바로 우리 자신의 것이기도 하다는 사실을 망각한 듯 우리 인문학은 대체로 그 종류의 분석 방법들을 연구와 교육의 방법으로 활용하는 데 놀라운 무관심과 둔감증을 보여왔다고 말할 수 있다.

보이지 않는 가위손

우리 사회는 인종주의적 편견의 사회이고, 세계적 성차의 사회gendered society이다. 현대 페미니즘의 기본적 중요성은 여권 신장에 있다기보다는 성차가 해소되는 미래사회, 남성성/여성성의 문화적 분할을 넘어서는 새로운 인간의 패러다임을 모색한다는 데 있다. 터무니없는 소아병적 민족주의 정서도 현대 한국인의 정신적 질환이다. 이런 부분에 대한 비판·성찰·저항의 빈곤은 현대 한국인을 관용의 수준이 극히 낮은 사회에 결박해놓고 있다. 여기서 '관용'이란 약자에 대한 강자의 자비가 아니다. 관용의 현대적 의미는 '타자에 대한 존중'이다. 인간분할과 배제의 정치학을 넘어서는 이 의미의 '관용인간' 역시 미래 인간의 한 패러다임이며, 관용체제는 미래를 위한 사회모형이다.

미래사회가 제아무리 현란한 변화를 몰고 온다 해도, 인간의 사회는 그것이 적어도 인간의 사회인 한, 상당히 오랜 기간 희생할 수 없는 몇 개의 항구한 가치의 요청들을 갖고 있다. 공존의 정의에 대한 윤리적 요청, 의미를 희구하는 정신적 요청, 아름다움에 대한 심미적 요청 등이 그것이다. 공존의 정의는 인간과 인간의 공존만을 의미하지 않는다. 그것은 인간중심주의의 오만으로부터 탈출하는 인간, 자연 존재들과의 공존을 추구하는 인간, 이성적 담론의 인간을 요구한다. 미래사회의 인간도 여전히 자기 존재의 지속적 의미를 찾고 경험을 심화하려는 요청에서 벗어나지 못할 것이며, 이성의 행사 못지않게 심미적 탁월성을 추구함으로써 존재를 확장하려는 욕구도 버리지 못할 것이다. 그런 요청들은, 적어도 우리가 알기로는, 인간을 인간이게 하는 인간의 특성이기 때문이다. 지금 우리에게 절박한 것은 미래 인간의 변화 가능성이라는 문제보다는, 이 푸른 행성에서 인간의 삶의 경험이 확인하고 인정해온 인간적 가치들을 다음 세대에 계승시키기 위한 투자를 계속할 것인가 말 것인가라는 문제이다. 미래의 결정권은 미래 못지않게 현재에 있다. 인문학은 그 결정권의 정당한 행사를 포기할 것인가? 인간을 돌로 변하게 하는 메두사의 눈은 과거에도 수없이 많았고, 현재에도 많고, 미래에도 많을 것이다. 그 메두사의 눈으로부터 인간을 지키려는 노력을 포기하지 않을 때에만 인문학의 거울은 빛난다. 그 거울이 인간을 생산한다. 새로운 인간과 함께 오래된 인간을.

시장의 우상화와 시장전체주의

인문학, 인문교육은 왜 중요한가

1. 떠나는 사람들

1999년 여름, 우리는 두 개의 슬픈 소식을 듣고 있다. 세칭 '씨랜드 참사'에서 어린아이를 잃은 어머니가 지난날 운동선수 시절 국가로부터 받은 훈장들을 모두 반납하고 이민을 결심했다는 이야기가 그 하나이다. 아이를 잃고 후속 수사 과정을 지켜보던 이 젊은 어머니는 더 이상 이 나라에 살 수 없다며 떠나기로 했다 한다. 이 여름 우리를 슬프게 하는 또 하나의 소식도 20세기 말 한국에서 사람들은 어떻게 떠나는가의 이야기이다. 삼풍 백화점 붕괴 때 딸을 잃어버린 아버지가 그 딸의 무덤 앞에서 자살자의 주검으로 발견된다. 고등학교 3학년이었던 딸의 죽음을 도저히 받아들일 수 없었던 이 50대의 아버지는 직장도 그만두고 폐인처럼 술만 마시며 딸의 무덤을 배회하기 여러 해 끝에 죽음을 선택한 것이다.

부모에게서 버림받는 것이 아이들에게 가장 큰 외상^外^傷이라면, 어린 자녀를 어처구니없는 일로 잃어버리는 것은 부모에게는 치유하기 어려운 상처이다. 그러나 예의 그 젊은 어머니가 이민을 결심하게 된 것은 아이를 잃어버린 슬픔 때문만은 아니다. 슬픔 때문이라면 구태여 훈장을 반납할 필요까지는 없다. 국가훈장은 개인의 공로에 대한 공적 인정의 표상임과 동시에 국가 권위의 표징이다. 국가훈장이 명예로운 것은 그 수여자인 국가가 국민 전체를 대표하는 상징체이기 때문이며, 그 상징체에 의한 공로 인정이 개인에게는 신성한 영광이기 때문이다. 깡패집단에게서 받는 훈장은 깡패를 제외하고는 아무도 영광스러워 하지 않는다. 국가훈장의 반납이라는 것은, 그러므로 한 무력한 개인이 국가를 상대로 취할 수 있는 가장 과격한 항의이자 부정의 형식이며 분노의 표현이다. 우리는 그 젊은 어머니의 행동을 두고 "그래선 안 되는데"라고 말하지 못한다. 그녀가 발견한 것("이곳은 사람이 살 수 있는 나라가 아니다")의 진실을 아무도 부정할 수 없기 때문이다. 훈장 반납을 결심하기까지 그녀의 심중에 오갔을 만 갈래 생각들을 우리는 이해한다. 아이 하나 안심하고 키울 수 없는 나라에서 결혼하고 아이들을 낳고 그 아이들을 잘 키울 수 있으리라 믿으며 행복을 설계했던 것부터가 큰 '착각'이었다는 생각을 그 어머니는 떨쳐버리지 못했을 것이다. 죽은 아이의 사진 앞에서 그녀는 그 착각의 부끄러움 때문에 더 울었을지 모른다. 그 나라가 준 훈장을 자랑스러워했던 일들까지도 그녀에게는 부끄러운 기억이었을 것이다. 오만 가지 어처구니 없는 일들이 개인의 삶을 한순간 무자비하게 구기고 망가뜨릴 수 있는 나라, 온갖 종류의 인위적·제도적 비합리성과 부패와, 탱탱하게 똥독 오른 오뉴월 배춧잎처럼 오로지 돈독 하나로 시퍼렇게 무장한 자들의 잔인성이 지뢰밭처럼 사람들의 목숨을 노리는 위험사회, 그런데도 그녀가 할 수 있는 일은 아무것도 없다는 무력감과 절망감만 안기는 나라——그 나라를 떠나는 것만이 죽은 아이에 대한 최소한의 위로가 된다고 그녀는 생각했을 것이다. 아니, 떠나는 것은 그녀가 아니다. 나라가, 대한민국이 그녀를 이곳에 살 수 없도록 밀어내고 떠나게 한다고 그녀는 생각했을 것이다. 아이를 떠나게 한 나라에서는 그 어머니도 떠나야 한다. 그리고 그녀는 결심한다. 훈장 반납만이 그녀가 대한민국을 떠나면서 취할 수 있는 유일한 마지막 항의의 방법이라고.

이민 가는 젊은 아낙과 자살한 50대 남자의 죽음 사이에는 행위의 외형적 차이에도 불구하고 그 떠남, 반납, 항의의 의미 내용은 동일하다. 죽음도 '떠남'의 한 방식이다. 젊은 어머니는 나라를 떠나고, 50대의 아버지는 세상을 떠난다. 그러나 '이곳이 아닌 다른 곳으로'를 선택했다는 점에서 이들 두 떠남의 형식은 같은 의미를 갖는다. 남자가 택한 죽음은 죽음이라는 형식의 이민이다. 젊은 아낙은 지상의 다른 곳으로 이민 가고, 50줄의 남자는 세상 바깥의 다른 곳으로 이민 간다. '반납'의 의미도 그러하다. 젊은 어머니가 훈장을 반납한다면, 남자는 생명을 반납한다. 딸을 잃은 슬픔만이 이 생명 반납의 유일한 동기라고는 아무도 말할 수 없다. 그것은 젊은 어머니의 훈장 반납처럼 사람 살 수 없게 하고 생명을 없수이 여기는 사회, 나라, 세상에 대한 항의이자 거부이다. 이 경우 자살은 생명부정이기보 다는 생명긍정에 더 가깝다. 생명의 존엄이 긍정되지 않는 나라에서 생명을 반납하는 것은, 한때 마르쿠제가 『에로스 와 문명』에서 자살에 부여한 의미처럼, 생명부정이 아니라 생명에 대한 지극한 긍정의 몸짓일 수 있기 때문이다. 생 명긍정을 생명부정의 형식으로 표현할 수밖에 없었다는 것이 이 갑갑한 죽음의 사회적 의미이다.

훈장 내놓고 이민을 결심한 여자는 자신의 선택이 "한 국사회에 반성의 계기가 되기 바란다"는 메시지를 남기고 있다. 자살한 남자에게서도 우리는 그런 무언의 메시지를 전달받는다. 이들이 겪었던 상실은 하루 저녁 짧은 뉴스로 흘려듣고 다음 날 아침 잊어버리기에는 너무 큰 아픔을 안 고 있고, 그들이 남긴 메시지는 잊을 수 없는 진실의 발견 을 담고 있다. 그 진실이란, 슬프게도 한국이 지금의 상태 로는 21세기 '새로운 시대'를 들먹이고 미래를 말할 자격 이 없다는 사실이다. 그러나 20세기 말의 한국인은 아픔을 아파할 능력이 없고, 진실을 대면할 능력도 상실한 것처럼 보인다. 아직도 많은 사람들이 배고프고, 돈 벌어 먹고 사 는 일이 너무 바쁘고, '부가가치' 생산하느라 정신없고, 잔 인한 환경 속에서 사람들은 매일 횡사하고, 죽음은 드디어

텔레비전이 비쳐주는 식후 구경거리 이상의 아무 뉴스도 아닌 것이 되었기 때문이다. 인간 희생은 우리에게 너무도 흔한 일상이 되어버려 어린 시절 우리가 멋모르고 잡아 패대기치던 개구리들의 횡사 이상의 뉴스일 수가 없다. 비합리성과 잔인성의 한국적 일상이 도달한 높은 수준은 마침내 20세기 말 한국인들을 몇 개의 눈부신 부정적 능력들로 무장시키고 있다. 그것은 놀라운 일을 보면서도 놀랄 줄 모르는 능력, 아픔을 목격하면서도 아파할 줄 모르는 능력, 잔인성을 성찰할 줄 모르는 능력이다. 망각의 능력도 찬란하다. 참사가 발생하면 잠시 신문·방송들이 떠들고 대통령이 희생자 빈소에 가서 "다시는 이런 일이 일어나지 않게 하겠다"며 다짐한다. 그리고는 잊어버린다. 언제 그런 일이 있었느냐 싶게 비슷한 인재人災성 참사들은 연달아 발생한다.

21세기는 우리에게 무엇인가? 우리는 무엇을 해야 하는가? 새로운 세기의 도래를 경축하기 위해 열두 대문을 세우고 새천년의 첫날 아침 햇살을 채광하기 위해 구름 위로 공군기를 띄운다는 계획 같은 것 말고도 사회가, 나라가, 국민들 모두가 조용히, 그러나 단호한 결심으로 한국의 21세기를 위해 해야 할 것은 '사회갱신social renewal'의 작업이다. 새해 새 봄에 만물이 갱신하듯 사회도 주기적 갱신을 필요로 한다. 갱신의 요구에 항구히 종속된다는 점에서 인간사회는 근본적으로 자연을 모방하고 자연의 패러다임 속에 있다. 물론 사회갱신의 주기는 1년 단위의 자연갱신 주기와 반드시 일치하지 않고, 일치하지 않아도 된다. 사회 갱신에서 주기의 길고 짧음을 결정하는 것은 달력이 아니라 사회부패의 수준이다. 사회가 썩고 문드러져 죽음이 득실거리고 악취가 온 우주에까지 풍겨나가 별들조차도 코를 감싸고 얼굴을 숨길 때, 그 사회는 갱신을 요구받는 사회이다. 지금 우리가 그런 사회이다. 그런데 우리에게는 썩고 낡은 사회, 죽음이 득실거리는 사회, 악취 풍기는 사회를 한바탕 새로운 사회로 갈아치우려는 갱신의 노력이 없고, 갱신의 주기가 너무 길며, 그리고 무엇보다도 갱신의 필요성에 대한 인식이 없다. 인식이 없으매 갱신의 의지와 프로그램도 없다. 생각해보라, 갱신을 위한 시간이 아니라면 우리에게 21세기는 무엇인가? 갱신이 없다면, 갱신을 위한 행동 프로그램과 실천이 없다면 우리에게 21세기는 아무것도 아니다. 그것은 여전히 우리에게 죽음의 세기, 썩고 냄새나는 세기의 연장에 불과하다. 그러므로 '세기말'이라는 것의 한국적 의미는 현대 한국인이 "두껍아, 두껍아, 헌 집 줄게 새 집 다오"를 노래하고 기원하고 새집을 만들어야 한다는 데 있다. 새로운 세기의 도래 앞에서 우리가 다짐해야 할 결심의 첫 번째 항목은, 아주 간단하게도, '갱신의 힘'을 회복하기로 하는 일이다.

어떻게? 세기의 마지막 해 마지막 달 그믐밤에 온 한국인이 제각각 자기 사는 동네에 모여 "두껍아, 두껍아"를 합창하면 될까? 그럴 필요는 없다. 그러나 두꺼비를 향한 기원의 사회적 상징 의미는 우리에게 심대한 데가 있다. 그 의미는 두꺼비에게 헌 집 주듯, 현대 한국인의 부정적 능력들을 반납하고 인간을 인간이게 하는, 그래서 사람을 사람으로 살 수 있게 하는 새 집, 새로운 사회 만들기를 다짐하는 사회적 결의가 지금처럼 절실한 때도 없었다는 것이다. 갱신의 결의는 지금 우리가 갖고 있는 부정적 능력들을 부정하는 일부터 요구한다. 놀라운 일에 놀랄 줄 알고 아파할 일에 아파하고 자신을 돌아볼줄 아는 능력, 돌아보기만 하는 것이 아니라 수정할 줄 아는 실천능력의 회복—거기서부터 갱신의 힘은 출발한다. 새로운 세기의 도래를 경축하기 앞서 우리에게는 따갑고 아픈, 그리고 치열한 성찰의 시간이 필요하다. 21세기를 맞기 위한 프로그램에서 성찰의 시간은 경축의 시간을 선행해야 한다.

그런데 성찰의 한국인이 맨 먼저 대면하는 것은 인간을 인간이게 할 능력의 회복이라는 이 간단해 보이는 일이 지금 한국에서는 가장 어려운 일이 되어 있다는 사실이다. 이런 상황이 벌어지게 된 이유도 아주 간단하다. 가치전도, 말하자면 가치질서의 물구나무서기가 그 이유이다. 값진 것에는 똥값을 매기고 똥에는 가장 높은 가격을 매기는 것이 거꾸로 된 가치질서, 혹은 가치의 물구나무서기이다. 2,500년 전에 소크라테스는 그를 심판하는 아테네 법정에서 "사랑하는 아테네 시민들이여, 당신들은 가장 소중한 것은 가장 천하게 여기고, 가장 천한 것을 가장 소중하게 여기는 오류를 범하고 있다. 가장 소중한 것은 진리이다.

진리의 소중함을 말하고자 한 것이 죄인가? 그렇다면 나는 죄인이다"라는 요지의 자기변론을 전개한다. 소크라테스는 정확히 지금 우리에게 말하고 있는 것 같다(그러므로 기억하자, 젊은 친구여, 소크라테스는 2,500년 전 아테네에 살다가 죽은, 죽어서 지금은 먼지가 된, 한 못생긴 늙은이가 아니라 우리의 동시대인이라는 사실을!). 소크라테스의 변론 문맥에서 소중한 것이 진리였다면, 우리 문맥에서 소중한 것은 사람 그 자신이다. 사람들이 나라를 떠나는 것은 그들에게 가장 소중한 존재인 사람을 그 나라에서는 지켜낼 수 없고, 그 사람의 존재가 그 나라에서는 똥값으로 처리된다는 사실을 알게 되었기 때문이다. 우리에게 성찰의 시간은 이 전도된 상황의 구체적 현실 내용들을 하나하나 점검할 것을 요구한다. 최근 전국의 대학 인문학 교수들이 소위 '인문학의 위기'라는 문제를 공론화하고, 교육부 '두뇌한국 21' 사업 내용을 비판하고, 정부 주도의 '신지식인 운동'이라는 것의 문제를 지적하는 것은 모두 이 가치전도의 현실과 직접 연결되어 있다.

2. 인문문화의 가치들

사회갱신에 결정적으로 필요한 것이 기억, 상상력, 이성의 작동이다. 기억과 상상력과 이성은 인간을 인간이게 하는, 그러므로 어떤 사회체제에서도 포기될 수 없는 인간

보이지 않는 가위손

의 대표적 정신기능들이다. 기억은 여기서 '과거 섬기기'를 위한 메커니즘이 아니라 과거로부터 오류수정과 재편의 정보를 공급받고, 그 정보를 미래의 시간에 되먹이기 위한 창조기제이다. 상상력은 인간의 일과 역사가 온갖 종류의 오만과 뜻밖의 실수와 의도되지 않은 우행들로 뒤덮일 수 있는 가능성에 대한 사유능력이며, 과거 규범들과 현실원칙들의 적용이 정지될 수 있는 대안세계의 제시 능력이다. 이성은 오류를 판단하고, 착각을 인지하며, 미망을 진단한다. 지금은 이성의 오만에 대한 국제학계의 반성이 치열한 시대이다. 그러나 어떤 사회도, 어떤 역사 시대도, 어떤 사유체계도 이성의 패컬티Faculty에 작동중지령을 내리지 못한다. 이성의 능력에 모라토리엄moratorium이 걸리는 순간 시대는 암흑 속으로 돌입한다. 프랑크푸르트 이론가들이 늘 말했듯, 이성의 오류를 판단하고 그 실수를 치유하는 것도 이성이다. 기억, 상상력, 이성—이들 세 가지 능력이 제대로 작동하고 상호 견제하고 균형을 유지할 때에만 인간은 그에게 소중한 것이 무엇인지 알며, 그것을 잃었을 때 되찾을 방법을 궁리하고, 무엇이 그 상실의 원인인가를 안다. 기억의 능력을 최대화하려는 것이 역사이고, 상상의 능력을 최대화하려는 것이 문학(예술)이며, 이성의 능력을 최대화하려는 것이 철학이다. 문사철文史哲은 그래서 인문학의 대종을 이룬다. 사회적 관점에서 말하면 인문학의 이 갈래들은 기억, 상상력, 이성으로 대표되는 인간능력의 공적·사회적 사용과 그 능력 에너지의 공급을 안정화하기 위한 체계이며, 이 체계는 이미 사회제도이다. 이것이 인문학의 사회적 의의이고, 대학에 인문학이 존재하는 사회적 이유이다.

인문학의 의의와 사회적 기여가 한 사회로 하여금 인간을 잊어버리거나 잃어버리지 않게 하는 것이라면, 한국 사회는 지금의 세계에서 이런 인문학적 기여가 가장 절실한 사회의 하나이다. 지난 1960년대 이후 전근대적 정치권력과의 연정 속에서 진행된 경제개발의 난灭개발적 성격과 파괴적·반사회적 결과들을 우리는 잘 알고 있다. 그 파괴적 결과들 중에서 가장 심각한 것이 '인간의 실종'이라는 사실도 다수의 현대 한국인에게는 상식이 되어 있다. 1990년대로만 한정하더라도 반인간적 범죄들이 늘어나면서 사회는 '인성실종'이니 '인류증발'이니를 말하는 데 분주했고, 한때 기업들은 지력 외에 '인성' 혹은 '감성'을 사원 채용의 새로운 기준으로 삼겠노라 나서기도 했던 것을 우리는 기억한다. 인격, 수신, 도덕교육을 위해 『명심보감』『내훈』 같은 전근대 왕조사회의 텍스트들을 대학에서 가르쳐야 한다는 돈키호테식 주장이 나왔던 것도 불과 수년 전의 일이다. 그런데 기이한 것은 인간실종과 생명경시가 사회 위기를 조성하고, 그 위기가 상식이 되어 있는 나라에서 위기에 대응하기보다는 위기를 심화시키는 방향으로 매사가 진행되어왔다는 사실이다. 말하자면 위기를 보면서도 사회는 반대방향으로 내달린다. 인간을 놓치지 않아야 한

　　　　　　　　　　　　보이지 않는 가위손

다는 인문문화적 가치가 어느 때보다 중요한 사회에서 그 가치가 부단히 '똥값' 처분되는 것은 이 거꾸로 가기의 대표적 경우이다. 인간멸시의 위기에 대응하기는커녕 그것을 더 심화시키는 사회—이것이 인문학 교수들이 보는 우리 사회의 '위기'이다. 그러므로 인문학의 위기라는 문제의식의 핵심에 놓여 있는 것은, 인문문화적 가치의 절대적 필요성에도 불구하고 그 가치를 쓰레기통에 쳐박는 위험사회의 장기적이고 조직적인 진행이 바로 현대 한국사회의 위기를 특징짓는다는 상황인식이다. 인간실종이 '사회적 위기'라면, 그 위기 대응에 역행하는 사회는 '위기의 사회'이다. 위험사회는 이 두 가지 의미의 위기를 동시에 안고 있다.

1990년대 전반의 문민정부와 후반의 국민의 정부—언필칭 '민주주의의 회복'에 기반을 두고 있다는 이들 두 정권이 적어도 인문문화와 인문교육에 관한 한 한국사회의 '위험사회화'를 방지하기는커녕 위기상황을 더 심화키켜 왔다는 사실이 지금 이 대목에서 지적되지 않으면 안 된다. '세계화' 구호를 내세웠던 문민정부는 대학의 경우에도 "바뀌어야 산다"는 당대의 '지혜'를 전파하는 데 크게 기여했는데, 이 시기에 나온 것이 이른바 대학의 '경영논리'이다. 대학도 '기업처럼' 경영되어야 한다는 것이 이 논리의 핵심이다. 대학 운영도 경영의 일종이라는 것은 사실이다. 그러나 대학이 '기업처럼' 경영되어야 하는 것은 아니다. 기업은 자본의 이익산출을 목표로 하는 경제단위이다.

그러나 대학은 이익산출이 목표인 경제단위도 경제주체도 아니다. 이익산출과 관계없이 계속 돈 퍼부어 넣어야 하고, 경영적자가 나도 사회적·정책적 투자를 계속해야 하는 곳이 대학이고 대학교육이다. 대학이 교육, 연구, 개발을 위해 필요한 재정을 확보하고 자원 소스를 다변화하는 것은 분명 경영적 측면을 갖는 투자 유인 행위지만, 이 유인은 당장의 이윤 보상이 약속되지 않는다는 무상성無償性을 전제로 한다. 교육과 기업을 동일한 이익 논리의 적용 대상으로 파악한 문민시대적 대학경영론으로부터 초래된 것이 "장사 안 되는 학과는 없애는 것이 옳다"라는 유명한 '퇴출론'이다. 지금 이 자리는 이 퇴출론의 진행 경과를 소상히 논할 곳이 아니므로 결론만 요약한다면, 대학교육에서도 "돈 안 되는 학과·학문은 사라져야 한다"는 반교육적 주장들과 결과들이 바로 그 퇴출론으로부터 초래되었다는 사실이다. "인문학이 밥 먹여주나?"라는 소리가 나온 것도 그런 결과의 하나이고, 대학의 '학원화'가 정책적 비호를 받으며 당당히 진행된 것도 그런 결과의 하나이다.

국민의 정부하에서 사정은 더 악화된다. 경영논리 대신 국민의 정부 교육정책이 들고 나온 것은 '시장논리'와 '부가가치론'이다. 대학교육도 시장의 논리에서 제외되지 않는다는 것, 따라서 대학교육은 다른 어떤 고려보다도 부가가치 산출에 직접 기여하고, 그 산출에 유용한 '실용교육'을 목표로 해야 한다는 것이 '시장논리-부가가치론'의 골자이다. 문민정부 시대의 대학경영론이 대학의 기업적 운

보이지 않는 가위손

영론이라면, 국민의 정부가 들고 나온 시장논리는 대학교육도 경제적 시장신호를 따라야 한다는 쪽으로 강조점이 이동해 있다. 이 정책은 시장의 요구와 시장의 필요와 시장의 수요를 기준으로 해서 대학교육의 내용, 방법, 목표를 전면 재조정할 것을 요구한다. 대학은 시장에 필요한 인력을 길러내야 하고, 시장이 요구하는 교육을 실시해야 한다. 교육은 시장의 결정에 따라야 한다. 이 지점에서 우리는 국민의 정부 멘탈리티를 근본적으로 지배하는 '시장의 신'이 어떻게 대학교육까지도 그 지배영역에 복속시키고 있는가를 보게 된다.

그러나 아주 간단히 지적하자면 사회는 그 전체가 시장이 아니고, 대학도 시장이 아니며, 교육은 더더구나 시장이 아니다. 사회는 시장을 포함하지만, 사회가 전면적으로 시장인 것은 아니다. 사회는 시장보다 훨씬 큰 실체이고 차원이다. 대학 운영에도 물론 시장적 요소는 있다. 그러나 대학 자체가 전면적 시장은 아니다. 대학은 시장에 필요한 인력을 공급하고, 시장이 요구하는 기능-기술교육을 실시하지만, 이것은 대학교육의 전부가 아니고 전부일 수도 없다. 시장논리만으로 지배되지 않고, 전적으로 그 지배에 맡겨서도 안 되는 영역을 시장의 신에게 내맡기자는 것이 국민의 정부 대학교육정책이 빠져들고 있는 오류이다. 그것은 부분을 전체로 확대하고, 부분의 요구를 전체의 요구로 혼동하며, 부분을 위해 교육의 목표를 수정하게 하는 위험

천만의 반사회적 오류이다. 이 오류의 결과 우리는 국민의 정부 시대에도 문민정부 때처럼 "돈 안 되는 것은 똥이다"라는 논리의 횡행을 보고 있다.

인문학 위기론은 일부에서 오해하듯 대학 인문학 교수들의 '밥그릇 지키기' 혹은 자기 학문의 '영토고수' 같은 얇은 이해관계에서 발단한 것이 아니다. 대학의 편제변화나 교육의 변화 필요성에 인문학 교수들이 옹고집으로 반대하려는 것도 아니다. 대학 인문학 교육 자체에 아무 내적 문제가 없었던 것은 아니며, 이 문제들은 당연히 주목되어야 한다. 한국 인문학의 나태라는 문제도 교수들은 겸허히 인정해야 한다. 그 나태는 단순히 인문학 교수들이 시대 변화를 따라가지 못한다는 차원의 것이 아니라, 부단히 새로운 학문적 의제들을 생산하고 새로운 문제들을 정의하며 이론을 내놓아야 한다는 차원에서의 태만을 의미한다. 인문학은 과거를 중히 여기되 복고주의에 머물지 않고, 전통을 존중하되 맹목적 전통주의에 함몰되지 않는다. 부단히 새로운 의제, 개념, 지식, 이론을 생산하지 못할 때 인문학은 죽는다. 그러므로 인문학의 위기라는 문제에서 한국 인문학 자체가 그 위기의 일부라는 규정은 정당하고, 이 부분에 대한 인문학의 반성은 필요하다. 그러나 한국 인문학과 인문교육에 문제가 있다는 점 때문에 인문학 자체의 중요성이 폄하되고 인문교육이 퇴출되어야 하는 것은 아니다. 근본적인 것은, 앞서 우리가 여러 차례 지적했듯, 지금의 우리 사회가 과거 어느 때보다도 인문문화적 가치의 유지를 필요로 하고 있고, 따라서 대학을 비롯한 각급 교육 과정에서 인문적 가치의 중요성을 일깨우는 교육이 더 없이 필요하다는 사실이며, 이 현실적 필요성에도 불구하고 사회·공공정책·대학 경영은 그 요청에 반하는 방향으로 인문학과 인문 가치의 위축을 부추기고 조장함으로써 위험사회로의 진행을 방치하고 있다는 사실이다. 그러므로 인문학의 위기를 가치전도의 사회적 위기에, 그리고 그 전도를 바로잡지 못하는 위기의 사회에 연결 짓는 문제의식은 타당하고 정당하다.

"돈 안 되는 것은 똥이다"라는 이 시대의 시장논리는 바로 그런 위험사회의 가치전도를 잘 요약한다. '인간실종'은 말할 것도 없이 이 가치전도의 산물이며 결과이다. 구차스러운 얘기지만, 돈과 가치의 자동적 연결관계를 부정하고, 존재의 가치 결정을 시장의 유일신에게 맡기기를 거부하며, 돈 안 되는 것에서도 지고의 가치와 존엄을 발견하는 것이 인문학적 가치관이고 세계관이며 세상을 사는 태도이다. 인문문화적 가치관은 돈 되는 것들 중에도 똥이 있고 돈은 안되지만 돈으로 따질 수 없는 지극히 소중한 것이 있다는 사실을 아는 가치관, 가격price과 가치value를 구별하는 가치관이다(영어에는 이 가치-가격 관계를 잘 표현하는 형용사들이 있다. '돈으로 따질 수 없을 만큼 귀중한'이라는 의미의 형용사는 'priceless'이고, 가격은 비쌀지 모르지만 '가치는 없는'이라는 의미의 형용사는 'valueless'이다). 인문문화적 가치관에서 인간관계를 결정하는 질문은 "그가 얼마 벌지?"가 아니라 "그는 어떤 인간인가?"이다. 그 인간관계에서 소중한 것은 타산, 이해관계, 이익계산이 아니라 이해타산과 이익 범위를 넘어서기이다. 우정, 사랑, 신뢰, 아름다움 같은 인생살이의 소중한 가치들이 솟아나는 것은 이런 가치관과 인간관계에서이다.

　인문문화적 세계관은 존재의 대상화를 거부한다. 대상화는 나 아닌 타자적 존재들을 나의 이해관계, 목적, 용도에 굴종시켜 존재의 존엄을 파괴하고 그를 수단화–노예화한다. 자연을 노예화하는 것은 이런 대상화의 결과이며, 인간실종과 생명경시도 존재의 수단화의 결과이다. 이해타산을 넘어 인간과 인간, 인간과 자연 사이에 소통과 교감의 채널을 여는 것이 대상화의 거부이다. 이 소통과 교감과 공존 속에서 인간은 존재의 확장을 경험한다. 존재의 확장으로부터 솟아나는 것이 '기쁨'이고 '아름다움'이다. 그러므로 인문문화적 세상살이의 태도는 무엇보다도 목적과 수단을 구별한다. 특정의 목적을 수행하기 위한 최선의 수단이 기술이고 이 수단에 대한 지식이 방법지know-how라면, 인문문화적 인생살이의 태도는 방법지, 기술, 수단의 채용에 앞서 목적의 정당성부터 질문한다. 정당하지 못한 목적을 위해서도 최선의 방법, 수단, 기술은 얼마든지 강구될 수 있다. 이것이 수단의 맹목성이다. 인문문화적 인생살이에서는 그러므로 "어떻게How?"라는 수단 강구의 질문은 목적의 정당성을 묻는 "왜Why?"라는 질문을 희생시키지 못한다. 이 "왜?"라는 질문 때문에 인문문화의 가치체계에서 비판적 지성은 맹목적 외눈박이 지식으로부터 구별되고, 비판이성과 도구이성이 구별된다. 이런 구분은 소중하다. 그로부터 선, 정의, 윤리 같은 인생살이의 희생할 수 없는 가치와 행위규범들이 솟아나기 때문이다.

이 일련의 소중한 인문문화적 가치들에는 정말 아무 실용성도 경제적 부가가치도 없는 것일까? 다시 구차스러운 얘기가 되지만, 이를테면 현 정부가 역점을 두고 있는 '문화산업'을 일으키는 데에는 인문학과 인문교육이 쓸모없는 것인가? 천만의 말씀이다. 정부가 알아야 할 것은 인문학의 기초가 없는 나라에서는 문화산업도 안 된다는 사실이다. 문학, 철학, 역사, 예술사, 문헌학 등 인문학의 영역들은 문화산업을 위해서도 거대한 자원이다. 그러나 영문과 교수들에게 "문학교육은 그만 하고 영어나 가르쳐라"고 주문했다는 어떤 대학 경영자는 그 점에서 자격 있는 '경영자'가 아니다. 학원 아닌 대학의 경우, 실용교육과 인문교육은 양자택일의 문제가 아니다. 인문학의 위축을 동반하지 않고서도 실용교육의 강화는 얼마든지 가능하다. 또 사회활동의 영역과 직업 종류가 지금처럼 다양해지고 창조성의 요청도 다양화하고 있는 시대에는 실용/비실용이라는 구분 자체가 사실상 무의미하다. 사회의 어떤 곳에서 언제 어떤 창조성이 요구되는지를 누가 미리, 사전에 결정할 수 있는가? 인문학 교수들이 주장하는 것은 바로 그 같은 창조성의 다양화를 위한 균형교육이지, 어느 한쪽으로의 편식교육이 아니다.

3. 시장전체주의의 위험

모든 사람이, 모든 사회가, 이 같은 인문문화적 가치관, 세계관, 태도에 전적으로 의존해서 살 수 없는 것이 지금의 세계이고 삶의 현실적 환경이라는 사실은, 적어도 그것이 현실인 한 구태여 부정될 필요가 없다. 그러나 그것들 없이 어떤 사회가 가능하고, 어떤 공동체가 가능한가? 그것들 없이 누가 사람으로 사람답게 살 수 있는가? 그러므로 그 가치들은 반反현실이 아니라 현실 세계의 조건이고, 공동체-사회의 요건이며, 인간을 인간이게 하는 기준이다. 그것들은 돈 안 되고 경제적 부가가치 산출에 도움이 안되는 수가 있어도, 돈 이상으로 중요한 가치들이다. 그것들 없이는 돈 자체가 아무 가치도 쓸모도 없는 쓸쓸한 허무가 되고, 누런 색깔의 공허가 되기 때문이다. 인문학 위기론이 사회를 향해 보내는 것은, 그러므로, 사회가 제아무리 열심히 돈 벌고 부가가치 생산에 몰두한다 하더라도 "돈 안 되는 것은 똥이다"의 논리로는 사회가 유지될 길이 없고 지탱될 방도도 없다는 극히 간단한 경고신호이다. 이 경고신호와 시장신호의 파장은 서로 달라서 주파수가 맞지 않을지 모른다. 그러나 제대로 된 시장이라면 경고신호에도 민감해야 한다. 그 신호가 무시될 때 사회가 가치전도, 인간파괴, 공동체 해체라는 몰락의 과정을 밟게 되면서 사람들은 죽는다.

오해를 막기 위해 다시 말해두자면, 인문학 위기론은 시장논리의 전면적 폐기를 주장하는 것이 아니라 시장논리의 전체주의적 유일 논리화를 거부한다. 시장논리의 유일 논리화가 진행될 때 '시장의 전체주의'가 발생할 수 있다. 물론 시장은 경제영역이고, 전체주의는 통상적 용법에서 정치의 영역이다. 그러나 시장이 정치를 압도하고 지배하는 시대가 국제환경의 지배적 모습으로 지금 다가오고 있다. 사회환경의 이 같은 세계적 변화는 21세기의 세계를 시장전체주의로 몰고 갈 위험성을 충분히 안고 있다. 이 점에서 인문학 위기론은 우리의 국지적 위기에 대한 경고임과 동시에 지금의 세계가 내달리고 있는 질주 코스의 끝부분에 새롭고 기이한 형태의 전체주의가 나타날 수 있는 가능성에 대한 경고이기도 하다. 시장전체주의는 집중된 중앙권력체나 단일 지배기구도 갖지 않으면서 세계를 하나의 논리로 통합하고, 자유와 다양성의 이름 아래 어떤 자유도 자율성도 다양성도 허용하지 않는 기묘한 형태의 전체주의이다. 이미 세계적 시장체제 속으로 속절없이 편입되어 들어간, 아니 국민의 정부가 적극적으로 편입을 추진한, 약소 단위 국가인 한국이 세계적 시장전체주의의 위험성을 예감하고 그 가능성에 대응할 장기적 정책 비전을 강구할 수 있을까? 지금 사정으로 판단하면, 그럴 가능성은 제로 이하이다. 현 정부는 시장의 우상에 적극적으로 봉헌된 정부이며, 사회 자체를 그 유일 우상에게 헌납하고 있는 정부이기 때문이다. 시장체제는 현 단계에서 우리의 불가피한 항로 선택이다. 그러나 시장을 우상화하고 시장 논리를 유일 논리화하는 것은 극히 위험한 반사회적·반민주적 선택이 될 수 있다.

나치 독일의 파시즘과 스탈린의 소비에트 전체주의는 정치독재와 기술을 결합했다는 공통점을 갖고 있다. 기술적 방법지와 실용교육을 강조했던 것이나 반지성주의를 취택했던 것도 두 체제의 공통점이다. 두 체제의 관점에서는 비판적 지성과 지식인이라는 것은 국가의 적이고 무용지물이다. 파시즘을 피해 영국으로 도망치면서 카를 만하임은 "나치의 군화발 아래 독일의 모든 지성이 순식간에 침묵했다"고 술회하고 있다. 지식인은 때로 허황되고 추상과 관념에 몰입되어 공론이나 전개하고 딴지걸기를 장기로 삼는 버릇을 갖고 있다. 그러나 나치 독일과 소비에트가 몰락한 데에는 비판적 지성의 학살이라는 어리석은 선택이 큰 요인으로 작용했다는 사실을 망각할 수 없다. 지금 우리가 보고 있는 음울한 가능성은 권력-자본-기술의 3자 연정이며, 이 연정으로부터 탄생할 수 있는 것이 새로운 형태의 시장전체주의이다. 시장전체주의의 위력은 그것이 전체주의 같아 보이지 않는다는 데 있다. 시장에는 자유가 있고, 자유경쟁과 자유선택 그리고 자율결정이 있어 보인다. 그러나 시장신의 가장 큰 힘은 자유시장의 논

리로 비판적 지성을 침묵시키고 마비시킬 수 있다는 것이
다. 인문학 위기론은 우리 상황에서 이런 침묵과 마비의
가능성에 대한 경고이기도 하다. 지식기반사회의 건설을
국정지표의 하나로 내세우고 있는 현 정부는 피터 드러커
류의 천박하기 짝이 없는 지식행상들로부터만 알량한 공
식과 신조어를 공급받을 것이 아니라, 인문학 위기론이 무
엇을 문제 삼고 있는지를 숙고함으로써 정권의 당면 이해
관계나 수임기간을 넘어서까지 나라의 장래를 생각하는
장기적 정책 비전을 세우고, 그 비전에 폭과 깊이의 차원
을 줄 필요가 있다.

시장전체주의와 한국 인문학

1. 문제제기

나의 문제제기는 이런 것이다. 지난 10년 동안, 더 정확히는 김영삼 정권에서부터 지금의 김대중 정권에 이르기까지의 문민정부 7~8년 사이에 우리는 극히 심각하고 문제적인 상황 전개 하나를 경험하고 있다. 그것은 시장논리가 전 사회적 확산을 성취하고 이로 인해 시장의 지배와 조작에서 벗어난, 혹은 그로부터 자유로울 수 있는 사회적 공영역들이 축소, 위축, 소멸의 위기로 내몰리게 된 상황이다.

축소와 위축? 이 완곡한 표현은 사태의 심각성을 오히려 호도하는 데가 있다. 더 정확히 말한다면, 지금 우리 사회에는 시장논리의 지배권을 벗어난, 혹은 시장조작 manipulation의 대상으로 함몰되지 않은 어떤 사회 공영역도 사실상 남아 있지 않다. 문화와 예술과 학문, 교육과 매체, 그리고 공공의 사회제도—이 모든 영역들은 지금 빠른 속도로, 거리낌 없이, 시장의 신에게 투항하거나 투항을 종용 받고, 오로지 그를 추앙하며 그의 명령 외에는 어떤 분별에도 귀 기울이지 말아야 하는 전면적 복속의 조건 속으로 내몰리고 있다. 시장논리의 지배가 확립되는 사회를 시장전체주의 사회라 규정할 때, 지금 한국은 시장논리를 유일 논리화하는 유례없는 시장전체주의 사회를 지향하고 있다. 시장유일체제를 추구하는 사회는 정치전체주의 못지 않게 위험하고 파괴적인 사회이다. 시장전체주의는 한 사회의 공적 가치와 규범들을 모든 방위에서 포위·질식시켜 시장 효율과 시장조작 이외의 다른 가능성들을 열어놓으려는 어떤 도덕적 고려의 문맥도 살아남기 어렵게 하고, 사회 유지에 필요한 공공의 제도 및 정책을 옹호할 이성적 담론들을 마비시키기 때문이다.

지난 수년간 우리 사회에 제기된 '인문학 위기론'은 흔히들 오해하듯 특정 학문 분야의 상대적 위축에 대한 불만 혹은 불안감이라는 협소한 이해관계에 근거하고 있는 것이 아니다. 인문학 위기론의 핵심에 놓여 있는 것은 시장전체주의적 위험사회의 도래 가능성이라는 훨씬 근본적이고 근원적인 문제의식이다. 기이하게도 이 위기는 그것의 심화된 진행 수준에도 불구하고 우리 사회에서 그리 널리, 그리고 깊게 인식되고 있지 못하다. 대학교육에 철저한 시장원리가 도입되고 문화영역과 공적 사회 제도들이 시장논리에 종속 당하며 가족·집단의 목표와 가치가 점점 시장조작과 '돈'에 의해 규정되는 사회, 기업자본주의적 사고 방식과 행동양식이 경제영역을 넘어 사회문화적 권력까지도 장악하고 중요한 공영역적 가치들이 오로지, 그야말로 오로지, 시장논리라는 것 하나로 재단되는 사회에서 성장 세대는 무엇을 배우고, 교육은 '돈' 이외의 무엇을 목표로 삼을 수 있는가? 개인들은 돈과 소비능력 이외의 어떤 가치규범으로 삶의 의미와 목적을, 자기 정체성과 인간관계를 정의할 수 있는가?

사회적 공영역으로서의 교육이 지금 최대의 목표, 아니 사실상 유일한 목표로 삼고 있는 것은 '돈 버는 인간'의 생산이다. 근년 들어 고등학교에서 발생하고 있는 이른바 '학교 붕괴' 현상은, 다른 여러 원인들 중에서도, 시장논리의 사회지배, 돈의 우상화, 기업자본주의의 문화 장악, 오락-소비문화의 확산 등등의 현실과 결코 무관하지 않다(이른바 '원조교제'라는 것은 중학교 수준에까지 파급되어 있다). 자라는 세대에게 광고 메시지, 오락소비문화, 일확천금의 성공담, 손쉬운 돈벌이 같은 것들 말고는 사실상 어떤 의미 있는 가치준거의 틀도 지금 우리 사회는 제시하지 못한다. 공공의 매체들, 특히 우리 신문들은 가치 왜곡과 문화의 타락에 더 많이 기여함으로써 사회적 공영역으로서의 기능을 거의 상실하고 있다. 아니, 그것은 기능 상실이기보다는 공적 기능을 시장의 신에게 갖다 바치는 자진 헌납이고 포기이다.

이런 사회에서 인문학이, 인문학만이 아니라 교육영

역 전체가, 진지하게 제기해야 하는 질문이 있다면 그것은 "시장논리의 전면적 사회지배를 어떻게 차단하고 시장유일주의의 영향으로부터 어떻게 공적 사회 공간과 인문문화적 가치들을 지켜낼 수 있는가?"라는 것이다. 인문학의 위기라는 문제의식의 밑바닥에 깔린 것은 이런 질문이다. 사회의 모든 영역을 시장체제에 전면 복속시키려 드는 것은 광기이며, 광기치고도 대단한 광기이다. 인문학의 문제의식은 '인문학'에 한정된 것이 아니라 이 "대단한 광기에 나포된 사회에서 인간은, 사회 그 자체는, 어찌 되는가?"라는 더 근본적인 문제에 직결되어 있다.

누가 '돈'을 경멸하랴? 그렇다. 지금 우리가 살고 있는 이 세계에서는 아무도 돈을 경멸하지 않고 경멸하지 못한다. 물질적 빈곤에서 벗어난다는 것은 인간의 품위와 자유를 위해서도 필요하고 중요한 일이다. 그러나 지금 우리의 문제의식을 '돈에 대한 터무니 없는 경멸'로 잘못 알아듣는 능력을 가진 사람들을 위해 미리 말해두자면, 인문학은 돈을 경멸하는 것이 아니라 돈밖에 모르는 사회를 경멸한다. 인문학은 시장을 과소평가하거나 시장논리를 전면 거부하지 않는다. 인문학이 문제 삼는 것은 시장이 아니라 '시장전체주의'이고 시장논리가 아니라 '시장논리의 유일논리화'이다. 인문학은 돈 버는 사회를 우려하는 것이 아니라 돈에 미친 사회를 우려한다. 인문학은 교육과 학교 경영에 시장원리가 전혀 도입되어서는 안 된다고 주장하지 않는다.

인문학이 경고하는 것은 교육영역에서의 시장원리의 '선년 도입'이고, 학교의 전면적 '시장화'와 그로 인한 교육의 비틀림이라는 것이다(시장주의에 의한 왜곡은 학생들의 정신상태에서도 발생하고 있다. 최근의 대학가에 대두한 '학생주인론'은 그런 예의 하나이다. 지난 1980년대 민주화 투쟁기의 대학가에도 "학생이 주인이다"라는 주장이 있었는데, 거기에는 독재권력에 훈육된 대학, 대학 교수, 교과 내용에 대한 저항과 거부의 논리가 담겨 있었다고 말할 수 있다. 1990년대 대학가에서의 '학생주인론'은 "고객이 왕이다"의 논리에서 나오고 있다. 돈을 내는 것은 학생이니까 학생이 '왕'이고, '주인'이며, 교수는 그 주인에게 '고용된' 자이고, 대학은 고객으로서의 학생을 '왕'으로 대접해야 한다는 것이다. 최근 교육정책 당국이나 대학 경영자들이 곧잘 입에 올리는 '고객중심 교육'이라는 구호는 그 부분적 타당성에도 불구하고 학생들의 정신상태에 심각한 상업주의적 왜곡을 조장하고 있다. 이런 멘탈리티는 지금 대학만이 아니라 중고등학교에까지 파급되고 있다. 시장원리의 전면 도입과 대학의 시장화를 신봉하는 대학이라면 '학생주인론'의 주장대로 고객인 학생의 요구를 철저히 존중할 수 있어야 한다. 그럴 능력도 의사도 없으면서 시장원리에 의한 대학경영론을 펴고 고객 중심 교육을 들먹이다가 고객 주인론 앞에서 자기 모순에 빠진 것이 지금 한국의 대학들이다. 2000년 봄 서울의 주요 사학들은 학생들의 등록금 인상 반대 투쟁 때문에 홍역을 앓고 있다. 공급자가 요구하는 비용 인상을 고객이 거부한 것이다. 시장원리를 들이댄다면, 물론 이 반대투쟁도 논리가 맞지 않다).

보이지 않는 가위손

2. 시장전체주의의 대두

대학이 시장원리라는 것 앞에서 정신을 잃기 시작한 것은 1990년대 첫 '문민정부'인 김영삼 정권 때부터이다. 그 이전이라 해서 한국의 대학이 제정신을 차리고 있었던 것은 물론 아니다. 그러나 1990년대 이전 대학의 타락이 독재에 의한 훈육과 권력에의 굴종 때문이었다면, 1990년대 이후에 발생한 대학의 미혹迷惑은 대학에 '시장원리'를 적극 도입하도록 이끈 정권의 유도와 대학 자체의 동의에 의한 것이라는 차이를 갖고 있다.

1990년대 초반, 전국의 대학들에는 "바뀌어야 산다"라거나 '대학의 세계화'를 부르짖는 현수막들이 내걸리고, 이른바 '대학경영론'이란 것이 유행처럼 번지게 되는데, 이 세계화 구호는 김영삼 정권이 내건 세계화주의 모토를 대학 측이 수용한 것이고, 대학경영론 역시 김 정권의 대학 개혁정책에 대한 대학 경영자들의 호응이다. 김 정권이 출발 직후부터 내건 세계화주의 모토는 '세계화'라는 것이 무엇인지도 잘 파악하지 못한 상태에서 진행된, 극히 경박한 드라이브에 불과하다(물론 김 정권의 세계화주의에 '사회개혁'이라는 목표가 연결되고 있지 않았던 것은 아니다. 그러나 그 세계화주의는 '세계화' 현실의 다면성을 고려하지 않은 채 그것의 일면성만을 받아들였다는 점에서 경박하다. 이 경박성은 김 정권이 '세계화'를 일종의 만병통치약으로 인식했다는 사실, 그리고 바로 그 세계화주의정책 때문에 김 정권이 망하게 된다는 사실에서 가장 잘 드러난다. 역설적이게도 세계화주의는 김 정권에게 '트로이의 목마'였던 셈이다). 김 정권의 세계화주의는 대학개혁정책에도 그대로 반영되어 "세계는 바뀌고 있다. 그러므로 한국사회도 바뀌어야 하고, 대학도 당연히 바뀌어야 한다"라는 논법으로 대학에 진입한다. 세계는 어떻게 바뀌고 있는가? 동유럽 사회주의의 붕괴를 보면서 등장한 김영삼 정권으로서는 자유시장경제체제의 지구적 확산이라는 사태 발전, 그리고 그 세계체제 안에서의 '무한경쟁 시대'로의 돌입이라는 것이 정권 차원에서 파악된 새로운 변화양상이다. 이 인식으로부터 나온 것이 "그 새로운 경쟁환경에서 살아남기 위해서는 '한국의 세계화'가 필요하다"라는 것과, 세계화를 위해서는 사회개혁과 함께 "대학개혁이 필요하다"라는 주장이다.

대학은 어떻게 개혁되어야 하는가? 대학도 경쟁에서 비켜난 예외적 영역이 아니므로 대학 역시 살아남을 수 있는 방향으로 개혁되어야 하며, 살아남기 위해 대학은 '경영'되어야 한다. 이 순간 이후 한국 대학들은 어떤 이념이나 목표보다도 '생존을 위한 경영의 원칙'과 '생존게임 survival game'의 논리에 지배되는 한 시대로 진입하게 된다. 학부제로의 대학 개편도 학문체계의 재편이라는 명분보다는 이 생존게임의 일부라는 측면을 더 많이 갖고 있다. 생존명령이 요구한다면 학과는 통폐합되어야 하고, 속칭 '장사 안되는 학과'는 없어져야 하며, 전공의 복수화, 전공 학점의 하향 조정, '장사 잘되는' 학과의 신규 개설, 교육 내용의 개편 등도 '생존'과 '경영'이 요구하는 불가피한 명령인 것으로 인식되기에 이른다. 대다수 사학의 경우 이 종류의 대학경영론은 '경영의 입장에서' 환영받는다. 이것이 김 정권의 대학정책에 대한 대학의 자발적 동의이다.

'국민의 정부'에 들어와서도 대학개혁의 논리에 관한 전임 정권과 거의 완벽한 연속성이 유지된다. 유지되었을 뿐 아니라 대학개혁의 당위논리는 더 강화된다. 전임 정권의 세계화주의는 약간의 외피적 구호 변경이 있었을 뿐 김대중 정권에서도 여전히 국정의 기초가 된다. 김영삼 정권과 마찬가지로 김대중 정권이 파악하는 세계는 시장체제의 전지구적 확장에 의해 재편된 세계, 무엇보다도 '경쟁의 논리'에 지배되는 세계이다. 따라서 이 경쟁적 시장체제에서 어떻게 살아남는가라는 것이 김대중 정부가 보는 한국사회의 최대 도전이자 과제이다. 이는 김영삼 정권 때의 '무한경쟁 시대에서의 생존'이라는 인식방식과 동일하다. 이 같은 국정목표의 설정은 대학-대학교육도 생존이라는 '국가적' 과제 수행을 위한 사회 메커니즘의 일부가 되어야 한다는 교육정책으로 귀결한다. 김영삼 정권 때의 대학경영론은 김대중 정부에 들어와 대학의 '시장화 논리'로 더 강화된 것이다.

강화된 정도가 아니다. 대학은 물론 사회의 모든 영역에 시장논리와 시장의 원리를 확대 적용하게 된다는 점에서 김대중 정권은 전임 정권보다도 훨씬 강한 시장화주의 정책을 추진한다. 이 지점에서 대학은 시장의 일부이자 시장을 위해 존재하고, 시장의 신神에 봉사하며, 시장의 수요에 응하여 인재를 공급하는 사회제도 이상의 것도 이하의 것도 아닌 기능적 영역으로 인식되기에 이른다. 이 시장논리는 대학들로 하여금 대학교육의 이념과 목표를 전면 재조정하는 방향으로의 변화(이른바 '개혁')를 유도한다. 목표의 변화는 다른 어떤 변화보다도 대학에서의 가장 근본적인 변화, 다른 모든 변화를 안내하고 지배하는 본질적 변화이다. 요약하면, 현 정권이 요구하는 것은 "시장에 맞는, 시장경쟁력을 가진, 시장을 위한 대학교육"이라는 쪽으로 교육 목표를 바꾸라는 것이다.

두 차례 문민정부의 대학개혁 논리는, 간단히 정리하면, 시장체제에 전면 종속시킬 수 없고 종속시켜서는 안 되는 사회적 공영역의 하나인 교육을 무차별로 시장논리에 예속시키는 시장제일주의 이데올로기에 나포되어 있다. 이 시장제일주의는 세 가지 이유에서 정치전체주의와 비교될 만한 '전체주의totalitarianism'의 성격을 갖고 있다.

첫째, 그것은 시장논리, 시장원리, 시장가치를 향해 사회 전체를 훈육하고 재조직하며 채찍질하는 '동원체제'이다. 물론 이 동원체제는 정치전체주의적 동원체제와는 구별되는 방법적 차이를 갖고 있다. 정치전체주의의 사회동원 방법이 강제적·강압적인 것이라면, 시장전체주의의 사회동원은 자율성과 자발성의 외피를 입고 있다. 자유로운 선택, 경쟁, 자발적 동의, 자율성의 원칙 등등은 그 동원 방

보이지 않는 가위손

식에 비억압성의 외양을 부여한다. 그러나 시장논리, 시장원리, 시장가치가 유일논리, 유일원리, 유일가치가 되는 사회에서 선택, 기회, 경쟁, 자율성, 자발성은 반드시, 불가피하게, 주어진 '놀이마당' 안에서만 가능하고, 그 '놀이마당의 규칙과 논리'를 수락했을 때에만 가능하다. 말하자면 시장논리가 사회의 전 영역을 지배하는 유일논리가 된다는 것은 그 논리의 사회적 '전체화totalization'이며, 자율성이란 그 논리를 수락하고 그것의 게임 룰에 참여했을 때의 자율성, 곧 전체화 효과의 하나에 불과하다. 시장유일주의는 앞서 지적했듯 시장논리로부터 일정한 거리를 유지해야 하는 사회적 공영역들을 위축시키고 시장 이외의 다른 가치를 존중하려는 어떤 도덕적·윤리적 고려도 살아남기 어렵게 한다. 이것이 시장체제에 의한 '사회'의 전면적 복속이며, 이 복속을 '생존을 위한 유일한 길'로 설득시키고 수락하게 하기 위해 시장전체주의는 '당근과 채찍'을 가진 각종의 방식들을 구사한다.

둘째, 시장전체주의는 정치전체주의처럼, 그러나 정치전체주의와는 좀 다른 방식으로, 주민들을 겁주고 통제하고 관리하는 '감시체제'이다. 시장전체주의는 1990년대 우리 정권 담당자들의 입을 통해 "이 무한경쟁 시대에 살아남는가 죽는가는 전적으로 당신의 책임"임을 조석으로 강조함으로써 사회성원을 겁주고 공황심리를 조장하며, 시장논리와 시장원리에 충실하고 시장가치를 숭배하는 것이 '살아남는 길'이라 일러준다. 주민은 이 생존의 복음을 따라야 하고(혹은 따라야 한다는 생각에 '사로잡히고'), 그것이 요구하는 계명Commandments을 준수해야 한다(준수하지 않으면 "경쟁에 뒤지고, 경쟁에 뒤지면 뒈진다"). 시장원리를 수락하는 것은 시민의 '의무'가 되고, 거기 적응하는 것은 시민의 '미덕'이, 그리고 그 적응력은 시민적 '능력'이 된다. 여기서 동일화, 내면화, 자기감시가 발동한다. 시장의 신은 주민에게 먹을 것을 주는 '대공급자the Great Provider' 아비이며, 주민은 아비와의 동일시 과정을 거쳐 아비의 명령을 '자기자신의 명령'으로 내면화하고, 그 명령에 따른 의무·미덕·능력의 소유 여부를 자기 스스로 감시한다. 그는 자기자신에 대한 감시자가 된다. 이것이 '자발적 감시체제'이다. 자발적 자기감시의 경우, 시장에서의 '성공/실패'의 잣대는 곧 시민적 자질의 소유 여부에 대한 판단 잣대가 된다. 시장에 적응하지 않거나 못하는 자는 바보, 온달, 무능력자, 열패자로 분류되어 별도의 관리 대상으로 전락한다. 시장전체주의하의 '사회복지'는 이 열패자들을 능력 있는 주류 시민들로부터 분리하고, '실패'의 모형으로 전시하며, 소량의 빵부스러기를 던져주어 통제·관리할 대상으로 소외시킨다. 주민에 대한 분할, 제외, 배척이 진행되고 주민은 그 분할의 대상이 되지 않기 위해 자기감시를 강화한다. 이 감시체제는 자발성의 외피를 입고 있다는 점에서 정치전체주의적 감시방식과는 구별되지만, 그러나 감시체제라는 점에서는 마찬가지이며, 감시의 사회적 편만성이 실현된다는 점에서 '전체주의적 감시체제'이다. 공적·사회적 권력

보이지 않는 가위손

기구들도 감시의 눈이 된다. 이 경우 시장적 기능과 시장
효율성의 소유 여부에 따라 권력기구는 주민·직원·피고
용자·고객을 분할, 제외, 배척의 메커니즘에 따라 관리할
수 있다.

셋째, 시장전체주의는 '사회적 이성social rationality의 마
비'를 추구한다는 점에서 전체주의적이다. 시장효율성, 경
제적 부가가치의 산출 여부, 시장기여도 이외의 사항들은
모두 무가치한 것으로 평가절하되고, 시장에 별 도움이 되
지 않는다고 판단되는 이성적·비판적 담론들은 '헛소리'
가 되며, 도구적·기능적 시장이성 이외에는 어떤 것도 '이
성적'이거나 '합리적'인 것의 범주에 들지 못한다. 사정이
이 수준에 이르면 사회적 공영역들은 존립의 기반을 상실
하고, 이성의 공적 사용이라는 극히 중요한 사회적 능력은
사적 이해집단들의 싸움판에 끼여 질식당한다. 과거 정치
전체주의가 사회적 이성의 학살을 중요한 정치적 목표로
삼았던 것과 유사하게 시장전체주의에서도 공적 이성은
학살대상이 된다.

사회에서의 시장의 기능과 위치는 중요하고, 앞서 말했
듯 시장·기업·금융 등의 영역에서 시장원리는 합리성의
한 모형이 될 수 있다. 지금 우리의 요점은 시장기제의 중
요성을 부정하자는 것도, 경쟁적 세계시장체제의 대두라
는 현실을 부인하자는 것도 아니다. 우리가 거듭거듭 강조
하는 것은 시장논리를 사회의 전 영역에 확대하고, 그 확
대 위에서 거의 모든 정책의제들을 결정·실행·평가하는

시장전체주의의 '반사회성'과 '반인간성'이라는 문제이다. 경쟁과 생존만이 유일한 명령이 되지 않는 공간을 개척하기, 이것이 인류사에서 '사회'란 것이 만들어진 이유이다. 역사상 모든 의미 있는 삶의 집단들이 밀림의 유지보다는 '밀림에서 공동체'로의 이동을 과제로 삼은 것은 그 이동에 의해서만 사회구성의 합리적 구실과 정당성이 확보되기 때문이다.

경쟁과 생존은 인류사에 있어 무슨 새로운 현실이 아니다. 20세기 말 세계시장체제에서 다소 새로운 것이 있다면 그것은 인간 삶의 환경이 훨씬 더 밀림에 가까워졌다는 사실뿐이다. 지금의 세계가 경쟁의 치열성을 전례 없이 강화하고 있다면, 이 지상 모든 단위 국가 정부들에 안겨지는 가장 중요한 정책적 과제는 밀림을 실현하는 것이 아니라 오히려 시장논리를 사회적 가치에 복속시키려는 의지와 능력을 포기하지 않음으로써 '사회의 파괴'를 방지하는 것이다. 그런데 1990년대 문민정부들의 지배적 사고방식과 정책기조는 그 반대 방향, 다시 말해 사회밀림화와 사회적 가치의 황폐화를 촉진하는 쪽으로 맞추어져왔고, 지금도 그러하다. 이 종류의 국정기조는 위협의 논리, 맹목성, 비전의 부재를 특징으로 한다. 앞서 언급했듯 국민 성원들에게 "자, 지금은 무한경쟁 시대이다. 살아남는가 못살아남는가, 그것은 당신의 책임이다"라고 겁주어 "무슨 수를 써서라도 살아남고 보자"는 정신상태를 자극하는 것이 공

보이지 않는 가위손

황정치학적 위협의 논리이고, "무슨 수를 써서라도 이겨야 한다"는 논리가 팽만했을 때 초래될 반사회적·반인간적 결과들(이미 우리는 그런 파괴적 결과들을 매일, 조석으로 보고 있다)을 고려하지 않는 것이 맹목성이다. 아무리 경쟁적 세계시장체제에서라 할지라도, 아니 세계적 경쟁환경이 심화되면 될수록, 단위국가는 밀림이 아닌 사회를 유지하기 위해 필요한 정책을 구상하고 수단을 강구해야 한다. 그런 정책의 조직적·체제적 결핍이 비전의 부재이다.

두 차례의 이른바 '민주정부'를 거치는 사이에 이 시장전체주의가 어떤 방식으로 진행되고, 어떤 단견과 맹목을 산출했는가를 점검하는 일은 어렵지 않다. 우선 대학의 경우, 시장논리의 전체주의적 관철이 지난 몇 년 사이에 진행된 '대학의 시장화'이다. 대학의 시장화 논리는 '대학도 기업처럼 경영'되어야 하며, 시장원리의 적용을 받아야 한다는 것이다. 경영론과 시장원리 적용론이 대학과 교육의 영역으로 확대되었을 때 어떤 왜곡과 파괴적 효과가 발생하는가는 이 경우 관심 밖의 사항이며, 대학이 기업 같은 경제활동 단위가 아니라는 사실도 철저히 망각된다. 기업은, 아주 간단히 말해서, 이윤추구와 이윤창출을 목표로 하는 경제활동단위이다. 그러나 대학은 이윤창출을 그 전면적 목표로 삼지 않고, 삼을 수도 없다. 대학경영도 경영임에는 틀림없지만 대학이 '기업처럼' 경영되어야 하는 것은 아니다. 교육과 학문은 모든 경우에 단기적 성과만을 목표로 하지 않고, 그렇게 할 수도 없다. 대학교육은 이윤창출을 목표로 하지 않고, 이윤의 단기산출을 보장하지 않으면서 막대한 사회적 투자를 필요로 하는 영역이다. 특정의 학문 분야를 "장사 안 된다"는 이유로 폐쇄할 수 없는 것이 대학이다.

현실적 이득을 고려했을 때에도 장차, 미래에, 어떤 학문 분야가 어떤 상업적 혹은 산업적 각광을 받게 될지는 아무도 모르고, 더구나 '현재' 시점을 기준으로 미래를 속단할 수 없다. 이것이 대학이라는 학문 우주에서 학문 다양성을 유지할 때의 '현실적' 고려이다. 한국식 대학경영론자들의 논법대로 '장사 안되는' 학과−학문이 시장원리에 따라 자동 폐쇄되어야 한다면, 생물학·수학·물리학·화학 등의 기초학문 분야들과 철학을 비롯한 대부분 인문사회과학들은 문 닫아야 한다. 그러나 예컨대 21세기 '산업'으로 떠오른 생명공학과 유전자 산업군을 가능하게 한 것은, 분자생물학이라는 기초학문이 20세기 중반에 이룩한 유전자 구조의 발견이다. 그 발견이 없었다면 그것의 공학적 응용이나 산업화가 있을 수 없다. 더구나 한국식 대학경영론자들이 내세우는 '시장원리'에서 '시장'이란 학생들이 몰려드는가, 졸업 후 취업전망은 있는가라는 단 두 개의 기준으로 판정되는 시장이다. 이 협소한 계산법은 미래를 생각하지 않고, 다양성의 자원적 가치도 배제한다. 거기에는 장기투자도 중요한 투자라는 원론적 투자전략조차 없다. 단견과 맹목에 사로잡힌 한국식 대학경영론자들과 시장론자들은 그 점에서 '경영'을 아는 유능한 경영자가 아니라 자격 없는 경영자들이다.

　그러나 대학의 공영역적 성격과 자율성이 지켜져야 하는 더 본질적인 이유는, 대학-대학교육이 시장만을 위한 것이 아니라 '사회 전체'를 위한 제도, 기구, 영역이라는 사실에 있다. 대학이 기업자본주의의 수요에 맞는 인력을 산출할 수 있지만, 기업이 요구하는 직업-기술능력의 함양만을 목적으로 교육 목표를 전면 수정하고 재조정해야 하는 것은 아니다. 시장전체주의적 사고는 사회 전체를 시장으로 보고자 하지만, 그러나 사회 전체가 시장인 것은 아니며, 대학도 전면적 시장은 아니다. 사회는 시장을 포함하는, 그러나 시장보다 훨씬 큰 실체이다. 시장은 사회의 일부이고, 이 '일부'는 전체(사회)를 대체하지 못한다. 시장전체주의는 시장을 사회의 전 영역으로 확대함으로써 부분으로 전체를 대체하는 일종의 '제유提喩적 오류'에 빠져 있고, 이 오류가 도달하는 결론은 마가렛 대처의 유명한 언명처럼 "사회란 것은 존재하지 않는다"라는 것이다.

　그러나 사회는 존재하고, 또 존재해야 한다. 시장전체주의는 대학을 시장화하고, "대학이 시장을 위해 존재하고 시장을 위해 봉사하는 시장의 시녀여야 한다"고 생각한다. 그러나 이런 이데올로기적 왜곡에도 불구하고 대학은 시장화될 수 있는 곳이 아니다. 대학은 사회 전체를 위한 교육제도의 하나이지, 시장경제를 위해서만 존재하는 기구가 아니기 때문이다. 우리의 경우, 21세기를 통틀어 한국인에게 부과되는 가장 중요한 사회적 과제는 '민주사회'의 유지, 발전, 전승이다. 시장유일주의적 혹은 시장전체주의적 교육만으로는 이 과제를 수행할 능력을 가진 민주시민을 길러낼 수 없다. 시장논리, 실용위주 교육, 기술지식만으로는 파시즘, 독재, 정치전체주의를 막아내지 못한다. 여기서 우리는 간과할 수 없는 어떤 아이러니에 직면한다. 파시즘, 독재, 전체주의 같은 정치환경의 발생 혹은 재발을 막아야 하는 것이 21세기 한국사회의 과제라고 할 때, 1990년대 '민주정부'들을 사로잡아온 시장유일주의적 발상과 사고가 '전체주의'를 방지하기는커녕 새로운 형태의 '전체주의'를 조장하고 있다는 것이 그 아이러니이다.

김대중 정부의 시장유일주의적 국정기조는 몇 가지 흥미로운(?) 정책적 추진을 보인다. 대학의 시장화말고도 '신지식인' 운동, '두뇌한국' 사업, '지식기반사회'론, 공적 문화기구들의 민영화안, 문화산업론 등이 그것이다. 국제구제금융 사태로부터의 탈출이라는 당면과제와 부담을 안고 출발한 김대중 정권으로서는 "어떻게든 경제부터 살려야 한다"는 명령을 거의 모든 정책 기안에서 제1의 고려사항으로 삼았을 가능성이 있다. 그러나 지금 우리의 관심은 사회 전체를 시야에 넣었을 때 현 정부가 추진하거나 기안한 사업들이 궁극적으로 어떤 문제를 안고 있는가에 대한 비판적 점검이다. 비록 좌절되긴 했지만 정부는 지난해 국립도서관, 국립국어연구원, 국립극장, 예술종합학교

보이지 않는 가위손

등의 공공기구들을 시장원리에 따른 자체 운영기구로 전환하려 시도한 적이 있다. 국민을 위한 문화시설이자 정보 서비스 기관인 국립도서관을 향해 "장사해서 운영하라"고 말하는 것은 시장유일주의적 발상의 극치이다. 이런 아이디어는 좌절되었지만, 그런 발상이 나올 수 있는 것 자체가 문제이다. 그것은 하급관료 차원의 '무식'의 문제가 아니라 "모든 것은 시장원리로"와 "장사하라"는 대원칙, 곧 현 정권의 기본 멘탈리티와 관계된 문제이다. '문화산업' 육성정책의 경우에도 우리는 같은 말을 할 수 있다. 문화산업의 산업적 중요성과 시장잠재력, 높은 부가가치를 아무도 부정하지 않는다. 그 분야에 상당 액수의 재정이 투자되고 있다는 사실에 대해서도 질투할 사람은 없다. 문제는 '문화'와 '문화산업'을 혼동하고 "21세기는 문화산업의 시대니까 문화의 시대이다"라는 인식, 이제는 문화라는 것이 팔아먹을 중요한 상품이 되었으므로 문화가 중요해졌다고 생각하는 위험한 왜곡 그 자체에 있다. 이 왜곡 속에는 "팔아먹을 수 없고 돈 안 되는 문화는 가치 없다"라는 판단이, 문화산업정책이 곧 문화정책이며, 모든 문화생산물은 '돈 되는 상품'이어야 한다는 시장유일주의의 논법이 자리잡고 있다. 이 형태의 시장유일주의에서 '돈 안 되는 것'은 투자할 필요는커녕 존재할 이유도 없는 무가치물로 전락한다.

지금 이 자리에서 길게 상론할 수는 없지만, 특정의 인간형 또는 능력모형을 21세기 한국사회에 필요한 '지식인의 상'으로 내세운 것이 이른바 현 정부 주도로 전개된 '신지식인' 운동이다. '지식을 활용하여 자신의 활동영역에서 부가가치를 산출하는 사람'이라는 것이 '신지식인'의 공식 정의이다. 운동 추진주체들의 거듭된 부인에도 불구하고, 이 경우 '부가가치'란 경제적 부가가치를 의미한다. 이 사실은 어떤 사람들이 '신지식인'으로 선정되고, 그들이 어떤 기준에서 선정되었는가를 밝힌 공식 발표에서 충분히 드러나고 있다(구차한 얘기지만, 신지식인 운동에 대한 비판은 '지식인' 칭호 때문에 소위 '구지식인'이 거는 트집잡기가 아니고, 학벌이나 학력 정도에 관계없이 기능적 지식을 활용하여 자기 일의 영역에서 성공한 사람들을 폄하하기 위한 것도 아니다). 우선 지적해두어야 할 것은 어떤 정권도, 민간단체 아닌 정권 또는 정부가 직접 나서서, 특정의 인간형을 사회적 모델로 '규정'하고 '제시'해서는 안 된다는 사실이다. 왜 안되는가? 그것은 바로 히틀러 나치즘이나 소비에트 전체주의 같은 체제에서나 할 일이기 때문이다.

히틀러 나치즘이 내세운 것이 '히틀러 유겐트'이고, 구소련 체제가 내세웠던 것이 프로레탈리아트 '신인간'의 모형이다. 우리가 역사로부터 배울 것은 이런 짓들이 소극笑劇이고, 소극은 반드시 실패한다는 사실이며, 온당한 판단력을 가진 사회라면 그런 소극을 역사에서 되풀이하지 말아야 한다는 사실이다. '신지식인'이라는 용어는 미국·일본 등지의 일부 경영학 행상들과 '신시대' 이데올로그들이 내놓은 '지식근로자knowledge-worker'의 번역어이고, 이 운동의 시발 자체도 일단은 무언가 '새로운' 아이디어로 일을 만들고자 하는 정치적 수요에 따른 것으로 보이지만, 그러나 거기에는 "무엇을 '지식'으로 규정하고 누구를 '지식인'으로 불러야 할 것인가?"라는 문제와 관계된 은밀한 시장전체주의적 인식과 기도가 작용하고 있다. 풀어서 말하면, 그것은 지금 지식의 성격에 변화가 발생하고 있고, 21세기 한국사회에 필요한 지식은 기술지·방법지 같은 기능적 지식이라는 판단과 인식, 그리고 이 형태의 '신지식'으로 구시대적인 전통적 지식 형태들을 대체해야 한다는 기도이다.

가장 과감한 경영학 행상들도 기능적 방법지know-how나 과학-기술지식을 21세기적 '신지식new knowledge'으로 규정하지 않고, 그런 지식의 보유자를 두고 '신지식인new intellectual'이라 부르지도 않는다. 실용적·기능적 방법지는 지금 시대에만 있는 것이 아니라 모든 시대에 존재했고, 그런 지식의 보유자를 '지식인' 또는 '신지식인'이라 부르지 않는다는 것을 그들은 알고 있기 때문이다. 특정의 목적을 달성하기 위한 최선의 방법적 수단으로서의 도구적 지식을 가진 자가 지식인이라면, 나치 독일의 의사 멩겔레나 일제 관동군 731부대에서 생체실험을 담당했던 의학기술자들은 그런 지식인의 전형이다. 그러나 아무도 그런 기술자들을 '지식인intellectual'이라 부르지 않고, 그들에게 '신지식인'이라는 칭호가 붙은 적도 없다. 지식인이라는 것에 대한 평가가 어떤 것이건 간에 19세기 이후 서양에서 그 말이 쓰이게 된 용법의 역사는 지식인의 범주에서 지식

기술자를 제외한다. 로버트 오펜하이머가 때로 지식인이라 불리는 것은 그가 핵탄 제조기술을 가진 과학자였기 때문이 아니라 미국 핵탄 제조계획(맨해튼 프로젝트)에 그가 '반대'했기 때문이다. 오펜하이머는 수단으로서의 방법지를 가진 과학자였지만, 그의 지식이 '어디에' 쓰일 것인가에 관심을 가졌던 사람이고, 자신의 지식이 쓰일 '목적' 자체의 정당성 여부를 질문했던 사람이다. 가장 간단하게, 이것이 지식기술자와 지식인의 차이이다. 지식기술자는 목적을 질문하지 않고서도 수단을 제공할 수 있지만, 지식인은 그 스스로 방법지를 갖고 있건 않건 간에 목적과 수단의 정당성을 따지고 심문한다(한글학회 편 어문각 『우리말 큰 사전』은 지식인을 '지식을 가진 사람'이라는 단 한 줄로 정의하고 있는데, 지식인을 이렇게 규정한 '무식한' 사전은 전 세계를 통틀어 한국에만 있다. 우리가 진정한 의미의 '지식기반사회'를 만들고자 한다면 이런 사전부터 개비해야 할 것이다). 학부 2년생이면 다 알고 있는 이런 구분을 구태여 이 자리에서 해보는 까닭은 '신지식인' 파동 같은 것이 우리 사회에서 발생할 수 있었다는 사실 자체가 어떤 문제적 상황의 발전을 고지하는 지수 index의 하나일 수 있기 때문이다.

그 문제적 상황은 지금까지 우리가 시장전체주의라고 부른 큰 문맥 속의 것이다. 그런데 좀 자세히 들여다보면 신지식인 운동과 '지식기반사회' 건설이라는 현 정권의 국정 지표 사이에는 양자를 불가분의 관계로 묶어주는 어떤

보이지 않는 가위손

권력형식이 존재한다. 그것은 권력-시장-기술의 3자 연정 聯政이라는 권력형식이다. 정치권력과 시장이 시장전체주의를 주도하고, 거기에 기술과 기술지식이 가담하거나 동원되는 것이 이 연정의 공식이다. 연정의 두 파트너인 권력과 시장이 가장 중요하다고 판단하는 '지식'은 공학적 기술지식이며, 따라서 '지식기반사회'랄 때의 지식이 의미하는 것은 지배적으로 기술공학적 방법지이다. 여기서 문제의 핵심은 기술-기술지식 자체의 사회경제적 중요성에 대한 평가에 있지 않다. 문제는 이 연정의 권력형식이 특정의 지식형태를 '지식기반사회'의 지배적 지식형식으로 '규정'하고, 그런 지식으로 하여금 다른 모든 형태의 지식들을 대체 내지 압도하게 하는 상황을 연출한다는 데 있다. 이것이 '문제적 상황'의 구체적 모습이다. 지식기반사회라는 구상에서 기술공학적 방법지가 '최고의 지식형태'가 되는 것은 말할 것도 없이 그것이 시장에 가장 필요하고 시장에 가장 잘 봉사하는 지식이라는 판단 때문이며, '기술'이 시장전체주의적 권력형식에 한 파트너로 초빙된 것도 그 때문이다. '새로운 지식 패러다임'이라는, 최근 들어 우리 사회를 풍미하는 그 이상한 어구 속의 '새로운 지식'이 의미하는 것 역시 공학적 기술 분야에 대두한 일련의 '새로운' 기술과 기술지식이다. 지금 우리 사회에서 이 새로워 보이는 기술-기술지식을 대표하는 것이 정보통신기술과 생명공학기술이다. 그런데 그 '새로운 지식 패러다임'이라는 어구는 왜 이상한가?

'새로운 지식 패러다임'이라는 말은 21세기를 맞으면서 한국사회, 특히 정치권과 시장, 언론매체, 그리고 학계 일각이 단 하루도 입에 올리지 않고서는 견딜 수 없어 하는 두 개의 대표적 유행성 어구들 중의 하나이다(다른 하나는 '문명사적 전환'이라는 표현이다. "이 문명사적 전환기를 맞아"로 시작되지 않는 연설은 시대를 모르는 자의 것이다). 그런데 그 어구는 왜 이상한가? 정보통신기술이 세계를 바꿔놓고 있는 것은 '현실' 아닌가? 유전공학 등의 기술 분야에서는 한 달이 멀다 하고 놀라운 기술적 돌파구가 열리고 있지 않은가? 아닌게 아니라 정보통신기술은 시공간을 유례없이 압축하고 있고, 생명공학은 상당한 사회변화를 예고하고 있는 것 같아 보인다. 그러나 '지식'의 문제와 관계 지어 말하면, 기술적 돌파가 '지식 패러다임'을 "바꿔놓는다"고 말할 수 있는 근거는 극히 희박하다. 전보가 나오고 전화가 나왔을 때에도 세계는 깜짝 놀라 '새로운 시대'를 말하고 '문명사적 전환'을 말했지만, 그런 신기술이 지식 패러다임을 혹은 문명사적 전환을 가져온 것은 아니다. 자동차의 시대가 열렸을 때에도 사람들은 '문명사적 전환'을 떠들기에 바빴지만, 포드 자동차가 문명을 전환적으로 바꿔놓은 것은 아니다.

지난 1,000년간 '지식 패러다임'에 전환을 가져왔다고 말할 수 있는 지성사적 대사건은 서너 개에 불과하다. 정치민주주의의 대두를 가능하게 하고 권력의 정당성에 대한 새로운 지식-담론을 출발시킨 사회계약론, 우주에 대한 지식을 바꾸게 한 지동설, 생명 종種의 발생과 진화에 새로운 지식의 장을 연 진화론 등이 거기 포함되고, '문명사적 전환'을 말할 때의 가장 중요한 사건은 '동력'의 발견이다. 20세기의 주요 과학적 발견으로는 양자물리학의 몇 몇 발견들과 분자생물학에 의한 유전자 구조의 발견을 꼽을 수 있다. '지식'의 지위와 성격에 발생한 '변화'를 말할 때 가장 핵심적인 언급사항은 지식의 '잠정성provisionality'과 '불확실성uncertainty'이라는 부분인데, 이 역시 21세기로의 전환시점에 대두한 무슨 새로운 발견이 아니라 지난 50년 넘게 진행된 논의에서 물리학과 인문학이 도달한 잠정적 결론이다. 분자생물학의 유전자 구조 발견은 이후의 공학적 영역에서 새로운 기술적 돌파구를 열게 했지만, 지식 패러다임과 관계 지었을 때 20세기 생물학이 무슨 새로운 패러다임을 열었다고 말할 수는 없다. 현대 생물학의 지배적 패러다임은 여전히 19세기 생물학의 전통을 계승하는 '환원주의reductionism'이다. 환원주의는 새로운 패러다임이 아니며, 물리학과 인문학이 도달한 잠정적 결론으로서의 지식의 비결정성–불확실성이라는 20세기적 패러다임은 지식의 확실성을 추구하는 현대 생물학의 환원론적 패러다임과 대립하고 있다. 이 대립 역시 새로운 뉴스가 아닌 잘 알려진 구문이다. 그러므로 '새로운 지식 패러다임'을 이 시점에서 말하는 것은 과장이고 호들갑이며, 더 정확히는 '거품 장르'에 속하는 황당한 어법이다(그러나 시장에서 이런 '거품'은 매우 중요하다. 시장은 거품을 먹고 살기 때문이다. 거품 없이 시장 호황은 지탱되지 않는다).

　이 대목에서 우리가 주목해야 할 것은 신지식인 운동, 두뇌한국 사업, 대학의 시장화, 공적 문화기구들의 민영화 안, 지식기반사회—이 일련의 정책적 추진 사업들은 서로 동떨어진 별개 사업들이 아니라 시장전체주의를 향한 전면적 사회 '동원체제'의 일부이고, 신지식 패러다임, 문명사적 전환, 밀레니엄 등등의 표현어사들은 그 동원의 정당성과 필요성을 분식하기 위해 '동원되는' 이데올로기적 수사들이라는 점이다. 신자유주의적 세계시장화 체제는 결코 '문명사적 전환'일 수가 없다. 세계 전체를 시장명령에 복속시키고 시장화하는 것은 문명사적 전환이기는커녕 200년 넘게 진행되어온 낡고 늙은 시장 시대의 신장개업이며, '사회적인 것the Social'의 전면적 희생 위에 '시장의 제국the Empire of Market'을 건설하는 일이다. 단적인 예로, 시장체제하에서 '개발'은 속도를 늦추는 것이 아니라 더 치열하게, 더 무자비하게 진행된다. 한국의 사례가 보여주듯 시장논리는 '규제완화'의 명목으로 자연생태계의 파괴를 더욱 가속화하고, 문화환경의 상업주의적 타락을 심화하며, 사회환경을 황폐화한다. 개발논리로 말하면 1990년대 한국의 사정은 그 이전 개발독재 시대의 개발제일주의 논리를 수정하는 방향의 것이 아니라 오히려 그것의 연속이며, 더 나쁘게는 개발논리의 강화이고 심화이다. 그럴 수밖에 없는 것이, 시장을 위한 개발의 강화 없이는 시장체제 자체가 지탱될 수 없기 때문이다. 이 모순은 이미 너무도 낯익은 자본주의의 모순이며, 시장제국은 그 모순을 풀 수 없고 해결할 수도 없다. 시장제국 자체가 그 모순의 심화에 의해서 지탱되기 때문에 그것을 풀 수 있는 '문명사적 전환'이 세계시장체제로부터 나올 수 없다. 그러므로 사회 시장화체제는 '새로운 문명'일 수 없고, 시장제국의 세계적 확대는 어떤 의미로도 문명의 혹은 문명사의 '전환'을 말할 수 있는 새로운 시대의 도래도, 새로운 패러다임도 아니다. 그것은 다만 낡은 모순의 힘겨운 연장이며, 이미 오랫동안 진행된 문명사적 '저주'의 대물림이다.

그러나 저주를 계승하는 시대는 그 저주를 '축복'으로 분식하고 낡은 것에 '새 이름'을 주어야 한다는 절체절명의 명령 앞에 서게 된다. 이 명령은 인류가, 세계가, 전적으로 새로운 시대를 맞게 되었다고 생각하게 하는 이데올로기적 수사의 가동을 요구하고, 사회적으로는 마치 '새 판'이라도 짠다는 듯 사회 전체를 한바탕 크게 흔드는 '대동요grand agitation'의 전술구사를 요구한다. 1990년대 후반 한국판 시장전체주의의 정책적 추진사업들에서 우리는 그런 대동요의 전술적 구사를 목격한다.

3. 한국 인문학의 문제

이상에서 우리는 한국 인문학의 위축을 조성한 한국적

맥락을 진단해보았는데, 이 글의 마지막 관심은 이상의 진단 위에서 한국 인문학의 미래적 과제를 생각해보자는 것이다. 인문학의 문제와 관련지어 위의 진단이 드러내고자 한 것은, 초두에 밝힌대로, 인문학 위기가 단순히 인문학이라는 학문영역 그 자체에만 국한된 것이 아니라는 사실, 인문학의 위축은 시장전체주의의 진행이라는 더 큰 문맥 속의 것이라는 사실, 그리고 이 문맥과 그것의 파괴적 효과를 고려하지 않고서는 인문학의 위기를 말하는 것이 시쳇말로 '밥그릇 싸움' 이상의 의미를 지니기 어렵다는 사실 등이다. 이런 사실들은 인문학, 특히 인문학 '교육'이 향후 그 교육 내용과 방법에서 무엇을 고려하고 실천하며, 어떤 새로운 교육방법을 고안할 것인가를 연구하게 한다. 이를테면, 한국 인문학은 지금까지 그래왔던 것처럼 각개 분과영역의 좁은 울타리를 계속 고수할 수 있을까? 문사철文史哲을 포함한 인문학 분과영역들과 사회과학 분야들, 그리고 문화연구 사이의 통합학문적 학제적 연구방법의 개발과 발견의 교환, 이론의 학제적 월경crossing-over, 학생들의 삶에 영향을 주고 그들의 관심을 지배하는 현실적인 문제들에 대한 인문학의 적극적 관심 개발, 사회와 인간을 위한 지속적인 인문문화적 가치의 발견과 유지, 학문적 의제와 쟁점에 대한 부단한 생산력과 문제 정의 능력의 개발, 문명의 딜레마를 인식시키는 교육 ── 이런 문제들은 한국 인문학에 요구되는 시급한 요청들이다.

인문학의 미래라는 문제와 관련지어 우리는 다음 세 가

보이지 않는 가위손

지 상황의 진행 가능성을 생각해볼 수 있다. 1) 적대적 환경, 2) 비결정성의 환경, 3) 우호적 환경이 그 가능성이다. 여기서 '환경'이란 인문학에 대한 환경을 의미한다.

1) 적대적 환경: 시장체제의 지구적 확산은 인문학의 가치와 존립 기반에 지속적으로 적대적인 환경을 조성하고, 이런 상황은 21세기 전반부 50년간 절정의 수준에 이를 가능성이 있다. 이 환경에서 정보는 인문학적 지식을 압도하고, 기술지식과 방법지가 지배적 지식형태로 등장한다. 생명공학은 '인간'이라는 것에 대한 이해 방식과 담론을 변화시킬 가능성이 있고, 따라서 '인간에 대한 연구'로서의 인문학은 전면적 재편을 강요받는다. 인문학의 중요성에 대한 인식은 더욱 위축되고, 세계시장체제에의 적응이라는 요청이 인문학 전반에 가하는 압력은 더 강화된다. 여기에는 언어의 문제도 포함된다. 21세기 말까지 약 5,000에서 6,000개의 현존 세계 언어들 가운데 약 260개를 뺀 거의 대부분 언어가 소멸하고, 살아남는 언어들 중에도 활력을 유지하는 것은 14개 정도로 축소된다. 21세기 전반부에 한국은 영어 공용어화정책을 심각하게 고려하거나 채택할 가능성이 있다. 민족어는 위신이 추락하고 방언화의 운명에 빠진다. 세계 각 지역의 토속–전통문화양식들은 지속적으로 소멸하고 박물관 전시

물과 관광상품의 형태로만 보존된다.

2) 비결정적 환경: 정보통신기술의 발전은 현실 환경으로서의 고도 정보화사회를 실현한다. 그러나 정보의 생산,·습득·유통과 교육·시민사회의 영역에서 예측하기 어려운 '반대효과의 원리principle of opposite effects'가 작동할 가능성도 있다. 반대효과의 원리란 지금 진행되고 있는 세계적 문화획일화 경향, 특정 소비문화의 지구적 확산, 국지문화의 소멸 등 '세계화'의 부정적 영향들이 오히려 소통기술의 발전으로 인해 차단되고 문화다양성의 유지가 가능한 환경이 조성되는 상황을 말한다. 소통기술의 발전이 어떤 새로운 방향을 열 것인가는 '비결정성'의 부분으로 남는다.

3) 우호적 환경: 세계화의 긍정적 측면이 관용tolerance의 문화를 세계화하고 인종, 계급, 성gender, 민족, 국적, 문화, 종교 등 지금까지 '인간분할의 장치'로 작동해온 억압, 배제, 청소의 메커니즘들을 약화시켜 '차이의 유지와 존중'에 입각한 공존의 윤리를 강화한다. 세계 각 지역 시민사회단체들 사이의 국제연대가 강화되어 세계시장체제하에서 마비되는 단위 국가의 기능을 대신하고 자본의 모순을 교정할 수 있는 수단이 '사회'의 손에 확보된다. 단위 국가의 권력형식은 국가-시장-시민사회로 3분되고, 시장체제의 모순과 반사회성에 대한 시민적 저항

은 강화되며, '기업의 윤리'개념이 확산된다. 생명
체의 유전자 변형과 인간 육체의 유전자 정보 노출
에도 불구하고 비공학적 대상으로서의 인간과 자
연의 영역을 지키려는 정신적 갈구가 증대하고, 지
속성의 가치가 재발견된다. 기술의 고도화에 역비
례해서 정신세계의 중요성이 재확인된다.

　이상의 예측은 근접 미래사회에 대한 미래학적 시나리
오로 제시되는 것이 아니다. 오히려 그것은 상황 발전의
여러 가능성이 미래의 시간에 '주어진' 것이 아니라 지금
현재를 살고 있는 세대의 선택, 결단, 행동에 달려 있다는
전제로부터 출발하여, 21세기 한국 인문학이 "무엇을 해야
할 것인가?" 혹은 "어떤 상황 발전에 어떻게 대비하고 대
응해야 할 것인가?"를 생각해보기 위한 행동 프로그램에
더 가깝다.

　지금 진행되고 있는 변화들을 고려할 때 21세기 한국
사회의 미래를 그리는 데 가장 강력하게 작용하는 두 개
의 핵심어는 '시장'과 '기술'이다. 인문학은 시장과 기술의
도전에 대응할 능력이 있는가? 시장과 자본의 논리에 전
면 지배되는 사회를 방지할 능력이 있는가? 그 능력이 없
거나 능력 확보에 실패할 때 우리는 위에 제시된 1)번의 환
경, 곧 인문학에 극히 적대적인 환경으로 떠밀려 들어가는
상황을 바꿔놓을 수 없다. 인문학의 저항, 비판, 문제제기
가 없거나 약할 때 시장논리에 의해 그 성격, 기능, 가치가

규정되는 정보와 기술적·방법적 지식이 다른 모든 인문학적 통찰을 압도하고, 수단으로서의 실용지식이 비판적 지성을 마비시키는 사태를 막을 수 있을까? 이미 이런 사태는 먼 미래적 상황이 아닌 지금 한국 대학의 '현실'로 들어앉고 있다. 그러므로 2)번 상황('비결정성의 환경')이나 3)번 상황('우호적 환경')의 경우 역시 '내버려두어도 전개될 수 있는 가능성'이 아니라 인문학이 '적극적으로 조성하지 않으면 안 되는 상황'이다. 비결정성의 환경을 조성하는 일은 인문학이 교육의 영역에서 소통기술의 발전을 어떻게 활용하는가라는 문제와 직결되어 있다. 이미 학부 학생들은 인터넷과 웹사이트를 통해 과거 어떤 세대의 학부생들보다도 풍요로운 정보에의 접근로를 확보하고 있다. 다중 텍스트를 동시적으로 화면에 띄우고 자유롭게 이 텍스트에서 저 텍스트로 이동할 수 있는 비선형적 하이퍼텍스트 hypertext는 새로운 텍스트 형식으로 학습, 페이퍼 작성, 참조의 수단이자 환경이 되어 있다. 향후의 모든 대학들은 지금의 학부생들보다 훨씬 강한 이미지 문화환경에서 성장하고, 과거 어떤 세대의 한국인과도 다른 주체 형성의 과정을 거친 학생들을 상대해야 한다. 정보기술은 정보에의 접근을 용이하게 하고, 정보습득과 유통의 속도를 실시간 단위에서 실현시킨다.

여기서 문제는 인문학교육이 이런 기술들을 어떻게 교육의 수단으로, 자원으로 활용할 것인가라는 데 국한되지

보이지 않는 가위손

않는다. 오히려 더 중요한 것은 그 새로운 정보기술들이 자동적으로 성취를 보장해주지 않는 영역들은 무엇이며, 인문학은 학생들을 어떤 방식으로 그런 영역들에 안내할 것인가라는 문제이다. 예컨대 컴퓨터 사용기술이나 인터넷으로 대표되는 정보망 활용기술은 한편으로는 교육 도구로서의 유용성을 갖는 반면, 다른 한편으로는 극히 반교육적이고 비교육적인 도구라는 성격도 갖고 있다. 우선 매체기술 그 자체로는 대학교육이 목표로 하는 창조적 사유, 상상력, 비판력이 길러지지 않는다. 인문학 교수들이라면 누구나 알고 있듯, 정보소통기술보다 궁극적으로 더 중요한 것은 정보-지식의 창조적 '생산'이다. 소크라테스가 살아 있다면 그는 지금 열심히 인터넷을 쓰고 있을 것이라고 정보소통기술 예찬자들은 말한다. 이것은 무의미한 소리이다. "인터넷은 있는데 소크라테스는 없다"는 것이 정확히 지금 시대의 문제이고, 정보화 시대의 궁핍이기 때문이다. 창조적 사유와 정보-지식의 생산이 없는 곳에서는 '대화'할 것이 없고, 고작해야 "밥 먹었니?" "나 사랑해?" 류의 '채팅'이 대화를 대신한다. 대학은 이 종류의 채팅을 위한 장소가 아니라 '대화'의 장소이다. 그런 채팅으로 언어사용력이, 창조적 사유가, 상상력과 비판력이 길러지지 않는다. 강의실은 창조적 '대화환경'을 대표한다. 강의, 토론, 세미나 등 대학의 전통적 대화환경은 '접촉'의 환경이지 '접속'의 환경이 아니다. 접촉은 없애고 접속의 가능성만 확장한다는 점에서 컴퓨터 소통기술은 단연 반교육적일 뿐 아니라 '반사회적' 기술에 속한다. 인터넷에서 정보를 '퍼담아' 올 줄은 알아도 자기 머리로 생각하고, 생각한 것을 담론화하는 능력에서는 말할 수 없는 빈곤에 시달리고 있는 것이 '소통기술시대의 아이들'이다. 인터넷이 없었던 시대에도 소크라테스는 있었지만, 인터넷의 시대에 소크라테스는 오히려 불가능해지고 있다는 사실을 정보화 시대는 잊고 있다. 그러니까 정보기술이 자동적으로 습득을 보장하지 않는 대표적 정보는 판단의 정보와 평가의 정보이며, 정보기술이 자동적 성취를 보장해주지 않는 것은 사유, 논리, 글쓰기이다. 말하자면 고도정보화의 시대에도 정보기술만으로는 해결되지 않고 해결될 수 없는 중요한 정보, 지식, 교육의 영역은 여전히 남아 있다.

인문학 교수라면 누구나 아는 이런 사실을 여기 지적해보는 것은 "누구나 다 안다"를 확인하기 위해서가 아니라 대학의 인문학 교수들이 특별한 열정으로 대학의 '교육정책'에 개입해야 할 영역들을 지금보다 더 왕성하게 규정하고 그 실행을 촉구해야 한다는, 말하자면 인문학교육의 약화에 맞서 그것의 강화 필요성을 인식시킬 행동 프로그램을 짜야 한다는 점을 강조하기 위해서이다. 이 필요성은 대학 당국만이 아니라 학부생들에게도 부단히 인식시켜야 한다. 예컨대 한국 대학의 인문학 교수들은 전교생을 대상으로 한, 아니면 최소한 인문사회과학 계열 학부/학과들을 대상으로 한 '글쓰기' 훈련의 '필수과목화'를 어째서 실현시키지 못하는가? 인문교육은 무엇보다도 책 읽기를 통한 교육이다. 그런데 어째서 한국의 인문학 교수들은 책 읽히는 교육방법을 강화하지 못하는가?

문제가 이 차원에 이르면 우리는 한국 인문학의 위축이 대학의 변모나 외적 환경의 변화에만 연유하는 것이 아니라 인문학과 인문학 교수들에게도 있다는 자성의 순간을 맞게 된다. 서구 인문학이 지난 40년간 성취한 이론적 성과들은 실로 눈부신 데가 있고, 그 성과들은 비인문학영역들에도 깊은 영향을 주고 있다. 20세기 후반 서구 인문학은 역설적이게도 전통적 인문주의의 기반이 되어온 '휴머니즘'의 기본 전제와 명제 들을 가차없이 심문·해체·파괴하는 기이한 방법으로 전개되어왔는데, 바로 이 사실이 인문학의 활력을 유지시킨 비밀이다. 말하자면 서구의 현대 인문학은 인문학 자체의 전통을 이루고 있는 고전 인문학과 근대 인문학에 대한 치열한 질문의 제기라는 방식으로, 혹은 '반인문주의적' 인문학이라는 역설적 방법으로 인문학 담론의 힘과 영향력을 발휘해온 것이다. 물론 서구 인문학의 극단적 과장이 인문학의 입지를 파괴해온 국면도 없지 않다. 그러나 전체적 비교를 시도하면, 서구 인문학에 비해 한국 인문학의 풍경은 거의 무풍지대이다. 서구 인문학이 근대적 자율주체를 심문하고, 자유주의적 개인주의의 신화를 벗기고, 이데올로기·텍스트·타자-타자성의 개념 등으로 주체의 성립과 분열의 조건을 고찰하고, 인종·성·계급 등의 범주로 억압담론들의 역사적 전개를 비판하며, 자본-시장-지식에 대한 비판을 강화하는 동안 한국 인문학은 무엇을 하고 있었는가? 이는 서구 이론들이 개발한 방법, 개념, 이슈들을 우리가 고스란히 수입해야 한다는 소리가 아니다. 그러나 우리는 우리 자신의 사회적·정치적·문화적 의제들을 정당하게 학문의 영역에서 정의하고, 그것들을 다루어내기 위한 이론-방법을 적극적으로 개발하지 못했다는 혐의로부터 벗어나기 어렵다. 교육방법론에서도 한국 인문학이 '교육방법'이라는 문제를 놓고 심각하게 고민한 흔적은 별로 없어 보인다.

주로 나 자신을 염두에 두고 작성된 이 종류의 자성적 혐의들을 여기 과감하게 확대해보는 것은, 앞에서 언급한 대로, 한국 인문학이 위기의 조건을 타넘어 활력을 얻기 위해서는 무엇을 해야 할 것인가를 공통 의제로 제기하기 위해서이다. 정리를 겸해 말한다면 한국 인문학을 위협하는 외적 요인들의 작용 순서는 세계단일체제로서의 시장체제의 심화, 그 체제에 적응하려는 단위국가의 생존논리, 대학에 가해지는 변화의 압력 등이다. 내적 요인은 외부 상황변화의 반사회적·반인간적 성향을 인식하지 못하는 대학의 무의식, 적응주의의 자발적 채택, 인문학 자체의 약세라는 순서로 정리가 가능하다. 이 과정에서 대학은 학원의 지위로 주저앉고, 교육은 취업준비로 변질하고, 대학의 목표는 시장에의 봉사로 타락한다. 이런 사태를 반전시키기 위해서 한국 인문학이 염두에 두어야 할 것은 인문학의 가치와 교육 목표 자체를 적극적으로 '사회'에 연결시키고, 문명의 딜레마(예컨대 시장전체주의의 문제, 세계화의 딜레마)와 교육을 연결시키는 전략의 구사이다. 대학 인문학의 일차적이고 가장 중요한 과제는 물론 해당 영역에서의 연구와 교육이다. 그러나 그 연구와 교육의 조건을 확보하고 유지하자면 인문문화의 중요성과 인문학의 가치에 대한 사회적 납득이, 학생들의 수긍이 있어야 한다. 일회적 용도, 단명성, 일시성 등을 특징으로하는 실용정보나 지식의 경우와는 달리 인문학적 통찰은 인간에게 항구하게 따라다니는 대면의 요청들(예컨대 타자와의 대면, 인간 존재의 윤리성에 대한 대면, 과거와의 대면, 죽음과의 대면, 미래시간과의 대면)에 대한 반응이라는 점에서 지속적이며, 이 지속적 통찰은 모든 문화가 필요로 한다. 동시에 인문학은 훨씬 현실적인 문제들 — 앞서 2)번의 환경과 3)번의 '우호적 환경' 부분에서 언급된 관용문화의 확산, 인간분할 메커니즘의 제거와 완화, 비판적 시민사회문화의 형성 같은 문제들을 적극적인 교육의 내용으로 삼을 필요가 있다. 결국 인문문화적 가치를 유지하고 전승하는 것은 인간이며, 그 인간을 기르는 것은 인문학이기 때문이다.

인문학의 미래

몇 가지 모색

언젠가 미국을 방문했을 때 오스카 와일드는 "신고할 것이 있습니까?"라는 뉴욕 세관원의 질문에 "내가 천재라는 사실 말고는 신고할 것이 없네"라고 대답한다. '21세기와 인문학'이라는 문제를 생각해보기 위한 오늘 이 자리의 첫 번째 주제는 '새로운 인문학의 전망'이라는 것이고, 내가 들고 나온 제목은 '인문학의 새 방향 모색'이라는 것이다. 오늘 두 번째 발표를 담당한 최정식 교수의 '새로운 한국철학의 모색'은 분명 예외가 되겠지만, '새로운 방향' 어쩌고 하는 식의 타이틀을 걸고 나오는 발표들의 일반적 특징은 약속 위반, 배달 사고, 도주이다. '새로운 방향'이라는 이름의 약속된 물건은 오지 않고, 배달 담당자는 도주한다. 미리 고백컨대, 오스카 와일드가 자신의 '천재'를 신고코자 했다면 내가 신고할 것은 '우둔'뿐이며, 내가 약속할 수 있는 것도 사실은 약속 위반과 도주일지 모른다. 이런 위험성에도 불구하고 내가 '새로운 방향 모색'이라는 표현을 굳

보이지 않는 가위손

이 선택한 것은 한국 인문학의 미래를 생각하는 모든 사람들에게 그 '모색'의 필요성을 환기시키고, 모색의 임무와 책임을 분담토록 요청하고 싶었기 때문이다.

한국 인문학의 현 상황을 묘사하는 데는 '포위상태'라는 말이 가장 적절하다. 지금 한국 인문학은 인문학의 입지를 축소시키고 인문학교육의 가치를 평가절하는 여러 겹의 세력들에 이중·삼중으로 포위되어 있다. 이런 위기 상황이 조성된 것은 인문학을 압박하는 외적 조건들이 지난 10년간 급속히 강화된 반면, 인문학 자체는 외부환경 변화에 대응할 힘과 능력을 갖고 있지 못했다는 사실에서 결정적으로 연유한다. 1990년대에 들어 진행된 이른바 '대학개혁'의 가시적 결과들 가운데 가장 현저한 것으로는 1) 학부제 채택과 복수전공제 도입, 2) 전공학점의 축소, 3) 신규 학과의 대량 개설 등을 들 수 있다. 대학사회의 이 가시적 편제 변화들이 '인문학의 위기'라는 문제의식을 촉발하는 직접적 계기가 된 것은 사실이다. 그러나 이런 변화들 자체가 반드시 인문학의 위기를 조성한다고 말할 수는 없다. 오히려 위기의 본질은 대학-대학교육의 이념과 목표에 발생한 변화—다시 말하면, 대학의 '목표 재설정'에 있다. 목표 재설정이라는 문제는 "대학은 무엇을 목표로 해야 하는가?"라는 질문에 새로운 응답을 주는 일이며, 그것이 어떤 응답이냐에 따라 대학의 성격, 기능, 편제가 바뀐다. 그러므로 인문학의 위기와 관계해서 우리가 먼저 주목해야 하는 것은, 근년 들어 대학에 발생한 일련의 가시적 변화들이 인문학교육과 연구를 얼마나 위축시켰는가라는 문제가 아니라 "대학의 목표를 재설정하도록 요구하는 개혁의 논리가 무엇에 근거한 것인가?"라는 문제이다.

기록을 위해서 그리고 문제의 근본적 소재 지점을 명확히 하기 위해서 말한다면, 한국에서 대학교육 개혁론이 제기되고 개혁 방안이 모색된 것은 김영삼 정권에서부터이다. 당시의 개혁 이데올로기는 "세계는 바뀌고 있다. 우리도 변해야 산다. 대학은 바뀌어야 한다"라는 일종의 유사 '실로기즘Syllogism(삼단논법)'적 연역구조를 갖고 있다. 세계가 바뀌고 있다는 사실로부터 한국사회의 변화 필요성이 연역되고, 다시 그로부터 대학의 변화 필요성이 연역된다. 김영삼 정권의 '세계화주의'를 요약하는 이 연역논리는, 외관상 상당히 강력한 것이어서 누구든 세계의 변화를 인정하는 사람은 결론 명제의 불가피성을 수락해야 할 위치에 서게 된다. 1990년대 초반 전국의 다수 대학들이 "바뀌어야 산다"라는 플래카드며 현수막을 '시대의 요청'으로 내걸었던 사실은 이 개혁 이데올로기가 행사한 영향과 호소력의 크기를 말해준다. 대학은 어떻게 바뀌어야 하는가? 국공립 대학을 제외한 대부분의 사학에서 이 '바뀌기'의 요청은 "바뀌어야 산다"라는 '명령'으로 바뀌고, 이 명령은 "살아남기 위해 대학은 '경영'되어야 한다"라는 이른바 '대학경영론'을 탄생시킨다. 그 순간 이후 한국 사학들은 대학-대학교육의 이념이나 목표보다는 생존을 위한 '경영의 원칙'에 지배되는 한 시대로 돌입하고 대학은 서바이벌(생존) 게임survival game의 패러다임에 종속된다. 학부제로의 개편도 학문체계의 재편이라는 명분보다는 이 생존게임의 일부라는 측면을 더 많이 갖고 있다. 생존명령이 요구한다면 학과는 통폐합되어야 하고, 속칭 '장사 안되는 학과'는 없어져야 하며, 전공의 복수화, 전공 학점의 하향 조정, '장사 되는' 학과의 신규 개설, 교육 내용의 개편 등도 '생존'과 '경영'이 요구하는 것인 한 불가피한 것으로 여겨진다.

김대중 정권에 들어오면, 전임 정권과의 다소간의 차이에도 불구하고 대학개혁의 논리에 관한 한 거의 완벽한 연속성이 유지된다. 유지되었을 뿐 아니라 대학개혁의 당위 논리는 더 강화된다. 전임 정권의 '세계화주의'는 약간의 외피적 구호변경이 있었을 뿐 김대중 정권에서도 여전히 정권의 국정 기조가 되었는데, 김대중 정권이 파악하는 세계는 '시장체제'의 전지구적 확장에 의해 재편된 세계, 무엇보다도 '경쟁과 생존의 논리'에 지배되는 세계이다. 따라서 "이 경쟁적 시장체제에서 어떻게 살아남는가?"라는 것이 지금 김대중 정부가 보고 있는 한국사회의 최대 과제이다. 이는 김영삼 정권 때의 '무한경쟁 시대에서의 생존'이라는 문제인식 방식과 동일하다. 이 인식법은 대학-대학교육도 생존이라는 '국가적' 과제 수행을 위한 사회적 메커니즘의 일부가 되어야 한다는 교육정책을 낳고, 이 정책은 '대학교육에서의 시장논리의 확대'라는 형태로 나타난다. 김영삼 정권 때의 대학경영론은 김대중 정부에 들어와 대학의 '시장논리'로 더 강화된 것이다. 이 논리 역시 유사 삼단논법적 구조를 갖고 있다. "지금 세계는 시장이다. 한국은 그 세계시장의 일부이다. 고로 한국사회의 일부인 대학도 시장을 위한 체제로 전환해야 한다." 이 지점에서 대학과 대학교육은 시장논리의 적용을 받아야 하는 영역의 일부로 파악되고, 시장을 위해 존재하며, 시장의 신神에 봉사하고, 시장 수요를 공급하는 제도의 하나로 인식되기에 이른다. 시장논리는 지금 대학들로 하여금 대학교육의 목표를 전면 재조정하는 방향으로의 변화 혹은 '개혁'을 유도하고 있다. 목표의 변화는 다른 어떤 변화보다도 대학에서의 가장 근본적인 변화, 다른 모든 변화를 안내하고 지배하는 본질적 변화이다. 요약하면, 현 정권이 요구하는 것은 "시장에 맞는, 시장경쟁력을 가진, 시장을 위한 대학교육"이라는 쪽으로 대학더러 그 교육 목표를 바꾸라는 것이다. 대학교육의 가치 역시 다른 어떤 가치보다도 경제적 '부가가치'에 두어져야 하며, 대학교육의 성과는 경제적 부가가치의 산출 정도를 기준으로 해서 측정되어야 하는 것으로 여겨진다.

1990년대 문민정부들의 대학개혁 논리는, 간단히 정리하면, 시장체제에 전면 종속시킬 수 없고 종속시켜서는 안되는 교육영역을 무차별로 시장논리에 예속시키는 극히 위험한 '시장전체주의market totalitarianism' 이데올로기를 노정한다. 전체주의란 물론 정치적 개념이다. 그러나 시장체제적 논리가 인간의 정치적 운명과 사회운영을 전면 규정하게 되는 상황에서는 시장은 이미 경제영역으로 국한되지 않는 정치체제이며, 시장전체주의는 시장과 정치가 불가분의 융합 관계를 실현하는 새로운 형태의 전체주의이다. 이 시장전체주의 이데올로기의 눈에는 모든 것이 시장이고, 시장을 위해 존재한다. 대학도 예외일 수가 없다. 그러나 내가 어떤 다른 글에서 지적했지만, 이 논리의 이데올로기적 맹목은 대학이 기업 같은 경제단위가 아니라는 사실을 망각하고 있다. 기업은, 아주 간단히 말해서, 이윤창출을 목표로 하는 경제단위이다. 그러나 대학은 이윤창출을 그 전면적 목표로 삼지 않고, 삼을 수도 없다. 대학 경영도 경영임에는 틀림없지만, 대학이 '기업처럼' 경영되어야 하는 것은 아니다(물론 이 말은, 도스토옙스키 소설에 나오는 수전노 할미처럼 매일 밤 '노랑돈 자루'의 무게를 달아보며 그날의 수익을 계산하는 대학 '경영자'들이 학원 모리배, 장사꾼, 좀생이의 모습으로 우리 사회에 다수 존재한다는 사실을 부인하지 않는다). 시장 이데올로기는 사회 전체를 시장으로 보고자 하지만, 그러나 사회는 전면적 시장이 아니다. 사회는 시장을 포함하는, 시장보다 큰 실체이다. 시장은 사회의 일부이고, 이 '일부'는 어느 경우에도 전체(사회)를 대체하지 못한다. 시장전체주의 이데올로기는 시장으로 사회를 대체하고, 그 결과 마거릿 대처의 유명한 언명처럼 "사회란 것은 존재하지 않는다"고 말한다. 하지만 이런 이데올로기에도 불구하고 교육영역은 시장이 아니다. 교육은 사회제도의 하나이지 전적으로 시장경제를 위해서만 존재하는 제도가 아니기 때문이다. 그러나 1990년대 문민정부들의 눈에는 교육도 시장이며, 시장을 위해 존재하고, 시장을 위해 봉사하는 시장의 시녀이다.

여기서 우리는 이 시장 이데올로기가 지금 인문학을 포위하고 있는 첫 번째 외적 조건이라는 사실을 지적하지 않을 수 없다. 시장의 이해관계에서 보면 인문학은 없어도 되는 '잉여'이거나 없어져야 할 '과잉'이며, 시장에 봉사하고 부가가치 생산에 기여하는 한도 안에서만 허용되어야 할 통제 대상이다. 이 이데올로기는 대학환경에도 침투해서 "대학생에게 국어는 왜 가르쳐? 누가 신문 읽을 줄 모르나?"라고 말하는 경영학과 교수, "영문과는 제발 문학 그만 가르쳐라"고 말하는 부총장, "철학이 밥 먹여주나?"라고 말하는 총장들을 출현시키고 있다. 그러나 우리는 우리 시대의 이 기억할 만한 발언들이 개인 의견의 우연한 표명이기보다는 1990년대에 급격히 한국사회를 장악한 '집단 신화(시장 이데올로기)' 그 자체의 발언이라는 사실을 알아야 하며, 그 신화의 배후에는 지구적 단일 세계시장체제가 '현실'로 대두해 있다는 사실도 충분히 고려하지 않으면 안된다. 이 관점에서 말하면, 현대 인문학(한국만이 아니라 세계 차원에서)은 국지적 위기 상황과 동시에 세계적 위기 상황에 직면해 있고, 이 상황의 성격은, 다소 단순화할 경우, '인문학과 자본'의 대립이라는 극적 양상을 띠고 있다. 인문학은 이 도전에 대응할 역량이 있을까? 아니, 대응해야 할까?

어떻게? 인문학적 가치가 '돈'의 위력을 압도할 수 있을까? '새로운 인문학' 혹은 '인문학의 새로운 방향'을 모색한다는 과제는 이런 질문들로부터 출발하지 않으면 안된다.

　인문학의 입지에 도전을 제기하는 또 다른 외적 조건들도 있다. 그것은 '인간'에 대한 지금까지의 그림들, 인간에 대한 패러다임더러 '지식'에 대해 과격한 수정을 가할 것을 요구하는 듯이 보이는 새로운 지식체계의 등장이다. 오늘날 분자생물학, 유전생물학, 유전의학과 약학 등 넓은 의미의 생명공학, 생물학, 의-약학 분야들과 사이버공학 분야들에서 내놓고 있는 일련의 새로운 발견들과 기술들은 "21세기 전반부에까지도 인간에 대한, 역시 넓은 의미에서의 '전통적' 인문학적 지식이 여전히 유효할 것인가?"라는 질문을 던지게 한다. 조만간 완성될 것으로 보이는 인체 유전자지도가 개체 유전자정보의 사회적 공유를 실현시키게 될 때 사회구조의 변동은 물론 인간의 인간 자신에 대한 그림까지도 상당한 수정을 요구받게 될 것이며, 유전자변형기술과 정보이전기술은 "나는 누구인가?"라는 질문을 둘러싼 인간의 '자기지식'의 성립과 주체형성의 방식, 그리고 인간학적 지식의 성격에 심대한 변화를 몰고 올 가능성이 있다. 물론 인문학은 예측학문이 아니고, 미래 변화에의 '적응'기술을 고안하는 공학적 관심에 매몰된 학문도 아니다. 그러나 인간은 항구하지 않다. 인간은 바뀔 수 있고 또 바뀐다. 21세기는 '인간'이 그 자신의 기술 수준에 의해 수정되는 '탈인간post-human'의 출현 가능성을 이미 가시권에 끌어넣고 있다.

'정보사회'의 대두도 인문학의 위축과 관련지어 검토하지 않으면 안 되는 또 다른 도전적 외부조건이다. 인문학의 미래와 연결지었을 때, 정보사회의 대두는 두 가지 문제를 제기한다. 하나는 정보사회랄 때의 그 '정보'라는 것과 인문학적 지식 사이의 긴장이라는 문제이고, 다른 하나는 '지식'이라는 것 자체에 발생하고 있는 변화의 문제이다. 이런 사안들과 연관시켜 말하면, 한국 인문학의 위축은 한켠으로는 우리 사회의 특수한 사정들과 연결된 국지적 현상이면서 동시에, 다른 한켠으로는, 현존 문명의 성격으로부터 발생하는 세계적 현상이기도 하다. 인문학의 기초, 종사자의 숫자, 담론의 활발성 등 모든 면에서 해외 선진국들의 인문학은 우리와는 비교가 되지 않을 정도의 활력을 유지하고 있는 것이 사실이지만, 그렇다고 해서 인문학이 위협받고 있지 않은 것은 아니다. 이는 서유럽에서도 그러하고, 중국·일본 등 동아시아 국가들의 경우도 마찬가지이다. 인문학의 위축이 범세계적 현상이 되고 있는 이유는 무엇보다도 지식이라는 것의 지위와 성격에 발생한 과격한 '변화' 때문이다. 정보사회의 중요한 특성 하나는 '정보information'가 전통적 의미의 지식knowledge을 '대체'한다는 것이다. 정보의 가치는 신속성, 단명성, 비반복성(일회성)에 있다. 정보는 빨라야 하고, 비지속적이어야 하며, 단명해야 한다. 뒤늦은 정보는 정보가 아니다. 정보의

보이지 않는 가위손

죽음은 빠르다. 정보는 그것이 필요한 순간을 지나고 나면 이미 정보가 아니다. 그러나 정보의 빠른 죽음, 그 단명성과 비지속성이 역설적이게도 정보의 '가치'이다. 반면, 전통적 의미에서의 '지식'의 가치는 내구성－반복 가능성－지속성에 있다. 정보가 짧은 생애를 지향한다면, 지식은 전통적 의미에서 긴 생애를 지향한다. 그러므로 '정보사회'에서 우리가 먼저 관찰해야 하는 것은 단명성－비반복성－비지속성의 가치와 내구성－반복 가능성－지속성이라는 가치 사이의 갈등이라는 문제―곧 전자의 가치체계가 후자의 가치체계를 대체하고 '변방'으로 몰아붙이는 주변화 marginalization 현상이다. 이 관점에서, 인문학의 위기란 정보사회에서 인문학적 지식이 겪게 된 이 주변화의 운명 혹은 지속성durability의 비가치화 현상을 지칭한다. "지식이 필요한 것이 아니라 정보가 필요하다"라는 것이 정보사회의 명령이며, 여기서 우리는 정보사회가 지식의 지위에 발생시키는 위기의 극적 국면을 발견한다(지금 한국에서 발생하고 있는 '학교 붕괴' 현상과 비지속성의 가치화 사이에는 깊은 관련이 있어 보인다).

'지식'의 성격과 지위 변화는 지금 다수의 국가들이 추구하고 있는 듯이 보이는 '지식기반사회knowledge-based society'의 모형화에서 가장 현저하게 드러나고 있다. 우리 정부도 지식기반사회의 건설이라는 것을 국정지표의 하나로 설정하고 있는데, 여기서 '지식기반사회'의 '지식'이 지

배적으로 의미하는 것은 과학지식과 공학지식이다. 우리
는 이 두 종류의 지식을 '사실지事實知, fact-knowledge'와 '방법
지方法知, know-how'라는 용어로 바꿔 쓸 수 있다. 사실지와
방법지가 다른 모든 종류의 지식들을 압도하는 '지식 중의
지식'으로 올라서고, 다른 모든 종류의 지식들로부터 그 권
위를 퇴색시켜 사실상의 '무용지물'로 만드는 것을 우리는
'지식의 권력체제화'라는 말로 규정할 수 있는데, 정보지식
사회의 모형화에서 발견되는 것은 정확히 사실지-방법지
의 그 같은 지배적 권력체제화 현상이다. 이 현상의 국지
적 전개가 최근 정부 주도로 진행되고 있는 '신지식인 운
동'이다. 한국 인문학도들은 이 운동이 제기하는 위기의 본
질적 국면을 파악하는 데 매우 느리고 게으르다. '신지식
인'에서 지식이 의미하는 것은 지배적으로 방법지이며, '방
법을 아는 자'가 곧 새로운 시대의 '새로운 지식인'이라는
것이 신지식인 운동의 주장이다. 여기서 문제가 되는 것은
방법지의 중요성에 대한 논란이 아니다(어느 시대 어느 사회
에서나 방법지는 중요하고 필요하다).

　방법적 지식으로 다른 모든 형태의 지식들을 대체하는
것이 얼마나 위험한 일인가를 인식하지 않거나 못하는 것
은 사회적 '맹목성'의 부분이다. 방법지는 어떤 주어진 목
적을 성취하기 위해 필요한 '최선의 수단'을 강구하고 동원
할 줄 아는 능력이다. 그러나 이 능력에서 송두리째 빠져
있는 것은 목적 그 자체의 정당성에 대한 질문이다. "왜 그
래야 하는가?"라는 질문은 방법지의 관심이 아니다. 방법

지의 관심은 목적의 윤리적 정당성을 질문하는 데 있지 않고 그것의 성취를 위한 합목적적 수단을 강구("어떻게 해낼 수 있는가?")하는 데 있다. 여기서 우리는 정보지식사회의 '지식'과 비판적 지식, 실천이성, 인문학적 지성intellect 사이의 갈등을 목격하게 된다. 이 갈등은 사회적 위기이다. 방법지를 권력체제화하는 사회는, 이미 우리가 독일 나치즘이나 소비에트 전체주의의 과거에서 충분히 발견하듯, 극히 위험한 맹목의 제단에 자기를 헌납하는 사회이다. 이 사실은 정보지식사회라는 새로운 사회 패러다임이 기본적으로 지니고 있는 반지성주의적 위험성을 드러낼 뿐 아니라, 신사회 패러다임과 인문학 사이의 갈등을 다시 한 번 극화한다. 그러나 역설적으로 이 갈등의 극화는 동시에 신사회 패러다임에서도 인문학·인문문화·인문적 지성이 왜 궁극적으로 희생될 수 없는가, 왜 인문학이 더 적극적으로 활성화되어야 하는가를 깊이 생각하게 한다.

외적 조건들의 이 같은 변화들이 인문학에 제기하는 도전은 크다. 인문학이 그런 도전들에 적극적으로 대응할 필요는 없는가? 인간의 변화라는 전망 속에서의 새로운 인문학적 교육방법은 모색될 필요가 없는가? 정보기술의 고도화가 현재 속도로 진행될 때 인문학의 전통적 영역들이 그 기술 발전의 영향으로부터 비켜 서 있을 수 있는 가능성은 없다. 문화환경은 바뀔 것이며, 사회관계, 가치체계, 존재양식, 교육 등은 변화의 요청에 빠른 속도로 종속될 수 있다. 인간에게 어떤 불변의 것이 있는가? 지식은 점점 더 빠르고 단명한 일회적 정보들로 대체되고, 그 신속성, 비항구성, 단명성이 오히려 지금 이미 우리가 보고 있듯, 정보의 가치를 결정하게 될 때 항구성의 인간학적 가치는 어찌되는가? 윤리적 실천명령들은? 경험과 성찰의 가치는? 인문학은 '기술'과 어떤 관계에 있어야 하는가? 인문학-자본사이의 관계와 유사한 대립 관계가 인문학과 기술 사이에도 설정될 수 있을까?

시장의 세계화와 기술에 의한 세계화는 "한국어가 21세기 말까지도 생존할 것인가?"라는 질문까지도 던지게 한다. 물론 한국어는 그 인구학적 규모가 부족어와는 비교되지 않는 세계 주요 언어의 하나이며, 따라서 지금 민족-국민어의 미래를 걱정한다는 것은 걱정거리 없는 자의 한가한 걱정, 혹은 모종의 병리적 공포 같은 것으로 보일지 모른다. 그러나 사태는 그리 안전하지 않다. 세계에 현존하는 5,000~6,000개의 언어들 가운데 3,000개 이상이 지금 빠른 속도로 소멸해가고 있고, 21세기 말까지 생명력을 유지할 언어는 260개 정도일 것이며, 그중에서도 경쟁력을 유지할 언어는 14개 안팎에 불과할 것이라는 예측도 나와 있다. 소멸의 조건이 생존의 조건을 압도할 때 언어는 소멸하거나 소멸의 위기에 빠진다. 물론 우리는 21세기에 한국어의 소멸이 발생할 것이라는 예측은 배제한다.

그러나 한국어의 전면적 소멸이 상상할 수 없는 일의 범주라면, 그것의 '방언화'는 상상할 수 있는 일의 범주이다. 외부환경에의 강한 적응명령이 압도적인 것일 때, 그리고 그 적응에 민족어가 유리한 것이 아닐 때, 민족어의 위신은 결정적으로 추락하고 방언화 혹은 제2언어화의 운명에 빠진다. 세계화의 명령이 지금의 속도로 강화될 경우, 생존 논리에 헌납된 한국 정부와 시장논리에 충성하는 자본은 21세기 전반부 50년간의 어느 시점에 가서 지배언어인 '영어'와 국어의 지위를 일단 평등화하는 영어공용어화정책, 혹은 이중언어정책bilingualism의 채택을 심각하게 고려할 가능성이 얼마든지 있다. 이미 국내 유수 기업들에서는 문서작성과 회의에서 영어의 기준언어화정책을 채택하고 있고, 영어로 소설을 써야 한다고 주장하는 '작가'도 등장하고 있다. 50년 쯤 뒤의 일은 다음 세대의 결정에 맡길 일이지, 지금 세대가 미리 걱정할 일은 아니라고 말할 수 있을지 모른다. 그러나 미래의 결정권은 미래 세대의 것만이 아니라 지금 세대의 것이기도 하며, 당해 세대의 선택은 다음 세대의 운명을 결정한다. 우리가 민족어의 방언화 가능성을 봉쇄할 이유와 필요가 있다면, 그 준비는 지금부터 착수되어야 한다. 민족어를 유지해야 할 명분과 논리, 의지와 재능이 축적되어야 하고 민족어의 발전을 위한 방안들도 강구되지 않으면 안 된다. 이런 작업은 누구의 것인가? 그것은 크게 인문학의 과제이며, 인문학적 교육의 과제이다.

우리는 지금, 이 주어진 짧은 시간 경제 속에서, 이 모든 문제들에 대한 해답과 대응책을 내놓을 능력도 여유도 없다. 그 질문들 자체도 지금의 인문학 위기라는 것이 어떤 성격의 것이며, 미래의 혹은 새로운 인문학의 방향을 모색하기 위해서는 어떤 배경이 고려되어야 하는가를 검토하려는 목적의 것이다. 인문학의 미래라는 문제와 관련해서, 우리는 다음의 몇 가지 사항들을 우선 인문학 '교육'의 방향으로 제안해보고자 한다.

한국 인문학은 지금보다는 훨씬 강하고 효과적인 방식으로, 그리고 적극적으로, 사회변화와 인문학 연구-교육을 연계할 방법을 모색해야 한다. 지금의 사회문화적 변동은 인문학의 교육적 적절성relevancy에 대한 강한 의문을 학생들에게 안겨주고 있다. 이 사실은 인문학교육 종사자들에게 교육의 위기로 인식되어야 하며, 인문학교육의 '방법론'을 모색하기 위한 고민과 노력이 경주되어야 한다. 학생들은 인문학 분야의 교육 내용이 자신의 인생 설계·당면 관심·목표에 '어떻게' 연결되고 '왜' 중요한 것인가를 잘 모르고 있다. 대학의 모든 인문학 계열 학부-학과들은 교육 내용과 방법을 쇄신하기 위한 특별 연구집단을 가동시키고, 학부-학과 교수 전원이 정기적 토론을 진행시킬 필요가 있다. 또 사회변화만이 아니라 '시장'을 넘어 '사회'를 유지하는 데 필요한 교육도 인문교육의 과제이다. 민주적이고 합리적인 시민사회를 지탱하기 위한 교육은 모든 사회의 명운이 걸린 극히 중요한 교육이며, 대학은 이 교육에 기여해야 한다.

보이지 않는 가위손

국제적 시민단체들의 시대가 열리고 있다는 사실은 단위 국가사회나 지역 시민들 사이의 세계적 협력과 공존을 가능하게 하는 새로운 환경으로서의 세계화가 21세기적 신국제질서의 하나로 대두하고 있음을 보여주고 있다. 이 신질서가 시사하는 것은 크게 두 가지이다. 첫째, 국제 시민단체NGO들 사이의 연대가 강화되는 것은 단위 국민국가들의 통치력이 미치지 못하거나 그 권위의 적용이 실패하는 영역에서 세계적 명분의 공익(예: 환경·문화·여성·노동)을 위한 시민적 대응 방식이 국제화하고 있다는 점이다. 둘째, 그것은 단위 국민국가나 지역국가들이 세계시장 체제하에서 존중하기 어려운 자국 혹은 지역 주민의 민주적 요구를 세계시민적 차원으로 이동시켜 그 존중의 기회를 관철하려는 새로운 메커니즘이라는 점이다. 세계적 시민사회의 대두는 국지환경에서도 지역 시민사회의 강화를 촉발한다. 여기서 우리는 21세기의 세계가 경쟁환경의 심화를 보여줌과 동시에 그 심화에 수반하여 국제적 공존, 협력, 관용의 환경을 발전시키고 있다는 사실을 보게 된다. 정보망의 세계화와 국제 시민단체NGO들에 의한 '시민적 세계화civic globalization'는 단위 국가사회들이나 지역 주민들 사이의 세계적 협력과 공존을 가능하게 하는 새로운 환경으로서의 세계화가 21세기적 신국제질서의 하나로 대두하고 있음을 보여주고 있다. 이 환경이 21세기 한국인에게 요구하는 것은 국지적으로는 '경쟁력을 지닌, 그러나 경쟁력 이상의 능력을 가진 민주시민의 자질'을, 국제적으로는

'다양성과 관용의 가치를 지키는 세계시민적 자질'이다. 두 자질의 함양은 한국의 미래 인문학에 제기되는 도전이 아닐 수 없다.

세계 시민사회의 대두를 포함한 긍정적 의미에서의 세계화 환경은 다양성과 차이를 존중하는 관용tolerance의 문화적 역량을 요구하며, 대학 인문학교육은 이 부분에서도 교육 프로그램을 개발해야 한다. 여기서 관용이란 자유주의적 미덕으로서의, 혹은 강자가 약자에게 베푸는 관대함이라는 의미에서의 관용이 아니다. 타자-차이에 대한 존중으로서의 관용교육은 계급, 성차gender, 인종, 민족, 성태, 종교 등 인간사회에서 지금까지 '인간분할의 메커니즘'이 되어온 억압, 차별, 배제, 청소의 도구들에 대한 근본적인 비판교육임과 동시에 국제화 환경에서의 공존과 이해의 능력을 함양하는 교육이다. 인문학교육은 문학, 철학, 역사 등 사실상 거의 모든 분야에서 이 같은 관용체제를 향한 교육의 필요성에 주목해야 한다. 이런 교육은 국제화 환경만이 아니라 한국사회를 아직도 억압-착취사회로 묶어두고 있는 전근대적 유제들(가부장제, 권위주의, 파벌주의)을 청산하는 데에도 극히 필요하다.

매체를 비롯한 기술자원들은 구체적 교육방법으로 활용되어야 하며, 인문학교육의 활성화를 위한 다양한 수단, 관심, 활동영역의 통합이 필요하다. 오늘날 다학문적 방법을 대표하는 것은 문화연구cultural studies이며, 이 문화연구적 교육방법은 대학교육에 적극적으로 도입될 필요가 있

보이지 않는 가위손

다. 이미 학부 학생들은 인터넷과 웹사이트를 통해 과거 어떤 세대의 학부생들보다도 풍요로운 정보에의 접근로를 확보하고 있다. 다중 텍스트를 동시적으로 화면에 띄우고 자유롭게 이 텍스트에서 저 텍스트로 이동할 수 있는 비선형적 하이퍼텍스트hypertext는 새로운 텍스트 형식으로 학부생의 학습, 페이퍼 작성, 참조의 수단이자 환경이 되어 있다. 향후의 모든 대학들은 지금의 학부생들보다 훨씬 강한 이미지문화 환경에서 성장하고, 과거 어떤 세대의 한국인과도 다른 주체형성의 과정을 거친 학생들을 상대해야 한다. 새로운 정보기술은 정보에의 접근을 용이하게 하고, 정보습득과 유통의 속도를 실시간 단위에서 실현시킨다. 인문학교육은 이런 기술들을 어떻게 교육의 수단으로 자원으로 활용할 것인가? 그 새로운 정보기술들이 자동적으로 성취를 보장해주지 않는 영역들은 무엇이며, 인문학은 학생들을 어떤 방식으로 그런 영역들에 안내할 것인가?

이를테면 정보기술이 자동적으로 습득을 보장하지 않는 대표적 정보는 판단의 정보와 평가의 정보이며, 정보기술이 자동적으로 성취를 보장해주지 않는 것은 글쓰기, 사유, 논리이다. 말하자면 고도 정보화의 시대에도 정보기술만으로는 해결되지 않고 해결될 수 없는 중요한 정보, 지식, 교육의 영역은 여전히 남아 있다. 인문학 교수라면 누구나 아는 이런 사실을 여기 지적해보는 것은 "누구나 다 안다"를 확인하기 위해서가 아니라 대학의 인문학 교수들이 특별한 관심과 열정으로 대학의 '교육정책'에 개입해야 할 영역들을 지금보다 더 왕성하게 규정하고 그 실행을 촉구해야 한다는— 말하자면 인문학교육의 약화에 맞서 그것의 강화 필요성을 인식시키는 행동 프로그램을 짜야 할 필요성을 강조하기 위해서이다. 이 필요성은 대학 당국만이 아니라 학부생들에게도 부단히 인식시켜야 한다. 그들에게 무엇이 필요하고 중요한가를 알 때 학생들은 교수를 따라온다. 예컨대 한국의 대학 인문학 교수들은 전교생을 대상으로 한, 아니면 최소한 인문사회과학 계열 학부/학과들을 대상으로 한 '글쓰기' 훈련의 '필수과목화'를 어째서 실현시키지 못하는가? 인문교육은 무엇보다도 책 읽기를 통한 교육이다. 그런데 어째서 한국의 인문학 교수들은 책 읽히는 교육방법을 강화하지 못하는가?

인문학 교수들은 지금까지의 위기 논의로부터 인문학 교육의 효과적 수행을 위한 구체적 '행동 프로그램'을 짜는 데로 관심을 이동시키고, 새로운 교육 프로그램을 대학 당국에 제안·관철하며, 학생들에게도 그 필요성을 주지시켜야 한다. 대학은 학원이 아니다. 취업을 위한 기능교육의 강화가 반드시 인문교육의 약화나 희생을 수반해야 하는 것은 아니며, 기능교육이 강화되면 될수록 인문교육도 강화되어야 한다. 이 동시 진행의 방법은 무엇인가? 위에서 강조했지만, 대학에서 '책 읽히는 교육'은 핵심적인 것이다. 정보기술 수단이 제아무리 발전해도 판단, 사유, 논리 등 '창조'의 기본이 되는 정신능력은 정보접근에의 기술적 용이성으로는 함양되지 않는다. 창조적·비판적 사유와 상상력은 영상 이미지로는 길러지지 않는다. 지금의 대학생 세대는 영상환경에 더 익숙하고, 중등교육의 전 과정을 통해 '사유'훈련이라는 것을 받을 수 없게 되어 있다. 그러므로 이들을 상대로 대학이 가장 먼저 실시해야 하는 것은 독서와 사유 훈련이다. 그런데 어째서 한국 대학의 인문학 교수들은, 물론 개별적 예외가 있겠지만, 한 학기 강의에서 책 읽히기를 강화한다는 데 아무런 합의도, 제안도, 실천 프로그램도 내놓지 못하는가? 대학의 자유시장적 강의 개설 방식은 재고되어야 한다. 지금 각 대학이 실시하고 있는 전공학점의 축소는 교육의 포기이고 방기이다. 분야에 따라 사정은 다르지만, 현행의 학부 '36학점 전공 인정제'는 대학원체제이지 학부체제가 아니다. 필수과목 중에 인문계열과 사회계열에서, 가능하다면 대학 전 분야에서 '글쓰기writing' 훈련을 포함하는 것이 시급하다. 미국의 유수 대학들의 경우, 영어가 세계의 지배언어가 된 상황에서도 학부교육에서의 글쓰기는 '전교생' 필수과목(3~6학점)이 되어 있다. 글쓰기는 단순 작문이 아니며, 문예창작을 위한 제한된 연마도 아니다. 그것은 사회 모든 영역에서 요구되는 필수적 능력이다. 어째서 한국의 인문학 교수들은 이 중요한 교육 분야에서 어떤 액션 프로그램도 내놓지 못하는가? 각 대학 인문학연구소들은 인문학 연구라는 문제에만 매달릴 것이 아니라 인문학 교육의 강화를 위한 프로그램을 짜고, 교수들은 그 프로그램을 관철시킬 수 있어야 한다.

마지막으로, 우리는 한국 인문학의 위축이 대학의 변모나 외적 환경의 변화에만 연유하는 것이 아니라 한국 인문학 자체의 전반적 나태에도 원인이 있다는 자성의 순간을 제외할 수 없다. 서구에 비해 한국 인문학의 역사는 짧고(도대체 '인문학'이라는 학문 분류 자체가 동양 기원의 것이 아니다), 서구 인문학의 대두를 촉진한 '질문체계'들 자체가 우리에게 익숙한 것이 아니다. 특히 이 질문체계의 문제는 한국 인문학이 해방 이후 50년간 질문 없는 무풍지대에 안주할 수 있었던 중요한 요인의 하나이다. 서구 인문학 전통의 양대 계기가 된 고전 인문학이나 근대 인문학은 우리에게 수입물이며, 이 때문에 한국 인문학은 학문적 뿌리도 사회적 기반도 갖고 있지 못한 상태에서 출발했다는 태생적 약점을 안고 있다. 우리 인문학은 우리 자신의 절실한 질문 제기로부터, 사회적 의제 설정으로부터, 혹은 철학적 사유의 전통으로부터 나온 것이 아니다. 이런 한계로 인해 지난 50년간 한국 인문학은 질문, 의제, 쟁점까지도 서구의 것들을 수입해야 하는 상황에서 헤어나지 못했는데, 여기서 더 심각한 문제는, 내가 보기로는, 수입의 과다에 있는 것이 아니라 도입할 필요가 있는 것의 도입이 이루어지지 않았거나 터무니 없는 과소 도입 혹은 피상적 도입에 머물렀다는 점이다.

20세기 후반의 서구 인문학은 역설적이게도 전통적 인문주의의 기반이 되어온 '휴머니즘'의 기본전제들과 명제들을 가차없이 심문·해체·파괴하는 기이한 방법으로 전개되어왔는데, 바로 이 사실이 인문학의 활력을 유지시킨 비밀이다. 말하자면 서구의 현대 인문학은 인문학 자체의 전통을 이루고 있는 고전 인문학과 근대 인문학에 대한 치열한 질문의 제기라는 방식으로, 혹은 '반인문주의적' 인문학이라는 역설적 방법으로 인문학 담론의 힘과 영향력을 발휘해온 것이다. 이런 사정에 비하면 한국 인문학의 내부 풍경은 무풍지대이다. 서구 인문학이 근대적 자율주체를 심문하고, 자유주의적 개인주의의 신화를 벗기고, 이데올로기·텍스트·타자-타자성의 개념 등으로 주체의 성립과 분열의 조건을 고찰하고, 인종·성·계급 등의 범주로 억압 담론들의 역사적 전개를 비판하며 자본-시장-지식에 대한 비판을 강화하고, 지식 그 자체의 성격을 논의하는 동안 한국 인문학은 무엇을 하고 있었는가? 이는 서구이론들이 개발한 방법, 개념, 이슈들을 우리가 고스란히 수입해야 한다는 의미가 아니다. 그러나 우리 인문학은 우리 자신의 사회적, 정치적, 문화적 의제들을 정당하게 학문의 영역에서 정의하거나 그것들을 다루어내기 위한 이론-방법을 적극적으로 개발하지 못했다는 혐의로부터 벗어나기 어렵다. 이 사실은 21세기 한국 인문학이 연구 분야에서 어떤 방향을 취해야 할 것인가에 대한 암시를 던지고 있다.

주로 나 자신을 염두에 두고 작성된 이 종류의 자성적 혐의들을 여기서 과감하게 확대해보는 것은, 앞에서 언급한 대로, 한국 인문학이 위기의 조건을 타 넘어 활력을 얻기 위해서는 어떤 방향으로 움직여야 할 것인가를 지금 우리의 공통의제로 제기하기 위해서이다. 정리를 겸해 말한다면 한국 인문학을 위협하는 외적 요인들의 작용 순서는 세계 단일체제로서의 시장체제의 심화, 그 체제에 적응하려는 단위국가의 생존논리, 대학에 가해지는 변화의 압력 등이다. 내적 요인의 작용은 외부 상황변화의 반사회적·반인간적 성향을 인식하지 못하는 대학의 무의식, 적응주의의 자발적 채택, 인문학 자체의 약세라는 순서로 정리가 가능하다. 이 과정에서 대학은 학원의 지위로 주저앉고, 교육은 취업준비로 변질하고, 대학은 시장의 시녀로 타락한다. 이런 사태를 반전시키기 위해서 한국 인문학이 염두에 두어야 할 것은, 한 번 더 강조하자면, 인문학의 가치와 교육 목표 자체를 적극적으로 '사회'에 연결시키는 전략의 구사이다. 물론 대학 인문학의 일차적이고 가장 중요한 과제는 해당 영역에서의 연구와 교육이다. 교수는 그가 천착하고 있는 영역에서의 '첨단'이며, 그 영역은 그의 우주이고, 그 안에서의 그의 학문활동의 자율성은 누구도 침해할 수 없다. 아무도 그에게 "이래라 저래라" 요구할 수 없다. 그러나 그 연구와 교육의 조건을 확보하고 유지하자면 인문문화의 중요성과 인문학의 가치에 대한 사회적 납득을, 혹은 동의를, 획득하고 유지하는 일이 필요하다. 일회적 용도, 단명성, 일시성 등을 특징으로 하는 실용 정보나 기술적 방법지의 경우와는 달리 인문학적 통찰은 인간에게 항구하게 따라다니는 '대면의 요청들'에 대한 탐구이자 반응이라는 점에서 훨씬 지속적인 가치를 가지며, 이 지속적 통찰은 어떤 사회, 어떤 문화도 포기할 수 없는 것이다('대면의 요청들'이란, 이를테면, 타자와의 대면, 인간 존재의 윤리성에 대한 대면, 과거와의 대면, 죽음과의 대면, 보편과의 대면 등이다). 그러나 동시에 인문학은 현실적인 문제들—앞서 언급한 관용문화의 확산, 인간분할 메커니즘의 제거와 완화, 비판적 시민사회문화의 형성과 유지 같은 문제들도 교육영역에서만이 아니라 학문영역에서도 인문학의 정당한 관심 대상으로 삼아야 할 필요가 있다. 말하자면 현실적 문제들은 위에서 말한 인문학적 대면의 요청들과 분리되어 있지 않다.

사회에서의 시장의 기능과 위치는 중요하다. 지금 우리의 요점은 시장기제의 중요성을 부정하자는 것도, 경쟁적 세계시장체제의 대두라는 현실을 부인하자는 것도 아니다. 우리가 강조하고자 하는 것은 시장논리의 전 영역적 확대라는 문제, 더 정확히 말하면 시장논리를 사회 모든 영역으로 확대하고, 그 확대 위에서 주요 정책의제들을 결정·실행·평가하는 행위의 '반사회성'과 '반인간성'이라는 문제이다. 경쟁과 생존만이 유일한 명령이 되지 않는 공간을 개척하기—이것이 인류사에서 '사회'란 것이 만들어진 이유이다. 역사상 모든 의미 있는 삶의 집단들이 밀림의 유지보다는 '밀림에서 공동체'로의 이행을 과제로 삼은 것은 그 이동에 의해서만 사회구성의 합리적 구실과 정당성이 확보되기 때문이다. 경쟁과 생존은 인류사에 있어 무슨 새로운 현실이 아니다. 20세기 말 세계시장체제에서 다소 새로운 것이 있다면 그것은 인간 삶의 환경이 훨씬 더 밀림에 가까워졌다는 사실뿐이다.

지금의 세계가 경쟁의 치열성을 전례 없이 강화하고 있다면, 이 지상 모든 단위국가 정부들에 안겨지는 가장 중요한 정책적 과제는 밀림을 실현하는 것이 아니라 오히려 시장논리를 사회적 공존의 정의에 복속시키려는 의지와 능력을 포기하지 않음으로써 '사회의 파괴'를 방지하는 것이다. 그런데 1990년대 문민정부들의 지배적 사고방식과 정책기조는 그 반대방향, 다시 말해 사회밀림화의 경향을 강화하는 쪽으로 맞추어져 있다. 이 종류의 국정기조는 위협의 논리, 맹목성, 비전 부재를 특징으로 한다. 국민 성원들에게 "자, 지금은 무한경쟁 시대이다. 살아남는가 못살아남는가, 그것은 당신의 책임이다"라고 겁주어 "무슨 수를 써서라도 이겨야 한다"는 정신상태를 자극하는 것이 위협의 논리이고, 그 논리가 팽만했을 때 초래될 반사회적·반인간적 결과들(이미 우리는 그런 결과들을 매일, 조석으로 보아온지 오래이다)을 고려하지 않는 것이 맹목성이다. 제아무리 경쟁적 세계시장체제 속에서라 할지라도, 아니 세계적 경쟁환경이 심화되면 될수록, 단위국가는 밀림이 아닌 사회를 유지하기 위해 필요한 정책을 부단히 구상하고 강구해야 한다. 대학을 시장체제 속으로 함몰시키지 않는 것은 그런 정책의 필수적인 일부이며, 그런 정책의 조직적·체제적 결핍이 비전의 부재이다. 비전의 부재를 노정한다는 점에서 1990년대 문민정부들의 멘탈리티는 그 이전 군사 정권들의 개발독재적 사고방식과 거의 아무런 근본적 차이도 갖고 있지 않다. 이 지적은 "인문학적 가치에 대한 사회적 인식을 확산시키는 책임이 교수들의 것이기도 하다"는 앞서의 주장과 다시 연결된다. 인문학의 궁극적 가치는 그것이 인간파괴를, 혹은 소멸을, 거부하는 인간의 완강한 자기방어라는 데 있다. 인간파괴가 재난이라면, 인문학은 '재난과의 경주'에 돌입하지 않으면 안 된다.

그런데 그 '인간'은 무엇인가? 그는 누구이며 어떻게 성립되어 있는가? 그의 자기지식은 어떻게 구성되고 무엇에 근거하는가? 우리는 이미 서구 고전 인문학의 플라톤적 인간도, 근대 인문학의 데카르트적 인간도 방어될 수 없다는 현대 서구 인문학 담론들의 심판을 듣고 있다. 주체의 성립과 지식의 성격이라는 문제에 있어서도 사정은 비슷하다. 지난 40년간의 서양 인문학을 특징짓는 것은 분열의 열정이고, 보편의 거부이며, 모든 진리 주장을 무너뜨리는 극단적 회의, 불신, 상대주의이다. 상대주의는 역사상 진리독점주의보다는 덜 고통스러운 것이다. 그러나 보편의 부정과 거부는 궁극적으로 모든 정의체계의 혹은 의미의 '보편적 무의미성'에 빠지고, 윤리의 문제는 정초 지점을 상실한다. 주체의 분열과 허구성을 드러내어 '주체'라는 것을 이데올로기의, 텍스트의, 혹은 욕망의 효과로 규정하는 것은 한 차원에서 중요한 비판적 기능을 수행하는 반면 다른 중요한 차원, 행위의 책임과 행위주체의 윤리적 통일성이 문제되는 차원에서는 기이한 마비를 낳는다. 인본주의의 해체와 비판 역시 서구 문맥에서는 인문학 담론이 수행한 중요한 업적에 속한다.

그러나 이미 인간이 지구의 유일한 행위자가 되어 있는 상황에서 그 행위자의 도덕적·윤리적 전체성을 부정하는 것은 그에게서 행위의 책임을 면탈시키는 일에 해당한다. 현대 서구 인문학이 지금 새로운 출구를 모색하고 있는 것은 인문학이 인문학의 이름으로, 혹은 반인문주의의 이름으로, 일종의 파탄지경에 이르렀기 때문이다. 이것은 서구 인문학의 영광이자 비참이다. 한국 인문학은 현대 서구 인문담론이 발전시킨 일련의 쓰임새 있는 이론들과 방법들을 도입하되, 그것의 지향점은 인간의 파탄이 아닌 구제여야 할 것으로 보인다. 그러나 이것도 저것도 하지 않는 것은 또 하나의 마비이며, 이 마비를 틈타고 고개를 내미는 것은, 최근 정부 주도의 신지식인 운동에서 보듯 기술적 방법지와 도구적 지식으로 인문적·비판적 통찰·지식·지성을 전면 대체하려는 기도이다. 신지식인 운동의 배후에 깔려 있는 것은 도구적 지식의 권력화라는 이해관계이며, 이 이해관계의 교육적 관철이 실용성 위주의 이소크라테스Isocrates적 '페다고지pedagogy'로서의 교육학이다(여기서도 우리의 논점은 실용성의 가치를 부정하는 것이 아니라 그것의 전면적 확대를 경계하자는 것이다). 세계는 실용적 기술지식의 권력화가 불러온 대재난을 두 차례에 걸쳐 경험한 바 있다. 하나는 나치즘이고 또 하나는 스탈린주의이다. 이들 정치

보이지 않는 가위손

전체주의가 기술과 정치권력의 연정이라는 공식 위의 것
이라면, 앞서 우리가 경계한 시장전체주의는 기술-권력-
시장이 결합하는 새로운 형태의 전체주의, 시장의 자유와
자발성에 기초하는 듯이 보이면서도 실제로는 가장 파괴
적이고 반인간적인 전체주의이다. 이 전체주의의 전망은,
프랜시스 후쿠야마 같은 사람들에게는 자유주의 역사가
마침내 완성되는 탈역사의 장면으로 파악된다.

　　21세기 인문학에 어떤 방향을 모색해본다는 것은 결
국 정치전체주의이건 시장전체주의이건 세계가 하나의 논
리로 통합·지배되는 상황을 거부하는 데서 인문학의 결정
적 기여를 찾고, 편협한 인간중심주의가 아닌 새로운 형태
의 신인문주의─인간과 인간, 인간과 자연의 관계를 공존
의 정의에 기초시키는 새로운 인문주의를 모색하며, 다양
성과 관용의 요청을 존중하는 부족적tribal 세계주의를, 공
영역의 차원에서는 국가-시장-사회의 3분 역학관계를 지
탱할 윤리적 인간주의를, 그리고 사적 영역에서는 비판적
이성의 기능과 미학적 감성의 기능이 어느 쪽으로도 일방
적으로 환원되지 않는 통합적 인간의 모형을, 각각 구상
해보는 일이 아니겠는가. 인문학은 거대한 문화적 자원일
뿐 아니라 성찰의 학문이며, 과거-현재에 대한 성찰과 동
시에 현재-미래에 개입하는 행동(윤리적 실천)의 학문이다.
인문학은 인간의 삶에 필요한 방법적 기술지의 중요성을
부정하지 않으면서 그 기술지 이상의 요청들, 인간의 삶이

부단히 제기하는 '의미의 요청'에 응답하고, '지금 여기'의 현재now를 어떻게 살고 과거와는 어떻게 대면하며, 미래에는 어떻게 개입할 것인가의 문제를 사유한다. 과거는 되돌릴 수 없고 바꿀 수 없다는 점에서 비가역성irreversibility의 시간이며, 미래의 시간은 인간이 미리 알 수 없다는 점에서 예측불가성unpredictability의 영역이다. 그러나 인문학은 그 바꿀 수 없고 되돌릴 수 없는 과거시간에 개입하여 그 과거를 재편하고, 예측불가성을 특징으로 하는 미래시간을 그냥 알 수 없는 미래로 방치하는 것이 아니라 거기 '윤리적으로' 개입함으로써 미래를 만든다. 어떤 사회도 이 성찰과 행동action 없이는 의미 있는 '인간의 사회'일 수가 없다. 인문학의 미래라는 화두가 생각해야 할 문제는 궁극적으로 이 부분이 아닌가 싶다.

보이지 않는 가위손

"

정치전체주의가 기술과
정치권력의 연정이라는 공식 위의 것이라면,
시장전체주의는 기술-권력시장이 결합하는 새로운
형태의 전체주의, 시장의 자유와 자발성에 기초하는
듯이 보이면서도 실제로는 가장 파괴적이고
반인간적인 전체주의이다.

"

3부

기억의 도덕과 윤리

일본적 기억의 서사가 가해자의 서사를 내놓을 수 있는가? 일본이 기억의 서사를 통해 과거의 일본과 현대 일본 사이의 연속성과 동일성을 회복하고자 한다면 그 회복은 어쩔 수 없이 '가해자와의 동일성'까지도 포함해야 한다. 그러나 가해 행위는 일본인의 기준으로 따져도 도덕적이지 않다. 여기서 동일성 회복의 도덕성과 그것의 부도덕성이라는 상호배반적 문제가 발생한다. 한쪽의 도덕성이 다른 한쪽의 부도덕성이라는 배반율의 침해 가능성 앞에 서게 되는 것이다.

일본적 기억의 서사가 이런 문제를 해결하기 위해 채택하는 방법은 두 가지이다. 하나는 기억의 미화, 왜곡, 변조이고, 다른 하나는 사실 부정이다. 기억의 서사가 군국주의 일본의 과거를 회복해낼 때, 가해자의 기억은 가해의 기억이 아닌 어떤 다른 것으로 미화되어야 한다. 이 미화는 왜곡과 변조를 동반한다. 죽음의 전장으로 끌려 나갔던 수많은 일본 청년들의 이야기는 나라를 위해 몸 바친 아름답고 숭고한 청년들의 이야기로 바뀌어야 한다. 그 아름다움의 대표적인

상징은 '사쿠라'이고, 숭고함의 대명사는 국가와 국가 상징으로서의
천황에 대한 '충성'이다. 벚꽃은 한순간 아름답게 활짝 피었다가 순
식간에 떨어져 내린다. 나라를 위해 목숨을 내던진 청년들의 생애는
그런 벚꽃의 생애처럼 짧고 화려하다. '천황만세'를 외치며 산화해간
그 젊은 목숨들의 이야기는 그러므로 벚꽃의 이야기, 아름답고 장엄
한 '사쿠라노 하나시'이다.

우월국가 역할론에 숨어 있는 특이하고도 위험한 '정의^{正義}'관은
우월한 자는 우월하기 때문에 우월자의 역할(침략과 지배)을 수행하
는 것이 정의이고, 열등한 자는 열등하기 때문에 그에 맞는 역할(피
지배와 복속)을 받아들이는 것이 정의라는 관점입니다. 이것은 일본
역사의 지나간 한 시기에만 지배층의 머릿속에 있다가 지금은 소멸
해버린 관점일까요? 자국 역사에 대한 정직한 성찰과 용기 있는 비
판은 결코 자학일 수 없고, 자기증오일 수도 없습니다. 역사상의 오
류를 대면하는 정직성과 역사의 폭력을 성찰하는 용기는 일본 내셔
널리즘이 그토록 중히 여기는 긍지와 자존의 '진정한 근거이고 바

탕'이 될 수 있습니다. 그런데 한국 민족주의를 포함한 많은 민족주의의 경우에서 종종 그러하듯, 일본 내셔널리즘에서도 인식의 질서는 거꾸로 되어 있는 것 같습니다. 자존의 근거여야 할 것은 '자학'으로 간주되고, 오류 은폐와 호도糊塗의 기술은 되레 자존회복의 방법으로 여겨지고 있으니까 말입니다.

'보편적인 것의 부정'이 가능한 이유는 우파적 사유에서 보편은 어디 따로 있는 것이 아니라 국가가 곧 보편이기 때문입니다. '국가가 곧 보편'이라는 공식公式에서 보면 모든 행동은 그것이 국가 이익을 위한 것인 한 누가 뭐래도 보편 정의와 보편 규범을 따른 정당하고 정의로운 행동이 됩니다. 국가를 위해 전쟁에서 목숨을 바친 사람들은 그 전쟁의 성격이 어떤 것이냐에 관계없이, 또 전장에서 그들이 저지른 행위의 잔혹성 여부에 관계없이 국가를 위해 '할 일을 다 한' 명예로운 인간, 자기 할 일을 다 했기 때문에 '자기를 완성'한 미덕의 존재가 됩니다. 전쟁책임자는 '전범戰犯'으로서보다는 국가를 위해 봉사한 정의롭고 명예로운 존재로 먼저 인식됩니다.

기억의 과잉과 마찬가지로 망각의 과잉은 인간 생존을 위태롭게 한다. 과잉기억이 인간을 과거의 노예이게 한다면 과잉의 망각은 인간을 현재의 노예이게 한다. 인간은 과거-현재-미래의 시간구도 속에서만 그 생존이 가능한 시간적 존재이며 이 시간성이, 다른 모든 이유를 떠나, 그의 존재를 역사적인 것이게 한다. 시간의 연속으로부터 '지금, 여기here now'만을 뜯어내어 거기 몰두할 때 인간은 자기 삶을 전체적 조망 속에 유지할 길이 없고 방향과 의미를 줄 방도가 없게 된다. 토막난 시간은 삶을 토막내고 부분화한다.

근대의 폐단을 넘어서고 극복하는 일은 근대를 망각함으로써가 아니라 그것을 기억하고 비판함으로써만 가능하다. 비판에는 기억이 절대적이며 따라서 기억이 정지된 곳에서는 비판, 성찰, 교정이 불가능하다. 망각은 정확히 비판력의 마비이다.

기억의 도덕과 윤리
독일의 기억과 일본의 기억

　나치 독일 공군이 스페인 바스크 지방의 소도시 게르니카Guernica를 화염탄, 폭탄, 기총소사로 초토화한 것은 1937년 4월 26일이다. 2007년은 피카소가 '게르니카'라는 제목의 그림으로 표현하고자 했던 바로 그 게르니카 학살이 있은 지 70년이 되는 해다. 마침 장날을 맞아 사람들이 길에 붐비던 그날 월요일 오후 4시 반, 지평선 위로 난데없이 나타난 독일 공군의 하인켈 111 폭격기 편대는 2시간 반 동안 게르니카 상공으로부터 무차별로 죽음을 투하한다. 당시 스페인 내전이 진행되었다고는 하지만 군사도시도, 공화파의 저항군 거점도 아니었던 시골 소읍 게르니카는 순식간에 불바다가 되어 수많은 사상자를 내고 도시의 4분의 3이 파괴된다. 폭격을 수행한 독일 공군 콘도르 군단의 사령관 볼프람 폰 리히트호펜은 그날 일기에 이렇게 써넣는다. "인구 5,000의 게르니카는 문자 그대로 초토가 되었다. 길에는 폭탄이 파놓은 거대한 구멍들이 보인다. 장관이다."

폭탄구멍들이 '장관'을 이루었다고 쓴 그 일기는 그러나 죽은 사람들에 대해서는 단 한마디도 언급하고 있지 않다.

지금 돌이켜보면 제2차 대전 발발 2년 전에 있었던 이 게르니카 폭격은 독일국가사회주의 나치체제가 어떤 성격의 권력집단이었는지, 그리고 그 집단이 어떤 종류의 만행을 더 준비하고 있었는지를 미리 세계에 보여준, 말하자면 '나치 시사회' 같은 사건이다. 민간도시에 가해진 최초의 무차별 파괴와 살상행위라는 점에서 게르니카 폭격은 "전쟁 중에도 민간인은 해치지 않는다"는 문명의 약속을 내동댕이치기로 한 중대한 '나치선언'에 해당한다(세계는 훨씬 시간이 지나고 나서야 이 선언의 중대성을 깨닫게 된다). 문학평론가 조지 스타이너는 제2차 대전을 두고 '문명의 중심부에서 터져 나온 야수성'이라 표현했는데, 나치적 야수성의 핵심에 놓여 있었던 것은 '보편인권의 부정'이다. "모든 인간은 인간으로서의 양도할 수 없는 권리를 갖는다"를 골자로 한 보편인권의 개념은 많은 잡다한 논의들에도 불구하고 단연 근대 유럽문명의 '발명품'이다(물론 보편인권론은 그 초기 주창자들이었던 계몽철학자들의 생각과는 다르게 후일 제국주의 유럽의 손에서 수많은 위선의 순간들을 연출하게 되지만, 그 문제는 지금 여기서 다룰 사안이 아니다). 게르니카 폭격으로 표현된 나치의 선언은 유럽문명 자체가 내놓은 인권개념에 대한 정면 부정이자 조롱이다. 세계는 그후 제2차 대전의 본격적인 진행 단계에 가서야 이 인권부정이 어떻게 아리안과 비아리안, 인간과 짐승, 순수와 비순수 등의 분할장치를 통해 대규모 인종청소를 가능하게 하고 정당화하는 철학적 기초로 작용하게 되는지를 똑똑히 목격하게 된다. 나치의 반문명적 성격은 세계대전 발발 이전에, 체임벌린 영국 수상을 포함한 상당수 서유럽 국가 지도자들이 히틀러와의 유화를 통한 '유럽의 화해'라는 단꿈에 젖어 있었던 바로 그 시점에, 이미 게르니카에서 그 진모를 드러내고 있었던 것이다.

   게르니카 폭격 70년을 맞은 2007년 4월 26일 독일 주간지《슈피겔》인터넷판은「히틀러의 게르니카 파괴: 바스크 지역에 가해진 블리츠크리그^{Blitzkrieg}(전격전) 연습」이라는 제목의 회고 기사를 내보낸다. 기사는 나치 독일이 게르니카를 선택한 이유와 목적, 폭격에 사용된 전술, 국제 반응과 독일의 대응 등에 초점이 맞추어져 있다. 여러 소스를 발굴한 이 기사의 내용에 따르면 나치가 게르니카를 기습 폭격한 것은 그동안 개발해온 신형 폭탄의 성능과 효과를 '실험'해보기 위한 것이었다고 한다. 스페인 내전 때 프랑코를 지원하고 있던 나치와 이탈리아는 스페인 파시스트들과의 치밀한 사전계획을 통해 소수민족 바스크인들의 도시를 골라 신형폭탄을 실험하기로 했었다는 것이다. 화염탄과 폭탄을 번갈아 투하한 폭격 전술은 이 목적에 맞추어져 있다. 2003년《슈피겔》이 찾아내어 공개한 나치 비밀 문서에는 이렇게 씌어 있다. "먼저 화염탄을 떨어트려 건물 지붕들에 불을 질러놓는다. 다음으로 250킬로그램짜리 대형 폭탄으로 지하 수도관들을 폭파해서 소화작업을 불가능하게 한다." 나치 문서들을 보면 독일이 스페인 내전에 참여했던 주 목적이 무기 실험과 실전 경험 획득이었음이 확인된다. "2년의 실전 경험은 평화 시 10년의 훈련보다도 더 유용하다"는 증언을 남긴 한 나치 장군의 말도《슈피겔》기사는 인용하고 있다. 게르니카 폭격에 대한 국제 사회의 항의에 나치, 이탈리아, 그리고 프랑코의 스페인이 어떻게 대처했던가도 이들 파시즘 집단의 면모를 잘 보여준다. 이들이 보인 대처방안의 핵심은 '부정'과 '거짓말'이다. 프랑코 측은 "공화파가 후퇴하면서 도시를 파괴했다"고 주장했고, 독일 공군이 게르니카 지역에서 후퇴하는 적(공화파)을 공격했다는 것이 나치 측 해명이자 주장이었다고《슈피겔》기사는 적고 있다. 나치 국방장관 베르너 폰 블롬베르크가 공군사령부로부터 받은 보고서에는 "독일군은 한 명도 가담하지 않았다"로 되어 있었다고 한다. 사건 발생 70년을 맞아 다시 게르니카 폭격을 다룬《슈피겔》기사의 리드 부분은 사건 진상을 이렇게 요약한다. "그 공격은 무의미한 파괴와 나치 잔인성의 상징이 되었다. 꼭 70년 전 오늘, 나치 공군은 스페인의 소도시 게르니카에 비처럼 죽음을 쏟아부었다. 그러나 독일인들에게 그것은 한 차례 연습 이상의 것이 아니었다."

《슈피겔》의 이 기사는 현대 독일인들을 위한 것인가, 세계인들을 상대로 한 것인가? 물론 양쪽 모두이다. 제2차 대전 종료로부터 60년이 지난 지금에도 일본을 상대로 위안부 문제, 과거 청산, 사과와 배상 조치 등 '종전 처리' 문제에 신경을 써야 하는 현대 한국인으로서는 "그러나 독일인들에게 그것은 한 차례 연습 이상의 것이 아니었다"(강조 부분 필자)고 쓴 《슈피겔》의 기사 작성 태도를 보며 느끼는 바가 많다. 독일인이 독일인의 만행을 말하고 있기 때문이다. 독일인은 여기서 '서술자'이자 동시에 '서술 대상'이다. 자신을 되돌아보는 자서전의 경우처럼 '나(독일인)'는 서술의 주체이면서 서술의 객체이다. 독일인이 독일인을 말한다. 이런 서술방식은 내가 나를 객체화해서 성찰과 반성의 대상으로 삼을 수 있을 때에만 가능하다. 나치 독일도 독일이고, 현대 독일도 독일이다. 그러나 이 동일성은 과거의 독일과 그 독일을 반성대상으로 삼는 현대 독일 사이의 비동일성이라는 내적 분리를 안고 있다. 자기객체화는 그런 '분리'이고, '거리두기'이며, '비동일성의 선언'이다.

전후 처리 문제에서 현대 독일과 현대 일본을 갈라놓는 극명한 차이는 자기를 객관화할 수 있는 서술방식의 유무에서 가장 잘 드러난다. 독일은 그 객관화의 서술방식을 과시해온 반면, 현대 일본은 그런 서술방식 자체를 거부한다. 독일이 과거와의 단절, 거리두기, 비동일성의 확립 등을 통해 나치 독일을 객체화할 수 있었다면, 일본은 과거의 군국주의 일본이 저지른 '가해행위' 일부에 대한 몇 번의 표면적 '사과표현' 말고는 자기객관화의 서술방식을 채택한 일이 없다. 《슈피겔》기사처럼 현대 일본이 자기 손으로 일본의 만행을 기록하기 위해 "그러나 일본인들에게 그것은 한 차례의 군사작전 연습에 불과했다"는 자기대상화의 서술전략을 채택하는 일은 거의 불가능해 보인다. 왜 그런가? 동서양의 문화적 차이 때문인가, 아니면 도덕적 능력의 차이 때문인가? 그 불가능성의 기원이라는 문제를 해명하는 데는 아직도 많은 지적 작업이 동아시아인들에게 필요하다.

우리가 '기억의 윤리'라는 화두를 떠올려보는 것은 그 문제와의 연맥 관계에서이다. 기억한다는 것은 인간이 '과거' 속으로 들어가는 유일한 시간여행이며, 사라진 시간의 회복방식이다. 그러나 기억행위를 통해 우리가 회복하려는 것은 시간 그 자체가 아니고(시간은 회복되지 않는다), 과거의 시간 속에서 일어났던 어떤 '사건'이며 그 사건의 발생과 전개에 행위자로 참여하거나 관여한 우리 자신의 '역할'이다. "10년 전에 그 사건은 일어났고, 그래서 우리는 헤어졌다"라는 에피소드를 기억하는 행위는 과거의 어떤 사건을 의식 속에서 회복함과 동시에 그 사건에 연관된 우리의 행위 혹은 역할을 재생한다. 이런 회복과 재생은 '이야기'의 형태로만 가능하다. "10년 전에 그 사건이 있었다, 그래서 우리는 헤어졌다"라는 서술 자체가 이미 이야기이다. 모든 의미 있는 기억은 서술을 통해서만 가능하다. 기억이 사건과 행위자를 갖는 한 모든 기억은 이미 '서사narrative'이며, 기억행위는 곧 서술행위 혹은 서사적 행위이다. 도덕과 윤리의 문제가 기억행위와 불가분의 관계에 있는 것도 기억의 이 서사적 성격 때문이다.

　이렇게 생각해보자. 10년 전의 그 사건은 내가 일으킨 것인가? 나 때문에 발생한 것인가? 내가 일으킨 것이라면 나는 그 사건의 행위자이다. 사건이 나 때문에 발생한 것이라면 나는 사건의 원인 제공자이다. 행위자로서이건 원인제공자로서이건 간에 나는 그 사건에 대한 '책임'과 연결되어 있다. "그래서 우리는 헤어졌다"의 경우도 마찬가지다. 그 사건 때문에 우리가 헤어졌다는 내용의 기억서술에서 헤어짐의 원인은 사건에 있는 것 같아 보이지만, 사실 헤어진 행위의 책임은 사건에 있지 않고 헤어진 행위자들에게 있다. 그런데 그 책임은 '우리' 중 어느 쪽에 더 많은가? 나인가, 상대방인가? 구태여 헤어지지 않아도 될 일이 헤어지는 쪽으로 진행되었다면 일을 그 방향으로 끌고 간 책임은 누구에게 있는가? 우리가 지금 문제를 이런 식으로 따져보는 것의 요점은 의식적 사건 회복으로서의 기억 행위가 어느 경우에도 행위자들의 책임과 분리되지 않는다는 것이다. 또 기억이 서술을 통해서만 가능하다면 나의 인격, 정체성, 도덕적 전일성은 내가 어떤 서술전략을 채택하는가에 좌우된다. 나의 정체성은 내가 서술을 통해 만들어내는 '나'의 이야기, 곧 나의 기억서사에 의해 형성된다. 과거의 나와 지금의 나를 연속적 관계(동일성)로 인식하건 불연속 관계(비동일성)로 파악하건 간에 '나'는 나의 서사 속에 있고, 그 서사에 의해 구성된다.

　이런 논의는 독일이나 일본의 자기서술과 어떻게 연결

되는가? 일본이 자기를 기억하는 방식은 지배적으로 '동일성의 서사'에 의존한다. 전후에 재건된 일본은 비록 외부 세력에 의해 부과된 것이라 해도 군국주의 일본의 과거로부터 단절된 '민주주의 일본'이다. 일본의 재무장을 금지한 평화헌법 제9조는 이 단절의 대표적인 명시적 선언처럼 보인다. 그러나 일본이 자기를 회복해내는 기억의 서사에서 과거의 일본과 현대 일본은 단절되어 있지 않다. 일본식 기억의 서사는 단절을 거부한다. 과거에 전쟁을 일으킨 일본인이건 전쟁에 동원되어 희생된 일본인이건 간에 모두 '같은 일본인'이며 나라를 위해 몸 바친 사람들이다. 이것이 '일본인의 마음,' 곧 일본인의 집단적 정신상태이다.

이 정신상태에서는 나라를 위해 몸 바친 사람들을 기리고 기념하는 것이 현대 일본인의 도리이고 의무이다. 고이즈미 준이치로 전 수상이 주위 국가들의 따가운 항의에도 불구하고 야스쿠니 신사참배를 강행하는 것은 일본의 정치적 내부 사정이라는 참고 사항 외에 "누가 뭐라 해도 그 참배행위는 마땅하고 옳은 일"이라는 확고한 판단이 그 행위를 정당화해주기 때문이다. 이 강한 판단이 일본인의 '도덕률'이다. 이 도덕률에서 보면 과거의 일본과 현대 일본은 분리될 수 없는 연속적 동일체이다. 그러므로 그 동체성을 기억으로 회복하고 확인하는 일은 마땅히 일본인의 '도덕'이 되고, 단절은 오히려 자기배반과 반역을 수반하는 '부도덕' 행위가 된다. 일본 우익과 우익 역사학자들이 일본의 과거사에 대한 일본 내부의 비판을 '비굴한 자학'으로 규정하는 것도 그 때문이다. 비굴한 자학이라고 할 때의 '비굴성'은 무엇보다도 자기 상실과 부정의 부도덕성이라는 의미를 담고 있다. 일본이 자기 정체성을 회복해내는 이 방식의 서술 전략과 기억서사에서는 '나'를 성찰의 대상으로 객관화하는 일이 사실상 불가능하다. 객관화는 나를 '말하는 나'와 '서술의 대상이 되는 나'로 분리하는 행위이고, 이 분리에는 일정 수준의 단절과 비동일성의 확립이 필요절차로 따라붙는데, 이런 분리, 단절, 부정은 일본인의 마음에서 이미 부도덕 행위로 낙인찍히기 때문이다. 여기서 한가지 문제가 발생한다. 군국주의 일본의 과거는 압도적으로 '가해자의 과거'이다. 그러므로 가해자의 과거에 대한 기억은 불가피하게 '가해자의 기억'이라는 성격을 띠지 않으면 안 된다. 일본적 기억의 서사가 가해자의 서사를 내놓을 수 있는가? 일본이 기억의 서사를 통해 과거의 일본과 현대 일본 사이의 연속성과 동일성을 회복하고자 한다면 그 회복은 어쩔 수 없이 '가해자와의 동일성'까지도 포함해야 한다. 그러나 가해행위는 일본인의 기준으로 따져도 도덕적이지 않다. 여기서 동일성 회복의 도덕성과 그것의 부도덕성이라는 상호배반적 문제가 발생한다. 한쪽의 도덕성이 다른 한쪽의 부도덕성이라는 배반율의 침해 가능성 앞에 서게 되는 것이다. 기억의 서사는 이 문제를 해결하지 않으면 안 된다.

  일본적 기억의 서사가 이런 문제를 해결하기 위해 채택

하는 방법은 두 가지이다. 하나는 기억의 미화, 왜곡, 변조이고, 다른 하나는 사실 부정이다. 기억의 서사가 군국주의 일본의 과거를 회복해낼 때, 가해자의 기억은 가해의 기억이 아닌 어떤 다른 것으로 미화되어야 한다. 이 미화는 왜곡과 변조를 동반한다. 죽음의 전장으로 끌려 나갔던 수많은 일본 청년들의 이야기는 나라를 위해 몸 바친 아름답고 숭고한 청년들의 이야기로 바뀌어야 한다. 그 아름다움의 대표적인 상징은 '사쿠라'이고, 숭고함의 대명사는 국가와 국가 상징으로서의 천황에 대한 '충성'이다. 벚꽃은 한순간 아름답게 활짝 피었다가 순식간에 떨어져 내린다. 나라를 위해 목숨을 내던진 청년들의 생애는 그런 벚꽃의 생애처럼 짧고 화려하다. '천황만세'를 외치며 산화해간 그 젊은 목숨들의 이야기는 그러므로 벚꽃의 이야기, 아름답고 장엄한 '사쿠라노 하나시'이다. 전시의 전 국민 동원체제도 마찬가지로 미화된다. 이를테면 천황의 병사들을 위해 매일처럼 사기진작용 격려편지를 써야 했던 국민학생들, 적의 총알로부터 천황의 병사들을 막아주기 위해 1,000명의 여자들이 1,000번의 바느질로 짠 방탄조끼 '센닌바리'를 만들기 위해 동원되었던 여자들 ─ 이들의 이야기는 일본식 기억의 서사에서 모두 아름답고 숭고한 충성의 이야기로 다시 기억되고 복원된다. 서사의 이런 미화작업은 과거 군국주의 시대의 일로 끝난 것이 아니다.

이야기의 미화에는 왜곡과 변조가 불가피하다. 제국군대의 모든 병사들이 하나같이 천황만세를 부르며 벚꽃처럼 떨어져 간 것은 아니다. 그들 중 상당수, 특히 고등교육을 받은 대학생 출신 학병들은 대부분 의문과 회의, 고뇌와 번민의 많은 순간들 속에서 충성의 도덕과 인간의 윤리 사이에서 괴로워했던 젊은이들이다. 그들은 이미 전선에서 자기 분열을 경험한 세대이며, 그 분열을 다스려 자신을 통합적 자아로 유지할 방법을 찾아 고민했던 세대이다. 일반 국민도 마찬가지다. 전쟁 종반기 일본의 내국 국민 상당수는 이미 전쟁에 대한 깊은 회의를 가지고 있었고, 이 때문에 국가의 전쟁 노력은 물론 전선에서 불구가 되어 돌아와 길바닥을 기는 귀국병사들에게도 차가운 멸시의 시선을 던졌던 사람들이다. 그러나 현대 일본이 집단적으로 만들어내는 기억의 서사에서 이들에 대한 기억은 잘려나가고 은폐되고 억압된다. 이런 기억의 생략, 은폐, 억압은 기억의 서사에서 가해자의 이야기를 제거함으로써 동일성의 회복이 부도덕성의 침해를 받지 않게 하는 데 봉사한다.

자기동일성의 회복과 유지를 '도덕'으로 생각하는 일본식 기억서사가 채택하는 두 번째 주요 전략은 사실의 부정, 곧 "우리는 그런 짓을 한 적이 없다"고 잡아떼기이다. 아베 신조 총리가 위안부 강제동원 사실이 없다고 강변하는 것은 사실 부정의 전형적 사례이다. 이런 부정은 "난징대학살은 없었다"고 말한 도쿄도지사 이시하라 신타로를 위시해서 일본 우익과 보수세력이 보여온 일관된 전략이다. 증거가 없거나 불충분할 때, 특히 증거가 피해자의 기억으로부터 나온 진술에 의존할 때, 부정의 전략은 큰 힘을 발휘한다. 기억이 제아무리 진실에 입각한 것이라 해도 그것을 받쳐줄 객관적 물질적 증거가 없을 경우 기억에 의한 증언은 기억이 허구서사일 수 있다는 가능성 때문에 늘 입증의 위기에 봉착한다. 네델란드 파시스트들이 "안네 프랑크는 없었다"는 주장을 들고 나와 『안네의 일기』의 진실성을 문제 삼은 것이나 미국 디스커버리 연구소를 비롯한 파시스트 역사 수정주의자들이 "홀로코스트는 없었다"고 주장하는 것도 기억증언의 진실성에 대한 도전이다. 일본 정부와 우익이 노렸던 것도 기억의 허구성 주장으로 기억증언의 힘을 잡아 빼자는 것이다. 그러나 위안부 강제동원 사실의 부정은 증거가 없어서가 아니라 증거가 있는데도 주장되고 있는 부정이라는 점에서 그 동기의 합리성을 설명하기 어려운 특이한 성격을 갖고 있다. 이런 부정의 능력이 어디서 나오는 것인가라는 문제도 참으로 흥미롭다.

'위안부comfort girl'라는 명칭은 역사적 사실로서의 여성의 성노예화가 지닌 위중한 범죄적 성격을 희석시키는 데가 있다. 위안부의 정식 명칭은 '정신대'이다. 정신대는 글자 그대로 '나라를 위해 몸을 바치는 여성들의 부대'라는 뜻이다. 한국인의 기억 속에 보존된 명칭도 정신대이다. 그것은 군국주의 일본의 국가주의적 전체주의가 전시동원체제의 일부로 만들어낸 실체적 제도에 붙여진 이름이기 때문에 쉽게 변개하거나 바꾸어서는 안 되는 역사성을 갖고 있다. 군국주의체제에서는 사실상 모든 국민이 나라를 위해 몸을 바쳐야 하는 일종의 정신대이다. 그러므로 '정신대'라는 명칭은 군국주의적 동원체제하에서는 전혀 이상한 것이 아니며, 따라서 제국군대를 위한 '성의 정신대'는 이 동원체제의 일부였다는 사실이 이해되어야 한다. 문제는 정신대를 조직하고 그것을 '당연한 일'로 정당화한 군국주의 일본의 정신상태 그 자체에 뿌리 깊이 박혔던 윤리적 위기이다. 그 정신상태 속에는 인간의 품위, 여성 인권, 자기성찰, 타자에 대한 책임 같은 윤리의식이 거의 존재하지 않는다. 이것이 윤리적 위기이다. 아베 총리와 일본 우익의 경우에도 이런 윤리적 위기는 위기로 인식되지 않는 것처럼 보인다. 여기서 요점은 정신대 문제에 관한 일본 정부의 태도는 정치 상황이나 일본 내부의 현실적 사정을 떠나 사실은 상당히 오래된 윤리적 위기의 전통, 다시 말해 깊은 뿌리로부터 나오고 있다는 사실이다.

일본은 동아시아에서 가장 먼저 서양을 받아들이고 근대 문물을 흡수한 나라이다. '아시아를 벗어나 유럽으로'라는 후쿠자와 유기치의 '탈아입구'론은 지금도 일본의 정치적 지향을 지배하는 화살표이다. 그러나 일본이 망각한 것은 서구적 근대화라는 것이 문물의 근대, 산업과 경제의 근대, 부국강병의 근대만이 아니라는 사실이다. 그 근대의 핵심에는 정신의 근대 속에 포함되는 '윤리적 근대'가 존재한다. 윤리적 근대는 자기를 객관화하고 비판할 수 있는 성찰적 자아, 타자와의 관계에서 '나'를 확립하는 윤리적 자아, 지배적 도덕률에 맞서 인간의 윤리를 생각하는 자율

보이지 않는 가위손

적 판단의 자아를 중시한다. 성찰적 윤리적 자아의 경우, 자신의 행위를 성찰하고 책임지는 윤리적 판단의 법정은 개인의 '내부'에 있다. 일본의 경우, 그 판단의 법정은 내부에 있지 않고 외부에, 동일성의 이름으로 만들어지는 '집단'에 있다. 그러므로 윤리적 성찰의 자아는 일본에서 아직 미성숙 단계에 묶여 있다. 문명사적 관점에서 보면 일본은 외피적·물질적 근대의 추구와 실현에는 상당한 성공을 거둔 반면 정신의 근대, 윤리적 성찰의 근대를 성숙시키는 데는 크게 실패한 나라이다. 이런 실패가 있는 곳에서는 기억의 서사가 윤리적 차원을 획득하기 어렵다. 정신대 같은 문제의 처리를 보면 일본은 그 실패를 계속하기 위해 오히려 노력하고 있다.

일본 내셔널리즘의 우울과 자학*

야스마루 요시오** 선생의 글에 대한 답서

야스마루 선생의 편지

도정일 선생님께

먼저 솔직하게 말씀드립니다만, 저는 오랜 세월 동안 일본사 연구와 교육에 종사해온 사람이라 하더라도 역사 교과서에 대해 적극적으로 관심을 가졌거나 관계했거나 한 사람이 아닙니다. 교과서라고 하면 제 머릿속에 금방 떠오르는 것은 무미건조한 기술이라든가 주입식의 지식 이라든가 하는 것이어서 저는 교과서나 그 같은 부류에 대해 늘 위화감을 가지고 있었습니다. 그 때문에 교과서를

---

* 교과서는 '선택과 배제'의 힘을 발휘하며, '앎과 권력'을 결합시킨 권력의 담지체이다. 개인의 일상적 행위와 인식을 지배하는 이러한 사회적 메커니즘으로써의 '교과서'는 오랜 역사 속에서 진행된 강력한 관성의 결과이다. 이 글은《당대비평》2001년 가을호에 실린 교과서를 주제로 일본 내셔널리즘의 과거와 현재를 성찰하고, 새로운 한일관계를 모색한 '특별기획, 한일 지식인의 대화'—도정일과 야스마루 요시오의 편지 형식의 논쟁이다.

집필한 적도 없고, 대학 교사로서도 교과서를 가지고 강의한 적도 없습니다. 소년 시절에 훌륭한 수험생이 못되었던 사정이 마음의 상처가 되어 아직도 교과서에 대한 저의 이렇듯 시니컬한 태도를 규정하고 있을지도 모릅니다. 태평양전쟁 패전 후(이하 '전후')의 일본에서는 일본사 교과서를 둘러싸고 길고도 큰 싸움이 있었는데, 저는 그런 싸움에 참가해온 연구자들·교사들·시민들을 존경하고 있지만 제자신이 적극적으로 싸워왔던 것은 아닙니다. 저에게는 그때그때의 구체적 쟁점에서 어긋나는, 어딘가 흐리멍텅한 데가 있어서 교과서 문제에 솜씨 좋게 관계를 맺을 수 없었습니다.

이러한 '발뺌하는 듯한 태도를 취해온' 저에게 교과서 문제에 대한 관심을 환기시켜준 것은 현재 문제가 되고 있는 '새 역사교과서를 만드는 모임'(이하 '만드는 모임') 관계자들의 활동이 활발해지는 1990년대 중엽 무렵의 상황이었습니다. 그 무렵, 그들의 활동은 우선 '종군위안부' 문제

** 야스마루 요시오(安丸良夫): 1934년 도야마현 출생. 교토대학교 문학부 사학과 졸업, 동 대학원 문학연구과에서 역사학 전공으로 박사과정을 수료했다. 전공 분야는 일본사상사로, 1960년대 안보투쟁의 좌절과 교훈으로 민중사상사 연구에서 독자적 영역을 개척한 연구자다. 기존의 마르크스주의 역사학이나 마루야마 정치학에서의 천황제 연구와는 거리를 두고 민중사상사의 관점으로 근대 천황제를 분석했다. 메이조대학교 조교수를 거쳐, 1970년부터 히토쓰바시대학교 사회학연구과 교수, 1998년 퇴임 후 2005년까지 와세다대학교 대학원 문학연구과의 객원교수, 히토쓰바시대학교 명예교수를 역임했으며, 2016년에 세상을 떠났다. 저서로는 『文明化の』(2007), 『現代日本思想論』(2004), 『日本の近代化と民衆思想』(1974), 『日本ナショナリズムの前夜』(1977), 등이 있다.

나 난징南京 사건을 기술한 현행 교과서에 대한 비판·기술
삭제 요구로서 전개되었습니다. 이들 문제를 둘러싼 논의
는 언뜻 보면 구체적인 사실史實 인식의 문제 같이도 보입
니다만, 역사 의식과 역사 인식이 얼마나 강하게 현실 상
황에 뿌리박고 있는 것인가 하는 점을 새삼 저에게 가르쳐
주었습니다.

1. '종군위안부' 문제와 교과서 공격

그들의 교과서 공격이 '종군위안부' 문제나 난징 사건
을 계기로 시작되었다는 사실은 그들이 하는 발상의 특징
을 생각하는 데 있어 꼭 알맞은 실마리를 제공해주는 것처
럼 저에게는 생각됩니다. 그들은 한반도에서는 여성들이
동물 사냥처럼 폭력적으로 모여진 것이 아니어서 '강제연
행'이라 할 수 없고, 위안시설에서는 얼마간의 돈이 지불되
었기에 이는 매춘제도의 틀 안에 있는 문제라는 따위를 주
장했습니다. 근대 일본에서도 그 밖의 지역에서도 일반적
으로 매매춘은 존재하고 있었기 때문에 현재의 법제도나
윤리관을 그 시대에 끌어대어 '위안부'제도를 재단해서는
안 된다고 그들은 말합니다. 난징 사건에 대해서는 일반
민간인의 학살 숫자도 20만 명이나 30만 명은 안 되며, 비
전투원의 학살이 존재했다 하더라도 그 숫자가 분명히 과
장되어 있다는 것입니다.

보이지 않는 가위손

여기에서 제가 흥미를 가지는 것은 그들의 비판이 역사학적 실증주의라는 수법에 의거하고 있다는 점입니다. 예컨대 '종군위안부'가 된 여성들이 한반도에서 어떻게 모집되었는가? 위안시설에서 병사들은 어떻게 대가를 지불하고, 그녀들은 무엇을 받았는가? 등에 대해서 물론 그 전모는 알 수 없습니다. 하지만 현재 우리들은 여러 가지 증언이나 축적된 연구 성과 속에서 어슴푸레하나마 그 실태를 마음에 그릴 수 있게 되었습니다. 한반도에서는 어쩌면 동물 사냥과 같은 '강제연행'은 일반적으로는 존재하지 않았고, 위안시설 안에서도 항상 폭력만이 지배하고 있었던 것은 아닐 것입니다. 난징 사건의 학살자 숫자의 경우도 "중국 민중이나 역사가의 입장에서 말하는 이 사건에 대한 고유한 기억이 20만 명이나 30만 명이라는 숫자의 형태로 표현되고 있다"는 식일 것입니다. 민완한 실증사가라면 이런 문제에 대한 증언이나 기억이 어떤 생략이나 일면화·과장 등을 수반하기 쉬운가를 짐작하는 것은 용이할 거라고 생각됩니다. 기억은 현재의 입장에 서서 과거의 경험 속에서 필요한 것을 정리한 것이거나 양해한 것이기 때문에, 기억과 글자 그대로의 사실 사이에 반드시 어떤 금이 있을 터이며, 실증주의는 이 금을 이용해서 사람들의 기억에 공격을 시작할 수 있습니다.

특정 '사실'에 대한 '실증'을 거점으로 삼고, 그곳에서 해당하는 역사 사상의 역사적 콘텍스트 전체를 통설과는 다른 방향으로 바꿔 읽기는 역사수정주의가 자신 있어 하는 수법입니다. 거기서는 실증주의라는 역사학의 가장 정통적인 방법과 역사적 콘텍스트의 대담한 바꿔 읽기가 밀접한 관계를 맺고 있어, 역사학에서의 실증이라는 것이 역사에 대한 또 하나의 이야기(서사)를 구성해가는 프로세스임을 간파할 수 있습니다.

역사수정주의의 또 하나의 수법은 아마도 세계사에서 유사한 사례나 더 형편없는 사례를 들어 해당 사상事象을 상대화하는 것입니다. 이를테면 일본군이 중국 대륙이나 동남아시아에서 저지른 강간이나 '종군 위안소' 문제를 여성에게 가한 큰 잔학 행위에 대한 다른 나라의 사례를 들어 "동남아시아에서 저지른 전쟁이란 그런 것이오. 일본군만이 성적 잔학행위를 저지른 것은 아니오"라고 라고 하는, 즉 궁지에 몰린 입장을 깨닫자마자 상대에게 강한 태도로 나오는 수법(남의 집에 몰래 들어간 도둑이 주인에게 불심검문당하자 갑자기 태도를 바꾸어 강도로 돌변하는 수법)입니다. 난징 사건도 이 논법으로 가면 전쟁에서 일어나는 비전투원에 대한 잔학행위는 따라다니는 것으로, 일본군만이 잔학했던 것은 아니라는 이야기가 됩니다. 그들이 검정을 받기 위해 제출한 원고본('만드는 모임 편, 『중학 사회 역사』의 백표지본白表紙本)에서는 일본군의 전쟁범죄에 대해 "전쟁을 하면서 전쟁범죄를 전혀 저지르지 않는 나라는 없으며, 물론 일본도 예외는 아니다"라고, 이 이상은 아무리 해도 간략화할 수 없는 기술이 있을 뿐이며, 그다음은 구소련군이 구만주에서 저지른 잔학 행위, 시베리아에의 강제연행, 나치스의 유대인 학살이나 집시 살해, 스탈린 체제와 마오쩌둥毛澤東의 지배하에서 일어난 구소련·중국에서의 살육, 캄보디아의 폴 포트 지배하에서 자행된 학살로 긴 기술이 이어집니다. 이런 기술은 검정 의견을 받아들여 조금은 줄어들었지만, 이야기의 요점은 바뀌지 않았습니다. 일본군의 전쟁범죄를 기술하고 있다고 말하기보다는 나치즘과 공산주의라는 두 개의 '전체주의' 비판이며, 전체주의국가에 비하면 일본은 훨씬 건전한 근대 국민국가였고, 일본군의 잔학행위는 통상적인 전투행위에 자주 수반되는 사건의 범위 안에 속하는 일이었다는 취지일 것입니다.

앞에서도 말씀드린 바와 같이 현재 벌어지고 있는 역사 교과서 문제의 발단은 기존 교과서에 대한 공격이 본격화한 1990년대 중반에 있었습니다. 하지만 그 문제의 발단을 좀 더 살펴보면 그 유래는 1991년에 일어난 두 개의 사건이 계기가 되었다고 생각합니다. 하나는 걸프 전쟁인데, 종래 교과서의 근현대사 기술에 대해 가장 집요한 비판자였던 후지오카 노부카쓰藤岡信勝 씨는 미국에서 걸프 전쟁에 대해 견문하고 걸프 전쟁에 대한 일본의 대응에 민족주의자적인 긍지를 손상당한 채로 귀국했습니다. 또 다른 하나는 같은 해에 김학순 씨를 비롯한 사람들이 자신들은 '전종군위안부'였다고 실명을 대고 나와서 일본 정부에 보상을 요구하는 소송을 일으킨 주지의 사건이 일어난 것입니다. 흥미롭게도 이 두 사건은 전후 일본 국가의 실상을 정반대의 극에서 문제화시켰다는 것입니다. 후지오카 씨는 일본이 경제대국에 어울리는 명예 있는 지위를 국제사회에서 획득하고 있지 않은 사실에 분개하고, 대국주의적인 자각을 하기 위해서는 전후적인 통념을 청산해야 한다고 생각했던 것입니다. 그리고 김학순 씨를 비롯한 사람들은 국민국가 일본이 전후에도 계속 배제하고 억압해온 경험을 공공공간에 제기함으로써 그런 국가의 실상을 다시 한 번 물었다는 것입니다.

시대는 바로 구소련과 동구에서 사회주의국가가 붕괴하고, 냉전체제가 종언을 고하는 시기였습니다. 1945년 이래, 일본은 지금까지 쭉 미국의 하위에 위치하는 동맹국으로서 냉전체제에 가담했으며, 한국전쟁·베트남전쟁이라는 열전에서도 미국의 전투행위를 지원하는 형태로 관계를 맺어왔습니다. 그리고 우리의 선배뻘이 되는 지식인들이나 그 밖의 뜻 있는 사람들은 그런 일본 국가의 전후체제를 비판하고 미국의 제국주의 정책에 대해서도 계속 반대해왔습니다. 그러나 이러한 비판적 동향에는 미국의 하위에 있는 동맹국이라는 비호받는 안마당에서의 저항으로 간주되는 미약한 성격이 늘 붙어다녔습니다. 전후 일본은 전후의 여러 개혁이나 전후 책임의 처리에서 시작하여 가장 중요한 것은 미국에 의존해서 처리하고, 나머지 일은 이익유도형의 국내 정치로 대응해왔습니다만, 막상 냉전체제가 붕괴하고 보니 정치이념과 정치적 리더십의 형성이 현저하게 미숙했음이 폭로되고, 정신사적 혼미가 심화되었습니다. 1990년대에 접어들고 나서 일어난 정치 상황

보이지 않는 가위손

의 불안정화와 버블경제의 붕괴에 수반된 혼란에는 이러한 국가체제와 정신 상황의 약점이 거의 알몸인 채로 속속들이 드러났습니다. 이러한 상황에다 그 속에서 나타나고 있는 일본인의 자기 상실과 욕구 불만과 좌절감을 포개면 일반적인 배경 설명으로서는 충분할 것입니다.

1992년 12월, '전 종군위안부'와 전 군속이라는 사람들이 도쿄 지방 재판소에 제소해서 국가 배상을 요구하고, 연이어 이듬해 1월에 역사가 요시미 요시아키吉見義明 씨가 스스로 발굴한 '종군위안부'에 대한 사료를 공표했습니다. 미야자와 기이치宮澤喜一 수상의 한국 방문을 눈앞에 두고 있었던 일본 정부는 관방官房장관 담화에서 '종군위안부' 문제에 대한 구 일본군의 관여를 인정하고 공식적으로 사죄했습니다. 그리고 1993년도용 고교 일본사 교과서에는 '종군위안부'에 대한 기술이 일제히 등장했습니다. 1997년도부터 사용된 중학교 역사교과서에서도 현행 7개 출판사의 교과서에 모두 '종군위안부' 문제가 기재되었습니다. 그런데 지난 봄에 검정이 끝난 2002년도용 중학교 역사교과서에서는 '종군위안부' 문제에 대한 명확한 기술이 있는 것은 1개 출판사의 책뿐이고, 2개 출판사의 책에는 '종군위안부'라는 용어를 피한 언급은 보이지만, 다른 4개 출판사의 교과서는 이 문제에 대한 기술을 완전히 삭제했습니다. '만드는 모임'의 교과서를 포함해서 8개 출판사 중 5개 출판사가 이 문제를 언급하고 있지 않습니다. 그러나 그것들 중에서 어떤 교과서가 채택되는가 하는 점도 고려하면, 이 문제가 아이들에게 전달될 수 있는 가능성은 단번에 적어지게 될 것입니다.

왜 이 같은 결과가 나타난 것이겠습니까? 그것은 분명히 그들이 1990년 중반에 교과서 비판 활동을 강화했는데, 그중에서도 특히 '종군위안부' 문제에 초점을 맞춰 공세를 취하고, 그것이 여러 가지 파문을 불러일으켜서 일정한 성과를 거두었기 때문입니다. 1997년도용 중학교 역사교과서(전 7개 출판사)에 대해 후지오카 씨가 말하는 총괄적인 비판의 언사를 인용해보겠습니다.

> 1997년 4월부터 교실에서 이 교과서가 사춘기의 다감한 중학생들에게 제공되었다는 사정을 상상하면 암담한 마음을 금할 수 없다. 실로 무시무시하기 짝이 없는 암흑사관, 자학사관, 반일사관의 총출연이다. 그것은 한마디로 평하면 1950년대의 마르크스주의 역사학의 통설을 1982년 이후의 '사죄외교'사관으로 보강한 것이다.(후지오카 노부카쓰, 『오욕의 근현대사』)

이와 같이 정리하면서도, 그러나 후지오카 씨는 "이번 검정의 최대 초점은 역시 '종군위안부' 문제에 대한 기술이 모든 출판사의 교과서에 모두 다 등장한 것이다"라고 하여 '종군위안부' 문제에 공격을 집중해나갔습니다. 1996년에 그들은 '종군위안부' 문제의 기술을 교과서에서 삭제할 것을 요구하는 공개질문장을 교육부장관에게 제출했으며, 이듬해 1월에 교육부장관과 회견해서 똑같은 요구로 교묘하게 장관을 궁지에 몰아넣었습니다. 《산케이産經신문》 등의 저널리즘을 무대로 삼고, 또 지방의회에의 청원과 결의 요구 등 의사擬似 '풀뿌리' 형의 운동 형태로서 그들의 운동이 전개한 것은 이제까지 전개되었던 이런 종류의 운동에는 없었던 새로운 특징이었습니다.

'종군위안부'와 위안소의 존재는 근현대사 연구자들에게는 말하자면 자명한 역사 사실의 하나였을 것입니다. 치다 나쓰미쓰千田夏光 씨의 『종군위안부』라는 책은 지금 문제삼고 있는 시기보다 훨씬 이전에 출판되었으며, 전시기戰時期의 여러 가지 기록이나 문학 작품 등에도 이 문제에 대한 기술이 산재해 있었습니다. 그러나 이 문제가 '전 종군위안부'였던 사람들의 경험으로부터, 이를테면 공공 공간에 제기되어 새삼 그 의미나 책임이 추궁당했을 때, 사태는 전혀 다른 양상을 띠게 되었습니다. 치다 씨도 몇 사람의 '전 종군위안부'와 만나서 그 증언을 끌어내려고 했지만, 애써 고심 끝에 그녀들과 만났어도 그녀들은 결코 자신들의 증언을 이야기하려고 하지 않았던 것입니다. 그런데 1980년대에 접어들어 한국이나 일본에서도 페미니즘과 여성사 연구가 활발해지고 국민국가의 실상이 새삼 문제되었습니다. '전 종군위안부'였던 사람들의 커밍아웃coming-out도 이런 상황 속에서 이루어지게 되었습니다만, 냉전체제가 붕괴되고 일본이 국가적 자립을 모색하고 있을 때,

그 국가로서의 실상을 깊은 곳에서 엄숙하게 추궁하는 시점이 등장했다는 사실은 매우 흥미로운 광경입니다.

2. 자국 중심 사관이라는 '이야기(서사)'

저는 1953년에 대학생이 된 지 얼마 안 되어 일본사를 자신의 전문 영역으로 선택했습니다. 그 무렵 일본사 연구의 이론적 입장은 마르크스주의적인 것과 마루야마 마사오丸山眞男 씨 등으로 대표되는 근대주의적인 것의 두 입장이 유력했습니다. 하지만 오늘날의 시점에서 생각하면 양자는 대립했기보다는 서로 보완적이었다고 말할 수 있습니다. 토대·상부구조론적인 마르크스주의와 정신구조의 내재적 분석을 중시한 근대주의 여러 이론에서는 방법적 입장은 완전히 대립하고 있는 것처럼 보이지만, 일본사회의 전통에 대해 전쟁 체험에 입각한 비판을 양자는 그 모티브로서 공유하고 있었기 때문입니다. 이러한 이론은 전후의 민주주의적인 개혁 기운과 밀접한 관계를 맺고 있어 오히려 그 이론적 지주와 같은 의미를 떠맡았습니다. 그러나 1960년 무렵을 경계로 하여 전후 일본의 정신사는 전통 비판으로부터 그것을 재규정하고 재평가하는 방향으로 점차 평가의 중점을 이동하게 되었습니다. 이 초점의 이동은 많은 경우에 일본 경제의 고도 성장에 대한 높은 평가와 결부되어 있어서 경제의 고도 성장을 가져온 이유를 일

보이지 않는 가위손

본사회의 전통이나 문화 유형으로 설명하게 되었던 것입니다. 미국에서 도입된 '근대화론'으로 일본의 근대화가 설명되고 동시에 인류학이나 사회학·정신의학 등의 입장에서 일본문화론·일본사회론이 잇달아 발표됨으로써 일본론 붐같은 현상도 나타났습니다.

이러한 상황은 일본사 공부를 시작한 지 얼마 안 된 저를 불안케 하여 저에게 역사학의 현대적 의의나 방법론에 대해 생각토록 했습니다. '만드는 모임'에 결집한 사람들의 내력은 가지각색이며, 처음에는 반드시 이런 여러 가지 일본론과의 관계에 자각적은 아니었던 것처럼 보입니다. 그러나 '종군위안부' 문제나 난징 사건에서 시작한 역사 다시 읽기가 일본사 전체로 전개되어가면서 이런 이론적 동향과의 접점이 형성되어갔음을 간취할 수 있습니다. 예를 들어 우메사오 다다오梅棹忠夫 씨의 『문명의 생태사관』이나 그것을 전제로 한 가와카쓰 헤이타이川勝平太 씨의 『문명의 해양사관』은 '만드는 모임' 교과서의 큰 지주가 되었습니다.

이리하여 '종군위안부' 문제와 난징 사건에서 시작된 역사 바꿔 읽기을 일본역사상의 전체로까지 확대해서 교과서 기술로 결실을 맺기 위해 '만드는 모임'이 결성되었으며(1996년), 1999년에는 니시오 간지西尾幹二 씨의 『국민의 역사』가 간행되었습니다. 니시오 씨는 최근의 역사학 연구 성과를 자신의 역사상에 맞게 자의적으로 받아들여서 이 책을 썼습니다. 그리고 검정 기준에 맞추기 위해 약간 애매하다 하더라도『국민의 역사』의 교과서판으로서 이 교과서가 만들어진 것입니다.

이 교과서가 제시하는 역사상의 특징을 알아보기 위해 여기서는 먼저 책의 첫 부분을 문제 삼아보겠습니다.

'만드는 모임'이 만든 교과서 원고본은 농경과 목축을 중심으로 고대세계에 4개의 문명이 형성되었다고 기술한 다음, 일본열도는 식량자원이 풍부했기 때문에 "곧바로 대규모적인 농경을 개시할 필요가 없었다", "일본열도에서는 4대 문명보다 앞서 1만 년 이상 장기간에 걸쳐 지속된 '삼림과 석간수'의 문명이 있었다", 그것이 "'죠몬縄紋문명'이다"라고 합니다. 이는 죠몬문화가 '4대 문명'보다도 한층 더 오래되고 내용적으로도 풍요해서 '4대 문명'에 필적하는 독자적인 '문명'이었다고 합니다. 이 같은 인식방법은 죠몬문화를 일본 전통의 기층으로서 특별히 크게 자리매김하기 때문에 죠몬문화와 야요이弥生 문화가 연속적으로 파악되고, 또 후자는 "열도 바깥에서 들어온 소수의 사람들이 새로운 기술을 전했을 뿐이다"라고 한정적으로 파악되고 있습니다.

죠몬문화가 생태계를 잘 이용한 독자적인 문화로 나일 강가에 형성된 고대 이집트 문명과 비교해도 손색이 없다는 것은 고고학자 야스다 요시노리安田喜憲 씨가『세계사 속의 죠몬문화』라는 책에서 전개한 독자적인 학설입니다. 이 야스다설이『국민의 역사』에 받아들여져서『국민의 역사』의 설이 되고, 그것이 그냥 그대로 이 교과서에서도 되풀이되고 있는 것입니다. 야스다설의 모티프는 죠몬문화의 생태학적 측면을 높이 평가하려고 한 데에 있지만,『국민의 역사』는 그것을 일본문화의 오래된 내력과 독자성을 근거 짓는 재료로 삼아 다시 짠 것입니다. 이 기술에 대해 교육부의 검정 의견은 "4대 문명과 죠몬문화라는 성격이 다른 것을 동렬에 두고 비교할 수 있는 것같이 오해할 우려가 있는 표현"이며, 야요이시대에 도래한 사람들이 소수이고 주로 기술의 변화만을 가져왔다고 하는 것은 일면적이라고 했기 때문에 수정문에서는 '죠몬문명'이라는 표현을 철회하고, 도래한 사람들이 소수이며 주로 기술만이 전래되었다고 하는 표현도 삭제하는 등 그 내용도 다소 시정되었습니다.

고고학에 대한 전문적인 지식이 없는 저에게는 이러한 견해의 당부當否, 또 검정 의견을 받아들이고 난 뒤에 수정한 기술의 가부可否에 대해 정확한 코멘트를 할 수가 없습니다. 그러나 그들이 일본의 사회·문명이 특별히 오래된 유래를 가진 것으로 만들기 위해 고고학의 성과를 지극히 이데올로기적으로 이용하려고 했던 것에 지나지 않았음은 '죠몬문명'이라는 표현을 철회하거나, '소수'라든가 '기술'이라든가 하는 표현도 수정한 점에서 잘 나타나 있는 것은 아니겠습니까?

역사학은 사료에 의거하는 실증과학임을 자신의 존재 근거로 삼아왔는데, '만드는 모임'의 교과서도 무엇인가 '사실' 같은 것을 가지고 서술하려 했다고 말할 수는 있을 것입니다. 그러나 그 '사실'이란 것은 그들이 가지고 있는 역사상의 콘텍스트에 걸맞게 매우 안이하게 선택된 것이며, 다른 콘텍스트 속에서 재음미하는 엄격성이 결여된 것입니다.

현재 한국과 중국의 정부가 일본 정부에 자국과 관계가 있는 부분에 대한 교과서 기술의 수정을 요구한 구체적인 내용이 제시되었는데, 이것이 외교 문제가 되어 일본 정부를 곤혹시키고 있습니다. 그 경우 양국 정부는 자국과 관계 있는 기술에 사실 오인·은폐·왜곡 등이 있다고 합니다만(그리고 저는 양국이 제시한 수정 요구 내용의 많은 부분에 동의합니다만), 거기서 문제가 되고 있는 '사실'은 어떤 콘텍스트 속에서의 '사실'이라는 점을 자명하지만 유의하고 싶습니다. 역사상의 '사실'은 대개 고립된 그것 자체라기보다는 역사적 콘텍스트 속의 '사실'이며, 그 때문에 결국은 그것은 더 일반적인 역사상의 전체와 관계를 가지게 됩니다. 그러므로 예를 들면 임나일본부설이나 고구려·신라·백제의 3국 관계에 대한 이 교과서의 기술에 '사실' 오인이나 은폐가 있다고 한다면, 그것은 해당 부분의 기술이 더 광범위하게 수정하지 않을 수 없게 되고, 또 나아가서는 일본 고대사의 더 큰 문맥과도 관계를 가지게 될 것입니다. 국부적인 수정으로는 미봉할 수 없는 방향으로 가지 않을 수 없다는 것입니다. 아마도 내정간섭이라는 비판을 피하기 위해 양국 정부는 자국 관계의 기술에 한정해서 '사실' 인식의 수정을 요구고 있습니다. 하지만 저는 거기서 제기

보이지 않는 가위손

되고 있는 것은 개별 '사실'인식에 한정할 수 없는, 더 일반적인 역사상과 관계가 있는 한층 더 복잡한 문제라고 생각합니다.

그런데 이 교과서의 큰 특색은 근현대사의 인식방법, 그중에서도 특히 국제 관계·전쟁·조선관·중국관·전후 개혁 등의 인식방법에 있으며, 원시 고대까지 거슬러 올라간 자기애적自己愛的 기술은 자국 중심적인 근현대사의 인식방법에서 끌어내서 짠 것이라고 말할 수 있을 것입니다.

근대 국제관계는 이 교과서의 입장에서는 16세기의 스페인과 포르투갈의 세계분할 계획, 크리스트교와 결합된 서양의 세계 지배에 대한 야망에서 시작하게 됩니다. 도요토미 히데요시豊臣秀吉의 일본열도 통일과 조선 출병은 이러한 서양의 동향과 대응하는 일본 측의 동향이며, 도요토미는 스페인 국왕 펠리페 2세와 대조되고, 두 사람은 "서로 선물을 교환했다"는 따위가 씌어 있습니다. 1494년의 토르데실랴스Tordesillas 조약에서 시작하는 이 부분의 기술은 원고본에서는 훨씬 상세합니다만, 검정 의견이 "설명이 지나치게 상세하고 … 엄선되어 있지 않다"고 했기 때문에 눈 딱 감고 줄인 것을 알 수 있습니다. 하지만 서양 열강에 의한 세계 지배의 전개와 그에 대항하는 일본의 입장이라는 구도에는 변경이 없습니다. 무력 정복과 결탁한 크리스트교 금지는 "그 나름대로 근거가 있었다"고 하고, 이른바 '쇄국'은 이러한 상황 속에서 선택된 무역과 해외정보를 바쿠후幕府가 관리하는 정책임에 틀림없고, 무역과 정보수집도 근세를 통해 쭉 지속했다는 사실이 강조되고 있습니다.

그런데 16~17세기에는 중국과 일본은 서양 제국에 충분히 대항할 수 있는 군사력이나 경제력을 가지고 있었지만, 산업혁명을 배경으로 해서 피아의 실력에 큰 격차가 나타나고, 특히 "16~18세기는 서양에 있어 경이적으로 군사력이 발전한 3세기로 알려져 있다"고 합니다. 이를 배경으로 해서 19세기에 구미의 식민지는 비약적으로 확대되었고, 동아시아에서는 아편전쟁이 새로운 시대를 여는 획기적인 사건으로 중요시되고 있습니다. 따라서 그 후의 동아시아 역사는 구미의 식민주의와 제국주의에 대항하는 민족주의·민족 운동의 역사가 된다는 것인데, 일본에서는 에도江戶 바쿠후 말기의 정치지도자들이나 지식인들이 아편전쟁에서 중국이 패배하는 것을 보고 큰 충격을 받아서 여러 개혁 운동이 일어났는데도 조선과 중국에서는 위기의식이 희박하고 중화주의적인 자족을 탈각하려고 하지 않았다고 하면서 그 대응의 차이가 강조되고 있습니다. 조선과 중국에 대한 일본의 진출·침략의 불가피성을 주장하기 위한 복선입니다.

메이지 유신明治維新 이후의 일본은 요약하면 이러한 국제 정세 아래에서 국민국가를 형성하기 위한 노력과 고심, 또 그것을 이루어낸 훌륭한 성공담으로 묘사되어 있습니다. 그 경우, 근대 일본은 근대 국민국가로서 묘사되는 것이 중요하며, "자립적 의사를 가진 국민에 의해 구성된 국가"가 근대 국민국가라고 합니다. 청일전쟁과 러일전쟁은

보이지 않는 가위손

이러한 국민국가가 싸운 '국민전쟁'이며, 평민층이 적극적으로 전쟁에 참가했기 때문에 일본은 승리했다는 이야기가 됩니다. 조선과 중국은 이런 국민국가를 만들 수 없었고, 그러므로 침략을 당하거나 식민지가 되었다고 하더라도 하는 수 없었다는 논리가 그렇게 분명히 언급되어 있지 않은 경우에도 변함없이 글 속에 나타나 있습니다.

이미 말씀드린 바와 같이, 이 교과서는 구미 제국의 세계 지배에 대한 욕망과 그를 위한 권력 리얼리즘을 기축으로 해서 근대세계를 인식하고 있어 "구미제국은 급속한 근대화에 따른 국내 문제점을 자국 바깥에서 해소하기 위해 값싼 원료 확보나 자국 상품을 파는 시장을 찾아서 아시아나 아프리카의 식민지 획득에 힘썼다"는 따위도 언급하고 있습니다. 그러나 그렇다면 자국에 대해서도 똑같은 관점을 더 엄격하게 관철시키는 것은 당연하겠지만, 그와 같은 사고 방법은 이 교과서와는 전혀 인연이 없는 것입니다. 일본만이 아시아를 대표하여 구미의 제국주의 ·식민주의와 싸운 민족주의국가이며, 조선이나 중국에서 나타난 배일·반일의 동향은 이런 일본의 역할에 대한 오해나 몰이해에서 기인하는 것이라고 합니다.

3. '사실'과 은폐

이 교과서의 기술에 대해 우리들은 많은 구체적인 비판

을 할 수 있습니다. 그러나 이런 자애적인 자국중심사관의 주위에 '사실'들이 모여 있는 이상, 하나하나의 '사실'을 비판하는 데에는 어딘지 모르게 헛수고한다는 느낌이 따라다니기 십상입니다. 이 교과서 기술의 핵심에는 자애적 내셔널리즘이라는 '단단한 심지'가 있어 개개의 '사실'은 그 심지 둘레에 모여 있는 것이기 때문에, '사실'에 입각하는 비판만으로는 문제의 핵심에 좀처럼 도달하지 못한다는 생각에 사로잡힙니다.

역사가는 누구나 어떤 '사실'을 사실史實로서 선택할 때, 다른 '사실'을 배제하거나 은폐하면서 특정한 역사 사상에 대해 어떤 이미지를 구성해나갑니다. 이와 같은 의미에서 역사가의 작업은 '사실'이라는 과육과 가지와 잎을 붙인, 자기자신이 믿는 '이야기(서사)'를 만들어내는 성격을 벗어나지 못하는 것입니다. 그러나 그 때문에 역사가는 대상으로 삼는 역사 사상의 전체에 주목하면서 더 적절한 '사실' 선택을 실현하기 위해 노력해야 하며, 그것이 역사가의 윤리라고 생각합니다.

최근에 역사의 이야기성(서사성)이라는 말이 자주 언급되고 있는데, 그것은 원래 역사가들이 실증을 근거로 삼는 객관성에 보내는 소박한 신뢰에 대한 신랄한 비평입니다. 아무리 객관적이 되고자 노력해도 그렇게 노력하고 있는 역사가의 일 자체가 결국은 그 역사가의 입장성에 의해 관철되어버린다는 뜻일 것입니다. 그래서 역사의 이야기성(서사성)이란 자각하지 못하는 동안에도 역사를 자의적으로 이야기해버리는 것에 대한 자기언급적인 반성을 요구하는 것이라고 말할 수도 있습니다. 그러나 이 교과서집필자들은 자신들에게 유리한 부분은 침소봉대해서 '사실'을 선택하지만, 그것을 가지고 다른 '사실'이나 콘텍스트를 배제하거나 은폐하는 것을 정당화하는 데에 이 새로운 역사이론을 왜곡해서 이용하고 있는 것 같습니다. 이리하여 한쪽의 과장과 다른 한쪽의 배제나 은폐는 이 교과서의 역사 의식·'이야기'와 뗄 수 없는 것이기 때문에 검정 의견을 받아들여 개별적인 수정이 되었다고 하더라도 그 역사상의 큰 틀을 조금 애매하게 얼버무리면서도 기본선은 어떻게든 유지하려는 것입니다. 검정을 통과하고 우리 앞에 나온 것은 이러한 '만드는 모임'판의 '이야기(서사)'이며, 그 내용은 검정 결과 발표와 동시에 일본 정부가 한국과 중국 정부의 반응을 의식해서 "교과서의 역사 인식이나 역사관이 정부의 생각과 일치하는 것으로 이해되어서는 안 된다"(《아사히 신문》, 2001년 4월 4일)고 변명하지 않을 수 없는 성질의 것이었습니다.

저에게는 현대 일본의 상황에서 끌어내서 짠 자애적 내셔널리즘과, 그것으로 돌변하여 공격하는 수법이 이 교과서가 제시하는 역사상의 특징으로 생각됩니다. 하지만 이러한 견해는 이 교과서를 비판하는 많은 연구자들이나 지식인들의 일반적 견해와는 조금 다를지도 모릅니다. 왜냐하면 이 교과서는 고대에 대해서는 신화에 큰 비중을 두고 각 시대를 통해 조정·천황의 권위성을 언급하고 있는데,

그런 특징을 파악해서 그것이 "근대 일본의 공적 이데올로 기라고 할 수 있는 황국사관의 부활"이라 하는 비판이 적지 않기 때문입니다. 그러나 말할 필요도 없지만, 예스러운 존왕사상尊王思想이나 국체론國體論이 그대로 이 교과서에서 부활하고 있는 것은 아닙니다. 천황과 조정의 권위성이나 그것을 숭경하는 따위는 국민국가적인 공동성 속으로 들어가서 그 구성요소로서 재정의되고 있으며, 오히려 국가라는 입장에서 본 공공성·공공선의 쪽이 중시되고 있어서 민주주의나 국민주권과도 모순되지 않는 자국중심사관 속에 그런 여러 계기가 통합되고 있다고 생각합니다.

자국중심사관은 일본 국가를 초월하는 보편적인 것의 부정이며, 국가 에고이즘의 즉자적인 긍정임에 틀림없습니다. '종군위안부' 문제, 난징 사건, 731부대 등도 전쟁을 선택한 국민국가에 있어 불가피한 것은 아니라도 수반되기 쉬운 부득이한 악이었으며, 그것 때문에 국민적 긍지를 잃어서는 안 된다고 이 사람들은 호소하고 있습니다.

새 역사교과서를 둘러싼 논쟁은 지금 언뜻 보면 역사학이라는 학문의 전통에 따라서 사료에 의거해 검증할 수 있는 '사실'인가 아닌가를 둘러싸고서 싸우고 있는 것처럼 보입니다. 그러나 그것은 또 현대 일본에 살고 있는 일본인의 현실의식 문제로서 다시 파악할 수 있는 문제임에 틀림없을 것입니다. 이러한 입장에서는 이 교과서는 1990년대 중엽을 경계로 해서 명확해진 국가 에고이즘의 각성에 호소하는 것으로 보입니다. 이 점은 이 교과서를 만든 사

보이지 않는 가위손

람들이 명확하게 자각하고 있는 것이며, 그들은 여러 가지 미디어·강연회·지방의회나 자치체에 대한 공작 등 새로운 활동 형태를 만들어냄으로써 상황에 적극적으로 대응하고 있습니다. 그리고 젊은이들 중에는 그들의 공격적인 논조 속에서 카타르시스를 느꼈는지 열광적으로 지지하는 사람들도 있다고 듣고 있습니다.

이 교과서와 같은 사물을 보는 관점·역사관에 고스란히 그대로 찬동할 수 없다고 생각하는 쪽이 현대 일본에서 아마도 훨씬 다수파일 것입니다. 거기에 하나의 희망이 있습니다만, 그러나 역시 경제의 침체와 정치 상황의 불안정화 속에서 많은 일본인들이 무방비하고 불안한 채로 세계라는 거친 파도에 알몸을 씻을 수 있도록 살아 있는 것이 현대 일본의 상황이겠습니까? '만드는 모임'의 교과서는 권두의 첫 쪽에서 시작하여 마지막 한 줄에 이르기까지 이러한 상황에 대한 역사의 전체상에서 제기하는 하나의 회답의 시도이며, 달리 적절한 회답을 찾아낼 수 없다고 한다면 '사실'을 무시하기도 하고 왜곡하기도 한 이 새로운 '이야기(서사)'에서 많은 사람들이 하나의 응답을 찾아내게 될지도 모릅니다. 니힐리즘이라고 할 수도 있는 자애적 내셔널리즘이 세계사의 동향까지 포함하는 역사의 전체상으로서 제시되었다는 점에서 저는 새로운 상황을 간파해야 한다고 생각합니다. '만드는 모임'의 교과서를 실증적 역사학의 입장에서 비판하는 일도 물론 중요한 일입니다. 하지만 그러한 비판에는 근본적 한계가 있다는 것, 현대 일본의 정신 상황을 비추어 밝히는 거울로서 혹은 그 지적 증후군으로서, 깊이 독해할 필요가 있는 것을 저는 지적해두고 싶습니다.

도정일 선생님, 현재의 일본에서는 고이즈미 내각이 성립해서 고이즈미 준이치로小泉純一郎 수상이나 다나카 마키코田中眞紀子 외상의 발언이 큰 주목을 받고 있습니다. 포퓰리즘과 결단주의을 결합한 그들의 시도가 새로운 상황을 만들어낼지 어떨지는 지금의 저로서는 알 수 없습니다. 하지만 일본의 사회 편성의 기저부에서 큰 지각변동이 일어나고 있고, 새로운 정치 상황이 그것에 규정받고 있는 것은 확실한 것처럼 생각됩니다. 이 지각변동을 명확한 개념적 틀로 말씀드리는 일은 지금의 저로서는 아직 할 수 없지만, 그 징후를 여러 가지 증후군으로서 시사하는 것은 그렇게 어렵지 않다고 생각합니다. 그리고 '만드는 모임'의 교과서도 또한 이러한 상황을 하나의 증후로서 어떤 특정한 측면에서 선명하게 비추어 밝힐 것입니다.

이러한 상황이 그것을 우려하는 한국 지식인들의 눈에 어떻게 보이는 것인가? 꼭 여쭙고 싶습니다.

야스마루 요시오

야스마루 요시오 선생님

　여름은 사람의 몸과 마음이 자연의 리듬에 훨씬 가깝게 다가가 물소리, 바람소리, 북두칠성이 운행하는 소리에 귀 기울여야 할 계절입니다. 옛날 바쇼芭蕉 선생이 노래했듯 바위에 스며드는 매미 울음소리나 오래된 연못에 개구리 뛰어드는 풍덩 물소리도 여름의 소리입니다. 그런데 지금 한국을 뒤덮고 있는 것은 '왜곡'이라는 문제와 관계된 두 종류의 고함소리입니다. 하나는 한국 최대의 발행부수를 갖고 있다는《조선일보》를 향해 시민사회단체들이 "《조선일보》는 진실을 왜곡하지 말라"고 외치는 소리이고, 다른 하나는 "일본은 역사를 왜곡하지 말라"고 항의하는 소리입니다. 이 두 가지 항의 사이에 어떤 연관 관계가 있는지는 지금 당장 말씀드릴 수 없지만,《조선일보》문제에 대해서는 한국사회의 소리가 완벽하게 통일되어 있다고 말하기는 어려운 반면, 한국에서 '일본 역사교과서 왜곡'이라 불리는 문제에 대해서만은 성향과 이해관계가 각각 다른 세력들 사이에서도 놀라울 만큼 소리의 일치가 이루어져 있습니다. 일본은 다시 한 번 한국인에게 분노의 대상이 되고, 선생님이나 저는 각기 일본과 한국에 살고 있다는 이유로 바람소리, 물소리와는 거리가 먼 뜨겁고 시끄러운 여름 한철을 보내야 하는 처지에 놓여 있습니다. 두 나라의 과거, 더 정확히는 그 과거에 대한 서로 다른 집단적 기억의 형식들이 우리의 발목을 잡고 놓아주지 않습니다. 저는 선생님이나 제가, 그리고 한-일 두 나라 시민들이, 이 불편한 상황으로부터 쉽게 빠져나갈 수 있으리라 생각하지 않습니다. 과거는 지금 한-일 두 나라 사람들의 어깨에 내려앉아 떨어져나가기를 거부하는 거대한 신천옹albatross과도 같습니다. 빠져나가기 어려운 상황일 때, 최선의 행동방식은 그 상황과 정면으로 대면하는 겁니다. 투우사가 황소와 맞서듯이 말입니다.

1

선생님의 글은 우리가 이 상황을 대면하는 데 필요한 깊고도 중요한 통찰들을 제공해주고 있습니다. 결미 부분에서 선생님의 글은 문제가 된 역사 교과서의 기술 내용을 실증적 역사학의 입장에서 비판하는 일도 물론 중요하지만, 그런 비판에는 "근본적인 한계가 있다"는 지적과 함께 이번 교과서 사태는 "현대 일본의 정신상황을 비추어 밝히는 거울로서 혹은 그 지적 증후군으로서 깊이 독해할 필요가 있다"고 말하고 있습니다. 이것은 선생님의 글이 한국 독자들에게 주는 가장 중요하고 핵심적인 통찰을 담고 있다고 저는 생각합니다. 실제로 '새 역사 교과서를 만드는 모임'의 교과서에 대한 한국 측의 문제제기는 한국 관련 내용 하나하나의 '사실관계'가 어떻게 '왜곡'되었는가를

보이지 않는 가위손

지적하는 데 집중되어 있었던 것이 사실입니다. 한국 정부가 관련 학계의 도움을 얻어 일본 측에 시정을 요구한 것은 이를테면 '군대 위안부' 관련 기술의 삭제나 '임나일본부설' 등을 포함한 35개 항목이며, 한국 국회에 제출된 자료에서도 초점은 이들 35개항에 맞추어져 있습니다. 시정을 요구하자면 이런 방식의 구체적 항목 제시가 불가피했을 것이라 생각됩니다. 하지만 선생님의 지적처럼 한-일 양국 시민들이 주목해야 할 것은 실증역사학의 레이더망에는 포착되지 않는, 그러나 일본사회의 한층 깊은 골짜기에서 진행되고 있는 듯이 보이는 어떤 근본적인 문제적 상황입니다.

제가 바르게 읽었다면, 선생님은 이 문제적 상황을 일본사회 편성의 기저부에 발생하는 '큰 지각변동'이라 표현하고 있습니다. 문제가 된 역사 교과서는 그 지각변동을 시사하는 징후의 하나에 불과하다는 것이 제가 파악하는 선생님의 논지입니다. 이 경우 중요해지는 것은 징후 하나하나에 집착하는 일보다는 문제의 교과서를 포함한 일련의 증후군 전체를 파악하고 읽어내는 일이 됩니다. 선생님이 "깊이 독해할 필요가 있다"고 말한 것도 바로 그 증후군 읽어내기를 의미한 것이라고 저는 생각합니다. 저는 선생님의 이런 진단과 관점이 이번 교과서 사태를 보는 한국인의 눈을 근본적인 데로 돌리고, 그 시야를 크게 확대해 줄 것이라 믿습니다. 역사학 전공자가 아니면서 제가 선생님의 글에 답장을 쓰기로 동의하게 된 것도 그런 연유에서입니다. 일본의 다수 독자들에게는 '새 역사 교과서를 만드는 모임(이하 '모임')'이 결코 일본사회 전체를 대표하는 것이 아닌 한, 한국인들이 "일본은 역사를 왜곡하지 말라"며 '일본'에 항의한다는 것은 부분으로 전체를 대체하는 일종의 '제유提喻적 오류'에 빠지는 일처럼 보일지 모릅니다. 일본 문부성의 교과서 검정제도에 대한 한국 측의 이해 부족이 지적될 수도 있습니다(일본보다 더 심하게, 한국에서 국어와 국사 교과서는 검정 아닌 '국정'으로 되어 있고, 이 사실은 한국인의 부분적인 이해 결핍—말하자면 이쪽 사정으로 저쪽 사정을 '미루어 짐작'할 때 발생할 수 있는 오해의 한 원인이 될 수 있습니다). 저는 이번 사태에 대한 한국 측 반응이 이런 오류나 오해에서 아주 자유롭다고는 생각하지 않습니다. 그러나 그렇다 하더라도 선생님이나 제가 주목하고자 하는 어떤 핵심적인 문제의 심각성 자체는 줄어들지 않습니다.

그 핵심적인 문제를 선생님은 1990년대 이후 일본사회에 대두한 '자애적 내셔널리즘'이라 규정하고 있습니다. '모임'이 펴낸 교과서 "기술記述의 핵심에는 바로 이 자애적 내셔널리즘이라는 '단단한 심지'가 있고," (앞에서 이미 언급된 바이지만) 개개의 사실들은 그 심지 둘레에 모여 있는 것이기 때문에 사실에 입각하는 비판만으로는 "문제의 핵심에 좀처럼 도달하지 못한다"고 선생님의 글은 말하고 있습니다. '국가 에고이즘'이라는 말도 선생님의 글에 등장합니다. "이 교과서는 1990년 중엽을 경계로 해서 명확해진 국가 에고이즘의 각성에 호소하는 것"으로 보인다고 말입니다. 그러므로 제가 보기에 선생님이 주목하고 있는 것은 교과서 하나를 둘러싼 역사적 논쟁이나 국가 간의 외교적 긴장이 아니라 지난 10년간 일본사회에 대두한 어떤 새로운 국면, 선생님의 용어로는 '새로운 상황'입니다. 이 새로운 국면이란 '자애적 내셔널리즘'이라 불릴 만한 자국 중심주의적 세계관과 역사관이 현대 일본사회의 현실 의식과 정치 상황을 규정하게 되고, "세계사의 동향까지도 포함하는 역사의 전체상으로" 제시되고 있다는 상황입니다. 일본 역사학자의 이 같은 상황 정의定義는 제게 깊은 감명을 줍니다. 왜냐면 이번의 교과서 사태는 한국이나 중국의 항의를 촉발했다는 이유에서만 문제인 것이 아니라, "누가 일본의 과거를 소유하고 통제하는가? '어떤' 과거를 누가 '어떻게' 이야기하는가?"라는 훨씬 근본적인 차원에 연결된 문제이기 때문입니다. 만약 자애적 내셔널리즘이 일본역사를 왜곡하거나 왜곡할 모든 태세를 갖추고 있다면 이는 이웃나라들이 왈가왈부하기 전에 일본사회 자체가, 일본 지식인들이 먼저 문제 삼아야 할 일입니다. 자국 역사의 왜곡이 심각한 수준으로까지 허용될 때 그 왜곡의 첫 번째 희생자는 바로 그 나라의 '국민'일 테니까요. 제가 감명을 받는 것은 이번 교과서 파동을 한국-중국으로부터의 항의에 관계없이 먼저 일본 자체의 문제로 파악하려는 정신의 고귀한 성찰력을 선생님의 글에서 발견하기 때문입니다.

그런데 국민국가체제가 유지되고 있는 문명의 현 단계에서 일국一國사회가 어디까지 자국 중심적 내셔널리즘의 역사에서 벗어날 수 있을 것인가 —이것은 여전히 문제입니다. '내셔널리즘'이란 말은 국가주의, 국민주의, 민족주의라는 세 가지 의미들을 복합적으로 또는 중층적으로 담고 있습니다. 제가 어렸을 때 '나라 없는 백성의 설움'이라는 말은 한국인의 식민지 체험을 요약해주는 대표적 표현의 하나로 아이들에게 주입되었습니다. 나라가 없거나 나라를 상실한 백성 또는 민족에게 '국가'는 흔히 정치적 이상이자 쟁취해야 할 목표입니다. 근대 국민국가의 경우는 다민족 지역이나 분할사회들을 통합하는 통일국가 수립이 목표였고, 혁명의 경우는 새로운 체제의 국가 완성이 목표가 됩니다. 거의 모든 경우에 국가의 탄생은 불가피하게 '국민 만들기' 또는 '국민의 발명'을 요구합니다. 국민을 만들어내기 위해 국가가 동원하는 테크놀로지들 중에서 가장 중요한 것이, 제가 보기로는, 과거의 발명과 미래의 발명이라는 서사적 기술입니다. 과거의 발명 속에는 과거를 소유하고 통제하는 일, 집단기억을 만들고 유지하는 일, 과거를 수정하고 가공하는 일이 포함됩니다. 다소 단순화하는 흠이 없지 않습니다만, 이렇게 발명된 과거가 국민의 역사, 더 정확히는 국가의 서사이고, 이 서사는 다시 미래라는 이름의 서사를 발명하는 데 필요한 근거, 출발점, 지시판이 되어줍니다. 국어와 국사가 모든 국민국가들에 중요한 정책적 교육과목이 되는 것은 그것들이 '국민'이라는 이름의 상상적 공동체에 확실한 (혹은 확실해 보이는) 자기 정체성과 동질성과 이상적 자아상을 부여하여 '국민'의 허구성을 망각하게 하는 데 필수적 수단이 되기 때문입니다. 이렇게 만들어지는 국민국가적 서사로서의 '국민의 역사'에서 주인공/영웅은 국민이고, 국가는 국민을 국민-영웅이게 하는 자격의 부여자, 임무수행의 명령자, 보상제공자, 상벌賞罰의 관리자입니다(때로 국가 자체가 서사의 영웅이 될 때도 있습니다). 이 서사가 자기 중심적이고 자애적인 내셔널리즘의 역사가 된다는 것은 많은 경우 거의 불가피한 일 같아 보입니다. 국민의 역사가 어디까지 그리고 어떻게 이런 자기 중심성의 한계를 벗어날 수 있을까요? 제가 이 대목에서 이런 질문을 던져보는 까닭은 역사 왜곡이나 역사를 소유-통제하는 문제가 반드시 일본사회에만 국한된 사안이 아니라는 것을 한국인으로서의 제 자신에게 환기시키기 위해서입니다. 일본에만 한정되지 않는 사안이라면 그것은 일본 지식인의 어깨에만 지워진 문제가 아니라 일본사회 안팎에서의 혹은 국민국가적 일국체제의 울타리를 벗어난 넓은 지평에서의 지적 개입과 토론과 성찰을 요구하는 문제가 됩니다. 여기서 저는 특정 교과서로부터 발단한 문제가 일본에 대한 간섭의 혐의를 벗어나 훨씬 근본적인 지적 관심과 질문의 차원으로 이동하는 것을 보게 됩니다.

2

선생님의 글은 최근 일본사회의 기저부에서 발생하고 있는 어떤 변화를 '지각변동'이라 표현하고, 이 변화를 한국 지식인은 어떻게 보는지 꼭 물어보고 싶다는 말로 끝나고 있습니다. 저는 한국인은 물론 한국의 지식인을 대변할 입장이 결코 아니지만, 선생님이 '지각변동'이라는 말로 표현하고자 한 것이 한국에서는 대체로 일본사회의 '우경화' 혹은 '패권적 우경 국가주의의 부활'로 받아들여지고 있다고 말씀드릴 수 있습니다. 그러나 이 '부활'을 보는 지식인들의 시각에는 조금씩 반응의 차이가 있습니다. 두 가지 반응 형태만 언급하겠습니다. 하나는 과거 일본 제국주의의 직접적 피해자인 한국으로서는 일본이 다시 패권주의적 국가주의로 선회하는 것을 좌시할 수 없다는 입장입니다. 과거 이웃나라들에 깊은 상처를 주었던 이데올로기의 정치적 사회적 부활을 시도한다는 것은 일본의 '국익'을 위해서는 "이웃나라에 피해를 줄 수도 있다"는 '가해자의 공식'을 재도입하고 가해행위의 가능성을 정치적으로 정당화하는 일이며, 이는 결국 선린관계의 기초를 근본적으로 허물게 될 것이라는 시각을 이 입장은 대표합니다. 또 하나는 지금의 국제관계가 20세기 초의 상황과는 많이 다르기 때문에 일본의 패권적 '군국주의'의 부활이란 사실상 불가능하며, 일본 내의 국가주의적 우경화 경향이 국제관계에서 거둘 수 있는 효과는 '제한'되어 있다고 보는 시각입

　　　　　　　　　　　　　보이지 않는 가위손

니다. 이런 입장을 가진 지식인들 중에는 일본의 국가주의가 '대동아공영권' 같은 패권주의보다는 일본도 다른 나라들처럼 '군대'를 가진 '보통국가'가 되겠다는 정도 이상의 의미는 없다고 보는 사람도 있습니다. 한국인의 전체적 정서는 후자보다는 전자 쪽으로 더 많이 기울어져 있다고 말할 수 있습니다.

저는 일본을 주의 깊게 관찰할 능력도 여유도 갖고 있지 못하기 때문에 주로 선생님의 이번 글과 소량의 제한된 정보에 의존해서 말씀드릴 수밖에 없습니다만, 제 눈에 비친 현대 일본사회는, 혹은 최소한 일본 지식인들의 세계는, 대충 세 개의 질문 앞에서 고민하고 있는 것 같아 보입니다. 어디로 갈 것인가, 누가 잘못했는가(또는 무엇이 잘못되었는가), 어떻게 할 것인가? 금방 아시겠지만 이런 질문은 결코 새로운 것이 아닙니다. 개항開港 문제를 둘러싸고 미래 진로를 모색하던 19세기 일본도 비슷한 질문에 맞닥뜨렸을 것이고, 비록 상당 부분 물밑으로 잠수하긴 했지만 20세기 초 일본이 동양의 제국주의 세력으로 나설 때에도 동일한 질문이 지식인들의 머리를 떠나지 않았을 것입니다. 그러나 제2차 대전 이후의 일본사회의 주요 세력들은 이런 질문들 앞에서 비교적 선명하고 틀 잡힌 응답들을 갖고 있었다고 생각됩니다. 세력 진영에 따라 입장 차이가 있긴 하지만, 전전戰前의 군국체제를 청산하고 민주사회를 만든다는 것, 내부적으로 전쟁책임을 분명히 하는 것, 정치 민주주의와 경제 자본주의에 의한 '평화일본'을 일군다는 것—이것이 그 응답의 골격이었다고 생각됩니다. 1960~1970년대 일본의 경제 부흥은 그 응답과 그에 따른 노선 전개가 내부적 갈등에도 불구하고 대체로 옳은 방향의 것이었다는 확신을 주었던 것 같습니다. 그런데 선생님의 글이 언급하고 있듯, 1990년대에 들어와서는 일본사회의 자기 확신을 뒤흔드는 불안한 상황들(물론 이런 불안 국면이 전적으로 1990년대 이후의 사정이라고는 말할 수 없겠지만)이 발전하고, 불안의 가시화 정도가 높아지면서 위의 질문들이 새삼 고개를 들게 된 것이 아닌가 여겨집니다. 제가 보기에 이른바 '자유주의사관'(이 명명은 용어의 기만같아 보이는데)을 내걸고 '새 역사 교과서를 만드는 모임'으로 결집한 인사들을 포함해서 우경 민족주의 노선을 취택하는 정치–사회세력이 대중적 지지를 확보할 수 있었던 것은, 이들의 논리와 정서적 호소형식이 위에 언급된 세 개의 질문에 아주 상쾌하고 선명한 응답을 제공하거나 제공한다고 여겨졌기 때문이 아닌가 싶습니다. 아무도 그런 질문들 앞에서 분명한 현실 진단과 미래 비전을 자신 있게 내놓지 못하고 있었던 순간에 말입니다.

'모임'의 교과서 집필자들이나 이들에게 역사관을 제공한 지식인들에게 현대 일본이 "어디로 갈 것인가?"에 대한 응답은 너무도 선명해 보입니다. 저의 소견을 요약해서 말씀드리면, 그 해답에서 핵심 어구가 되고 있는 것은 강력한 일본, 비굴하지 않은 일본, 대국 일본, "아냐No"라고 말할 수 있는 일본입니다. "누가 잘못했는가?"에 대한 책임 규명도 아주 분명합니다. 선생님의 글에 인용된 후지오카 노부카쓰藤岡信勝 씨의 진단에 따라 역사관 쪽으로 초점을 모으면, 일본의 자신감 상실을 초래한 주범은 암흑사관, 자학사관, 반일사관, 사죄외교사관입니다. 짐작컨대 일본의 과거를 완전히 검정색으로 칠하는 것이 후지오카 교수가 말하는 암흑사관이고 "일본은 잘못했다"고 말하는 것이 자학사관이며, 잘못했으므로 용서를 빌어야 한다는 것이 사죄외교사관, 그리고 이 모두가 반일적이고 일본에 적대적이라는 의미에서 반일사관이 되는 듯합니다. 세상에 이렇게 많은 사관들이 있다는 데 저는 깜짝 놀랍니다. 이왕 놀란 김에 저는 후지오카 교수와 그 동료들을 위해 몇 가지를 더 보태드릴 수 있습니다. 굴종사관, '예스'사관, 추종사관, 축소사관, 자기비하사관, 소국지향사관, 분열사관, 백치白痴사관, 열등사관 ─ 이 밖에도 여나문 개가 더 가능하고, 그 모두는 일본을 약화시킨 주범 혹은 종범으로서의 책임을 물어 굴비 엮듯 한 오랏줄에 엮을 수 있습니다. 마지막으로, "어떻게 할 것인가?"라는 질문에 대해서도 해답은 유쾌할 정도로 간단해 보입니다. 대국 일본의 힘과 긍지를 회복하기, 과거의 영광을 기억하고 되살리기, 자신감을 회복하기, 자학에서 벗어나기 등이 우선 제가 보기로는 그 해답입니다.

선생님이나 일본의 비판적 지식인들이 갖고 있는 의견과는 다른 부분일지 모르지만, 내셔널리즘에 대한 제 생각에는 상당히 모호한 데가 있습니다. 내셔널리즘의 다가성

多價性과 다의미성을 인정하려는 것이 제 입장이라면 입장입니다. 그래서 저는 근년의 동서양 지식인들 사이에 유행하는 '내셔널리즘 전면 배척'이라는 풍조에는 편승하기를 거부합니다. 저는, 말하자면, 패권적 민족주의에는 틀림없는 적이지만, 억눌린 자의 민족주의에는 친구입니다. 민족주의 유해론을 폄으로써 문화 다양성을 파괴하는 시장유일주의(일본에서는 '시장근본주의'라 불리는) 세계화 논리 속의 반민족주의에도 저는 비판적이고자 합니다. 국민주의적 민족주의가 근대 국민국가의 등장과 함께 탄생한 것은 사실이지만, 그러나 역사를 보면 그렇지 않은 민족주의도 있습니다. 한국인의 민족주의는 국가의 탄생이 아닌 국가 상실과 식민지배의 산물이며, 중국 민족주의도 비슷한 발생 경로를 갖고 있습니다(그렇다고 해서 제가 지금의 한국 민족주의를 변호하려는 것은 아닙니다. 1948년 국가 수립 이후 지금까지 한국인의 민족주의는 참담하고 비열하고 옹졸한 민족주의로서의 추악한 양상을 보일 때가 많았습니다. 어떤 것의 발생과 진화 사이에는 이처럼 큰 격차가 생겨나기도 하지요). 그러나 저는 민족주의가 반드시 타민족-국민을 멸시하고 그들의 자존自尊을 짓밟는 배타적이고 우월론적인 국수주의나 지배를 위한 패권적 순수 국민주의로 전락해야 하는 것은 아니라고 믿고 있습니다. 한 민족의 자존과 긍지가 반드시 타민족-국민의 자존을 부정해야만 가능한 것은 아니니까 말입니다. 이 의미의 열린 민족주의, 비배타적이고 비패권적인 민족주의가 단순히 민족주의라는 이유 때문에 사악한 이데올로

254 　　　　　　　　　　　　　　　 보이지 않는 가위손

기로 규정되어야 하는 것은 아닙니다. 저는 일본의 민족주의가 이런 열린 민족주의, 공존의 정의와 타자에 대한 존중을 그 도덕적 기초로 하는 민족주의이기를 희망합니다. 이의미의 민족주의에서 민족 자존은 협소한 자민족 중심주의나 나르시시즘적 자기애와는 마땅히 구별될 것입니다.

그래서 역사학과는 좀 다른 관점에서 제가 잠시 따지고 넘어가야 한다고 느끼는 것은 자존의 일본을 내세우는 지금의 일본 민족주의가 역사상 그 자존의 기준과 바탕을 어디에 두고 있는가라는 문제입니다. 일본의 우파 민족주의자들 역시 '열린 민족주의'를 제창하고 있다고 저는 듣고 있습니다. 그런데 중요한 것은 입으로 '열림'을 주장하는일이 아니라, 그 주장이 어떤 근거와 조건 위의 것인가라는 문제지요. 지면 사정상 몇 가지만 언급하겠습니다. 첫째는 새 역사 교과서를 만들어야 한다고 생각하는 일본 사학자들이 일본의 과거를 제시하는 방식의 몰이성적 모순성입니다. 그들은 과거 일본 제국주의의 동북아시아 침략을 '진출'이라는 표현으로 정당화하는데, 이 정당화의 근거로제시되는 것이 '아시아에서의 일본의 역할'이라는 것입니다. 아시아 '최초'의 근대적 국민국가 체제를 확립한(이 주장도 사실은 문제적인 것이지만) 일본은 서구 제국주의 열강의 동진東進에 맞서는 유일한 아시아 국가였고, 그 일본의 한국 병합과 동북아 침략은 사실인즉 서양에 맞서 아시아를지키려는 '진출'이었다는 것이 침략 정당화의 골간입니다.이 정당화 논리에서 뼈대가 되는 것은 '서구 대 아시아'라는 이분二分구도이고, 일본은 이 이분법에서 '아시아'입니다. 그러나 동북아시아를 침략했을 때의 일본은 이미 서구 제국주의를 배우고 모방한 후발 제국주의 세력으로서의 일본이며, 따라서 '서구 대 아시아(일본)'라는 이분법은 이 대목에서 무너지고 맙니다. 서구 제국주의를 모방한다는 것은 일본이 제국주의의 열망을 일본 자신의 열망으로 삼는 일이고, 이 '열망의 일본화'는 서구 제국주의 세력들과 제국 일본 사이에 '경쟁'은 발생시켰을지라도 '차이'를 만들어준 것은 아니기 때문입니다. 그런데 이 허구적 이분법을 계속 밀고 나가 일본의 동북아 점령과 한국 식민지화가 '아시아를 위한' 또는 서구 제국주의로부터 '아시아를 지키기 위한' 진출이었다고 말하는 것이 침략 정당화의 논리입니다. 그러므로 이 방식의 정당화는 자체 논리의 허구성과 모순성을 보지 못하거나 보지 않습니다. 만약 '보지 못한' 것이라면 우파 지식인-사학자들의 경우 '우파' 민족주의란 명석성의 희생에 부쳐지는 이름일 것이며, 만약 '보지 않기로 하는' 경우라면 우파 민족주의란 것은 어떤 목표를 위해 진실을 은폐하고 왜곡하는 사악성의 다른 이름일 것입니다.

잘 알려진 것처럼, '역할' 논리의 배면에는 일본 우월론이 자리잡고 있습니다. 20세기 초에 일본은 아시아의 어떤 나라보다도 우월한 위치에 있었기 때문에 그 우월한 일본이 '열등한' 아시아 국가들을 대신해서 주도적 역할을 수행한 것은 정당한 일이며, 한국이나 중국이 과거 일본의 제

보이지 않는 가위손

국주의를 비판하고 나서는 것은 당시 일본이 수행해야 했던 이 정당한 역할을 '오해'한 데 기인한다고 우파 사학자들은 말합니다. 일견 이런 주장은 과거를 이해하기 위해서는 과거의 문맥 속으로 들어가야 한다는 역사학의 한 방법론을 따르는 일처럼 보입니다. 그러나 이 우월자의 정당화 논리에는 사실 역사방법론과는 별 관계없어 보이는 위험한 부패 요소가 들어 있습니다. 그 부패 요소는 우월국가 역할론에 숨어 있는 특이하고도 위험한 '정의正義'관입니다. 우월한 자는 우월하기 때문에 우월자의 역할(침략과 지배)을 수행하는 것이 정의이고, 열등한 자는 열등하기 때문에 그에 맞는 역할(피지배와 복속)을 받아들이는 것이 정의라는 관점이 그것입니다. 이것은 일본역사의 지나간 한 시기에만 지배층의 머릿속에 있다가 지금은 소멸해버린 관점일까요? 아닐 겁니다. 그것이 과거의 정의관에 불과하다면 우익 역사기술자들은 우월국가 역할론을 그토록 열심히 정당화할 이유가 없고, 현재의 문맥에서 그 역할론에 당연히 가해져야 할 비판적 기술을 아껴야 할 이유도 없을 것이기 때문입니다. 선생님의 글에 의하면 우익 사학자들은 정신대 문제, 난징 학살사건, 731부대 등이 "전쟁을 선택한 국민국가에 있어 불가피한 것은 아니라도 수반되기 쉬운 부득이한 악"이었다고 말하지만, 제가 지금 말씀드리는 정의관에서 보면 '부득이한 악'이란 표현은 사실은 '정당화할 만한 일'의 둔사遁辭처럼 보입니다. 이런 정의관이 우익 인사들에게 아직도 유효하다면, 그들에게는 과거의 일본만이 아니라 지금의 일본에도 우월한 국가를 추구하는 일 이상으로 정의로운 일은 없게 됩니다. 우월국의 정의는 열등국의 정의보다 더 정의롭고 국가에 더 유익하기 때문이죠. 여기서 저는 또 다른 부패 요소의 발생을 보게 됩니다. 국가의 최대 이익은 우월한 국가가 되는 일이며, 따라서 그 국가 이익을 추구하고 보호하는 것이 곧 정의라는 국가주의적 정의관이 그것입니다. 제가 잘못 본 것입니까? 아닐 겁니다. 일본의 우파 지식인들이 '자존의 일본'이란 주장 속에 감추고 있는 것은 사실은 '우월한 일본'에의 향수와 열망이라 보여지기 때문입니다. 그러므로 많은 한국인들이 이번의 교과서 파동에서, 그리고 일본사회의 우경화 정서에서 그냥 간과하기 어려운 우월론적 국가주의와 패권적 민족주의의 부활이라는 '목표'를 읽어내는 것은 무리가 아닙니다. 제가 보기에도 그런 국가주의와 민족주의는 적어도 타자 존중에 기초한 '열린 민족주의'가 아닙니다.

우파 인사들이 '자학사관'이랄 때의 '자학'의 의미에 대해서도 저는 한 마디 하고 넘어가야 할 필요를 느낍니다. 후지오카 교수와 그 동료들이 말하는 '자학'이란 일본과 일본인이 자기자신을 부단히 힐난하고 책망하고 학대하는 행위를 의미하는 것 같습니다. 이 경우 자학은 '부당한 자기 학대'라는 의미를 동시에 갖고 있습니다. 자기를 힐난, 책망, 학대할 이유가 없는데도 계속 학대한다는 것이지요. 그러니까 일본의 과거는 그렇게 암담한 것이 아니고 시종

힐난만 받아야 할 대상이 아닌데도, 그것을 암흑화하고 거기에 끊임없이 유죄를 선고함으로써 부당한 죄의식을 주입하는 역사 기술이 '자학사관'이 되는 셈입니다. 저는 일본의 근현대사가 완전히 암흑이라고는 생각하지 않습니다. 그런 점에서 후지오카 교수 등이 "우리에게는 자랑스러운 과거도 있었다"고 말하려는 것이라면 구태여 거기에 토를 달 필요는 없다고 생각됩니다. 그러나 우파 민족주의 사학의 '과거 건지기'가 침략행위의 정당화처럼 "우리가 뭘 그렇게 잘못했어?"를 주장하기 위한 시도의 일부라면, 그리고 '자랑스러운 과거'라는 것으로 '자랑스럽지 못한 과거'까지도 덮어버리려는 것이라면, 그런 시도야말로 일본의 자랑할 만한 과거를 가장 참담하게 하는 일이 될 것입니다. 잘못된 것을 잘못되었다고 말하는 것은 자학이 아니라 용기이고 정직성입니다. 자학사관을 나무라는 사람들은 '용기'와 '자학'을 혼동하는 듯합니다. 한국인이건 일본인이건 누구이건 간에, 자국 역사에 대한 정직한 성찰과 용기 있는 비판은 결코 자학일 수 없고, 자기증오일 수도 없습니다. 역사상의 오류를 대면하는 정직성과 역사의 폭력을 성찰하는 용기는 일본 내셔널리즘이 그토록 중히 여기는 긍지와 자존의 '진정한 근거이고 바탕'이 될 수 있습니다. 그런 용기와 정직성 앞에 세계는 머리 숙여 존경을 표할 것이니까요. 그런데 한국 민족주의를 포함한 많은 민족주의의 경우에서 종종 그러하듯, 일본 내셔널리즘에서도 인식의 질서는 거꾸로 되어 있는 것 같습니다. 자존의 근거여야 할 것은 '자학'으로 간주되고, 오류 은폐와 호도^糊^塗의 기술은 되레 자존회복의 방법으로 여겨지고 있으니까 말입니다.

이런 인식의 전도는 그 자체로 매우 흥미로운 현상 같아 보입니다. 저는 일본의 국가주의적 민족주의 사학자들이나 지식인들이 '용기'와 '자학'의 차이를 모르고 있다고는 생각하지 않습니다. 알면서도 거꾸로 움직이는 거죠. 전도 현상이 흥미로운 이유는 거기 있습니다. 알면서도 왜 거꾸로 말하고 거꾸로 행동하는 것일까요? 저는 이것이 상실을 처리하는 능력의 마비와 관계 있다고 생각합니다. "우리에게는 위대한 국가가 있었고, 위대한 영광의 과거가 있었다"는 생각에 사로잡히는 사람들에게는 그 영광이 어떤 영광인가를 따지는 일은 무의미합니다. 그들에게 가장 중요한 것은 한때 그들의 소유였던 것이 지금은 상실되었거나 도둑맞아 없어졌다는 느낌이며, 따라서 그 잃어버린 것을 되찾아 소유권을 회복해야 한다는 생각만 머리에 가득합니다. 과거의 영광에 대한 이런 강한 집착은 그 영광에 대한 어떤 비판적 발언도 성찰도 불가능하게 합니다. 영광은 온통 '빛^光'이어서 그림자도 흑점^{黒点}도 없어 보이는 거죠. 그런데 그 빛의 강도는 사람을 눈멀게 해서 그의 시야에 커다란 암점^{暗点}을 만들어냅니다. 이것이 '마비'입니다. 물론 이런 관찰은 역사학의 방법론과는 무관한 어떤 다른 설득체계로부터의 용어들과 개념들을 빌린 서투른 분석에 불과합니다. 제가 하고 싶은 말은 사실은 '우익 내셔널리즘의 우울과 자학'입니다. 청산해야 할 과거를 청산하지 못한 채 가슴에 그것을 껴안고 있을 때 정신은 깊은 우울에 빠집니다. 일본 내셔널리즘을 선생님은 '자애적 내셔널리즘'이라 말씀하셨지만, 제가 보기에 그 내셔널리즘의 밑바닥에는 깊디깊은 우울이 깔려 있고 그것의 '자기애'라는 것도 실인즉 (상실의 책임과 관계해서) 자기자신을 향한 책망과 '자기증오'에 깊이 연결되어 있다고 생각됩니다. 이것이, 제 생각에는, 일본 내셔널리즘의 우울과 자학입니다. 전혀 자신 없는 부분이지만 1970년 작가 미시마 유키오三島由紀夫의 할복자살 같은 사건은 혹시 이런 경우가 아니었을까요? 이 관점에서 말하면, 자학은 다른 사람의 손에서 진행되는 사건이 아니라 내셔널리즘 세력이 자기자신을 향해 수행하는 무의식적 자책행위처럼 보입니다. 우익 내셔널리즘이 가끔 분출시키는 미숙하고 돌발적인 공격 성향도 이런 자기 증오의 충동적인 외적 발산일지 모른다고 저는 이따금 생각합니다.

이른바 '사죄외교'라 불리는 것에 대한 우익 인사들의 강한 거부감과 불쾌감도 흥미롭습니다. 한국인들이 일본에 대해 참으로 이해하기 어렵다고 느끼는 것(이런 느낌은 세계의 다른 많은 나라 사람들도 공유한다고 생각되지만) 중의 하나는 바로 이 부분, 곧 과오를 인정하는 능력의 현저한 마비입니다. "왜 현대 일본은 독일처럼 행동하지 못하는가?"라고 사람들은 묻습니다. 이것도 역사학이 다루기 어려운 문제같아 보입니다. 그러나 저는 이 능력의 마비가 '사건의 역사'는 아닐지 몰라도 정신mentality사 또는 문화사의 한 정당한 관심거리가 된다고 생각합니다. 왜냐하면 그것은 개인의 문제가 아니라 일본사회의 어떤 집단적 정신상태와 깊이 연결되어 있다고 보여지기 때문입니다. 선생님의 글은 일본의 자애적 내셔널리즘이 아주 최근에 결집된 (혹은 결집의 계기를 얻게 된) 에너지라 말하고 있는 것 같습니다만, 제가 보기에 일본 내셔널리즘의 정신사적 뿌리는 매우 깊다고 느껴집니다. 이 정신상태의 가장 큰 특징은 일본, 일본 국민, 일본사회라는 '집단'이 곧 '보편'이며, 이 보편을 넘어서는 것은 이미 보편이 아니라는 생각, 느낌, 내적 명령입니다. 선생님은 일본 우익의 자국중심사관이 "일본을 넘어서는 보편적인 것의 부정"이라 규정하는데, 제가 관심을 갖는 부분은 그 '보편적인 것의 부정'이 어째서 가능한 가라는 문제입니다. 제가 보기에 그것이 가능한 이유는 우파적 사유에서 보편은 어디 따로 있는 것이 아니라 국가가 곧 보편이기 때문입니다. 저는 앞서 우월국가적 정의관을 언급했습니다만, '국가가 곧 보편'이라는 공식公式에서 보면 모든 행동은 그것이 국가 이익을 위한 것인 한 누가 뭐래도 보편정의와 보편규범을 따른 정당하고 정의로운 행동이 됩니다. 국가를 위해 전쟁에서 목숨을 바친 사람들은 그 전쟁의 성격이 어떤 것이냐에 관계없이, 또 전장에서 그들이 저지른 행위의 잔혹성 여부에 관계없이 국가를 위해 '할 일을 다 한' 명예로운 인간, 자기 할 일을 다 했기 때문에 '자기를 완성'한 미덕의 존재가 됩니다. 전쟁책임자는

'전범戰犯'으로서보다는 국가를 위해 봉사한 정의롭고 명예로운 존재로 먼저 인식됩니다. 이런 독특한 정신상태에 주목하지 않고서는 일본 우익이 왜 그토록 야스쿠니 신사 참배에 집착하고 과거의 과오 인정에 왜 그토록 인색한가가 잘 이해되지 않을 것이라고 저는 생각합니다. 후세대가 선대先代의 정의로운 존재들을 기억하는 일은 그 자체로 정의롭고 명예로운 일이며, 오히려 그걸 거부하는 사람이야말로 자기 할 일을 다 하지 못하는 '수치羞恥'스러운 인간, 집단의 '이지매'를 받아 마땅한 존재가 되지요. 고이즈미 준이치로 총리가 신사참배 문제에 대해서나 교과서 수정 요구 앞에서 거듭 "흔들림 없는 확신"을 표명하는 것은 단순히 선거를 의식한 전략 차원의 문제가 아니라고 저는 봅니다. 그건 문자 그대로 그의 '확신'에서 나온 행동이죠. 말하자면 그는 '수치스러운' 인간이 되기를 거부하고 있는 겁니다. 그의 확신의 뿌리는 무엇이 명예이고 무엇이 수치인가를 규정하는 독특한 일본식 정의定義의 체계, 제가 '정신상태'라고 부른 것에 깊이 박혀 있다고 생각됩니다.

이런 정신사적 특성이 현대 일본사회를 위해 유익한 것일지 어떨지 저로선 알 수 없습니다. 한 사회가 모종의 정신적 위기와 방황을 겪을 때는 강력한 구심성을 가진 듯이 보이는 이런 정신상태도 어떤 호소력을 가질 수 있다고 생각됩니다. 한 가지 말씀드릴 수 있는 것은 그것이 정신상태치고는 매우 고풍스러운 것이어서 근현대사회가 추구해온 관용이나 민주사회적 사유 및 행동의 방식들과 충돌하고, 이것들을 억누를 수도 있다는 점입니다(자세히 말씀 드릴 수 없습니다만, 지금 한국에서 벌어지는《조선일보》거부 운동 도 우익 보수집단이 그 집단의 질서와 이데올로기를 보편 질서, 진 실, 정의로 내세우는 데 대한 시민사회의 불쾌감이 폭발한 경우입니 다). 일본 내셔널리즘이 그런 형태의 정신적 에너지에 의존 해야 하는 것이라면 일본사회 자체는 물론이고 외부를 향 해서도 그 내셔널리즘이 '열릴' 수 있는 가능성은 줄어듭니 다. 저는 일본 우익이 이런 내셔널리즘과 현대세계 사이의 간격을, 그리고 그 내셔널리즘의 약점을 충분히 알고 있다 고 생각합니다. 알면서도 거기에 매달리고 또 매달려야 한 다고 확신하는 곳에 일본 내셔널리즘의 또 다른 우울이 있 고, 확신과 현실 사이의 큰 간격을 느끼는 곳에 일본 내셔 널리즘의 또 다른 자학의 차원이 있다고 생각됩니다.

지금 일본사회의 분위기를 어떻게 보는가라는 선생님 의 질문에 최소한으로나마 답하기 위해 이렇게 쓰다 보 니 한국 쪽 이야기를 쓸 지면을 잃어버린 것 같습니다. 과 거 식민지 시대에 악명 높았던 서울의 서대문형무소가 지 금은 '독립공원'으로 개조되어 있는데, 이곳 역사기념관에 서는 '통일시대민족문화재단'이라는 단체가 마련한 '일본 침략과 역사왜곡' 전시회가 8월 하순까지 열리고 있습니 다. 여기 전시된 자료들 중에는 "온 세상은 하나의 집이며, 이 집은 천황 폐하의 지배 아래 있다"는, 가위 우주론적 '보 편 천황'을 내세운 제국시대의 선전문이라든가 "황국신민 으로 전장에 나가는 것이 반도 청년의 보국의 길"임을 강조하는 전시 입대 독려 포스터도 있습니다. 작두로 사람의 목을 절단하는 처형 장면도 보이고, 베어낸 모가지를 손에 들고 의기양양하게 웃고 있는 대일본제국군대의 장교 모습도 보입니다. 일본도日本刀에 방금 잘려나간 목이 몸에서 분리되어 허공으로 뜰 때 몸통을 잃어버린 머리가 어떤 표정을 지을 수 있는가를 보여주는 사진 자료도 있더군요. 그것은 죽음을 만나는 순간 모든 생각을 정지당한 자의 막막한 공포의 표정 같기도 하고, 역사의 폭력 앞에 바보처럼 내던져진 자가 "제기럴, 이거 뭐 이래?"라며 그 폭력의 불가해성不可解性에 허무하게 항의하는 표정 같기도 합니다. 이런 사진 자료들을 일본의 역사 교과서에 수록할 수 있을까요? 전시장 초입에는 "역사를 망각하는 자는 같은 역사를 되풀이한다"는 철학자 조지 산타야나의 경구가 붙어 있더군요. 저는 가보지 못했지만, 미국 워싱턴의 '홀로코스트Holocaust 기념관'에도 이 경구가 걸려 있다고 들었습니다. 망각에 대한 이 경고의 언어는 사실 산타야나보다 2,000년 먼저 세네카의 입에서 나왔던 것이기도 합니다. 서울 독립공원 역사기념관의 이 전시회는 그러니까 일본에 대한 새삼스러운 증오의 촉발을 목적으로 한 것이기보다는 인간사회에서 2,000년 넘게 그 필요성이 환기되어온 '기억의 법정'을 가동함으로써 망각을 재판에 거는 오랜 전통을 따른 것이라 말할 수 있습니다. 아니, 그렇게 말하는 것이 그 전시회의 의미에 대한 제 자신의 이해방식이라 표현하는 편이 더 정직하겠습니다.

그런데 무엇을 기억하고 무엇을 망각하지 말아야 할까요? 저는 1910년대에서 1930년대 말까지 세계가, 더 구체적으로는 서유럽과 동아시아 일부 국가의 정치지도자들과 국민들이, 어떤 난폭한 광기의 폭발적 에너지에 사로잡혔다고 가끔 생각합니다. 결정적인 것은 한 사회가 집단적 광기에 자신을 완전히 헌납하는가 않는가 하는 문제입니다. 1930년대 말은 이런 차이가 결정적으로 중요한 결과를 냈던 시대처럼 보입니다. 그러므로 제 생각에 과거 특정 국가의 이런저런 우행이나 만행을 기억하는 일 못지않게 지금 아시아 사람들에게 중요하고 필요한 것은 한 사회가 집단적 광기의 포로로 전락할 수 있는 조건은 무엇이고, 그런 전락을 방지할 수 있는 조건은 또 무엇인지를 기억하는 일이라 여깁니다. 한 사회가 가지는 역사적 기억 또는 역사적 이성의 수준이 그런 '방지의 조건'을 구성한다고 저는 생각합니다. 집단기억만으로는 역사적 기억이 되지 않는다는 것이 제 생각입니다. 무엇을 기억할 것인가를 판단하는 것은 우리가 아직도 이성이라 부르는 것의 몫일 것이며, 따라서 제가 생각하는 역사적 기억은 집단기억에 대한 사회적 이성의 개입에서 발휘되는 힘입니다. 집단기억이 민족주의적 증오의 에너지를 발산할 수 있다면, 역사적 기억은 증오 에너지의 뇌관雷管을 해제합니다. 집단기억이 국민국가적 단위 민족의 것이라면, 역사적 기억은 어떤 한 국민-민족만의 전유물이 아닙니다. 집단기억은 위험하고 기이한 욕망의 투여를 자극할 수 있는 반면, 역사적 기

보이지 않는 가위손

억은 그런 욕망을 제어할 수 있습니다. 제가 역사적 기억을 동시에 역사적 이성이라 부르고자 하는 이유도 거기 있습니다. 그것은 역사를 끌고가는 어떤 단독 이성의 활동이 있다는 의미에서의 역사 이성이 아니라 집단기억에 개입하는 비판적 이성이라는 의미에서의 역사적 이성입니다.

지금 한-일 양국 사회에 필요한 것은 이런 역사적 기억이며, 두 나라 지식인들이 서로의 사회에 환기시키고 촉구할 것도 바로 그 역사적 이성의 가동일 것이라고 저는 생각합니다. 역사 교과서와 역사교육이 특정의 집단기억에만 매달릴 때 기억은 자학과 우울의 기원, 이상한 욕망과 증오의 저장고, 그리고 상호 배제와 배척의 장치가 될 것입니다. 한-일 두 나라의 역사학과 근현대사 기술은 이 점에서 특별한 중요성을 갖고 있다고 여겨집니다. 국민국가의 한계 속에서 어떻게 그 한계를 뚫고 나가는가라는 문제가 역사학의 어깨에 걸려 있기 때문입니다.

3

최근에 한국 작가 황석영이 발표한 『손님』이라는 소설은 한국전쟁 때 서로 죽이고 죽은 두 갈등세력 사이의 '화해 모색'이라는 흥미로운 주제를 다루고 있습니다. 두 갈등세력이란 전쟁 때 북한 황해도 지방에서 서로 살육을 벌였던 사회주의자들과 기독교도들입니다. 소설의 구도에서 마르크시즘과 기독교는 한반도에 들어온 '손님'으로 설정됩니다. 그러니까 이들 사이의 갈등은 외부에서 들어온 손님과 손님 사이의 싸움이었던 셈이고, 그때 죽어간 귀신들을 모아 화해시키는 힘은 마르크시즘도 기독교도 아닌 한국적 공식으로서의 '해원解冤'에서 나옵니다. 철학을 가르치는 제 동료 교수 한 분이 이 소설을 읽고 나서 농담처럼 제게 했던 말이 지금 문득 떠오릅니다. "이토 히로부미伊藤博文와 안중근을 화해시키는 소설, 누가 하나 안 쓰나?"

역사책은 귀신들을 등장시킬 수 없고 귀신들이 모여 화해하는 이야기도 실을 수 없기 때문에, 이를테면 이토 히로부미와 안중근이 만나 화해를 모색한다는 이야기 같은 것은 역사학이 영원히 무시해도 되는 허구서사의 장르에 속합니다. 물론 저는 '화해'라는 말이 갈등과 충돌의 정당한 원인들을 은폐하고 얼버무리는 데 사용되어서는 안 된다고 생각합니다. 이 점에서 이토와 안중근을 예로 드는 것은 적절치 못하다고 여겨집니다만, 제가 관심을 갖는 것은 "역사 교과서가 '국민의 역사' 또는 '국민국가적 역사'의 중력으로부터 어떻게 얼마나 벗어날 수 있는가? 벗어나자면 어떤 방식의 이탈이 가능할까?"라는 문제입니다. 저는 역사학의 문밖에 있기 때문에 이 문제에 관한 제 소견은 아마추어리즘의 수준을 벗어나지 못합니다. 제가 중요하다고 느끼는 것은 한-일 양국의 역사 교과서가 전달하는 집단기억들 사이의 항구한 충돌 상태를 정당한 방식으로 조정하는 문제입니다. 지금까지의 국민국가적 전통 속에서는 이런 충돌을 조정하는 일은 그리 중요한 사안이 아니었다고 말할 수 있습니다. 국가는 기억을 통제하고, 이 통제는 상대국의 역사를 악당의 이야기로 만들거나 사소화瑣少化하는 데 특별한 흥미와 이해관계를 갖고 있기 때문입니다. 한-일 양국은 이런 식의 기억의 국가적 통제나 국가주의적 관리로부터 벗어날 필요가 있습니다. 그런 통제가 계속되는 한두 나라 국민들에게 '과거'는 헤어날 수 없는 수렁이자 족쇄입니다. 이 수렁에서 벗어나기 위해서는 서로 충돌하는 집단기억들을 앞서 말씀드린 '역사적 기억'으로 전환하는 일이 필요하고, 이 전환 작업을 맡아야 하는 것은 교과서 집필자이건 아니건 간에 한-일 양국의 역사학자들이라고 저는 생각합니다. 문외한의 의견에 불과하지만, 역사학자는 역사기술자의 기능을 넘어 비판적 이성으로 국민국가적 집단기억에 개입해야 한다고 저는 믿고 있습니다. 서로 상대방의 소리를 듣는 '경청의 장치裝置'를 역사 교과서와 역사교육에 도입하는 것은 이런 개입의 한 방법이 아닐까 싶습니다. 일본인은 한국인의 소리를 '타자의 목소리'로 경청하고, 한국인은 일본인의 소리를 타자의 목소리로 듣는 장치 말입니다. 타자의 소리를 포함해서 서로 다른 관점으로부터의 다른 이야기들을 들려주는 데 특별한 능력을 가진 담론양식은 소설서사입니다. 한-일 양국의 역사 교과서, 역사교육, 역사기술은 타자의 소리를 듣게 하는 이 서사적 방법을 도입할 필요가 있지 않을까요? 역사책이 귀신들을 집합시킬 수는 없다 할지라도 갈등관계에 있었던 역사상의 인물들이 서로 다른 변론과 서로 다른 이야기들을 제시하게 하는 방법은 얼마든지 있다고 생각합니다. 여기서 '화해'가 반드시 유일한 목적일 필요는 없습니다. 다른 이야기들을 다 듣고 나서도 화해의 실패나 불가능성을 경험하게 된다면, 그 경험 자체가 소중한 교육적 성과일 테니까요.

야스마루 요시오 선생님,

개인의 경험, 감정, 욕망을 보존하고 전달할 마땅한 방법을 지금의 역사기술은 갖고 있지 못합니다. 역사기술은 소설이 아니기 때문입니다. 그런데 정말 방법이 없는 것일까요? 역사의 신이 기억을 관장한다고 할 때의 그 '기억' 속에는 어떤 역사적 사건이나 상황에 처했을 때 개인들이 그 사건-상황을 어떻게 경험했는가에 대한 생생한 기억이 포함됩니다. 역사기술이 경험 전달의 방법을 아직은 갖고 있지 못하다 할지라도, 적어도 역사를 기술하는 사람은 개인적 경험들에 귀 기울이고, 필요하다면 상상력을 동원해서라도 그 경험들을 추체험追体驗할 필요가 있다고 생각합니다. 전쟁을 기술하는 일 못지않게 역사학자에게 중요한 것은 "전장에 끌려나가는 자의 느낌은 어떤 것인가? 죽음의 공포란 무엇이고, 역사의 폭력 앞에서 개인이 무력해진다는 것은 어떤 경험인가?"를 이해하는 작업이 아닐까요? 교과서 기술자는 가미카제 특공대원을 영웅화하기에 앞서 그 '영웅'의 외피 속에서 떨고 있는 한 청년의 절망을 보아야 하고, 종군위안부 문제를 실증의 방법으로 간단히 처리하기에 앞서 잠시 손을 멈추고 역사가 기록하지 못하는 정신대의 또 다른 진실—성을 제공하기 위해 (팔기 위한 성일 경우에조차도) 전선에 투입된 젊은 여성의 비참에 대해 생각해보아야 합니다. 제국 일본의 동북아 '진출'을 기술하기 전에 역사 기술자나 교과서 집필자는 "식민지 백성으로 산다는 것은 어떤 일인가? 이산과 유랑, 박탈과 뿌리 뽑힘의 경험이란 어떤 것인가?"를 좀 헤아려보아야 합니다. 이런 요구는 한국의 교과서 필자들이나 역사기술자들에게도 똑같이 제시됩니다. 이해를 배경에 깔고 있을 때의 역사기술과 그렇지 않을 경우의 역사기술에는 상당한 차이가 있을 것이라고 저는 믿습니다. 이것도 역사기술이 부분적으로 서사적 방법을 도입하는 일일지 모릅니다. 지금 저는 주제 넘게 역사기술의 새로운 방법을 제안하고 있는 것이 아닙니다. 그러나 미래의 역사기술은, 특히 우리 두 나라의 경우에, 차가운 사실史實이나 추상적 지식의 전달 외에도 '이해의 확장과 심화'를 위한 방법의 개발에 나설 필요가 있다고 여겨집니다. 역사책이 페이지 한 귀퉁이씩만이라도 떼어 개인들의 경험을 전달하는 데 할애할 수 없을까요? 기억의 보존을 위한 역사학이 기억의 박제화에 더 많이 기여하는 것은 아닌지 가끔 제 머리에 올가미만 한 물음표가 그려지곤 합니다. 이 물음표를 저는 선생님께 드리는 저의 답례로 삼고자 합니다.

망각과 기억의 변증법

1. 기억과 망각

기억을 빼고 나면 인간은 아무것도 아니다. 작가 최인훈이 『화두』에 썼듯 개체 존재로서의 인간은 자기기억의 '총목록'이다. 집단적으로도 인간은 자기 부족의 역사와 내력을 보존하기 위해 기억장치들을 가동하는 유일한 동물이다. 이야기, 문자기록, 조형물 등은 그런 대표적 기억장치이다. 역사는 인간이 자신의 기억을 망각의 이빨로부터 지켜내기 위한 보험장치이고 과거 보존의 테크놀로지이며, 헤겔의 표현을 빌면 '기억의 사원Temple of Memory'이다. 그리스 신화에서도 역사의 신 클리오Clio는 기억의 여신 네모시네Mnemosine의 자매이다. 철학자 조지 산타야나는 "역사를 망각하는 자는 같은 역사를 되풀이 한다"는 말을 남기고 있다. 산타야나의 이 충고는 나치에 희생된 600만 유태인을 기억하기 위해 세워진 미국 워싱턴시 홀로코스트

Holocaust(대학살) 기념관에 걸려 있다. 사실 산타야나의 그 충고는 그보다 훨씬 앞서 로마 철학자 세네카의 입에서 나온 것이기도 하다. 산타야나는 세네카의 말을 기억하고 홀로코스트 뮤지엄은 산타야나의 말을 기억함으로써 망각의 위험성을 경고한다. 그러나 "역사를 기억하라, 그리고 그로부터 배우라"는 이 오래된 충고에도 불구하고 인간은 역사로부터 잘 배우지 않는다. 우행의 역사를 잘 기억했다면 인간은 지난 2,000년간 그토록 많은 바보짓을 저지르지 않아도 되었을 것이다. 인간은 기억하는 동물이면서 동시에 망각하는 동물이다. 그는 잘 기억하지 않을 뿐 아니라 기억을 도살한다. 기억하면서 동시에 기억을 암살하는 동물, 기억과 망각이라는 이 두 능력 사이의 기묘한 모순이 인간 존재의 한 미스테리를 이룬다.

인간이 기억하는 존재이자 동시에 망각하는 존재인 이유는 그가 기억과 망각, 그 상반된 명령 사이를 오가는 진자운동으로부터 생존의 틈새를 열고 있기 때문이다. 기억의 전령은 인간에게 "잊지 말라"고 명령하고 망각의 사자는 "잊어버리라"고 설득한다. 풍요의 여신과 궁핍의 여신이 한 자리에 나란히 있을 수 없듯이 기억과 망각도 서로를 배척한다. 기억은 "망각하는 곳에 죽음 있다"고 가르치고 망각은 "아니야, 기억이 곧 죽음이지"라고 말한다. 하지만 인간은 이 두 개의 명령 가운데 어느 하나에만 전적인 충성을 약속할 수 없다. 기억은 '과거에 대한 기억'이고 '과거의 보존'이기 때문에 기억의 나라는 과거시제로 되어 있다. 그러나 인간의 생존은 언제나 현재시제의 동사로 서술되는 진행형 텍스트이다. 그 텍스트는 과거시제만으로 짜여질 수 있는 것이 아니다. 거기에는 현재형과 미래형 시제, 곧 변화동사가 필요하고 이를 위해 기억의 테이프는 부단히 지워져 빈 자리를 만들지 않으면 안 된다. 과거의 보존에만 매달릴 경우 인간은 '과거'로부터 벗어나지 못하는 기억의 노예가 될 수 있다. 기억의 노예는 그의 생존의 틀 속에 현재와 미래가 개입할 수 있는 가능성을 차단한다. 그에게 과거는 변화의 개입 가능성을 봉쇄하는 거대한 억압세력이 되고 기억은 그 억압의 유지와 재생에 봉사한다. 변화로부터 차단될 때 생존은 결정적으로 위태로워질 수 있다. 인간이 망각의 명령에 이끌리는 것은 바로 이 위기의 순간에서이다. 이 경우 망각은 과거라는 이름의 억압으로부터 벗어나려는 반역의 한 형식이 되고 정체된 세계의 질서를 변화시키려는 자유 추구의 충동으로 대두한다.

세계사의 진행 과정에서 이 의미의 망각충동이 폭발적으로 터져나온 시대가 이른바 '근대modernity'이다. 시대 구분 단위가 아닌 역사적 사건으로서의 근대는, 지금 많은 사람이 망각하는 것과는 정반대로, 정확히 과거에 대한 반역이고 전통의 파괴이며 마르크스의 규정처럼 '모든 견고한 것들을 바람결에' 날려버려 어떤 신성한 것, 안정된 것, 고정적인 것도 남겨두지 않는 무정형성의 세계를 출발시킨 대사건이다. 서양적 근대의 관점에서 기독교와 신성권력으로 대표되는 과거는 근대 인간이 깨부수어야 하는 '구

보이지 않는 가위손

정권ancien regime'이고 전통과 인습은 벗어던져야 하는 굴
레이며 전통적 이데올로기와 지식 등은 미망의 체계 또는
'미신'이다. 새로운 것은 새롭다는 사실만으로 이미 '좋은
것'이며 과거의 것보다 '더 나은 것'이고 그 자체 진보이자
발전이다. 견고한 가치와 신성한 질서를 가지고 그것들의
보존과 유지 위에 지탱되는 사회를 전통사회라고 한다면,
그 사회는 불가피하게 기억의 사회이다. 반면 과거로부터
의 과격하고 급진적인 이탈과 단절에 의거하여 새로운 사
회를 열고자 한 근대사회는 기억파괴를 불가피한 요청으
로 갖는 망각의 사회이다. 근대는 합리성의 가치를 확립하
려 한 문명사의 극히 중요한 사건이지만, 그 진행 과정에
서 여러 형태의 극단적 '과잉'을 초래한 바가 없지 않다. 극
단적 망각주의도 그런 과잉의 하나이다.

　이 과잉의 망각충동에 관한 한, 근대를 대표하는 서양
철학자는 헤겔이기보다는 '유쾌한 망각의 철학'을 내놓은
니체이다. 니체가 망각의 철학을 제시한 것은 정신사를 포
함한 유럽의 역사에서 잊어버리고 내팽개쳐야 할 억압의
사슬이 너무 많다고 판단했기 때문이다. 이 판단에는 옳은
부분이 있다. 그러나 망각의 철학이 위험해지는 것은 그
메시지가 망각의 과잉을 부추길 때이다. 기억의 과잉과 마
찬가지로 망각의 과잉은 인간 생존을 위태롭게 한다. 과잉
기억이 인간을 과거의 노예이게 한다면 과잉의 망각은 인
간을 현재의 노예이게 한다. 인간은 과거-현재-미래의 시
간구도 속에서만 그 생존이 가능한 시간적 존재이며 이 시

간성이, 다른 모든 이유를 떠나, 그의 존재를 역사적인 것이게 한다. 시간의 연속으로부터 '지금, 여기here now'만을 뜯어내어 거기 몰두할 때 인간은 자기 삶을 전체적 조망 속에 유지할 길이 없고 방향과 의미를 줄 방도가 없게 된다. 토막난 시간은 삶을 토막내고 부분화한다. 근대 경험의 한 특성을 이루는 '파편화fragmentation'라는 개념 속에는 이처럼 토막난 시간이 발생시키는 삶의 극단적 부분성이라는 의미가 들어 있다. 문제는 이 부분성과 파편성이 정확히 인간 생존의 '현재'에 결코 봉사하지 않는다는 데 있다. 이것이 과잉의 망각철학이 지닌 맹점이며 위험성이다. 인간은 그의 '현재'를 위해 과거의 기억과 미래에의 전망이라는 전체적 구도를 필요로 하며 이 전체적 조망이 상실되거나 불가능할 때 생존은 즐거운 것이 아니라 고통스러운 것이 된다. 망각은 이 경우 유쾌하지 않다. 그것은 여러 형태의 희생과 고통을 수반하거나 그것들의 직접적인 기원이된다. 그러므로 현재를 위해 기억의 전면적 폐기를 부추기는 과잉의 망각철학은 오히려 그 현재를 위기로 몰아넣고 그 철학의 추종자를 모종의 지배세력 또는 이해관계의 제물이 되게 한다.

포스트모더니즘으로 불리는 최근의 한 사조가 지닌 위험성도 망각이 고통과 희생의 기원이 될 수 있다는 사실을 적극적으로 망각하게 하는 데 있다. 포스트모더니즘은 실상 탈근대적이기보다는 근대적 망각충동의 극단적 과잉을 지향하는 사조이며, 근대의 폐해를 극단화함으로써 근

보이지 않는 가위손

대를 초극한다는 기묘한 도착증적 기획을 내세운다. 망각 충동을 부추김으로써 포스트모더니즘이 거두는 성과는 '유쾌한 바보'를 양산하는 것이다. 이 유쾌한 바보는 망각의 즐거움에 취해 그 즐거움이 그를 죽인다는 사실을 잊어버린다. 근년 들어 포스트모더니즘의 사회적 유용성이 전면적으로 불신받게 된 것은 언필칭 '탈근대'를 주장하는 이 사조가 그 도착증적 성격과 극단성으로 인해 근대 초극의 기획이 될 수 없다는 사실을 분명히 드러냈기 때문이다. 근대의 폐단을 넘어서고 극복하는 일은 근대를 망각함으로써가 아니라 그것을 기억하고 비판함으로써만 가능하다. 비판에는 기억이 절대적이며 따라서 기억이 정지된 곳에서는 비판, 성찰, 교정이 불가능하다. 망각은 정확히 비판력의 마비이다.

"잊지 말라"는 기억명령은 과거의 신성화와 신비화를 위한 명령일 때는 죽음을 동반할 수 있다. 그러나 기억은 과거를 섬기기 위한 것이 아니라 현재와 미래에 봉사하기 위한 것이다. 망각도 그러하다. 비판력의 마비일 때 망각은 죽음의 책략이 된다. 그러나 기억과 마찬가지로 망각도 건강한 현재를 위해 필요하며, 이 경우에만 망각은 유용성을 갖는다. 인간은 기억과 망각의 균형 속에서만 그의 현재를 관리하고 미래를 설계할 수 있다. 이것이 기억과 망각의 변증법이다. 양자 균형이 깨질 때 인간은 기억의 노예가 되거나 유쾌한 망각의 바보가 된다. 서사시 『오디세이아』에서 페넬로페가 낮에는 베(시아버지의 수의)를 짜고 밤이면 그 짠 것을 풀어버리듯 인간은 기억의 실로 역사를 짜고, 필요할 경우 망각의 힘으로 그 역사를 풀어 새로운 짜기에 대비한다. 그는 짜고 풀고 또 짠다. 기억이 '짜기weaving'의 긴장 에너지라면 망각은 '풀기unweaving'의 이완운동이다. 인간은 긴장과 이완 사이를 왕복한다. 그는 그 양단의 어느 한쪽으로 아주 치우치지 못한다.

2. 김용삼과 '훈' 할머니

현대 한국인에게는 잊어서는 안 될 다수의 중요한 집단적 경험들이 있다. 동양 근대세력으로서의 일본 제국주의에 지배당한 식민시대, 남북전쟁, 정치 독재와 민주화 투쟁, 천민 자본주의의 고통 등은 그 다수의 경험들 중에서도 우리가 결코 망각할 수 없고 망각해서는 안 될 경험들이다. 고통스러운 경험의 기억은 그 자체로 고통스러운 것일 수 있다. 불쾌한 사건은 될수록 빨리 잊어버리고자 하는 것이 인간심리의 한 성향이라는 사실을 감안하면, 고통스러운 기억을 보존한다는 것은 인간의 자연성향에 반하는 일이기도 하다. 그러나 모든 민족집단이 그 수난의 역사를 기억하는 것은 고통을 즐기려는 마조키즘적 충동 때문이기보다는 세네카의, 또는 산타야나의 충고처럼, 망각하는 민족은 동일한 수난의 역사를 되풀이한다는 것이 역사의 진실이기 때문이다. 이 경우의 기억은 고통을 재생산하기 위한 것이 아니라 고통의 재발생 가능성을 차단하기 위한 것이다. 최근에 우리 사회는 우리가 망각해서는 안 될 것들이 무엇이며 기억해야 할 것은 왜 반드시 기억해야 하는가를 새삼 일깨워주는 몇 가지 사례들을 접하고 있다.

1997년 초, 〈머나먼 아리랑 고개〉라는 작품을 무대에 올린 일본 하코다테函館시 지역극단 고부시좌座 사람들을 만나러 갔던 한국방송공사KBS 취재팀은 현지의 옛 화장 터 근처 한 사찰에서 한국인으로 보이는 어떤 남자의 오래 된 유골함 하나를 발견한다. 화장하고 남은 몇 개의 뼈 조 각들을 쓰레기처럼 담아둔 그 유골함에는 '김천용삼金川容 三'이라는 이름과 함께 그의 출신지 한국의 고향 주소가 적 혀 있다. 한국의 그 고향 주소지를 찾아간 방송사 취재팀 은 거기서 아직도 사망 처리되지 않은 채 남아 있는 '김용 삼'의 호적을 확인하고 그의 가족들을 만난다. 고향에는 그 의 친형이, 오래전 일본으로 징용되어 끌려간 뒤 긴 세월 생사를 알 길 없는 동생을 기다리며 아직 생존해 있다. 김 용삼의 유골은 장장 반세기가 넘어서야 조카들의 품에 안 겨 귀국한다. 삼촌을 안고 돌아오기 전, 조카들은 하코다테 시청을 찾아가 이런 질문을 던진다. "유골함에는 망자의 주소지가 분명히 적혀 있는데, 어째서 50년이 넘도록 돌려 보내지 않고 아무 조치도 취하지 않았는가? 우리는 그것이 궁금하다." 시청 직원은 "미안하게 됐다"는 말 한마디로 사 과를 표명한다.

궁금한 일이 어찌 그뿐이겠는가. 젊은 나이에 일본으로

끌려간 조선인 청년 김용삼은 어떤 경로로 하코다데까지 흘러가고 무슨 일로 왜 죽었는가? 그러나 이 질문은 허망하다. 하코다데 밤하늘의 별들만이 그 질문에 답할 수 있기 때문이다. 일본에서의 김용삼의 삶과 죽음의 이야기는 소리 없이 망각의 지층에 묻혀 있다. 우리가 알 수 있는 것은 그가 제국주의 역사의 제단에 바쳐진 수없이 많은 조선인 희생자의 하나라는 사실뿐이다. 실로 우연한 조우가 아니었던들 그의 유골조차도 끝내는 깊은 망각의 늪에 가라앉아 흔적 없이 사라졌을 것이고 김용삼은 어느 알 수 없는 순간 이 지상에서 그 존재를 깡그리 증발 당해버린 영원한 실종자로 처리되었을 것이다. 피지배민족의 기억을 송두리째 박탈하고 개체 인간의 존재를 완벽하게 무화無化시킬 수 있다는 점에서 제국주의는 역사의 가장 난폭한 폭력 형태의 하나이다. 식민지 백성들을 망각의 존재로 만들고 그 근거지로부터 뿌리 뽑아 이산, 떠돌이, 실종, 의문사의 고통 속으로 몰아넣은 다음 그 고통의 흔적을 철저히 지워 없애는 것이 제국주의의 폭력이다.

망각은 이 지워 없애기의 가장 대표적인 형식이다. 사망 당시 김용삼의 유골이 반환되지 않은 것은 그가 다른 수많은 조선인 희생자들처럼 '기억될 필요가 없는 무존재'였기 때문이며, 패전 이후의 일본이 식민시대의 조선인 희생자들에 대한 어떤 공식적인 조사도 보상조치도 취하지 않은 것은 조선인을 무존재로 보는 제국주의적 시각이 현대 일본에서도 바꾸어지지 않았기 때문이다. 제국주의는

보이지 않는 가위손

사라진 것이 아니다. 그것은 여러 형태로 남아 지금도 세계 도처에서 수많은 고통의 이야기들을 만들어내고 있다. 고부시좌가 무대에 올린 〈머나먼 아리랑 고개〉라는 작품은 1920년대에 일본 하코다데의 한 유곽으로 끌려가 창녀 생활을 강요당하다 바다에 몸을 던져 자살한 한 조선인 처녀의 이야기이다. 그 작품은 잊혀진 한 여성의 이야기를 기억함으로써 제국주의가 개인들의 운명에 가한 폭력을 기억한다. 우리가 이 종류의 기억행위를 중히 여기는 것은 그런 기억만이 망각의 죄를 심판하고 '지금 여기' 살아 있는 자들의 도덕적 정신적 자세를 바로 세울 수 있게 하기 때문이다.

일본 제국 군대의 정신대로 태국까지 끌려가 50년 넘게 완벽하게 망각되었다가 최근 고향을 찾게 된 '훈' 할머니의 슬픈 귀향의 이야기 역시 지금도 진행형으로 남아 있는 제국주의적 폭력에 대해, 그리고 그녀의 삶을 바꿔놓은 이중의 망각에 대해 생각해보게 한다. 김용삼의 경우와 마찬가지로 훈 할머니도 현지의 어떤 한국인이 그녀를 '발견'하지 않았더라면 망각 속에 영원히 묻혔을 조선인 희생자의 하나이다. 제국주의는 한 개인을 뿌리 뽑아 먼 이국으로 끌어간 다음 전쟁이 끝나자 오갈 데 없어진 그녀를 그곳에 방치하고, 그리고는 잊어버린 것이다. 김용삼의 유골처럼 그녀는 반세기가 넘게 망각 속에 던져져 있었다. 이 할머니의 이야기를 더욱 슬프게 하는 대목은 그녀가 자기 이름과 성, 그리고 모국어까지도 잊어먹었다는 부분이다. 개체가 자연언어로 습득해서 10대 후반의 나이까지 사용한 모국어는 좀체 망실하지 않는다는 것이 일반적인 정설이다. 그러나 훈 할머니의 경우는 생존과 적응이라는 절대명령이 한 인간에게 얼마나 치열한 망각을 일으킬 수 있는가를 보여준다. 그녀는 '태국인'으로 다시 태어나기 위해 자신의 부끄러운 과거와 이름과 성을 송두리째 잊어버리고 싶은 무의식적 망각충동에 지배되었을 것이 틀림없다. 이것은 살아남기 위한 망각이며 강요된 망각이다. 그 망각 속에서 한국인으로서의 그녀는 죽고 모국어도 죽고 이름과 성과 고향의 기억까지도 죽은 것이다. 누군가가 다시 그녀를 되찾아줄 때까지.

살아 있는 국민의 생명과 재산을 보호하는 일만이 아니라 행방불명자를 기억하고 찾아주는 일은 근대국가의 의무이다. 미국은 한국전과 월남전에서 행방불명이 된 자국 장병들을 지금도 찾고 있고, 전사자 유골까지도 철저히 반환받기 위해 노력한다. 식민지 시대에 우리에게는 국체가 없었고 해방 이후 수립된 국가는 식민통치 이전의 국체였던 '대한제국'과는 다른 공화국체제로 출발했지만, 적어도 식민상황의 해제를 위해 투쟁한 민족 성원들과 임시정부의 정당한 후계라면 해방 이후의 국가는 마땅히 식민 시기의 행방불명자와 희생자들의 행방을 찾고 수소문하는 사업을 벌였어야 한다. 해방기의 혼란과 전쟁, 잇따른 정변 등이 우리에게 정신 차릴 여유를 주지 않았다는 것도 사실이다. 그러나 이것은 여유의 문제가 아니라 의식의 문제이

보이지 않는 가위손

다. 1948년 공화국 수립 이후 지금에 이르기까지 어느 정권도 식민시기의 행불자들을 찾기 위한 기초조사조차 벌인 일이 없다. 더구나 정신대 희생자들의 경우는 이 문제가 국민들로부터 제기될까 봐 오히려 정치권력이 나서서 억압하기까지 했다는 사실이 알려져 있다. 제국주의만이 억압적 망각의 정치학을 편 세력이 아니라 그 피해자인 우리 자신이 적극적 망각세력이 되어 있었던 것이다. 우리가 식민통치를 받아야 했다는 사실도 부끄러운 일이지만 그 이후의 우리의 행태 역시 사람을 창피하게 하는 데가 많다.

한글학자 외솔 최현배는 어떤 역사가의 말이라면서 한국인의 기이한 망각벽을 '천박한 낙천성'에 연결지어 한바탕 질타한 적이 있다. 1949년에 씌어지고 1954년에 나온 그의 저서 『한글의 투쟁』(정음사)에 수록된 이 비판은 당시의 한국인에게만 적실한 것이 아니다. 그것은 오히려 지금의 우리, 이상할 정도로 망각의 연대를 살고 있는 이 1990년대 한국인에게 더 타당한 지적처럼 보인다. 우리의 젊은 지성들은 외솔의 아픈 충고가 담긴 그 대목을 주의 깊게 경청할 필요가 있을 것 같아 그 대목의 상당 부분을 여기 인용코자 한다.

어떤 우리 역사가는 말한다. 우리 겨레의 사상의 밑가락에는 천박한 낙천성이 있다. 그 역사적 인연으로, 그 지리적 약속으로, 배달 겨레처럼 기구하고 험한 운명에 희롱된 놈이 없건마는, 아프고 깊고 간절하고 돈독한 반성, 참회, 발분, 격려를 보지 못함은 무엇보다도 정당한 감격기능이 천박한 낙천성에 눌리고 막힌 때문으로 볼 것이다. 아무러한 고통과 분원이라도, 그 당장만 지내뜨리고 나면, 그만 잊어버리고 단념하여, 그 경험과 느낌이 정당한 가치를 발휘하지 못함이 다 그릇된 낙천성에 말미암은 것이다. 그리하여, 우리의 역사는 의식적 계획적 추진의 역사가 아니다. 어지러움을 잡아 바름으로 돌이키며, 흐림을 헤치고 맑음을 올리며, 혁명적으로 깨끗이 하며, 비약적으로 방향을 전환함과 같은 일이 없고, 그저 미지근하고 탐탁지근하고 하품나고 조으림까지 오는 기록의 연속이 조선 역사의 겉꼴이다. 구차히 펼코자 하는 병, 무관심증, 불철저증, 건망증, 들은 다 우리 사람들의 국민적 고질이라고— 과연 그렇다.(『한글의 투쟁』, 17~18쪽)

필요한 변화에 대한 완고한 저항일 때 기억은 발전을 가로막는 장애이다. 그러나 반드시 기억할 필요가 있는 것까지 다 망각함으로써 정신 없이 변화에 편승코자 하는 것은 경망 그 자체이다. 이 종류의 경망스러움은 1990년대 한국인의 문제가 되고 있다. 민주주의가 정착되기도 전에 이미 민주사회가 도래한 것으로 착각하고 1980년대의 기억을 몽땅 잃어가고 있는 것이 지금의 상황이며, 합리성의 결여로 인한 피해와 희생이 각종 인재人災의 형태로 연

보이지 않는 가위손

달아 발생하는데도 합리성의 포기를 주장하는 포스트모더니즘에 휘둘리고, 이른바 '세계화'라는 것이 지닌 우둔하고 파괴적인 측면은 간과한 채 마치 제 것 다 버리고 남 쫓는 일만이 유일하게 살 길이라 여기는 착각에 빠져 있는 것이 지금 우리의 초상이다. 토착적인 것, 고유한 것, 자생적인 것을 끊임없이 파괴하고 세계의 여러 다양한 문화자원을 소멸시켜온 것은 근대주의 자체의 제국주의적 죄과이자 문명의 가장 슬픈 성취 가운데 하나이며, 세계화라는 것에는 이 우둔한 성취를 지향하는 측면이 있다. 세계화는 필요한 변화지만, 변화는 현명하게 추구될 때에만 유용한 것이다. 근대적인 것들에는 우리가 버릴 것과 유지할 것이 있고 전근대적인 것들의 경우에도 우리가 기억하고 보존할 것과 잊어버려야 할 것이 있다. 현명한 변화는 기억과 망각의 변증법적 사유를 요구한다. 우리의 젊은 지성들에게 그 사유가 지금처럼 절실한 때도 없다.

남북 정상회담의 서사적 구조
남북 공존 시대를 위한 사회문화적 접근 배제와 분할의 정치를 넘어서
평양 회동 3일의 의미 위반과 과잉을 넘어서
민족주의 에너지의 재구성 문화 양극화의 다른 두 측면
한강의 기억과 비전 강은 누구를 위해 흐르는가
광복 60년의 문화에 대한 성찰
새천년의 한국인 새로운 도전, 성찰과 비전

4부

배제와 분할을 넘어

20세기는 우리에게도 전쟁의 세기이다. 그러나 민족사의 문맥에서 한국인 또는 조선인에게 20세기는 단연 '이산의 세기'이다. 이산은 뿌리 뽑힘, 흩어짐, 떠돌기, 되돌아오지 못함의 네 가지 계기들을 갖고 있다. 그것은 집을 떠나야 했던 사람들, 살던 곳에서 뿌리 뽑히고 흩어져 길바닥을, 혹은 낯선 고장을 떠돌아야 했던 사람들, 유맹流氓, 노예성 계약노동자, 난민, 망명자들의 운명이고 삶이다. 제국주의와 식민지배, 빈곤, 전쟁, 분단, 체제 폭력, 정치 독재 등은 우리의 경우 이산을 발생시킨 강력한 요인들이다. 한국인은 20세기 전 기간에 걸쳐 이 모두를 경험한다. 고향을 떠나 만주로 연해주로 또 어디로 뿔뿔이 흩어져간 식민지 유맹, 집을 떠나야 했던 반일反日 독립운동가들, 하와이와 멕시코 등지의 사탕수수밭으로 팔려간 가난한 노동이민, 2차 대전기 일제 징용에 걸려 사할린으로, 일본 내지의 탄광으로, 남태평양의 섬들로, 정신대로 끌려간 사람들의 징용이산, 남북 분단 및 6 25 전쟁으로 인한 분열과 이산, 빈곤으로부터 혹은 정 붙이고 살 수 없는 나라로부터의 탈출을 시도한 1960년대의 미주 이민, 체제 폭력이 낳은 내외 망명자 집단, 산업근대화 시기의 내국 이민—이 모두가 20세기 한국인을 길바닥으로, 외지로, 낯선 땅으로 내몬 이산의 요인들이다. 지난 100년간 이 의미의 이산diaspora을 경험해보지 않았거나 그 영향을 받지 않은 사람이 한반도 전역에 몇이나 될까? 이산은 한국인의 한 세기를 요약하는 한국인의 공통경험이

다. 사람들이 집을 떠나 길바닥을 떠돈 유랑과 이산의 시대, 그것이
한국인의 20세기이다.

　이 안전장치의 첫 번째 수순은 우선 남북한이 '적대적' 존재방식
속으로 결코 다시 '퇴행'하지 않는다는 것을 남북 주민 전체의 절대
적 명령이자 엄중한 약속으로 인식하고 그 약속의 파기 가능성을 줄
여나가는 일이다. 1950년 전쟁 이후 50년간 지속된 전후체제가 한
반도 냉전구조이고, 이 전후체제를 종식시키기로 한 약속이 평양 선
언이다. 그러나 선언과 실천은 서로 다른 차원을 갖는다. 약속을 실
천하기 위해 남북한은 무슨 일을 해야 하는가? 경제 부문에서의 교
류협력은 물론 중요하고 효과적이다. 경제적 상호관계의 심화는 전
쟁억지력을 가질 수 있고, 이해 증진에 기여할 수도 있다. 그러나 경
제적 접근법보다 더 근본적이고 본질적인 것은 정신, 의식, 문화, 어
법, 분류방식, 태도의 냉전구조를 해소하는 일이다. 적대관계 속에서
도 경제교류는 가능하다. 그러나 지금 남북 주민들에게 필요한 것은
'적과의 경제적 동침'이 아니라 '적대관계 그 자체의 해소'이다.

　반공-적대 교육을 공존의 교육, 평화통일을 위한 교육으로 개편
대체하는 일도 사회문화적 조건 정비의 하나이다. 공존은 제도에 의
해서만 정착되는 것이 아니다. 공존의 가치에 대한 가슴의 동의와

머리의 수락이 없을 때 제도는 언제든지 무너진다. 공존의 교육은 차이의 존중과 인정을 향한 교육이라는 점에서 민주주의 교육의 알파이면서 평화교육의 오메가이다. 남북 쌍방이 서로 다른 체제를 갖고 공존공영할 수 있다면 그것은 문명의 훼손이 아니라 문명사적 성취일 수 있다.

민족주의가 반드시 타자 배척의 국수주의, 자민족 우월론, 억압과 지배의 담론 같은 것들에 항구한 포로로 묶일 필요는 없다. 역사적 구성물이기 때문에 민족주의는 역사적 변화에 열려 있다. 이것이 열린 민족주의다. 열린 민족주의는 열린 믿음의 체계와 마찬가지로 타자를 무시하거나 배제하지 않는다. 그것은 삶, 경험, 가치의 다원적 복합적 양식의 하나로 발전될 수 있다. 민족주의 없는 세계를 꿈꾸는 불가능한 몽상에 빠지기보다는 민족주의를 복합적 경험 양식으로 재구성하고 공존, 평화, 관용의 열린 체제로 변용시켜 나가는 일이 더 중요하고 필요하다.

세계화주의자들이 모르는 것이 있다. 인간의 가장 자연스런 감정, 그가 가진 인간적 가능성의 만개를 위한 조건, 그의 존재에 의미를 주고, 그를 가장 편안하게 하며, 그를 가장 인간답게 하는 것은 추상적 세계성이 아니라 집, 고향, 동네, 친구들 같은 구체적이고 특수한

그의 '국지성'이며 국지적 관계이다. 민족이란 이 국지성, 그의 '집'
에 붙여지는 이름이다. 그의 이 국지성은 그의 세계성과 반드시 상
치대립하는 관계에 있지 않고, 세계성 때문에 희생되어야 하는 것도
아니다. 오히려 그의 세계성은 그의 국지성 '때문에', 그것을 근거로
해서, 가능하다. 세계화 시대의 인간에게일수록 '돌아갈 집'은 필요
하다.

　프리모 레비. 아우슈비츠 절멸수용소로 끌려가 '나치'라는 이름의
고도 효율체제가 자행하는 살육과 파괴의 폭력을 견디어내는 동안
그가 대면해야 했던 가장 절실한 화두는 "도대체 인간으로 산다는
것은 어떻게 사는 것인가?"였다. 레비의 경우 그 질문은 연구실에서,
책에서, 상아탑에서 나온 것이 아니라 절멸수용소에서 나온 것이라
는 점이 중요하다. 중요한 것은 그 질문 자체다. 그것은 아무도 피해
갈 수 없는 질문이며, 어딘가에 정답이 있는 질문도 아니다. 그것은
각자가 응답해야 하는 질문이다. 나는 이 질문을 '한강의 질문'으로
돌리고자 한다.
　평화의 강, 생명의 강, 공생의 강을 지향하는 것이 한강의 비전이
되어야 한다. 한강은 묻는다. 누구를 위해서, 무엇을 위해, 강은 흐르
는가?

남북 정상회담의 서사적 구조

1. 이산의 세기, 이산의 서사

8월 15일부터 3박 4일간 서울과 평양에서 동시 진행된 남북 이산가족 상봉 현장에서는 잊을 수 없는 말과 장면 들이 쏟아져 나와 2,000년 한여름의 한국인들을 숙연하게 한다. 평양에 간 남쪽의 남편은 칠순 노파가 된 북녘의 아내를 만난다. 노파로 바뀐 것이 민망하다는 듯 고개 숙이고 앉아 있는 (누가 그를 다시 젊은 아낙으로 되돌리랴?) 그 아내의 손에 남편은 금반지를 끼워주며 오열한다. "여보, 미안해. 내가 죄인이다. 죄인이야, 내가." 남녘 어머니와 북의 딸이 만난 모녀 상봉의 장면에서 딸은 묻는다. "어머니, 왜 이제 왔시요?" 어머니는 한마디밖에 하지 못한다. "미안하다." 50년만에 만나고서도 마치 화난 사람들처럼 부루퉁한 얼굴로 멀찌감치 떨어져 앉아 눈길을 딴 데 주고 있는 서먹한 남편과 아내, 반가운 표정도 울음도 없이 넋나간 듯

보이지 않는 가위손

멍하니 앉은 북의 아내들, 그 자신 쪼글쪼글 늙고 말라빠져 병상에서 일어날 기력도 없으면서 북에서 온 아들을 향해 "쪼글쪼글 살이 빠졌구나"라며 걱정하는 구순의 남쪽 어머니. 구급차에 실리는 것조차 위험할 정도로 노쇠한 남녘의 한 어머니는 아들과의 전화 통화에서 "어디 갔다 이제 왔어?"라고 묻는다. 아들은 긴 외출에서 돌아온 것인가? 아침 나절 심부름 갔던 녀석이 딴청 피우다 한참 늦게, 해질녘에야 돌아왔는가? 그 어머니의 목소리는 금방이라도 꺼질듯 한데, 그래도 그는 우는 아들을 다독거린다. "울지 마, 울지 마." 치매로 기억을 상실했다는 구순의 한 어머니가 북에서 온 아들을 알아보고 이름을 부른다. "종필아!"

한반도를 나흘간 눈물에 젖게 한 이번 상봉의 장면들을 지켜보는 동안 우리의 머리를 내내 떠나지 않는 질문 하나는 우선 거기 쏟아져 나온 언어들의 불가능성이라는 문제이다. 상봉자들은 불가능한 질문을 던지고 불가능한 사죄의 언어를 사용한다. "내가 죄인이다"라고 사죄하는 남편은 그의, 그 혼자의 죄가 아닌 것을 '내 죄'라 뒤집어쓰고 있다. 사죄할 수 있는 위치에 있지도 않으면서 그는 사죄하고 있는 것이다. "왜 이제 왔시요?"라는 딸의 질문은 어머니가 대답할 수 있는 질문이 아니다. 그것은 불가능한 질문이며, "미안하다"라는 어머니의 사죄도 그러하다. "어디 갔다 이제 왔어?"라는 어머니의 물음 앞에 아들은 "날 용서해, 어머니" 외에는 당장 할 말이 없다. 그들은 한 집단 전체의 것이어야 할 책임과 사죄의 언어를 개인의 언어로 바꾸고, 집단 전체가 대답해야 할 질문을 개인들에게 던진다. 그런데 그 개인들에게는 그 순간 그 불가능하고 가당찮은 언어들 외에는 날려 쏠 말이 없다. 우리를 숙연케 하는 것은 바로 이 대목——개인들이 집단의 위치에서 발언하고, 개인성이 집단성을 대신하는 그 대체代替의 차원이다. 이 대체와 위치바꿈에 주목하는 순간 우리는 개인들의 불가능한 질문과 사죄가 바로 그 불가능성 때문에 개인성을 넘어 집단성의 차원으로 역이동하는 것을 보게 된다. 개인들의 언어는 집단의 언어를 대신한 것이고, 개인들의 질문은 바로 집단을 향해 던져지는 질문이라는 사실이 문득 무슨 발견처럼 우리에게 와닿는 것이다. 상봉장에서 이산가족들이 사용한 불가능한 언어의 의미는 거기 있다. 그것이 '대체의 언어'라는 사실을 아는 순간 남북한 주민들은 이산가족 문제가 특수한 개개의 당사자들에 국한된 것이 아니라 집단 전체에 걸려 있는 문제라는 사실——역사가 책임져야 하고 남북 주민 모두가 대답해야 할 보편적 미결의 문제라는 사실과 정면으로 만난다.

'이산離散'이라는 것의 의미도 이번 상봉이 우리에게 던지는 또 하나의 중요한 화두이다. 이 화두는 "한국인에게 도대체 20세기란 무엇인가?"라는 질문과 직결되어 있다. 지금 서울과 평양에서 이산이 의미하는 것은 일단은 남북분단과 전쟁이 발생시킨 분단이산 혹은 전쟁이산이다. 그러나 우리에게 분단-전쟁이산만이 이산인가? 세계사의 큰 맥락에서 20세기는 전쟁의 세기, 혁명의 세기, 그리고 또 무엇무엇의 세기일 수 있다. 우리도 전쟁을 치르고, 그 전쟁으로 인한 이산과 50년간의 냉전을 경험해야 했다는 점에서 20세기는 우리에게도 전쟁의 세기이다. 그러나 민족사의 문맥에서 한국인 또는 조선인에게 20세기는 단연 '이산의 세기'이다. 이산은 뿌리 뽑힘, 흩어짐, 떠돌기, 되돌아오지 못함의 네 가지 계기들을 갖고 있다. 그것은 집을 떠나야 했던 사람들, 살던 곳에서 뿌리 뽑히고 흩어져 길바닥을, 혹은 낯선 고장을 떠돌아야 했던 사람들, 유맹流氓, 노예성 계약노동자, 난민, 망명자들의 운명이고 삶이다. 제국주의와 식민지배, 빈곤, 전쟁, 분단, 체제 폭력, 정치 독재 등은 우리의 경우 이산을 발생시킨 강력한 요인들이다. 한국인은 20세기 전 기간에 걸쳐 이 모두를 경험한다. 고향을 떠나 만주로 연해주로 또 어디로 뿔뿔이 흩어져간 식민지 유맹, 집을 떠나야 했던 반일反日 독립운동가들, 하와이와 멕시코 등지의 사탕수수밭으로 팔려간 가난한 노동이민, 2차 대전기 일제 징용에 걸려 사할린으로, 일본 내지의 탄광으로, 남태평양의 섬들로, 정신대로 끌려간 사람들의 징용이산, 남북 분단 및 6·25 전쟁으로 인한 분열과 이산, 빈곤으로부터 혹은 정 붙이고 살 수 없는 나라로부터의 탈출을 시도한 1960년대의 미주 이민, 체제 폭력이 낳은 내외 망명자집단, 산업근대화 시기의 내국 이민─이 모두가 20세기 한국인을 길바닥으로, 외지로, 낯선 땅으로 내몬 이산의 요인들이다. 지난 100년간 이 의미의 이산diaspora을 경험해보지 않았거나 그 영향을 받지 않은 사람이 한반도 전역에 몇이나 될까? 이산은 한국인의 한 세기를 요약하는 한국인의 공통경험이다. 사람들이 집을 떠나 길바닥을 떠돈 유랑과 이산의 시대, 그것이 한국인의 20세기이다.

이산이 한 세기에 걸친 한국인의 공통경험이었다는 사실은 당장 두 가지 사항을 숙고하게 한다. 첫째, 전쟁이산은 그에 앞서 20세기 초부터 이미 발생하고 진행된, 그러므로 훨씬 더 오래된 민족이산의 일부이며, 전쟁이산을 발생시킨 조건의 상당 부분은 그 오래된, 선행의 이산 조건들에 연결되어 있다. 따라서 우리의 경우 이산의 의미는 전쟁이산에 국한되지 않고 남북 이산가족이라는 직접적 연고자들에게만 한정되지 않는, 넓은 역사문맥으로 확장되어야 할 성질의 것이다. 둘째, 이산이 20세기 한국인의 공통경험이었다는 사실은 그것이 집단의 경험, 곧 '민족적 경험'임을 의미한다. 그것은 지역적 사회적 한계를 벗어나 한국인 전체의 운명에 연결되고, 그들의 삶에 영향을 준 사건이고 경험이다. 한국인에게 이산의 사건과 경험은 아무도 그로부터 자유로울 수 없는 집단적 기억이며, 이 기억은 집단 정체성의 주요 규정 요소이다. 중요하게도, 그 집단적 기억과 정체성이 20세기 한국인의 '민족서사'를 구성한다. 뿌리 뽑힌 자들의 이야기, 집 떠나 타향을 떠돈 자들의 이야기, "차마 그곳이 꿈엔들 잊힐 리야"라면서도 집으로 되돌아오지 못하고 낯선 땅 밤하늘 별빛 아래 잠든 자들의 이야기—식민 시대 이후 지금까지 한국인의 특징적

보이지 않는 가위손

집단서사를 구성하는 것은 이런 이산의 서사이다. 여기서 우리는 이산 경험의 개인성과 집단성이 불가피하게 만나는 접점을 다시 발견함과 동시에 '민족'이 한국인에게 여전히 중요한 개념으로 작용하게 되는 끈질긴 이유를 확인한다. 그가 이산을 경험해야 했던 것은 무엇보다 그가 '한국인'이었기 때문이다. 이산의 서사를 빼놓고 한국인의 이야기는 좀체 성립하지 않는다.

　이번 상봉에서 드러나는 문제들도 없는 것은 아니다. 가족, 혈육, 민족 등은 중요하고 소중한 가치들이면서 동시에 상당한 문제적 범주들이며, 이것들은 우리가 이산의 서사를 민족 통합의 서사로 전환시키는 데 도움이 되기도 하고 맹목적 장애가 되기도 한다. 그러나 이런 사실을 염두에 두고서라도 지금 우리의 분단상황에서는 분단과 분열을 넘어 이산의 서사를 민족통합의 서사로 전환시키는 일이 요청되고 있고, 지난 6월의 남북 정상회담은 이 전환에 중요한 계기를 제공하고 있다. 이 글의 남은 부분은 6월 평양회담 자체의 의미나 의의를 따지기보다는 그것이 어떻게 서사적 구조를 갖는지 서사이론적 관점에서 기술해보는 데 바쳐진다.

　2. 평양 정상회담의 서사구조

　이산의 서사가 이산의 조건을 해지 또는 극복하여 이

산 이전의 상태로 되돌아가고자 할 때 '통합추구 서사'가 발생한다. 추구서사는 이산이 극복된 상태, 곧 통합을 추구한다. 종종 이 통합상태는 이산 이전에는 존재했으나 이산과 함께 상실된 것으로 간주되고, 따라서 통합추구서사는 흩어진 것들을 재결합하여 이산 이전의 전체성을 되찾으려는 '원상 회복' 운동이 된다. 이 회복의 모티프 때문에 통합추구서사는 원상, 상실, 회복의 세 단계를 골간으로 하는 매우 전통적인 서사구조를 갖고 있다. '전통적'이라 함은 이 서사구조가 낙원, 상실, 회복의 세 모멘트로 구성되는 낙원서사와 상당한 구조적 유사성을 갖고 있고, 총체성, 분열, 원상회복의 패턴을 갖는 총체서사와도 사실상 동일하거나 유사한 구조를 지니기 때문이다. 주제 층위에서도 통합추구서사가 극복하려는 이산의 상태는 한편으로는 낙원서사에서의 낙원의 '상실'(여기에는 물론 죄와 추락의 모티프가 포함된다)에 조응하고, 다른 한편으로는 총체서사에서의 분열(총체성 상실='하나'였다가 쪼개짐)에 조응한다. 이산 이전의 통합 상태가 '원상'이라면, 그 통합성을 잃어버린 이산은 '상실'의 모멘트이며, 그 상실의 단계를 극복하여 원상으로 되돌아가려는 운동은 '회복'에 해당한다. 민족통합을 목표로 한 국가건설기의 많은 민족서사들이 이런 전통적 서사구조를 따른다는 것은 놀라운 일이 아니다. 모든 종류의 민족통일운동은 불가피하게 이같은 전통적 자원과 서사구조에 의존한다. 통합적 실체로서의 민족이라는 것이 분열, 분산, 혹은 이산의 발생 이전에 실제로 존재했는가

보이지 않는 가위손

아닌가의 여부에 따라 통합추구서사에서의 회복은 '과거의 회복'이 되거나 아니면 없었던 통합상을 만들어내려는 '실현'이 된다. 그러나 통합추구서사가 목표로 하는 통합은 거의 예외 없이 '있었다가 없어진 것의 회복'으로 제시된다 (동질적 총체로서의 민족이란 일찍이 어디에도 존재한 적 없는 '상상적 공동체'라는 관점에서 보면 민족이라는 이름의 통합적 전체성은 그 자체로 신화적 상정이 된다. 이 문제는 지금 우리의 당면 관심사가 아니지만, 중요한 것은 그 상정이 바로 '신화적'이기 때문에 강력하다는 점이다. 역사는 서사적으로 구성된다. '민족'이라는 것의 서사적 기능이 주목되어야 하는 이유도 거기 있다).

지금 이 대목에서의 우리의 관심은 이산서사나 통합추구서사에 대한 고찰이 아니라 "민족분열 혹은 이산을 극복하려는 통합운동 자체가 어떻게 서사적 구조를 갖고 있는가?"라는 문제이다. 지난 6월 중순 평양에서의 남북 정상회담은 가장 최근에 시도된 통합운동이다. 남북 수뇌 사이의 이 정상회담은 적어도 지금 이 순간까지는 남북화해의 결정적 전기를 만들고 있는 중요한 정치적 사건이다. 이 사건에 대한 정치적 경제적 설명 이외의 다른 해명이나 분석은 불가능한가? 서사론 혹은 서사이론의 관점에서는 어떤 분석적 기술이 나올 수 있는가? 그 서사론적 기술로부터 우리가 특별히 얻을 수 있는 것은 무엇인가? 서사 narrative의 기초적 정의는 '사건서술'이며, 이 점에서만 말한다면 남북 정상회담에 관한 모든 보도기사들은 일단 사건서술, 곧 서사의 범주에 속한다. 정상회동에 관한 서사론적 해명이 이 의미의 사건서술을 시도하는 것이라면, 거기에 무슨 특별한 의미가 있다고 말하기는 어렵다. 그러므로 우리의 관심은 성상회담이라는 사건에 대한 사후事後 서술로서의 서사를 새삼 구성해보는 일보다는 '행위(정상회담) 자체의 서사적 성격과 구조'를 해명하는 데 있다. 이것이 남북 정상회담에 대한 서사론적 접근이라는 작업의 의미이다. 이 작업은 세 가지 점에서 흥미롭다. 첫째, 정치적 사건이 서사적 구조를 갖는다면 인간의 다른 모든 행위(경제 행위, 소통, 개체의 성장, 기업, 교육, 국가-사회의 기획, 과학적 탐구와 설명, 보도 행위, 재판, 변론, 구애, 결혼, 광고 등등)들도 예외 없이 서사적 성격 혹은 '서사성narrativity'을 갖고 있고, 따라서 서사론적 기술의 대상이 된다. 둘째, 인간의 행위(실천)가 역사를 만든다면, 그 행위의 서사성을 말하는 것은 곧 역사의 서사성을 말하는 일이 된다. 셋째, 가치, 개념, 집단, 혹은 이데올로기로서의 '민족'이라는 것이 이 서사구조에서 차지하는 위치와 그 수행 기능은 무엇인가? 왜 민족은 한국인에게 중요한 범주로 남게 되는가?

남북 수뇌회담의 서사구조를 말하는 데 유용한 것은 러시아 민담연구자 블라디미르 프롭이 제안하고 그레마스가 정식화한 '기능모형actantial model'이다. 프롭의 연구는 러시아 일원의 민담설화를 대상으로 한 것이고, 그가 민담자료들로부터 적출해낸 서사 내부의 항수적 기능function들은 민담 일반의 서사구조를 제시하는 데 한정된다. 프롭이

보이지 않는 가위손

찾아낸 31개의 기능들과 이들을 축약한 7개의 추상적 인물 유형들을 다시 6개의 기능적 행위자actants들로 재편하고 이들의 기능 관계를 모형화하여 장르와 양식에 관계 없이, 그러므로 민담에만 한정되지 않는, '서사 일반'의 보편적 서사구조로 제시한 것이 그레마스적 기능 모형이다(잘 알려져 있듯 그레마스의 이 모형은 주체/객체, 발신자/수신자, 지원자/반대자라는 추상적 기능 범주들로 구성되고, 각 기능들은 주체/객체, 발신자/수신자 등에서 보듯 대립-차이 관계의 쌍으로 묶인다. 이 모형은 발신자/수신자를 양축으로 하는 커뮤니케이션 소통모형과 비교될 수 있다). 서사구조의 일반이론을 시도한다는 것은 야심적인 작업이다. 더 야심적인 것은 그레마스의 그 서사구조가 '서사'에만 국한되지 않고 인간의 모든 행위와 담론 일반에 적용될 수 있다는 점이다. 인간의 행위 일반이 그 밑바닥에 그 같은 서사구조를 깔고 있다면, 인간의 모든 사회적 개인적 행위들은 서사성을 갖는다고 말할 수 있다. 앞서 논의된 낙원서사나 총체서사의 구조(원상, 상실, 회복)와 비교했을 때 그레마스적 모형은 서사의 각 단계에 어떤 행위자/인물들이 어떤 기능과 역할을 수행하기 위해 등장하는가를 기술하는 데 필요한 기능적 행위관계를 가시화한다는 차이와 강점을 갖고 있다. 낙원-총체서사들의 서사구조는 서사의 모티프, 운동·의미관계를 보여준다는 점에서 강력한 것인 반면, 등장인물들의 기능관계는 잘 보여주지 않는다.

프롭 이후 추구서사quest narrative라고 불리는 것은 서사

주인공이 무언가를 얻거나 성취하기 위해 모험적인 추구의 도정에 오르고 목표를 성취하는 이야기이다. 이를테면 "공주가 악당에게 납치된다. 한 젊은이가 공주를 구출하러 길 떠난다"는 공주설화는 전형적인 추구서사이다. 그러나 서사론의 확장된 관점에서 보면 이 추구 모티프는 설화만이 아니라 서사 일반 및 담론 일반이 공통적으로 갖고 있다는 것이다. 프롭의 기능개념과 그레마스의 기능모형을 원용하고, 거기에 약간의 필요한 변형을 가한 관점에서 보면, 모든 서사에는 추구행위의 기능을 수행하는 주체subject와 추구대상이 되는 객체object 등의 기능적 행위범주들이 있다. 이 추상적 기능범주들을 서사의 표층 차원에서 구체적으로 구현하는 것이 인물(캐릭터)이다. 위의 공주설화에서 젊은이는 남성 주인공 인물이지만, 그가 담당하는 것은 추구행위를 수행하는 주체기능이다. 공주는 여성 주인공이되, 그녀의 서사적 기능은 추구의 목표가 되는 대상, 곧 객체로서의 기능이다. 공주를 납치한 악당은 서사의 표층 차원에서는 어떤 구체적 인물이지만 그의 서사적 기능은 주인공 젊은이와 맞서는 갈등의 상대, 곧 프롭의 인물 유형에서는 악당villain이고 그레마스의 기능모형에서는 반대자opponent 혹은 적대자이다. 인물과 기능을 이처럼 구분했을 때 얻어지는 또는 얻어진다고 여겨지는 소득은 특정 서사에 등장하는 다수의 인물들을 그 기능에 따라 6개의 한정된 항수적 기능범주들 안에 위치시킴으로써 그들의 서사적 기능관계를 기술하는 데 정밀성을 주고 서사의 보이지 않는 심층 사건구조를 가시화함으로써 추구행위의 성격과 구조양상을 포착할 수 있게 한다는 것이다. 인간 인물만 특정 기능을 수행하는 것이 아니다. "거북이 주몽을 태우고 강을 건네주었다"에서 거북이라는 비인간 인물은 주체를 돕는 '지원자helper' 기능을 수행한다. "윗주머니에 든 두꺼운 성경에 총알이 박히는 바람에 그는 살았다"에서 비인격적 행위수행자인 성경책 역시 주인물을 돕는 지원자 기능을 수행한다. "그녀는 사랑을 위해 현해탄을 건넜다"랄 경우, '사랑'이라는 추상적 가치, 제도, 이데올로기는 주인공 여성으로 하여금 현해탄을 건너게 한 명령자이며, 이 명령자의 기능적 지위는 행위주체에게 메시지를 발송한 '발신자sender'이다. 한 서사에 100명 혹은 그 이상의 인물, 행위자, 수행자들이 등장한다 해도 이들은 그레마스의 모형에서는 단 6개의 기능들로, 그리고 프롭의 경우에는 7개의 유형들로 분류될 수 있다. 등장인물들은 한 가지 기능만을 수행할 때도 있고, 둘 혹은 그 이상의 기능을 수행할 때도 있다.

다시 우리의 관심사로 되돌아갈 때, 이 방식의 기능적 행위모형을 통해 남북 정상회담의 서사구조를 기술할 수 있을까? 이 경우 남북 수뇌회담은 우리가 읽을 수 있게 문자 혹은 영상으로 고정되어 눈 앞에 펼쳐져 있는 서사 텍스트가 아니다. 그것은 서술 이전의 '사건'이며, '텍스트 이전'이다. 우리가 보려는 것은 이 서술 이전 사건의 서사적 구조, 텍스트화되기 이전 사건/행위의 서사성이다. 평양 정상회담은 남북 양측이 특정의 목적을 추구하기 위해 진행시킨 회담이라는 점에서 추구서사의 성격을 갖고 있다. 추구의 주체는 누구인가? 흥미롭게도 이 회담의 주인공은 남쪽 대통령과 북쪽 국방위원장, 두 사람이다. 둘 중 누가 주체인가? 아니, 누가 주체기능을 담당하는가? 남쪽에서 보았을 때 주체는 대통령이고, 북쪽에서 보았을 때 주체는 국방위원장이다. 기능자 모형을 원용할 때, 우리는 이 경우 "주체가 둘이다"라고 말하는 대신 "주체기능을 두 인물이 분담 혹은 공담하고 있다"고 말할 수 있다. 기능은 이처럼 인물들 사이에서 분담 수행될 수 있고, 한 인물이 두 개의 다른 기능을 수행할 수도 있다. 남쪽 대통령도 추구의 주체이고 북쪽 국방위원장 역시 그러하다. 그러나 '기능'으로서의 주체는 둘이 아니라 하나이며, 이 하나의 기능을 두 등장인물이 각각 공담 수행하고 있다. 더 흥미로운 것은 두 사람이 서로 상대방에 대하여 적대적 '반주체anti-subject'의 위치에 있다는 점이다. 반주체는 훼방, 반대, 거부 등의 행위로 주체의 목표 추구행위를 좌절시키는 갈등 상대자이며, 기능모형으로 따지면 '반대자'에 해당한다. 남북 정상회담의 양측 수뇌들은 주체기능과 반주체기능을 동시에 수행할 수 있는 이중의 위치에 있다. 말하자면 두 등장인물은 주체기능을 분담할 뿐 아니라, 반대자의 기능도 분담한다.

정상회담의 주체 역할을 담당한 인물이 두 사람이고,

이들이 동시에 상호 반주체가 될 수 있는 갈등관계에 있다는 사실은 추구의 대상object을 규정하는 데에도 상당한 복잡성을 초래한다. 일단, 정상회담이라는 추구서사에서 목표대상은 공주설화의 경우와는 달리 사람/사물이 아닌 어떤 다른 것, 곧 분단상태를 지양하는 통일(민족통합)이다. 사정이 복잡해지는 것은 두 주체기능 수행자들이 이 통합 추구 회담의 최종적이고 궁극적인 목표가 '통일'이라는 데는 서로 동의하면서도, 어떤 상태가 통일이며 어떻게 통일하는가에 대해서는 견해, 구상, 계산이 각각 다르기 때문이다. 동의의 차원과 비동의의 차원은 따로 움직인다. 두 차원 사이의 이 불일치는 두 등장인물이 상대방에 대해 반주체적 반대자 기능을 동시에 수행하고 있다는 데 기인한다. 그들은 서로에게 '악당villain'일 수 있다(악당은 주체가 원하는 것을 손에 쥐고 있다). 정상회담에서의 갈등관계가 가장 첨예하게 작용한 것은 이 대목에서이며, 결국 회담의 실질적 성공 여부는 대립하는 반주체적 기능수행자들이 상호 비동의의 차원을 어떻게 축소하는가에 달려 있게 된다. 만약 평양회담이 "우리의 궁극 목표는 통일이다"를 확인하는 선에서 끝났다면 그 선언적 합의는 자명한 것의 확인, 이미 쌍방이 동의하고 있는 것에 대한 중언부언, "우리의 소원은 통일"이나 한 차례 부르고 막내리는 실질적 무성과 이상의 것을 얻지는 못했을 것이다. 그러므로 6월 정상회담의 추구 대상은 통일이 아니라 통일을 향한 방법적 격차를 줄이기, 상호 적대적 비동의가 통일 지향이라는 비적대적 동의의 차원을 유린하지 않게 하기, 통일을 향한 단계적 절차들을 모색하기로 합의하기이다. 이것이 6월 회담에서 추구되고 얻어진 실질적 성과이다. 그 정상회담이 적어도 지금까지의 남북회담 가운데 가장 성공적이었다는 평가를 받는 이유는 통일을 '향한' 남북화해, 교류, 공존관계의 강화라는 제한된, 그러나 실질적인 목표가 일단 합의되었기 때문이다. 요약하면, 남북 쌍방이 적대관계를 축소하고 통합추구서사를 지속시킬 것에 합의하는 것이 6월 회담의 추구 목표이고 성과였다고 말할 수 있다.

남북 쌍방의 수뇌들에게 '추구주체'의 자격을 주어 회담장에 내보낸 발신자sender는 누구인가? 프롭은 예컨대 "가서 공주를 구해오라"는 임무를 주어 젊은이를 추구의 모험길에 내보내는 자를 '파송자dispatcher'라는 명칭으로 유형화하고 있다. 공주설화에서 그 파송자는 대개 공주의 아비인 부왕父王이다. 이 파송자가 그레마스의 기능모형에서 '발신자'이다. 발신자는 통신의 경우처럼 수신자receiver를 향해 어떤 메시지, 임무, 명령, 과제를 발송하는 자이다. 발신자는 무엇보다 추구서사의 주인물을 '주체'로 만들어주는 매우 중요한 기능을 수행한다. 메시지를 받은 수신자가 주어진 임무, 명령, 과제를 수행하기로 동의할 때, 그 수신자가 바로 '주체'가 된다. 그러나 동의만으로 주체가 되는 것은 아니다. 주체는 4개의 자격 요건을 충족시켜야 한다. 추구행위에는 상당한 위험(북측 수뇌가 남쪽 수뇌에게 한

말 – "무섭고 위험한 길을 오셨습니다")이 따르므로 그는 부과
된 임무를 수행코자 하는 강한 욕망desire과 "반드시 해내야
한다"는 의무감obligation을 가져야 하며, 임무를 수행할 능
력ability과 지식knowledge·skill도 구비해야 한다. 용을 잡으라
는 메시지를 받은 자가 그럴 의사도 의무감도 없거나, 갈
생각과 의무감이 있어도 허약하고 담력이 없어 용은커녕
지렁이만 보아도 경기 일으키고 창도 칼도 쓸 줄 모른다면
그는 주체가 될 자격이 없다. 네 가지 자격 요건을 만족시
킬 때에만 그는 주체가 될 수 있다. 자격 시험을 거쳐 수신
자를 주체로 만들고, 그를 위험한 싸움길에 파송하는 것이
발신자의 기능이다(나중에 주체의 성과를 평가하고 보상·징벌
을 행하는 기능도 발신자의 것이다).

남북 정상회담에서 이 발신자 기능을 담당하는 것은
'민족'이다. 집단으로서 혹은 가치, 개념, 이데올로기로서
의 민족이 서사적 기능자로 등장하여 통합추구서사에서
마치 하나의 캐릭터처럼 특정의 기능과 역할을 맡게 되는
것은 이 대목에서이다. 물론 기능적 위치로서의 민족은 서
사에 구체적으로 육화되어 인물의 모습으로 등장하는 캐
릭터는 아니다. 그는 추상적 존재이다. 그러나 위에서 보았
듯 메시지, 임무, 명령을 발하여 수신자를 추구서사의 주체
로 만드는 그의 기능은 매우 중요하다. 남북 정상회담의 양
측 수뇌들이 주체 자격으로 회담장에 나온 것은 '민족'이라
는 이름의 추상적 기능자에 의해서이다. '민족의 뜻을 받들
어', '민족의 이름으로', '민족의 성업' 등등의 어구들은 6월

회담의 양측 수뇌들이 회담 전 기간을 통해 부단히 사용한 공통언어이다. 주체기능을 나누어 공담한 두 주인물이 '민족'의 이름을 함께 사용하는 것은 그들이 바로 그 민족-발신자의 명령을 수행하고 있다는 표층 차원의 증거이다. 서사에 등장하는 가장 권위적인 발신자는, 공주설화에서 명령을 발하는 부왕처럼, 흔히 '아버지'이다(나자렛 예수는 "가서 세상을 구하라"는 아버지의 명을 받들어 지상으로 내려온다. 이 구원서사의 주체는 나자렛 예수이고, 그의 목표는 타락한 세계를 구출하기이며, 그의 사업을 방해하기 위해 악의 세계에서 파송되는 반주체가 '사탄'이다). 우리의 통합추구서사에서 민족은 '아버지'에 비교될 만한 최고 권위의 발신자이다. 주체는 아비의 뜻을 받들듯 '민족의 뜻'을 받들고, '아버지의 이름'으로 일을 행하듯 '민족의 이름'으로 모종의 구원사업을 벌이고자 한다. 이 경우의 구원사업은 '분열된 민족'(이 문맥에서 '분열'은 '타락'의 동의어이다)을 그 분열상으로부터 건져내어 '하나의 민족("우리는 하나다")'으로 재통합하는 것이다. 여기서 흥미로운 기능관계 하나가 추가로 발견된다. 민족은 통합추구서사의 발신자이면서 동시에 구원대상이고, 통일이 달성될 경우 그 최대 '수혜자'가 된다. 통일은 여기서 '민족구출'과 같다.

　(두 개의 질문이 제기될 수 있다. 첫째, 민족은 누구이며, 어디에 있는가? 그의 서사적 기능만이 추상적인 것이 아니라 그의 존재 자체가 현실적으로 추상적이지 않은가? 둘째, 정상회담에 파송된 두 인물의 주체자격은 검증을 거쳤는가? 언제, 어떻게? 첫째 질문에 대

해서는 이 글의 성격과 지면 한계 때문에 짧은 대답만이 가능하다. 앞서 잠시 언급하다 말았지만, '동질적 민족'의 실체성은 논란의 대상이 되어 있다. 그러나 상당 부분 유사한 삶의 조건과 동일언어, 특징적 집단기억과 경험, 특정의 신화와 정의定義의 체계를 공유하고, 특정의 환경에서 그 환경과의 집단적 관계를 맺으며, 오랜 기간 살아온 역사적 구성물로서의 민족은 허구도 추상도 아니다. 본질론적 의미에서의 민족동질성이란 신화적인 것이다. 민족은 다수의 동질적 경험요소들과 다수의 비동질적 경험요소들로 구성된 복합체이다. 그러나 우리의 경우 민족은 역사적 경험과 기억에 의해 형성된 서사적 정체성을 갖고 있다. 우리의 민족 개념은 국민국가 형성과 함께 생겨난 '국민' 개념이 아니며, 남북한이라는 정치적 실체에 반드시 속박되어 있지도 않다. 더 정확히, 우리의 민족 개념은 국가를 초월해 있다. 남북 주민 어느 쪽도 자기만이 '민족'이라 말할 수 없다는 점에서 민족은 추상이며, 이 추상 개념은 언제나 정치적 조작, 왜곡, 착취의 대상이 될 수 있고, 남북 정상회담에서도 사정은 마찬가지이다. 그러나 통합대상으로서의 남북 주민은 추상적 존재가 아니다. 두 번째 질문에 대해서—서사 텍스트에는 구체적 인물로 육화된 파송자-발신자가 주체의 능력 자질을 시험할 수 있다. 남북 주민이 한 자리에 모여 주체의 자격을 시험할 수 있는 것은 아니다. 정상회담의 두 당사자가 쌍방의 정치제도상의 검증을 거친 권력 수뇌이며, 이 검증 절차에는 남북 문제라는 오랜 현안를 다룰 능력과 지식의 유무에 대한 테스트가 포함된다고 보아야 한다. 더구나 회담은 전적으로 두 사람만의 능력-지식에 의존하는 개인적 게임이 아니다. 두 주체는 그들로 대표되는 지원집단을 갖고 있다. 물론 개인의 능력, 자질, 지식의 정도가 회담에 영향를 미칠 수 있고, 결과에도 상당한 차이를 낼 수 있다. 두 당사자들이 어떤 성과를 내었는가는 국민들이 병가할 수 있고, 이 평가는 지속적 자격 검증의 일부가 된다.)

프롭이나 그레마스의 경우, 주체의 추구행위를 도와주는 세력들은 모두 '지원자helper'의 범주에 든다. 인간 인물만 지원자가 되는 것이 아니다. 거기에는 동식물이나 무기물 같은 비인격적 행위자들, 기구, 제도, 사물, 추상물들도 포함된다. "하늘이 도와 그날 마침 비가 왔다"고 할 때의 하늘은 지원자이다. 남북 정상회담이라는 추구서사적 사건에서 지원자로 분류될 수 있는 행위자들은 수없이 많지만, 가장 중요한 분류기준은 '지원'의 반대개념(훼방, 반대, 적대 등등)에 속하는 것들을 배제하는 것이다. 그러나 남북 화해의 경우는 설화서사의 비교적 단순한 선악구조와는 달리 지원자나 반대자라는 기능의 수행 양상에 상당히 복잡한 사정들이 개입될 수 있다. 이 복잡성은 지원세력이나 반대세력이 다 같이 '민족' 혹은 '국가'의 이익을 등에 업고 나온다는 점, 특정 시기에 특정의 전략을 따르는 화해운동이 장기적으로 어떤 결과를 초래할지 지금으로선 알 수 없다는 불확실성, 화해주도세력의 동기에 대한 의혹, 기득권을 포함한 이해관계의 갈등, 단순 이분법의 위험성 등에 기인한다. 하지만 남북 정상회담의 서사구조를 기술한다는 것은 정치적 평가나 의견담론의 개진이 아니므로 제한된 작업 테두리 안으로 시야를 한정한다면, 정상회담의 추구 목표, 채택된 전략, 장단기 구상 등에 찬동하거나 동의하고 화해 추구의 의의를 인정하여 지원을 제공한 국내외 세력 모두는 일단 지원자로 분류될 수 있다. 이 지원세력의 계량적 표현이 여론조사를 통한 '지지율'이다. 이 안에는 통일추구세력, 대북 화해와 남북 공존의 추진세력, 이른바 진보진영, 특정 정치세력, 변화추구세력 등이 포함되고, 사회 활동의 이익영역에 소속되어 남북 화해로부터의 이득관계를 염두에 두는 개인, 집단, 조직들이 망라된다.

이미 보았지만, 반대자 분류도 그리 간단하지 않다. 프롭은 추구주체가 맞서서 싸워야 하는 대상을 '악당'으로, 그 주체의 추구행위를 훼방하는 세력을 '반대자'로 각각 나누어 분류한 반면, 그레마스는 프롭의 두 범주를 '반대자'라는 하나의 기능 안에 통합하고 있다. 지원자와 반대자는 서로 반대-대립 관계에 있으므로 악당/반대자를 하나의 항목으로 통합하는 것이 모형 구성을 훨씬 깔끔해 보이게 하고, 구조의미론적 대립관계도 살리는 길이 된다. 그러나 이 경우 '반대자'의 범주 안에는 악당·반주체 등의 기능들이 포함되어야 하므로 주체에 정면으로 맞서는 반주체와, 정면으로 맞서지는 않지만 주체의 추구행위를 방해하고 훼방하는 세력을 명확히 하기가 어렵다는 문제가 따른다. 반대자를 지원자와도 대립관계에 놓고, 주체와도 대립관계에 놓아야 하기 때문이다. 지금 우리의 작업 목적에는 이런 이론적 문제가 그리 중요하지 않지만, 이런 문제를 일단 염두에 두는 것이 반대자의 범위를 어떻게 한정할 것인가를 생각해보는 데에 다소 필요하다. 우리의 작업에서는 반대자의 범주에서 주체의 회담 상대인 북쪽주체(그는 동시에 반주체이기도 하다)를 배제하는 것이 좋을 듯하다. 그리고 남는 반대세력은 누구이고 어떤 것인가? 이 반대 기능의 수행자들에 대한 자세한 기술은 여기 필요하지 않다.

보이지 않는 가위손

남북 공존 시대를 위한 사회문화적 접근
배제와 분할의 정치학을 넘어서

'6·15 평양선언'은 분단 55년사에서 가장 중요한 사건이자 가장 의미 있는 역사적 문서이다. 남북 정상들이 이 문서에서 합의한 것은, 요약하면 "한반도에 더 이상 전쟁은 없다," "이제부터 서로 돕고 함께 잘 살자," "통일은 서로 협의해서 단계적으로 실현하자"라는 세 가지 사항이다. 간단하다면 간단한 합의이다. 이 간단해 보이는 합의에 도달하기 위해 남북한이 반백 년 세월을 고스란히 역사의 신에게 헌납해야 했다면 대체 역사란 무엇인가. 그것은 이성도 운율도 없는 한 판의 악몽, 용서할 수 없는 폭력, 혹은 헨리 포드의 유명한 언명처럼 '엉터리 개나발History is bunk!'인가? 역사의 신은 간단한 것을 싫어한다. 그는 복잡한 이야기를 즐긴다. 그의 이야기는 구비구비 돌고 마디마디 엉키고 뜻밖의 곳에서 회돌이 친다. 거기에는 복선, 반전, 아이러니가 가득하다. 그러므로 이 복잡한 신의 화를 돋우지 않게 하기 위해서 우리는 어떤 것도 '간단하다'고 말해서는 안 된다. 남북 합의사항을 두고 간단하다고 말하는 것은 모처럼 온화한 얼굴을 내보인 역사의 신에게 대들어 그의 코털을 뽑고 수염에 불 댕기는 일이다. 우리는 얼른 말해야 한다. "역사의 신이여, 당신은 참으로 어렵고 복잡한 문서를 우리에게 안겼나이다. 우리가 그 문서를 감히 '역사적'이라 부르는 것은 그 때문입니다."

아닌 게 아니라 평양 문서의 언어는 간단해 보일지라도 거기 담긴 합의내용은 간단하지 않다. 3년 동안 죽고 죽이는 전쟁을 치르고 52년간 기회 있을 때마다 상대방 가슴에 총질하고 서로의 해골을 계산해온 남북한이 어느 날 "이제 전쟁은 없다"에 합의한다는 것은 결코 간단한 일이 아니다. 반목, 대립, 갈등, 소외, 배척, 배제, 적대—이런 긴장의 언어들로만 기술 가능한 '주적관계'를 반세기 지속해온 남북한이 어느 날 만나 악수하고 "자, 이제 서로 돕고 함께 잘 살자"에 합의한다는 것은, 기적의 속내가 간단하지 않듯, 결코 간단한 일이 아니다. 제각각 다른 방식의 통일을 꿈꾸면서 한 체제에 의한 타방의 제거, 괴멸 혹은 흡수를 '통일'로 생각해온 남북한이 무력통일도 흡수통일도 아닌 새로운 통일의 문법—"통일은 서로 협의해서 단계적으로 실현하자"에 합의한 것도 결코 간단한 일이 아니다. 이것들이 간단한 일이었다면 남북한 사람들이 그날 밤 그 평양 합의에 그토록 흥분하고 눈물 흘리고 축배 터뜨리며 감격스러워했을 리 없다. 하지만 그 감격이 남북 합의의 순탄한 미래까지도 보장하는 것은 아니다. 역사에는 때로 감

보이지 않는 가위손

동적 장면이 있다. 그러나 인간의 감동이 역사를 감동시키는 일은 거의 없다.

남북 합의가 간단한 것이 아니었다면 그 합의사항들을 실현시키는 일은 더더욱 간단하지 않다. 그 합의가 장차, 지금부터, 어떤 꼴로 전개될 것인가를 예측할 수 있는 어떤 방법도 우리는 갖고 있지 못하다. 집권세력의 변동, 돌발 변수의 대두, 남북한 쌍방의 미숙성과 오판, 바깥 기류와 입김 등등의 요인에 따라 언제든 후퇴할 수 있는 것이 남북 관계이며, 이번의 합의 역시 반전과 좌절의 벼랑으로 곤두박질할 수 있는 온갖 가능성에 포위되어 있다. 일진 광풍, 쥐 떼의 오줌과 이빨, 좀팽이 정치학, 증오, 원한, 시기 같은 것도 남북 합의서를 걸레쪽이 되게 할 수 있는 위협적 요소들이다. 역사의 신은 간단한 것만 싫어하는 것이 아니다. 그는 '확실성'이라는 것에 대해서도 강한 혐오를 갖고 있다. 그는 앞으로 나가는 듯하다가 돌아서 뒷걸음질치기도 한다. 역사의 이 퇴행보법은 인간의 기획을 좌절시키고, 확실성에 대한 모든 기대를 조롱한다. 우리는 역사의 이 복잡성, 불확실성, 퇴행 가능성을 충분히 고려하고 존중하지 않으면 안 된다. 그러나 이 존중이 반드시, 모든 경우에, 인간의 열망과 의도와 플롯 짜기의 중요성을 무화시키는 것은 아니다. 플롯 짜기emploting라는 이름의 인간적 노동이 없다면 역사는 무의미하다. 평양 합의서라는 중대 문서가 나온 지금 우리에게 무엇보다 중요한 것은 남북 합의를 물거품이 되지 않게 할 일련의 '보험장치'를 만드는 일이다. 하루의 실천 일과를 짜는 착한 아이처럼, 우리는 지금부터 차근차근 그 보험장치를 만들고, 거기 필요한 일들의 목록을 작성해야 한다. 우발성은 그 목록의 첫 항목이 아니라 우리가 흔히 '진인사대천명盡人事待天命'이라 부르는 최후의 엔트리이다. 그 보험의 이유와 목적은 단 한 가지이다. 장차 남북한에 어떤 정치적 기후변화가 발생한다 하더라도 그 변화가 이번의 남북 합의를 훼손하거나 무화시킬 수 없게 하는 것 ─ 이것이 그 이유이고 목적이다. 모든 가능한 이상기류에 맞서기 위한 안전장치가 그 보험이다.

이 안전장치의 첫 번째 수순은 우선 남북한이 '적대적' 존재방식 속으로 결코 다시 '퇴행'하지 않는다는 것을 남북 주민 전체의 절대적 명령이자 엄중한 약속으로 인식하고, 그 약속의 파기 가능성을 줄여나가는 일이다. 1950년 전쟁 이후 50년간 지속된 전후체제가 한반도 냉전구조이고, 이 전후체제를 종식시키기로 한 약속이 평양 선언이다. 그러나 선언과 실천은 서로 다른 차원을 갖는다. 약속을 실천하기 위해 남북한은 무슨 일을 해야 하는가? 경제 부문에서의 교류협력은 물론 중요하고 효과적이다. 경제적 상호관계의 심화는 전쟁억지력을 가질 수 있고, 이해 증진에 기여할 수도 있다. 그러나 경제적 접근법보다 더 근본적이고 본질적인 것은 정신, 의식, 문화, 어법, 분류방식, 태도의 냉전구조를 해소하는 일이다. 적대관계 속에서도 경제교류는 가능하다. 그러나 지금 남북 주민들에게 필요한 것은

보이지 않는 가위손

'적과의 경제적 동침'이 아니라 '적대관계 그 자체의 해소'이다. 적대관계의 근본적 해소법은 무엇인가? 그것은 상대를 불구대천의 '적'으로 분류하는 정의定義의 체계와 '우리/적'이라는 이분구조를 해체하고, 불관용체제를 관용의 체제로 전환시키는 일이다. 이를테면 남한의 경우, 50년 지속된 반공교육과 반공 이데올로기의 효과는 뿌리 깊다. 알튀세나 부르디외의 관찰을 빌리지 않더라도, 냉전-반공 이데올로기의 힘은 그것이 냉전체제와 적대관계를 부단히 '재생산'하고 '영속화'한다는 데 있다. 그러므로 체제를 재생산하는 분할의 메커니즘 자체를 약화시키고 제거하지 않는다면, 냉전체제는 일시 해빙의 외양을 보일 수는 있어도 근원적으로는 바뀌지 않는다. 바로 그 이유 때문에, 체제 재생산의 기제를 제거하는 것은 남북한 공존-화해-협력 시대를 위한 근본적인 안전장치의 하나가 된다. '근본적' 작업이라는 말은 '선차적' 작업이라는 의미가 아니고, 그것만이 '가장 중요한' 작업이라는 의미도 아니다. 적대의 장치들을 제거하는 일은 정치, 경제, 사회, 문화, 정신심리의 모든 영역에서 동시에 진행되지 않으면 안 된다. 남북 교류협력이 '쉬운 것, 가능한 것부터 먼저'의 공식을 취택하는 것은 실용적 현실적 차원에서는 의미 있다. 경제 교류는 가시적 성과의 측면에서 가장 실용적인 것일 수 있다. 그러나 '쉽고 가능한 것부터 먼저'라는 실용론이 적대관계 해소에 필요한 비가시적 노력의 중요성을 망각하게 하는 것이어서는 안 된다. 공존 시대의 의제설정에서 경계해야 하는 것은 "경제협력이 최우선이고 가장 중요하다"
라는 식의 사고법, 곧 '경제선차주의의 오류'이다. 남북 교
류의 현실 문맥에서는 분명 우선순위, 완급, 순차성 설정이
필요하다. 그러나 공존 시대에 긴요한 것은 남과 북 사이
의 교류만이 아니라 남한 내부에서, 그리고 북한 내부에서,
양측 주민들의 가슴, 머리, 언어, 교과서, 기억에 똬리 틀고
있는 적대적 분할구조의 해소라는 문제이다. 이것이 남북
공존 시대의 사회문화적 의제이고 접근법이다. 그 의제를
소홀히 하는 순간 우리는 50년의 적대적 전후체제를 공존
체제로 전환하고, 그 공존의 질서를 '지속적으로 유지'하는
데 가장 강력한 힘이 되어줄 보험장치의 하나를 상실한다.
공존은 경제협력 이상의 사회문화적 정신적 바탕을 요구
한다. 공존 시대의 남북한은 각자 자기 내부에서 성찰, 비
판, 정비해야 할 수많은 사회문화적 조건들과 개폐해야 할
많은 법률들을 갖고 있다.

동유럽에서의 냉전구조 해소와 한반도에서의 냉전구
조 종식은 기본적으로 다른 성격의 것이며, 따라서 그 해
소의 절차와 접근법은 달라야 한다. 사회주의체제의 소멸
이 유럽의 냉전 종식을 가능하게 했다면, '어느 일방의 소
멸'에 의한 냉전 해소를 기대하기 어려운 것이 한반도 사
정이다. 반공체제의 목표는 '적의 괴멸'이다. 북한과의 공
존이니 화해니 하는 것은 반공체제에서는 '용납불가'이고
'어불성설'이다. 반공의 논리적 요청은 그러므로 전쟁수단

의 동원이거나 냉전의 무한 지속이다. 그런데 지금 누가 전쟁을 원하는가? 남북 어느 쪽이 지금 전쟁의 비용을 감당할 수 있는가? 누가 다시 '멸공'의 명분으로 북을 죽이기 위해 자기도 죽고자 하는가? '조국을 위한 반공성전'이랄 때 그 조국은 누구의 것이며, 그 전쟁은 어떻게 '성전'이 되는가? 물론 반공론자들은 '북의 자멸'이라는 선택을 전략으로 제시할 것이다. 지금 북한은 다 죽어간다. 조금만 더 밀어붙이고 봉쇄하고 고립시키면 북한은 오뉴월 소불알 떨어지듯 우리에게로 떨어져 굴러들 것이라 반공론은 말하고 싶어한다. 이것은 일종의 '중력이론'이다. 북은 죽을 것이고, 죽은 것은 삼풍백화점처럼 중력법칙에 따라 무너진다. 그러나 누가 엿장수 마음대로 죽어주는가? 북의 죽음을 기다리고 빌고 획책하면서 냉전체제를 지속하는 것은 우리에게 이득인가? 어떤 '우리'? 냉전의 비용 역시 비싼 것이며, 그 비용은 이미 남쪽에도 충분히 아픈 손실을 입히고 있다. 남쪽은 사회발전에 필요한 투자를 희생하면서 언제까지 막대한 군비지출과 국방비용을 감당할 것인가? 그러고도 '잘사는 나라'를 만들고, 아이들을 잘 키울 수 있는가? 반도의 절반이 폐허가 되고 민족의 절반이 죽기를 바라는 것은 윤리적으로 정당한가? 냉전체제의 지속은 극히 소수의 세력들을 제외하고는 남북 어느 쪽에도 득이 아니다. 이 가혹한 국제 경쟁 시대에 그것은 '공멸의 전략'이다. 반공체제와 그 이데올로기의 근본적인 결함은 그것이 지금의 복잡다단한 세계, 다양성과 복합성의 현실을 이해·기술할 수 없고, 적응력도 대응력도 없는 극단적 궁핍의 체제라는 데 있다. 반공체제에서 공산주의는 '지상에서 제거되어야 할 악'이며, 사회주의 북한은 그러므로 '무찔러야 할 불구대천'의 악당, 사탄, 악의 제국이다. 이 마니키언적 이분법에서 세계는 '악과 선'으로 간단히 분류·정의된다. 공산주의는 악이고, 반공은 선이며, 하양 아닌 것은 모두 검정이고, 검정 아닌 것은 모두 하양이다. 누가 이종류의 단순 이분법에 근거한 인식론, 의미론, 세계관, 윤리감각으로 지금의 세계를 살아갈 수 있는가? 검정과 하양 사이에는 다른 수많은 색깔들이 있고, 양극 사이에는 넓고 긴 스펙트럼이 있다. 자본주의가 곧 '선'인가? 자유주의도 무결한 선의 체제가 아니다. 우리 극우·반공론자들의 분류법에서 '반공' 아닌 것은 모두 '친공'이다. "당신은 어느 편인가? 친공이 아니라면 반공이어야 하지 않는가?"라고 그들은 묻는다. 이런 질문방식은 다름 아닌 질문자 자신을 거지 만들고 현실의 다층적 풍요성을 고갈시켜 세계를 궁핍화한다. 구차스러운 얘기지만, 공존체제의 지향은 반드시 '친공'을 의미하지 않고, 화해협력의 추구가 반드시 '무비판'을 의미하지 않는다.

단순 이분법과 단순 정의의 체계를 해체하고 불관용체제를 관용의 체제로 전환하는 일이 남북공존 시대의 중요한 사회문화적 의제가 되는 것은 그 작업 없이 냉전 적대구조의 근본적 해소가 불가능하기 때문이다. 관용은 타자

보이지 않는 가위손

의 존재와 차이를 인정하고 존중하는 체제이다. 그것은 자비도 오만도 허세도 아니다. 지금부터 남북한 지도자들은 그들이 남쪽 혹은 북쪽만의 지도자가 아니라는 사실, 그들의 발언을 듣는 청자聽者는 남북한 주민 모두라는 사실을 깊이 인식해야 한다. 그들에게 당장 필요한 것이 타자를 인정하고 존중하는 관용의 정신, 태도, 능력이다. 관용체제는 남북 주민이 '과거'를 재해석하는 데에도 필요하다. 남북한은 서로 어떻게 전쟁의 상처를 위무하고, 그 깊은 외상外傷을 치료할 것인가? 수많은 목숨의 죽음과 희생에는 어떤 의미를 부여할 것인가? 전쟁은 단순 폭력이고 악몽이었는가? 전몰자 무덤에는 이제 어떤 헌사가 바쳐져야 하는가? 이런 문제를 푸는 것도 공존 시대의 과제이며, 거기서도 전후의 적대체제를 넘어서는 새로운 사회문화적 접근이 필요하다.

평양 회동 3일의 의미

위반과 과잉을 넘어서

평양에서의 3일간의 남북 회동은 그것을 지켜본 다른 나라 관찰자들을 어리둥절하게 하고도 남을 몇 가지 기이한 요소들을 갖고 있다. 장장 55년 서로 죽고 죽이는 '주적' 관계에 있어온 남북한 사람들이 어떻게 단 한 번의 정상회담으로 저토록 기적처럼 빠르고 거짓말처럼 즐거운 '잔치'를 연출할 수 있단 말인가? 한국인 혹은 조선인은 기억이 짧은 이상한 부족인가, 오줄 빠진 망각의 천재인가? 저렇게 금방 친해질 수 있는 사이였다면 그 오랜 세월의 대립, 반목, 갈등은 도대체 어떻게 설명되는가? 55년 지속된 대립의 시간과 단 3일, 55시간의 화해는 동시에 진실의 시간일 수 있을까? 어느 하나는 가짜가 아닐까? 갈등이 가짜인가, 저 잔치가 가짜인가? 둘 다 진실인가?

남북 합의문이 나오던 회동 이틀째의 만찬장 분위기는 아닌 게 아니라 마지못해 만난 적들끼리의 차가운 저녁식사가 아니라 친구, 형제, 가족의 화기애애한 잔치이고 뜨거운 축제였다고 말할 만하다. 적어도 그날 밤 만찬장에서 온 달滿月처럼 밝고 크게, 완전히 벌어진 입으로 웃고 떠들고 즐거워하지 않은 사람이 있었다면 그는 '민족반역자'이다. 그러나 거기에 환희만 있었다고 말해서는 안 된다. 모든 얼굴은 즐겁게 웃으면서 동시에 '엄숙했기' 때문이다. 그날 밤 그 축제의 장소에서 엄숙하지 않은 사람이 있었다면 그 역시 민족반역자이다. 즐거우면서 엄숙한 축제, 환희와 엄숙성의 이 동시적 작동, 모든 얼굴에 요구된 그 두 가지 서로 다른 기능 수행은 어떻게 설명되는가? 만찬 참석자들은 왜 그토록 즐거웠고, 또 왜 그토록 엄숙해야 했는가?

이유는 두 가지다. 그날의 만찬 잔치가 '금지된 것의 엄숙한 위반'이라는 것이 한 가지 이유이고, 그것이 '허용된 의무적 과잉'이었다는 것이 또 하나의 이유이다. 위반과 과잉, 그것이 그날의 만찬 축제이다. 55년간 남북 쌍방에서 금기였던 모든 것, 금지되었던 모든 것, 위반이 곧 죽음을 의미했던 모든 금제가 그날 그 만찬장에서는 '위반'의 대상이 된다. 금기의 언어가 위반되고, 금지된 호칭들이 위반되고, 금제의 제스처들이 위반된다. 정상의 만남부터가 위반이다. 위반은 즐겁다. 오래된 금기의 위반일수록 더 즐겁고, 무섭게 금지되어온 것들의 위반일수록 더 즐겁다. 위반이 축제가 되는 것은 그 즐거움 때문이다. 그러나 남북의 경우 그 위반은 동시에 엄숙하다. 그것은 어느 한쪽의 일방적 위반이 아닌 쌍방이 '위반하기로 합의한 위반'이고,

남북 정상의 합의문은 그동안 무시무시하게 금지되었던 것들을 위반할 것에 합의한, 역사적으로 '엄숙한 약속'이기 때문이다. 일단 위반의 합의가 이루어지고 나면 위반은 의무이다. 그 순간 이후 모든 위반의 언어, 몸짓, 표정 들은 위반의 축제에 필요한 즐겁고 엄숙한 의무적 과잉이 된다.

만찬장 잔치 분위기에 대한 이 기술은 시니시즘이 아니다. 적어도 그 기술은 평양 백화원 초대소에만 국한된 것이 아니라 합의문이 나오던 날 남북의 모든 주민들을 들뜨게 한 환희의 묘사이기도 하기 때문이다. 평양 상봉의 그 극적인 장면들, 환영과 축제 분위기, 새로운 관계를 향한 그 믿기지 않을 정도의 빠른 합의, 그리고 환희의 대폭발과 눈물의 바다―이런 장면들은 55년에 걸쳐 서로 '금지된 땅'에 살아온 남북한 주민이 아니고서는 이해하기 어려운 격정성을 갖고 있다. 그 격정성은 남북 쌍방의 대립, 반목, 갈등, 적대관계가 그만큼 가혹하고 부조리한 것이었다는 사실, 그 부조리한 적대관계를 바꾸어야 한다는 남북 주민들의 열망에 비해 변화의 시도가 너무 오래 봉쇄되어 왔고, 몇 번의 시도들조차 정치적 계산에 말려 매번 좌절로 끝나곤 했다는 사실, 그 관계를 바꾸려는 시민의 자발적 노력들이 사정없이 억눌려야 했다는 사실 등에 크게 연유한다.

그러나 남북한 교류협력과 통일의 길은 축제 행렬이 아니고, 축제로 수행할 수 있는 과제도 아니다. 평양길을 수행했던 시인 고은은 "변화는 진리이다"라는 구절을 만찬

보이지 않는 가위손

장에 남기고 있다. 합의문 서명 이후 남북한 쌍방에는 다 같이 변화의 과제들이 안겨지고 있다. 그 변화는 어떻게 해야 진실한 것일 수 있을까? 우리가 먼저 생각할 것은 남한에서의 변화의 필요성이라는 문제이다. 지금까지 위반이었던 많은 것들의 어디까지가 남한에서 위반, 범법, 탈법을 면할 수 있을까? 남북 간 교류협력이 쌍방의 공존공영을 위한, 그리고 궁극적으로 통일을 위한 의미 있는 작업이 되게 하자면 무엇보다도 '공존'의 가치를 받아들이는 사회문화적 조건의 정비와 성숙이 필요하다. 공존이란 타방에 대한 이해, 존중, 관용, 인정의 체제이다. 그것은 배척의 정치학에 대한 부정이자 거부이며, 전쟁 수단에 의한 무력통일 혹은 일방에 의한 흡수통일 전략의 포기를 의미한다. 이 때문에 공존체제는 손익계산을 따르는 경제교류나 경제적 '공영'의 차원 이상의 것이다. 그러나 그것 없이, 그리고 그것의 강화와 확립을 위한 사회문화적 조건의 정비 없이 교류협력은 사실상 무의미하고, 통일의 길도 만들어지지 않는다.

공존체제를 위한 조건의 정비 작업에는 우선 냉전사고와 반공 이데올로기의 포기, 그리고 국가보안법의 정비가 필요하다. 냉전사고의 경우 북한은 여전히 남한의 '적'이며, 반공 이데올로기의 경우 북한은 여전히 우리가 '무찔러야 할 괴뢰'이고 '제거해야 할 악당'이다. 이들 두 가지 사고체계에서 북한과의 '공존'은 불가능할 뿐 아니라, 더 중요하게, 환상이고 오류이며 착각이다. 냉전사고는 전쟁상태의 지속과 전쟁수단의 필요성을 신봉하고, 타방의 무력 복속 혹은 붕괴에 목표를 둔다. 반공 이데올로기는 공산주의–사회주의 비판과 같지 않다. 비판이 반드시 적대성이나 대상의 악당화를 전제하지 않는 반면, 반공 이데올로기는 이승만 정권 때의 '멸공통일'의 구호에서처럼 대상의 괴멸, 제거, 파괴를 요구한다. 국가보안법을 위시한 몇몇 법률의 정비와 개폐 작업도 공존체제를 위한 필수적 수순에 포함된다.

반공–적대 교육을 공존의 교육, 평화통일을 위한 교육으로 개편 대체하는 일도 사회문화적 조건 정비의 하나이다. 공존은 제도에 의해서만 정착되는 것이 아니다. 공존의 가치에 대한 가슴의 동의와 머리의 수락이 없을 때 제도는 언제든지 무너진다. 공존의 교육은 차이의 존중과 인정을 향한 교육이라는 점에서 민주주의 교육의 알파이면서 평화교육의 오메가이다. 남북 쌍방이 서로 다른 체제를 갖고 공존공영할 수 있다면 그것은 문명의 훼손이 아니라 문명사적 성취일 수 있다. 남북 쌍방의 정치·사회체제는 어느 쪽도 타방의 존재를 무화시키고 무시할 수 있을 정도로 영광스러운 것이 아니다. 한편으로는 민족 동일성과 정체성의 가치를 유지하고, 다른 한편으로는 삶의 방식에서의 차이를 소중한 자원으로 인정할 수 있게 하는 교육, 그것이 공존의 교육이다.

대립, 반목, 적대, 갈등의 관계를 유지하는 데 사용되어 온 다수의 어휘들이 평양 합의문 이후 급격한 폐기와 수정을 요구받게 되면서 사회 구성원들 사이에 상당한 정서적 혼란이 야기되고 있다. 이른바 '김정일 쇼크'가 남한에서 일종의 신드롬 현상으로까지 발전하고 있는 것은 그 자체로 충격적이다. 그러나 그것은 단순 충격으로 처리될 일이기보다는 혼란의 책임이 어디에 있는가를 묻게 하는 문제이다. 아니할 말로 북측 지도자를 '조폭(조직폭력배) 두목' 쯤으로 인식하게 한 사회적 책임은 누가 져야 하는가? 그것은 단순히 정보 부족의 결과인가, 아니면 정보 왜곡과 조작, 정보의 고의적 과소 공급이 초래한 결과인가? (이는 북한의 '연출사회'적 국면이나 그 지도자에 대해 제기될 수 있는 비판의 문제와는 다른 성질의 것이다.) 후자의 경우라면 우리는 우리 사회가 정당한 판단 자료를 국민에게 공급할 능력을 갖고 있지 못하다는 사실, 국민의 알 권리와 정보접근권을 심각하게 제한 침해하는 조건들이 사회적으로 존재해왔다는 사실을 인정하지 않을 수 없게 된다. 그 부조리한 조건들을 고치고 제거하는 일도 공존 시대의 사회문화적 정비 작업이다. 판단할 수 없는 국민으로부터는 어떤 건강한 사회도 만들어지지 않는다.

과거에 대한 해석과 재평가 작업도 중요하다. 식민통치 하에서 항일독립투쟁을 전개한 세력들에는 소위 '민족진영' 말고도 사회주의 세력들이 있었다는 사실이 교과서에 정당하게 기술되고, 그들의 민족사적 기여와 공헌에 대한 평가도 타당한 수준에서 실현될 수 있어야 한다. 그것은 민족집단의 기억을 풍요화하는 일이며, 남북한 주민들이 공통의 기억을 공유하고 통일에 필요한 민족서사와 담론의 토대를 구축하는 일이기 때문이다. 지금부터 우리에게 필요한 것은 순간적 위반과 과잉의 축제가 아니라 위반이 필요 없는 조건들, 의무적 과잉이나 과장에 빠지지 않아도 될 사회적 조건들을 차근차근 만들어가는 일이다. 그것이 평양에서의 남북 회동 3일이 한 차원에서 우리에게 부과하는 의미이다.

민족주의 에너지의 재구성

문화 양극화의 다른 두 측면

2년 전 월드컵 축구 경기 때의 '명장면' 하나를 나는 늘 기억한다. 내가 말하는 그 명장면은 우리 팀 골잡이들이 만들어낸 신명 나는 슈팅 장면도, 수비수들의 뛰어난 태클 장면도 아니다. 물론 경기의 명장면들은 그것들 자체로 기억되고 칭송되어야 할 것이지만, 명장면이란 것이 선수들에 의해서만 연출된다면 월드컵 같은 큰 축구 대회의 재미는 절반으로 삭감된다. 2002년 한일 월드컵 대회를 잊을 수 없게 하는 추억의 이미지들에는 그때 한국 관중이, 우리 자신이 연출한 명장면들이 많다. 그중에서도 가장 감동적이었던 것은 한국-터키 간 3, 4위 결정전이 끝나고 났을 때의 것이다. 그 경기에서 우리 팀은 터키에 져 4위로 밀리고, 한국 관중은 진한 아쉬움에 사로잡힌다. 그런데 바로 그 순간 테니스코트만 한 대형 태극기가, 그리고 그것과 똑같은 크기의 터키 국기가 나란히 사이좋게 물결치고 펄럭이며 관중석에서 흘러내린 것이다.

만약 그때 우리 관중이 경기장에 콜라병, 소주병, 먹다 남은 팝콘 봉지, 방석 같을 것을 내던지며 우우 소리 지르고 욕설 퍼붓는 야유의 장면들을 연출했다면 어찌 됐을까? 우리는 영락없이 '훌리건hooligan(축구장의 난동자들)' 수준으로 내려앉았을 것이고, 축제는 기억하고 싶지 않은 초라한 끝장면과 함께 막을 내렸을 것이다. 모든 스포츠 경기는 누가 뭐래도 '우리 편'과 '저편'이라는 2분법의 드라마 위에서 펼쳐진다. 대결은 이 드라마의 구조적 원칙이며 재미의 원리다. 그래서 스포츠 경기는 항용 부족적 열기를 조장하고, 민족주의적 열정에 불을 댕긴다. 지난번 월드컵 대회 때에도 우리에게 민족주의적 열정의 폭발이 없었던 것은 아니다. 그러나 그 열정이 추악해지지 않은 것은 한-터키 전에서 우리 관중들이 보여준 것처럼 "너도 잘했고, 나도 잘했다"는 탁월성의 상호인정과 타자존중의 정신이 동시에 발휘되었기 때문이다.

　　민족주의는 사람들을 비합리적 충동으로 이끌 수 있는 추악성의 위기를 늘 안고 있다. 타민족, 타문화를 멸시·배척하는 옹졸한 국수주의에 빠질 때, 자민족 우월론과 자민족 중심주의의 정치적·정서적 보루가 될 때, 민족주의는 평화와 공존의 반대원리가 된다. 국가주의나 국민주의적 지배 담론으로 발전할 때 민족주의는 억압, 배제, 폭력, 불관용의 장치로 추락한다. 그러나 민족주의가 부정적 국면들로만 되어 있는 것은 아니다. 양날의 칼처럼, 민족주의는 부정적인 것과 긍정적인 것들을 함께 지니고 있다. 그것은 억압, 배제, 폭력의 장치가 되기도 하고, 해방과 공존을 위한 투쟁의 에너지가 되기도 한다.

민족주의가 없어지기만 하면 세계가 평화로워질 것이라거나, 민족주의 없는 세계가 가능하다고 믿는 것은 '이론의 망상'이다. 민족은 본질론적 실체가 아니라 정치적 실체다. 이 실체는 물론 역사적 문화적 구성물이다. 그러나 역사적 구성물은 순수 허구와는 다르다. 민족주의에는 같은 시간과 공간(장소)에서 함께 살아가는 자들이 공유하는 가치와 명제, 꿈과 신화, 애정과 헌신이 들어 있다. 민족주의는 현실의 일부이고, 인간학적 진실이며, 거대한 에너지원이다. 역사적으로 민족주의는 정치민주주의의 성립과 불가분의 관계에 있다. 민주주의 없는 민족주의는 있을지라도, 민족주의 없는 민주주의는 사실상 불가능하다. 정치민주주의는 껴안으면서 민족주의는 폐기하자고 말하는 것은 목욕통 없이도 목욕물을 퍼 담을 수 있다고 믿는 식의 난만한 착각이다.

민족주의가 반드시 타자 배척의 국수주의, 자민족 우월론, 억압과 지배의 담론 같은 것들에 항구한 포로로 묶일 필요는 없다. 역사적 구성물이기 때문에 민족주의는 역사적 변화에 열려 있다. 이것이 열린 민족주의다. 열린 민족주의는 열린 믿음의 체계와 마찬가지로 타자를 무시하거나 배제하지 않는다. 그것은 삶, 경험, 가치의 다원적·복합적 양식의 하나로 발전될 수 있다. 민족주의 없는 세계를 꿈꾸는 불가능한 몽상에 빠지기보다는 민족주의를 복합적 경험양식으로 재구성하고 공존, 평화, 관용의 열린 체제로 변용시켜 나가는 일이 더 중요하고 필요하다. 민족을 말하는 일이 꼭 절대 진리나 보편주의 도그마에 빠지는 일은 아니므로 민족주의의 역사적 재구성 작업은 가능하다.

한강의 기억과 비전

강은 누구를 위해 흐르는가

1. 잃어버린 강

우리가 강을 잊지 못하는 것은 접촉과 교섭, 사랑과 생명의 가장 원초적인 장면들을 강에서 만나기 때문이다. 강은 무심하지 않다. 강은 저 혼자 흐르지 않고, 저 혼자 질주하지 않는다. 강은 언제나 땅과 교섭하고 대화한다. 자갈밭 위에서 물살은 봄날 나물 캐러 나온 소녀들처럼 재잘대며 흐르고, 덩치 큰 바위를 만나면 바위의 얼굴을 은근슬쩍 쓰다듬다가 ("오, 너 여기 있었구나") 손목 잡힐세라 얼른 비켜난다. 높은 곳에서 강물은 흰 속살을 드러내며 깡충깡충 뛰어내리거나 좔좔 미끄럼질 타고, 깊은 곳에서는 안단테의 느린 리듬에 몸을 싣는다. 고운 모래밭을 만났을 때 강물은 그 자신도 맑은 얼굴이 되어 마치 오래 기다린 바람이 치마폭을 출렁이듯 얕은 모래밭 위로 넘실댄다. 이 넘실거림은 강이 땅과 관계 맺는 비밀스러운 만짐과 비빔,

스밈과 적심의 절정을 연출한다. 그렇게 해서 강과 땅 사이의 그 모든 접촉의 신성한 제의들과 그 모든 즐거운 교섭의 에로스로부터 강바닥 수초들이 태어나고, 강가의 나무와 수풀이 자라고, 물의 안팎에서 생명들이 자라 '강의 가족'을 일군다.

강의 에로스에서 빠질 수 없는 것이 강과 인간의 접촉 관계다. 생존목적의 활동이 인간활동의 거의 대부분을 차지했던 문명의 초기 단계로까지 거슬러 올라갈 필요는 없다. 우리가 알고 있는 것은 강과의 자유로운 교섭이 우리가 갖고 있는 가장 즐거운 유년의 추억이며 성장의 비밀이라는 사실이다. 여름날 강에서의 물장구, 멱 감기, 겨울의 얼음지치기, 발목을 간질이는 물살의 찰랑거림, 빛나는 모래와 자갈들, 돌 틈의 가재와 웅덩이의 쉬리 떼, 새와 나무와 구름과 꽃, 물속에 잠긴 달, 쏟아지는 강변의 별빛─이 모든 것과의 교섭이 우리를 키운 비밀스러운 힘의 기원이다. 성년이 되어서도 우리는 강에 대한 그리움을 갖고 있다. 그 그리움은 우리를 자라게 한 힘의 기원을 향한 향수 때문이며, 강과의 교섭에서 얻어진 그 경이로운 힘에 대한 겸손한 존경 때문이다.

오늘날 우리의 한강은 이런 에로스의 강, 접촉과 교섭의 강이 아니다. 오늘의 한강은 회색의 거대한 시멘트 옹벽들 사이에 포로처럼 갇혀 어디론가 떠밀려가는 볼품없는 물길에 불과하다. 그 강은 땅과의 교섭을 잃은 지 오래다. 시멘트 옹벽 사이에 갇힌 한강은 아우슈비츠 절멸수용

보이지 않는 가위손

소를 향해 질주하던 포로 수송용 열차행렬을 생각나게 한다. 그 수송열차 행렬에서의 벗어남, 자유, 대화, 소통이 허용되지 않았듯이 지금의 한강에도 자유와 소통, 접촉과 대화는 없다. 땅과의 접속을 차단당한 강은 인간과의 접촉도 상실한다. 사람들은 강으로 걸어 들어갈 수 없고, 강물에 발목을 적실 수도 없다. 강폭은 넓어지고 수심도 깊어져 자살을 생각하는 사람이 아니라면 아무도 그 강물로 뛰어들 수 없다. 이 한강은 어릴 적 우리가 뛰어들어 첨벙대던 강, 멱 감던 강, 무릎 위로 올라오는 물살과 장난치며 놀던 그런 정겨운 강이 아니다.

강 양쪽의 옹벽 너머에는 또 시멘트로 된 이중 삼중의 연안 고속도로들이 사람들의 접근을 차단한다. 이 한강은 우리가 사랑할 만한 강이 아니다. 그것은 그 자체로 괴물이 되어버린 강이다. 사랑할 수 없는 강은 사람들이 기억해주지 않는다. 기억에서 사라진 강은 잊힌 강이다. 한강은 오늘도 거기에 있고, 어제처럼 오늘도 우리 눈앞을 흐르고 있다. 그러나 우리는 그 강의 존재를 기억하지 않는다. 강과 인간을 이어주는 연결의 끈, 접촉의 끈, 대화의 끈이 잘려나갔기 때문이다. 그러므로 한강은 있으면서 동시에 없다. 물리적 대상인 한강은 거기 있으나, 사람들과 교섭하는 존재로서의 한강은 우리 마음과 기억에서 떠난 지 오래다. 한강은 우리가 잃어버린 강, 잊어버려야 하는 강이다. 그것은 우리가 자동차로, 전철로 재빨리 건너고 잊어버려야 할 어떤 것, 출퇴근길을 더디게 하는, 그러므로 속도와 효율을 위해서는 없는 편이 더 나았을 귀찮은 장애물, 그 존재의 귀함이나 친밀성을 경험할 길이 없는 천덕꾸러기다.

한강에는 스무 개 이상의 다리가 있다. 그러나 그 다리들은 강을 생략하고 강을 건너뛰기 위한 것이지, 강과 사람을 가깝게 이어줄 연결의 교량이 아니다. 그것들은 오히려 사람들을 강으로부터 더 멀리 떼어놓는 분리와 소외의 장치다. 강에 말 걸고 강과 친해지기 위해 걸어서 그 다리를 건너는 사람은 없다. 게다가 그 다리들은 대부분 보행자를 위한 다리도, 사람을 생각해서 만든 다리도 아니다. 거기에는 보행자를 배려한 공간이 없고, 풀 한 포기 나무 한 그루 심을 녹지 공간도 없다. 한강에서 에로스가 제거되었듯이, 한강에 놓인 다리들도 철저히 사람들을 몰아내고 생명의 흔적들을 제거한다.

그것들은 그냥 시멘트 덩어리이거나 쇳덩이다. 옹벽과 연안도로들, 그리고 그 도로에 인접한 거대 아파트들만이 한강을 죽이는 것이 아니다. 한강의 교량들도 강을 죽이고 강을 소외시킨다.

한강을 되살린다는 것은 한강에 가해진 이런 소외와 박탈, 분리와 망각의 조건들을 제거하는 일이다. '한강 르네상스'라 할 때 그 '르네상스'가 정확히 무엇을 의미할 것인지는 아직 선명하지 않다. 그러나 '르네상스'라 불리는 것들의 핵심에는 두 개의 지향, 혹은 두 개의 가치가 놓여 있다. 하나는 생명과 사랑의 복구로서의 '에로스의 회복'이

고, 다른 하나는 '인간회복'이다. 이 두 가지는 사실은 동어
반복일지 모른다. 에로스의 회복 없이 인간회복은 가능하
지 않고, 인간회복은 이미 그 자체로 에로스의 회복을 의
미하기 때문이다.

그러므로 우리가 '한강의 르네상스'에 부여할 수 있는
최선의 의미는 강과 인간, 강과 땅, 강과 모든 생명 가진 것
사이의 친밀한 접촉과 교섭, 대화와 공생의 관계를 한강에
되돌려주는 데 있다. 그것은 인간에게 강을 되찾아주고 강
에 인간을, 흙과 바람과 생명을 되돌려주는 일이다. 이 관
계 복구의 지향은 다른 어떤 목표보다도 중요하고 기본적
인 것이며, 다른 어떤 목표보다 우선한다. 그것은 지금 한
강을 고립시키고 있는 분리와 소외의 조건들을 제거하고
수정해서 한강을 '강다운 강'으로 회복시키는 일이다.

강다운 강은 소박하게도 물과 흙과 바람과 불, 이 네 개
의 기본 요소가 봄, 여름, 가을, 겨울 4계의 리듬 위에서 영
원히 교섭하는 강이다. 이 요소들은 어떤 고도기술의 시대
에도 생명이 의존해야 하는 항구한 가치이며, 그렇기 때문
에 인간의 삶을 의미 있게 조직하는 상징체계들은 이 네
개의 골간요소 위에 구성되어 있다. 영원한 생명의 세력을
가진 강만이 살아 있는 영원한 강, 구원의 강이다. 작가 호
르헤 루이스 보르헤스는 그의 도시 부에노스아이레스를
향해 "물과 공기처럼 영원한 도시"라고 노래했는데, 영원
한 도시는 물과 바람과 흙과 불이 즐겁게 교섭하는 에로스
의 강으로부터 태어난다.

2. 한강의 기억

　한강은 그 무심해 보이는 얼굴 너머로 슬픔과 상처, 좌절과 실패의 역사를 감추고 있다. 한강은 140년 전 조선이 처음으로 서양을 만난 곳이다. 그 최초의 조우가 충돌로 시작되었다는 사실을 기억하는 이는 많지 않다. 1866년 로즈 제독의 프랑스 제국 함대는 7척의 군함과 1,000명의 병력으로 한강 양화나루까지 거슬러 올라와 잠두봉(지금의 절두산) 앞에서 조선군과 교전하고 강의 하구로 내려가 강화도를 점령한 뒤 한 달간 섬을 약탈한다. 그때 프랑스군이 약탈해간 강화도 외규장각 도서들은 아직도 반환되지 않고 있다. 19세기 서양 제국주의의 파도가 조선의 강물과 맞닥뜨린 그 충돌의 순간으로부터 우리의 근세는 시작된다. '서세동진西勢東進'의 첫 물결이 밀어닥친 곳, 거기가 한강이다. 그로부터 100년이 지나 현대 한국이 근대적 산업체계를 성공시키면서 그 성공을 자랑하기 위해 갖다 붙인 이름이 '한강의 기적'이다. 한강의 기억은 단순하지 않다. 한강은 풍경 이상의 기억과 역사의 강이다. 갈매기 날아오르고 유람선 뜨는 강의 풍경 이미지들을 한 꺼풀씩 벗기면 역사가 할퀴고 간 상처의 흔적들이 무더기로 드러난다.

　이 역사의 강 한강에 대한 기억의 상당 부분은 폭력, 지배, 전쟁과 관계되어 있다. 한강 인도교는 철교와 함께 전근대의 반도 공간에 들어선 최초의 근대적 교량이다. 이 교량을 만든 것은 일제 식민세력이다. 반도 전역을 소위 '근대적 공간'으로 재편하려 했던 식민지배자들의 기획 속에서 가장 충격적이고 화려했던 것의 하나가 한강을 가로지른 두 교량이다. 선사 이래 수천 년 동안 나룻배와 뗏목의 기억만을 가진 강에 어느 순간 철근과 시멘트로 된 우람한 수평의 직선 구조물이 들어선 것이다. 조선인의 인지 구조에 오랫동안 각인되어온 강은 물과 뭍의 무한하고 가변적인 접선이 만들어내는 부드럽고 섬세한 곡선이다. 수평의 거대한 직선 다리는 이 섬세한 곡선의 강을, 혹은 강의 곡선을, 한순간에 무력화한다. 그것은 곡선을 향한 모든 시선을 거두어 그 자신에게로 집중시킨다.

최초의 한강 다리를 구경하기 위해 몰려들었던 식민지 조선인들의 놀라움은 이 영웅적 근대 구조물을 향한 시선 이동이 어느 정도의 것이었던가를 잘 말해준다. 그 시선 이동은 우리의 문화사적 성찰이 아직 주목하지 못한 의미심장한 사건이다. 그것은 위풍당당한 영웅, 저항할 수 없을 것 같은 힘, 찬탄과 경배가 필요한 대상의 출현에 대한 놀라움의 표현이었기 때문이다. 그 사건 이후 식민지 수도 경성의 심리학에는 심대한 변화가 발생하기 시작한다. 그 변화의 핵심은 근대 구조물로 대표되는 '강대한 힘'에 대한 외경과 선망이 근세 조선인의, 그리고 마침내는 현대 한국인의 무의식에 깊이 뿌리내리게 되었다는 점이다.

이 사실은 지금의 한강을 이해하는 데 아주 중요하다. 강의 남북 양안에 난공불락의 요새처럼 시멘트 옹벽들을 축조하고, 모든 곡선을 두들겨 패 직선화하고, 물과 뭍의 접촉을 차단한 지금의 한강 환경이 만들어진 것은 1980년대에 들어와서의 일이다. 그러나 그 1980년대 군사정권의 심리학은 그 이전 군사정권의 심리학에 이어져 있고, 통틀어 군사정권 시대 30년을 지배한 통치의 문법 전체는 식민지시대의 통치학에 연결되어 있다. 식민시대 이후 '근대화'의 이름으로 가장 과감한 국토 재편을 기획하고 단행한 것은 역대 군사정권이다. 하나뿐이던 한강다리는 20개 이상으로 늘어나고, 시멘트 포장도로와 고속도로는 수십 배 수백 배로 확장된다.

그러나 이 같은 국토재편에 대한 국민 대중의 심리적 저항이나 반감의 크기는 1960년대 이후 개발시대가 본격화하면서 미미한 수준으로 약화된다. 식민시대의 '신작로'가 국토의 "맥을 끊는다" 해서 조선인의 저항에 더러 부딪히기도 했다면, 1960년대 이후 군사정권 시기의 직선도로 만들기와 터널 뚫기에서 전통적인 유기체적 '맥'의 개념은 거의 완전히 소멸한다. 그러나 이 소멸에 대한 저항의 기록은 미미하다.

여기서 우리가 주목하고자 하는 사항은 두 가지다. 하나는 군사정권 후기의 기념비적 한강 치수 사업을 포함한 1960년대 이후 국토 개발 기획의 통치학적·심리적 뿌리는 식민시대의 근대적 통치학에 닿아 있다는 것이고, 또 하나는 근대적인 것의 위용과 효율에 대한 대중적 찬탄과 선망 역시 식민시대에 그 심리적 기원을 두면서 1960년대 이후 개발주의에 의한 이념적 강화기를 거쳐 지금 이 시점에 이르렀다는 점이다. 지금의 살벌하고 비인간적이고 반생태적인 한강 풍경을 초래한 우리의 정치·문화사적 뿌리는 생각보다 훨씬 깊고 길다.

'한강 르네상스' 사업은 이 길고 깊은 뿌리를 걷어낼 수 있는가? 앞에서 우리는 에로스의 강을 말하고, 인간회복과 강의 회복을 말했지만, 이 모든 '회복'은 결코 말처럼 쉬운 일이 아니다. 속도, 효율, 지배, 개발은 물질적 근대의 핵심 가치들이다. 근대 건축 구조물이 지닌 직선지향성과 평면지향성은 이런 가치와 직결되어 있다. '한강 르네상스'가 강의 잃어버린 곡선을 되찾고, 생태계를 복원하고, 인간과 강의 접촉 동선을 확보하는 등의 작업을 위해 속도, 효율, 지배, 개발의 근대적 가치들을 내팽개칠 수 있는가? 개발주의 이념이 시민 인구의 넓은 층에 깊게 침투해 있는 지금 서울시가, 서울시장이, 무슨 수로 개발주의의 집요한 요구를 잠재울 것인가?

더구나 지금은 근대와 후기근대(혹은 탈근대)가 중첩해 있는 시대다. 후기근대의 물질적 가치체계를 요약하는 것은 시장, 경쟁, 생존이다. 우리가 '강다운 강'이라 부른 아름다운 생태의 강, 에로스의 강은 기본적으로 속도, 효율, 지배, 개발의 근대 가치들에 동조하지 않으며 시장, 경쟁, 생존의 가치를 절대화하게 하는 이 시대의 엄혹한 명령들과도 거의 정반대편에서 맞서는 다른 가치들의 존중과 활성화를 요구한다. '한강 르네상스'는 시대의 명령에 맞설 용기를 가지려는 것인가, 아니면 개발, 효율, 경쟁, 생존, 시장 등등의 가치를 '르네상스'의 이름 아래 재포장해 궁극적으로는 그 가치체계에 네 발로 더 잘 봉사하고자 하는가?

이런 질문들은 한강 회복 사업이 간단하지 않은 문제들을 안고 있고, 깊은 딜레마들에 포위되어 있다는 사실을 환기시킨다. 한강은 이미 시멘트로 뒤덮인 견고한 터널식 수로가 되어 있다. 이미 되어 있고 만들어져 있는 것들을 헐어내는 '언두잉undoing'의 작업은 단순한 '디몰리션demolition'만으로 되지 않는 복잡하고 힘겨운 과정들을 포함한다. 작업이 외피적 장식의 차원을 넘어서고자 한다면 도처에 불가능의 지점들이 기다리고 있다. 예컨대 강 둔덕에 걷기와 어슬렁거림, 어울림과 누림이 가능한 문화거리를 만들기 위해 양안 고속도로들을 철거하고 고층 아파트들을 밀어낼 수 있는가? 그 많은 한강다리에 인간적 공간을 도입하는 일은 가능한가? 이미 강을 떠난 곳에 사람들의 삶의 공간이 견고하게 자리 잡은 서울에서 접수생활구역waterfront town을 만드는 일은 어떻게 가능한가?

그러나 우리는 한강의 모습을 바꾸어보고자 하는 서울시의 노력을 도와야 한다. 한강은 시청의 것이 아니라 시민의 것이고 국민의 것이다. 그런데 그 한강, 지금의 한강은 시쳇말로 '꼴불견'이다. 그 꼴불견의 강은 사람들의 몸과 마음을 병들게 한다. 한강은 다시 아름다워져야 한다. 한강을 되살려내기 위한 지혜의 첫 번째 소스는 한강 그 자체다. 무엇보다도 한강은 '두터운 문화'를 갖고 있다. 한강 유역은 신석기시대에서 청동기시대에 이르는 문화유적들을 모두 가지고 있는, 세계에서 몇 안 되는 복합유적 보유지다. 선사시대에서 역사시대까지의 유적들도 있다. 미사리와 암사동의 선사주거지들, 몽촌토성과 풍납토성의 백제 유적들은 한강을 중심으로 전개된 두터운 문화의 흔적을 보여주는 귀중한 자원이다. 한강은 또 고구려, 백제, 신라의 고삼국에서부터 고려를 거쳐 조선왕조에 이르기까지 다섯 개 왕국에 젖줄을 대준 강이다. 이처럼 두터운 역사를 가진 강은 세계적으로도 많지 않다. 오랜 문화유적과 기억을 가진 강은 일시적 볼거리나 제공하는 강과는 그 정신적 차원이 다르고, 또 달라야 한다. 전쟁과 상처, 실패와 좌절의 기억들도 한강의 정신문화적 차원을 두텁게 한다. 한강은 우리가 그동안 소홀히 여겨 팽개쳐온 그런 정신의 차원, 혼의 차원이 깊어지기를 기다리고 있다.

조선시대의 한강변에서 꽃핀 '장터문화'는 한강이 가진 두터운 문화의 또 다른 측면을 대표한다. '장터'는 현대의 '시장'과는 다르다. 돈의 신이 지배하는, 그러므로 우리가 가끔 대문자 '엠M'으로 표기할 필요를 느끼기도 하는 것이 현대의 '시장market'이다. 시장은 구체적 행위자들이 그 모습을 드러내지 않고, 드러낼 필요도 없는 거대한 추상이다. 그러나 '장터market place'는 추상의 거대 공간이 아니라 작은 구체적 공간이다. 살과 땀과 표정과 목소리를 가진 구체적 행위자들이 서로의 존재를 확인하고 거래를 진행하는 곳, 사고파는 행위가 놀이의 차원을 넘나들기도 하는 장소다.

시장을 지배하는 최고의 명령이 '경쟁'이라면, 장터의 거래 규칙은 '교환'이다. 시장에서 사람은 '기능'으로만 존재할 수 있는 반면, 장터에서 사람은 언제나 기능 이상의 '인간'으로 존재한다. 지금은 사라져버린, 그러나 한때 번성했던 '마포나루'는 그런 조선시대 장터의 하나다. 그것은 사람들이 강과 이마를 맞대고 살았던 '워터프런트 타운Waterfront Town'의 한 형태다. 한강 복원 기획은 이런 형태의 장터문화에서 배울 것이 많다. 한강에서 기획되는 그 어떤 축제도 주민의 삶에 기초한 이런 종류의 토착 장터문화와 연결되지 않고서는 공허한 소비성 행사로 그치고 만다.

사람들의 생활문화와 생업 활동이 강과 구체적 관계를 맺을 수 있게 하는 것은 한강을 살리는 일의 필수적인 부분이다. 지금의 한강은 위락업소들을 빼면 시민의 생업활동과는 아주 먼 곳에 떨어져 있다. 나루가 사라지면서 한강은 운송, 물류 혹은 어항의 그 어느 기능도 수행할 수 없게 된지 오래다. 팔도에서 양곡을 실은 조운선들이 몰려들던 양화나루, 어물 공급을 담당하던 마포나루 등을 현대에 복원하기는 어려울지 모른다. 그러나 서울은 서해시대를 앞두고 강의 항구도시가 될 수 있는 가능성을 타개해야 한다.

이 문제는 지금도 한강 하류를 틀어막고 있는 남북한 대치구도와 직결되어 있다. 강물은 서해로 흘러들지만, 민간선박은 한강 하류를 통해 서해로 나가거나 서울로 들어올 수 없다. 한강 하구는 민간선박의 통행이 금지된 군사구역이기 때문이다. 앞에서 우리는 전쟁과 관계된 한강의 기억을 자세히 말할 기회를 갖지 못했지만, 한강을 무기력한 강으로 만든 요인의 하나가 전쟁구도라는 사실만은 언급하지 않으면 안 된다. 몇 해 전에 화가 임옥상은 그 막힌 한강 하구를 상징적으로 뚫기 위해 임진강과 한강의 물살이 만나는 서해수역까지 진출해보려는 선상 평화행진을 시도했으나 좌절한 적이 있다. 그러나 한강을 통한 서해 출입의 실현 없이 한강의 회복은 가능하지 않다.

3. 가치와 비전

한강의 인문학적 가치와 비전을 말하는 일은 우리 시대의 절실하고도 기본적인 윤리적 질문들에 응답하는 일과 연관되어 있다. 문명의 가장 이른 아침들이 강에서 열렸다면, 문명을 지탱하는 지속적인 힘도 강에서 나오는가? 그렇다고 말할 수 없다. 나일강은 지금도 흐르지만, 그 강에서 나온 문명은 소멸하고 없다. 메소포타미아 문명을 기른 강들은 지금도 유구하게 존재한다. 그러나 그때의 문명이 여전히 존속하고 있는 것은 아니다. 농업시대의 강은 땅의 위대한 젖줄이 되어주었고, 산업시대에도 제조업을 위한 강의 효용은 컸지만, 그러나 지금 같은 고도 기술시대, 농업과 굴뚝산업이 생산의 위계서열에서 지배적 지위를 잃어버린 시대에 강의 효용, 강의 효율, 강의 가치는 무엇인가?

강은 직선, 속도, 경쟁과도 별 관계가 없다. 오히려 그것은 비효율과 느림의 패러다임이다. 강은 자연의 일부다. 자연이 삶의 현장에서 2선 3선의 가치로 후퇴해버린 시대에 강의 위치는 어디인가? 이런 질문들은 강의 가치를, 효용과 효율이라는 것의 의미를, 속도와 경쟁의 가치들을, 그리고 생존의 명령을, 지금까지와는 전혀 다른 각도에서 전혀 다른 방식으로 정의하지 않으면 안 된다는 사실을 부각시킨다. 인문학은 바로 그 '다른 각도'와 '다른 방식'을 공급한다.

상아탑에 안주하던 인문학을 그 탑에서 떠나 우리 시대의 절절한 문제들과 대결하게 한 사람의 하나가 현대 이탈리아 증언문학을 대표하는 작가 프리모 레비다. 그는 인문학 전공자가 아니라 화학을 공부한 과학자다. 아우슈비츠 절멸수용소로 끌려가 '나치'라는 이름의 고도 효율체제가 자행하는 살육과 파괴의 폭력을 견디어내는 동안 그가 대면해야 했던 가장 절실한 화두는 "도대체 인간으로 산다는 것은 어떻게 사는 것인가?"였다. 이것은 물론 인문학의 핵심적 질문 가운데 하나다.

그러나 레비의 경우 그 질문은 연구실에서, 책에서, 상아탑에서 나온 것이 아니라 절멸수용소에서 나온 것이라는 점이 중요하다. 그 질문에 대한 레비의 응답이 무엇인가도 여기서는 그리 중요하지 않다. 중요한 것은 그 질문

보이지 않는 가위손

자체다. 그것은 아무도 피해갈 수 없는 질문이며, 어딘가에 정답이 있는 질문도 아니다. 그것은 각자가 응답해야 하는 질문이다.

나는 이 질문을 '한강의 질문'으로 돌리고자 한다. 나는 레비의 그 질문을 한강의 질문으로 삼는 것이 한강의 인문학적 가치를 요약한다고 생각한다. 물론 이 말은 지금의 한국이 레비가 겪었던 절멸수용소와 유사한 상황조건에 놓여 있다는 소리가 아니다. 그러나 우리는 레비의 그 질문이 우리 시대의 세계에 가장 중요한 윤리적 질문이 된 순간에 오히려 그 질문을 기피하고, 그 질문으로부터 열심히 도주하려 한다. 그 질문을 망각한 사회가 고도 효율에도 불구하고 나치 같은 지옥의 체계를 만들어낸다는 사실을 우리는 잊고 있다.

나는 평화의 강, 생명의 강, 공생의 강을 지향하는 것이 한강의 비전이어야 한다고 생각한다. 이런 비전은 한강을 유연한 강, 에로스의 강, 서로 다른 가치들과 지향들도 공생의 체계 속에 관용하고 아우르는 열림의 강이 되게 할 수 있다. 그러나 그 비전의 밑바닥에는 우리가 언제나, 궁극적으로 던져야 하는 기본적인 질문이 있다. 누구를 위해서, 무엇을 위해, 강은 흐르는가?

광복 60년의 문화에 대한 성찰

광복 이후 60년 한국사회의 문화지형을 요약하고자 할 때의 첫 번째 난점은 "'문화'라는 용어로 무엇을 의미해야 하는가?"라는 문제이다. 문화는 스물네 개의 얼굴과 백 개의 팔다리, 여덟 개의 몸통, 열두 가지 목소리를 가진 괴물과도 같다. 물론 이 숫자들은 문화의 다면성, 복잡성, 정의하기의 어려움을 표현하는 은유에 불과하다. 문화는 인간이 그 전모를 알 수 없고 통제할 수 없는 수많은 변수들의 맥락 속에서 출현하고, 그 경로를 알기 어려운 전파, 혼합, 동화의 과정 속에 있으면서 부단히 변화하고 동시에 변화에 저항한다. 긴 시간 안정적 지속성을 지니는 문화가 있는가 하면, 예측하기 어려운 영향에 노출되어 단기간에 사라져버리는 문화도 있다. 가장 크고 넓은 그물망을 둘러씌웠을 때 문화는 '삶의 양식' 혹은 '한 사회의 전체적인 생활방식'이다. 그러나 이런 폭넓은 정의들은 '1945년 이후 60년'이라는 시간 테두리 안에서의 문화를 말하는 데는 별 도움

　　　　　　　　　　보이지 않는 가위손

이 되지 않는다. '사람이 살아가는 방식의 모두'는 60년이라는 프레임에 가두기에는 너무 크다.

시간은 공간처럼 줄 긋고 토막 내어 산뜻하게 경계를 표시할 수 있는 물건이 아니고, 문화도 그러하다. '한 시대의 문화'라는 표현은 성립하지만, 그 문화도 사실은 한 시대의 전후 문맥과 단절되어 있지 않다. 그러나 우리가 '1945년 이후 60년'이라는 식으로 시간의 일정 기간을 잘라내어 테두리에 가두어보는 것은 '1945년'이 우리에게 특별히 의미 있는 시간 포인트이기 때문이다. 1945년은 한국인이 다른 어떤 것보다도 '그 자신의 시간'을 회복한 해이다. 자기운명의 결정권을 타인의 손에 맡겨야 하는 식민지 상황에서는 그 '타인'을 빼고는 누구도 시간의 주인이 아니다. '미래'가 없다는 것은 식민지 백성의 조건이다. 그에게 생물학적·물리적 미래는 있으나 삶을 스스로 설계하고 결정해서 집단의 운명을 개척해나갈 수 있는 정치적 미래는 없다. 그 미래를 되찾았다는 것이 1945년 '광복'의 중요한 의미 가운데 하나이다. 회복된 시간은 미래를 위한 활동의 마당을 동시에 열어놓는다. 그러므로 '1945년 이후의 60년'은 식민통치를 벗어난 한국인이 그 자신의 시간과 마당에서 자기 손으로 어떤 삶을 어떻게 만들고 자신의 운명을 어떻게 바꾸어나갔는가를 보여주는 특별한 60년이다. 문화도 그럴까? 이 시기의 문화에도 어떤 독특한 '시대의 도장'을 찍을 수 있을까?

문화는 그 자체를 독립성을 가진 영역으로 대접해야 할 때가 있지만, 지난 60년 한국사회의 문화를 말하는 작업에서는 문화가 독립변수이기 어렵다. 광복 직후 한국인의 최대 관심사는 "되찾은 땅에 어떤 나라, 누가 주인이 되는 나라를 세울 것인가?"라는 정치적 의제였고, 1948년 대한민국 수립 이후에도 '국가건설'의 의제는 한국인의 머리에서 떠난 적이 없다. 먹고사는 문제로서의 경제는 어느 시기에나 중요한 것이지만, '경제건설'이 정치적으로 계획되고 한국인의 삶에 구체적 영향을 주기 시작한 것은 1960년대 초반에 시작된 박정희 정권의 '조국 근대화' 정책에서부터이다. 한 시대를 웬만큼 조망할 수 있게 된 지금의 시점에서 보면, 지난 60년을 통틀어 한국인의 운명을 바꿔놓은 역동적 변화의 목록은 한국인 대다수의 삶에 발생한 정치적·경제적 변화들로 구성되어 있다는 사실을 누구도 부정하기 어렵다. 한국인의 정치적 삶을 바꿔놓은 것은 민주주의이며, 경제적 삶을 변모시킨 것은 경제발전이다. 한국인의 집단적 삶의 수레를 끌어온 것은 정치와 경제라는 두 바퀴이다. 정치와 경제는 우리 사회를 바꿔온 변화의 축이며, 모든 중요한 사회변화들은 그 축에 연결되어 있다. 문화도 예외가 아니다. 정치와 경제를 변화의 중심축으로 두지 않는다면 문화지형상의 변화들도 그 시대적 의미와 특성을 상실한다.

이렇게 말하는 것은 문화가 정치와 경제의 손에서 결정된다거나 문화적 변화가 정치-경제 차원의 변화들로 환원될 수 있다는 얘기가 아니다. 문화가 사회적 삶의 형성에 끼치는 능동적인 영향을 부정하자는 소리도 아니다. 오히려 그 반대이다. 문화는 사회변화를 이끌기도 하고 발목잡기도 한다. 그러나 60년간 한국인의 삶을 바꾸어온 것이 정치민주주의와 경제발전이라는 사실을 부정할 수 없는 한, 이 기간의 문화 역시 사회변화의 정치적 형태와 경제적 형식이 함께 고려되는 전체적이고 역사적인 연맥관계에서 성찰되는 것이 옳다. 이런 접근법을 취할 때 문화의 복잡하고 다양한 의미들은 훨씬 간편하고 유용한 방식으로 축소될 수 있다.

이 짧은 리뷰에서 사용되는 '문화'의 의미는 지난 60년간 우리 사회에서 우세하게 발현한 가치, 태도, 정신상태 그리고 전제조건으로서의 문화, 사회적 행위자를 만들어내고 사회관계를 재생산하는 장치로서의 문화, 사회변화를 견인하거나 변화에 저항하는 사상, 이념, 가치체계로서의 문화이다.

1948년에 정부를 수립한 '대한민국'은 비록 남한 단독정부라는 형태에 의한 것이긴 했으나 우리 역사상 최초로 근대 민주주의를 채택한 '민주공화국'의 수립이었다는 점에서 그 역사적 의미가 지대하다. 공식문서에서 '민주공화국' 또는 '공화국'이라는 국체 명칭이 사용된 것은 1919년의 상하이 임시정부 헌법이 사실상 처음이다. 임정 헌법이 '공화국'이라는 명칭을 사용한 것은 문화사적 의미에서 주목받아 마땅하다. 그 명칭은 한국인이 잃어버린 나라를 되찾게 될 때 그 나라에 세워질 것은 '대한제국'의 후속체가 아니라 완전히 새로운 체제의 근대민주주의 국가여야 한다는 비전을 담은 것임과 동시에 공화국이라는 '아이디어'를 공식화한 중요한 사상사적 사건이었기 때문이다. 물론 이것이 당시 식민지 백성들에게 무슨 감지할 만한 영향을 주었던 것은 아니다. 대다수 한국인에게 '근대민주주의'니 '민주공화국'이니 하는 용어는 거의 생소한 것이었고, 그것을 개념 차원에서나마 조금씩 알고 있었던 것은 극소수 지식인들에 불과하다.

지금 우리가 이런 일들을 되돌아보는 이유는 1948년 대한민국의 이름으로 출발한 '국가건설'이 문화적으로 얼마나 취약한 토양 위의 것이었던가를 말하기 위해서이다. 대중적 차원에서 보면 민주주의는 '어느 날 갑자기' 외부로부터 한국에 도입된 낯선 체제이다. 국가건설과 함께 '국민'이 탄생했지만, 그 국민이 근대적 의미에서의 '시민'이었다고 말하기 어렵다. 1948년 정부 수립 당시 상당수 한국인에게 '대통령'과 '왕'은 구분되는 존재가 아니었다. 선거, 대의제, 삼권분립, 국회 등의 이른바 민주적 제도들도 국민 대다수가 일찍이 듣도 보도 못한 생소한 것들이었다. 근대성modernity의 핵심은 물질과 제도의 차원에 있지 않고 사상, 가치, 태도, 이념 같은 정신적·문화적 차원에 있다. 문화적으로 근대는 자발성, 자율성, 자결성을 핵심으로 하는 가치체계이며, 합리성에 판단의 기초를 두는 정신상

보이지 않는 가위손

태mentality이다. 민주주의라는 정치적 근대의 전제조건, 그것의 정신적 토대가 되는 것은 그런 정신습관과 가치체계이다. 근대의 발원지인 서양에서도 정치적 근대는 먼저 제도로 출발한 것이 아니라 사람들의 머리에 들어 있었던 사상, 가치, 이념으로부터 출발한 것이다.

'민주공화국' 대한민국은 민주주의에 필요한 문화적 전제조건의 거의 완전한 결핍 위에 세워진 나라이다. 건국초대 정권을 담당했던 정치세력에도 그 조건은 결여되어 있었고, 갑자기 낯선 제도를 만나게 된 일반 대중의 경우에도 사정은 마찬가지였다. 여기서 "제도가 먼저냐, 문화가 먼저냐?"의 논란은 별 의미 없다. 민주주의의 도입이 반드시 '선문화 후제도先文化 後制度'의 절차를 밟아야 하는 것은 아니다. 제도가 먼저 들어올 수도 있다. 그러나 우리처럼 제도의 도입이 먼저인 경우에도 민주주의를 정착시키기 위한 시민문화의 확산, 심화, 성숙은 필수적인 후속 절차이다. 제도를 먼저 도입한 이후에도 그것은 여전히 전제조건으로 남는다. 사회는 쉽게 변하지 않는 내성을 갖고 있다. 근대사회는 하루아침에 오는 것이 아니고, 정치민주주의라는 제도의 '도착'이 곧바로 전근대 전통사회의 자동적인 '떠남'을 의미하지도 않는다. 정치세력과 제도를 바꾸는 일은 단기간에 이루어질 수 있어도, 사회를 바꾸는 데는 오랜 시간이 걸린다. 그 가장 큰 이유는 변화에 저항하는 보이지 않는 사회적 내성 때문이다. 그 내성의 뿌리는 문화이다. 정치에 비해 문화는 흔히 '약한 힘弱力'으로 여겨지지만, 사회관계가 바뀌어도 그 이전 사회관계에서 형성된 문화는 질긴 중력으로 남아 "사람들의 선택과 행동을 안내하고 지배한다. 그러므로 근대사회로의 이행에 요구되는 필수적 과제의 하나는 사람들의 정신습관과 체질 깊숙이 뿌리내린 전통적 가치, 지향, 태도 같은 문화적 내성을 어떻게 바꾸어 합리적 세속사회의 문화로 이행하게 하는가라?"는 것이다.

'대한민국' 수립의 순간 한국사회에 안겨졌던 큰 과제가 그것이다. 민주주의를 도입한다는 것은 정치체제의 교체이면서 동시에 전근대적 전통사회의 문화를 근대사회적 문화로 바꿔나가는 일이다. 이것이 근대적 '국가건설'이 갖는 의미이다. 그러므로 대한민국 수립은 왕조 소멸 이후 36년간의 식민통치기를 거치면서도 구체제적 전통사회의 특성을 뿌리 깊이 간직하고 있었던 한국사회가 신질서를 착근시키고 유지할 능력을 가진 근대사회로 이행하지 않으면 안 되는 지난한 과제를 떠안게 되었다는 사실을 의미한다. 그러나 이 과제의 위중함을 알고 있었던 정권은 없다. 이승만 초대 정권에서부터 말기 군사정권에 이르기까지의 역대 정치세력들 가운데 어느 누구도 '민주주의의 문화'를 민주사회의 토대로 인식한 일이 없고, 그 문화 키우기를 정치적 과제로 삼은 일도 없다. 민주적 시민문화를 키운다는 것은 독재와 권위주의로 일관했던 역대 정권 담당 세력들이 결코 원하는 바가 아니었기 때문이다.

1948년 이후 한국의 경험이 보여준 값비싼 교훈은 두 가지다. 첫째는 제도와 법률만으로는 민주주의가 되지 않는다는 것, 둘째는 민주주의의 문화적 조건은 생략될 수 있는 것이 아니라는 사실이다. 민주헌법이 없고 제도가 없어서 한국 민주주의가 파행을 거듭한 것이 아니다. 제도와 법률 이상으로 중요한 것이 민주주의의 원칙, 가치, 이념을 사회적으로 내면화한 문화적 토대이다. 제도가 외피라면 문화는 내용이다. 민주주의를 떠받치는 문화적 토대는 민주주의를 지향하는 어떤 사회도 감히 생략할 수 없고 건너뛸 수도 없는 전제조건이다. 우리의 불행은 제도의 도입 이전에도 그 조건이 구비되어 있지 않았고, 도입 이후에도 그 조건이 충족되지 않았다는 것이다. 전근대 전통사회가 근대사회로 이행하는 거의 모든 길목에는 유혈이 낭자하다. 구체제를 지키려는 세력과 신체제를 가져오려는 세력 사이의 충돌은 많은 나라들이 내전, 혁명 등의 형태로 근대화 이행 과정에서 겪어야 했던 비싼 대가이다. 우리는 왕조사회로부터 근대사회로의 이행에 요구되었을 법한 '유혈'을 식민통치 기간 동안 잠정적으로 면제받았던 경우에 해당한다. 나라를 잃었기 때문에 체제 이행에 드는 내부 비용은 치를 겨를이 없었기 때문이다.

그러나 이 면제와 생략은 결코 역사의 요행이 아니다. 식민 치하에서 한국인은 자기 손으로 사회 근대화를 성취할 기회를 가질 수 없었고, 이 기회 상실은 근대적 경험, 특히 근대 민주주의에 필요한 문화적 토대가 한국인에게 전면적 결손으로 남게 되는 결과를 가져오게 된다. 이 같은 문화적 결손이 후일 한국사회에 요구한 대가는 실로 거대한 것이다. 민주주의의 문화적 토대는 생략될 수 있는 것이 아니다. 식민통치기에 한국인이 근대사회로 이행하는 데 드는 사회적 비용을 면제받았다면, 그 면제된 비용은 결국 결손과 부채로 남아 광복 이후 거의 전 시기에 걸쳐 더 크고 아픈 형태의 비용 부담을 한국사회에 안긴 것이다. 민주주의는 공짜가 아니다.

광복 60년의 문화를 이 관점에서 성찰할 때, 이승만 정권 시기부터 1980년대 말까지 계속된 반독재 민주화 투쟁이 정치적·사회적 차원의 투쟁이었음과 동시에 모든 의미에서 '문화적 투쟁'이었다는 사실이 두드러지게 드러난다. 광복 60년의 사회사는 이승만 초대 정권부터 군사정권기를 거쳐 1990년대 초에 이르기까지 근 반세기에 걸쳐 자유, 평등, 자율 등 근대적 정치질서와 사회질서를 착근시키기 위한 갈등과 투쟁, 희생과 유혈의 기록으로 점철되어 있다. 이 상처의 사회사는 동시에 상흔의 문화사이다. 민주화 투쟁이 내건 '자유'라는 것의 실질 내용은 사상과 표현의 자유, 양심, 학문, 토론의 자유, 언론과 출판의 자유, 행복 추구의 자유이며, 이것들은 가감 없이 민주주의의 문화적 이상을 구성하는 요소들이다. 자유를 위한 투쟁은 문화적 이상을 향한 투쟁일 수밖에 없다. 1974년 자유실천문인협의회 결성 당시 '문학인 101인 선언'을 주도하면서 시인 고은이 "자유라는 명제는 문학 표현의 자유를 담아낸다"고 말한 것은 민주화 투쟁이 동시에 문화적 투쟁이었다는 것을 잘 요약한다. 투쟁의 선봉에 섰던 것도 지식인, 언론인, 학생, 문화예술인 등의 '문화인구'들이었다. 정권의 감시, 구금, 투옥, 처벌의 대상이 되었던 사람들 중의 상당수가 시인, 작가, 언론인을 포함한 문화계 인사들이었다는 사실은 놀라운 일이 아니다. 극심한 탄압과 검열의 대상이 되었던 것도 시, 소설, 가요, 미술, 만화, 언론 등 문화생산물들이다.

문화예술인들의 민주화 투쟁이 격렬해지기 시작한 것은 '유신시대'인 1970년대이다. 시인 김지하가 담시 「오적」(1970)을 발표하고 투옥되었다가 국가보안법 및 긴급조치 위반, 내란선동죄 등의 죄명을 쓰고 사형을 선고받은 것은 1974년이며, 정치권력의 폭압에 맞서 저항의 횃불을 들었던 최초의 문인 조직 자유실천문인협의회가 결성된 것도 그해이다. 이 저항의 시기에 간첩단, 내란선동, 국가보안법 위반 등등의 혐의를 쓰고 상당수의 작가 등 예술인들이 투옥되고 고문당한다. 저항적 민중가요 〈아침이슬〉의 작곡자 김민기, 시인 김남주를 포함해서 1970년대에서 1980년대 말까지의 20년 동안 우리 사회의 주요 작가, 예술가, 문화 생산자치고 감시, 검열, 탄압의 대상이 되지 않은 사람은 없었다고 해도 과언이 아니다. 문화예술인들의 집단적 투쟁은 1980년대로 이어져 1987년 6월의 이른바 '민주대항쟁'으로 대표되는 민주화운동의 절정기를 만들어낸다. '자실'을 계승한 민족문학작가회의, 민족예술인총연합과

그 구성 단체로 참여한 미술인, 음악인 등의 조직들은 1980
년대에 출현한 저항문화단체들이다. 이들 말고도 마당극,
판소리, 탈춤 등 1980년대 민중연행예술을 주도한 크고 작
은 저항적 예술인 조직은 이루 헤아릴 수 없을 정도이다.
결국 광복 60년의 상당 기간은 '자유를 향한 정치투쟁이자
문화투쟁의 시대'였다고 규정되어 마땅하다.

　　자유를 위한 문화투쟁이 우리 사회 전반의 문화변동
과 발전에 얼마나 기여했는지의 문제를 다루는 일은 이 짧
은 리뷰의 범위를 벗어난다. 그러나 몇 가지 기억되어야
할 중요한 변화들이 있다. 1990년대 후반 이후 약 10년 동
안 우리 사회의 문화 발전에서 가장 두드러진 현상으로 대
두한 것은 대중문화의 비약적 발전이다. 영화, 대중음악,
텔레비전 드라마 등 문화산업의 주종 분야들이 보인 수준
향상과 양적 팽창은 한국인의 문화생활을 바꾸고 예술참
여도를 높인 중요한 변화이다. 이런 도약의 1차적 공로는
제작 기술과 연행 능력으로 대표되는 생산력 발전의 공으
로 돌려져야겠지만, 거기에는 가치와 태도의 변화라는 더
근본적인 문화적 요인이 존재한다. 무엇보다 중요한 것은
1990년대 이후 문민정부 3대에 걸쳐 '검열'이 점진적으로
폐지된 데 따른 '표현의 자유와 다양성'이라는 가치의 신장
이다. 검열제도는 50년간 한국인의 자기표현의 기회를 박
탈하고 그 역량을 옥죄어온 거대한 가위, 몽둥이, 자물쇠이
다. 특히 영화의 경우, 만약 검열제도가 여전히 표현의 기

　　　　　　　　　　　　보이지 않는 가위손

회와 다양성을 틀어막고 있었더라면 지난 몇 해 이 장르가 보인 폭발적인 역량의 분출 같은 일은 전혀 기대할 수 없었을 것이다. 검열 폐지라는 문화적 요청은 예술 발전의 전제조건이다.

배우, 가수, 기타 연행예술계 직종에 대한 사회적 평가가 높아지고 종사자의 수가 큰 폭으로 늘어난 것 역시 가치와 태도의 변화를 보여주는 문화적 변동이다. 연행예술의 직업 품위에 대한 사회적 인식과 평가는 1980년대까지도 결코 높은 것이 아니었다. 그러나 지금의 대중예술인들은 더 이상 '사당패'가 아니다. 그들은 거의 모든 의미에서 사회의 '문화영웅' 같은 존재가 되어 있다. 20년 남짓한 기간에 일어난 이런 변화는 전근대 전통사회의 사당패처럼 '천민'의 것으로 여겨졌던 직업들의 낮은 품위도prestige scale가 높은 품위의 것으로 이동하고, 그 직업들에 대한 사회적 평가가 큰 변화를 보이게 되었다는 사실을 반영한다. 물론 이런 변화는 사회경제적 요인과도 연결되지만, 현대 한국인의 태도가 더 이상 신분사회적 가치의 서열체계에 지배되고 있지 않다는 사실, 다시 말해 한국인의 세계관에 발생한 '가치의 서열 파괴와 이동'을 말해준다. 전통사회적인 가치의 수직서열이 훨씬 근대사회적인 수평적 관계로 이동한 것이다. 이런 변화는 지난 60년간 우리 사회에서의 가부장제적 문화의 퇴조, 남성중심주의의 이완, 여권 신장, 여성의 사회진출 확대, 환경운동의 대두 같은 성과와 더불어 민주화 투쟁이 사회에 일으킨 문화변동의 넓은 폭을 보여준다.

1990년부터 세계 65개 사회들 사이의 가치관의 차이를 조사해오고 있는 기관인 세계가치조사WVS, World Values Survey의 수집 자료를 이용한 비교문화 연구들에 의하면 세계는 어떤 문화적 가치들을 가진 사회인가에 따라 몇 개의 특징적인 문화지대로 나뉜다. 연구에 흔히 사용되는 비교·분석의 핵심 변수는 전통가치 대 세속적·합리적 가치, 생존가치 대 자기표현 가치라는 두 개의 기둥이다. 첫 번째 변수의 경우, 전통가치의 기둥 쪽에 가까운 사회들은 권위(군사통치 같은)에 대한 복종, 갈등과 대결보다는 의견 합치와 화합을 강조하고, 개인적 성취보다는 사회순응과 전통적 가족가치를 선호하며, 높은 민족적 자부심 혹은 민족주의적 전망을 갖고 있다. 반면 합리적 가치의 차원 쪽으로 기운 사회들은 전통가치를 선호하는 사회들과는 정반대의 지향성을 갖고 있다. 두 번째 변수인 생존가치 대 자기표현 가치의 대비를 보면 생존가치를 중시하는 사회들은 물질적 가치를 중시하고 권위주의 정부를 숭상하며, 배타적이고 남녀평등에 무관심하며, 개인 간 신뢰도가 낮다. 생존가치가 지배적인 사회에서는 또 주관적 복지의 수준이 낮고, 과학과 기술을 맹신하며 환경운동을 배척하고, 국민보건 상태가 열악하다. 반면 자기표현 가치가 선호되는 사회에서는 삶의 질이 강조되고 비물질적 가치에 대한 관심이 높게 나타나는 등 생존가치 중시 사회와는 정반대

　　　　　　　　　　보이지 않는 가위손

의 지향을 보인다.

경제발전에 특별히 방점을 찍는 이 계열의 연구 결과들이 도달하는 거의 공통된 발견은 대개 이런 것이다. 1) 합리적 가치를 선호하는 사회들일수록 민주화의 수준이 높고, 경제발전을 이루어내는 능력도 전통사회들에 비해 훨씬 높다, 2) 민주적 문화는 경제발전을 돕는다, 3) 경제발전은 문화적 가치에 영향을 주어 민주주의를 발전시키는 효과를 발휘한다, 4) 자기표현 가치를 중시하는 사회는 생존가치 위주의 사회보다 안정된 민주체제를 확립할 가능성이 높다. 이런 결론들이 광복 60년의 한국사회나 문화를 말하는 데에도 적절한 것인지는 단언하기 어렵다. 상반되는 두 개의 변수들을 대립항으로 양극화한 것은 이상적 모형ideal type을 얻기 위한 절차라 하더라도, 이미 민주주주의가 시행되고 있거나 민주화가 상당히 진척된 사회들과 그렇지 못한 사회들의 문화적 차이를 주로 비교했기 때문에 그 결론이 뻔하다. 합리적이고 세속주의적인 사회가 경제발전을 더 빨리 성취한다거나 경제발전이 민주화를 돕는다는 발견 역시 발전주의의 가설을 입증하려는 의도를 짙게 드러내 보인다. 그럼에도 불구하고 이런 분석들은 지난 60년의 우리 사회의 문화적 변동들을 이상화된 모형에 견주어 비교할 수 있게 하는 유용성은 갖고 있다. 광복 60년의 문화, 민주주의, 경제발전의 관계에 대한 한국의 경험으로 말하면, 민주주의와 경제발전이 서로 친화관계에 있다는 발전주의자들의 주장은 맞지 않다. 한국의 경제 개발

정책이 본격적으로 추진된 시기는 정치민주주의가 꽃피웠던 시대가 아니라 민주주의의 장송시대이다. 박정희 정권 18년을 거쳐 전두환-노태우의 군사정권이 종료되는 1992년까지의 거의 전 기간은 한국 민주주의가 가장 혹독한 질곡을 겪고 있었던 시대이며, 정권 담당 세력 자체가 민주화투쟁, 인권투쟁, 노동운동의 저항대상이 되었던 시대이다. 박정희 정권이 내건 '조국 근대화'는 정치의 근대화나 합리성의 확장을 위한 사회 근대화의 프로그램이 아니라, 정치와 사회는 전근대적 저발전 상태에 묶어둔 채 산업의 근대화부터 달성하려 한 정책 프로그램이다. 우리의 경우 경제발전은 정치민주주의와의 깊은 상관성 아래 진행되었던 것이 아니고 민주주의 문화가 진작부터 정착해 있었기 때문에 그 문화를 뿌리로 해서 피어난 열매였다고 말하기도 어렵다. 이런 역사적 경험은 경제성장과 발전이 곧바로 정치발전이나 사회발전을 의미하지 않는다는 것, 민주주의의 결핍상황에서도 경제발전은 추진될 수 있다는 것을 보여준다.

그러나 한 나라의 경제발전은 정권 담당 세력의 결의만으로 되는 일이 아니다. 민주주의와 마찬가지로 경제발전에도 그것을 지향하고 이끄는 문화적 가치가 필요하다. 문제는 그 가치가 민주적 문화가치가 아닐 수도 있다는 점이다. 유교가치처럼 전통적인 가치들도 경제발전에 우호적일 수 있다. 이 점에서도 민주적 문화가 경제발전을 가

보이지 않는 가위손

능하게 한다는 발전주의자들의 생각은 맞지 않다. 또 경제 발전을 이룬 이른바 '부자나라'일수록 물질적 가치보다는 비물질적 가치를, 생존가치보다는 자기표현 가치를 중시 한다는 주장 역시 그리 타당해 보이지 않는다. 이런 지적 들을 여기 적어보는 것은 지난 시기 우리 사회가 이룬 경 제발전을 낮게 평가하기 위해서가 아니라 경제발전이 곧 바로 민주화사회, 수평사회, 관용과 정의의 사회를 만들어 내는 것은 아니라는 사실을 성찰하기 위해서다. 물론 우리 사회의 경제발전이 문화에 끼친 긍정적 영향이나 한국인 의 가치체계에 일으킨 긍정적 변화도 무시해서는 안 된다. 중요한 것은 경제발전을 이룬 사회일수록 그 발전을 지속 적으로 이끌고 정당한 목표를 지향하게 할 근본적인 가치 를 갖고 있어야 한다는 점이다. 그 근본가치는 삶의 물질 적 토대를 넉넉히 하는 데 결코 역행하지 않으면서도 본질 적으로는 비경제적인 문화적 가치여야 한다. 문화적 가치 는 사람이 사람답게 살 수 있는 사회의 기초이다. 광복 60 년, 우리 사회의 경제적 성취를 성찰할 때 꼭 염두에 두어 야 할 사항은 그것이다.

새천년의 한국인

새로운 도전, 성찰과 비전

1. 머리말

이 글에서는 "21세기의 세계가 한국인에게 어떤 새로운 능력과 자질을 요구하게 될 것인가?"라는 문제의식에 입각하여 근접 미래사회에 대비한 한국인의 능력모형을 개발하고, 그 모형의 현실화에 필요한 정책과제들을 제시하고자 한다. 21세기 '한국인의 상像'을 그려보는 것은 이 글의 1차적 작업이다. 그러나 이 '한국인'은 '이상적 인간상'을 중심에 둔 초시간적 모형이기보다는 21세기라는 시간과 공간 안에서의 한국인, 이미 발생하고 있는 국내의 환경 변화와 향후 예견되는 변화의 벡터들이 제기하고 있는 새로운 도전 앞에서의 한국인이다. 도전적인 환경은 그에 창조적으로 적응하고 대응할 능력과 자질을 요구한다. 지금 우리는 새로운 한국인의 출현 혹은 한국인의 '재발명 reinvention'을 요구받고 있다는 것이 이 글에 참여한 집필자들의 공통인식이다. 따라서 "한국인은 누구이며 어떤 인간인가?"라는 문제보다는 21세기 세계에서는 "어떤 한국인이 요구되는?가"라는 현실적 문제가 관심사이며, 한국인의 재발명이라는 요청에 응하기 위해서는 어떤 정책의제들이 설정되어야 하고 어떤 정책수단의 동원이 필요한가를 고찰하는 것이 이 글의 목적이다.

  '인간상'은 개인들이 개발코자 하는 자아모형에 따라 얼마든지 달라질 수 있다. 국가는 어떤 경우에도 국민성원 개개인이 갖고 있는 자기실현의 설계에 개입하거나 간섭할 수 없고, 특정의 '인간형'을 강제로 부과할 수도 없다. 우리는 세계역사상 정치 전체주의와 독재체제가 특정의 인간상을 조작하고 강제했던 사실을 알고 있으며, 그런 시도가 늘 실패로 귀결되었다는 사실도 알고 있다. 이 글은 어떤 특정 형태의 인간상을 만들어내야 한다는 제안을 내놓고자 하지 않으며, 그런 종류의 시도와는 전혀 다른 성격의 것이다. 이 글이 수행코자 하는 것은 특정의 인간형을 설정하는 일이 아니라 미래의 한국인이 '그 자신에게' 요구하게 될 변화는 무엇일까를 연구하고, 그 변화를 돕기 위해 공공정책을 규정해보는 일이다. 지금 빠른 속도로 변하고 있는 국내외 환경은 우리 한국인(그가 어떤 개인적 목표를 갖고 어떤 생업에 종사하건 관계없이)에게 여러 형태의 도전적 문제들을 안기고 있다. 그 도전에 창조적으로 대응하는 일은 어떤 당파적 이해관계가 걸린 문제가 아니라 한국인 모두에게 안겨지는 공통의 과제이다. 이 공통의 과제 앞에

서게 될 미래의 한국인에게는 어떤 종류의 능력이 요구되고, 그의 행동방식을 이끌 가치관, 목표의식, 규범은 어떤 공통 준거를 가져야 하는가? 그 능력의 개발과 준거의 확립(기본이 선 나라)을 위해서는 어떤 사회적 조건이 갖추어져야 하며, 어떤 정책의제들이 개발되고, 어떤 정책수단의 동원이 필요한가? 이 글은 이와 같은 질문에 대한 응답을 탐색한다.

2. 도전의 정의

21세기 국제환경은 세계 주요 지역의 모든 사회적 활동영역과 주민 생활세계에서 한편으로는 '세계성globality의 심화'라는 원심적 경향을, 다른 한편으로는 '국지성locality 혹은 지역성regionality의 유지'라는 구심적 경향을 보일 것이라는 관측을 가능하게 한다. 세계성은 지구촌 주민들이 그 생활세계, 사회활동, 이념, 가치관 등의 차원에서 '상호의존적이며 긴밀히 연결된 하나의 세계'를 새로운 삶의 환경으로 의식하지 않으면 안 되는 상황 발전을 지시하고, 국지성은 단위국가, 사회, 지역이 국지적 결속, 통합, 공존의 가치를 유지해야 하는 상황의 지속적 중요성을 의미한다. 세계성과 국지성이라는 상반-대립적 경향은 21세기 단위국가 사회들의 의제설정, 정책수립, 정책수단 선택 등에 심각한 난점들을 제기할 것으로 보인다. 시장경제적 경

보이지 않는 가위손

쟁환경은 "사회란 것은 없다"라는 대처리즘적 명제의 관철이 필요한 환경을 조성하고, 국지적 결속의 필요성은 단위사회로 하여금 결속, 통합, 공존의 가치를 포기할 수 없게 한다.

여기서 우리는 21세기 국제환경이 단위국지사회에 강요하는 도전을 사회적 도전과 정치적 도전이라는 두 층위에서 정의해볼 수 있다. 사회적 도전은, "단위국가들이 '사회 해체'의 요청과 '공동체 유지'라는 필요성 사이의 갈등을 어떤 방식으로 조정하는가?"라는 것이다. 이 사회적 도전은 동시에 정치적 도전이기도 하다. 국민국가들의 권능과 자주성에 대한 제약을 다면화하고 있는 세계시장체제 속에서 단위국가들은 한편으로는 자국 주민의 요구를 존중해야 하는 정책 선택의 필요성 앞에 놓이고, 다른 한편으로는 그런 정책과 수단의 선택을 제한하는 시장체제의 요구에 종속된다. 이것은 균열의 경험이며, "이 균열을 어떻게 처리하는가?"라는 것이 정치적 도전이다. 이들 두 층위에서의 도전—이것이 지금 세계화 문맥이 단위사회들에 제기하는 도전의 전면적 새로움이며, 그 핵심이다. 시장체제적 경쟁환경은 21세기에 더욱 심화될 것이 확실하다. 그러나 경쟁의 심화('무한경쟁시대')라는 전망에만 입각하여 시장체제적 경쟁환경에서의 살아남기만을 '21세기적 도전'으로 보는 것은 도전의 일면에 대한 부분적 파악일 수는 있어도 도전의 전모에 대한 정의는 아니다. 오히려 21세기의 도전은 "경쟁과 공존, 시장과 사회, 세계성과 지역성을 어떤 문법 속에서 화해시킬 것인가?" 라는 '병립의 명령'에 있다. 오늘날 국제사회의 어떤 단위국가도 이 병립의 명령을 외면할 수 없게 되었다는 것이 21세기적 의미의 새로운 환경이다. 경쟁의 가치만을 추구할 때 사회는 해체의 위협 앞에 놓일 수 있고, 공존의 가치만을 강조할 때 단위사회는 생존의 능력을 상실할 위험에 직면한다.

21세기가 국민국가의 소멸을 강요하게 될 것이라는 전망은 그리 설득력 있는 것이 아니다. 국가소멸의 전망에 기댈 수 없는 가장 큰 이유는 우선 무엇보다도 국지적 정치권위체의 존재 없이는 지역성에 기반하는 '정치민주주의' 자체가 불가능하기 때문이다. 지역주민의 요구에 대한 민주적 존중이 정치민주주의의 요체이다. 그러나 세계화한 시장체제는 이와 같은 지역적 요구를 모든 면에서 존중할 수 있는 체제가 아니다. 그러므로 지역적 요구의 존중이라는 정치적 필요성이 소멸하지 않는 한 국민국가 혹은 지역단위 국가들의 존재는 소멸하지 않는다고 보아야 한다. 둘째, 시장체제와 사회체제는 같은 것이 아니다. 사회는 시장을 포함하지만, 시장이 사회를 전면적으로 대체할 수는 없다. 사회는 시장보다 큰 실체이며, 시장의 논리와는 다른 명령체계를 따르기 때문이다. 시장은 경쟁의 논리를 따르고, 사회는 공존의 정의正義를 요구한다. 여기서도 우리는 '경쟁환경에의 적응'이라는 국면만을 21세기적 도전의 전부로 파악해서는 안 되는 이유를 발견한다. 21세기는 세계화 문맥의 확장에도 불구하고 국지성의 가치를 오히려, 역설적으로, 강화하고 있다고 말할 수 있다. 21세기의 국가는 세계시장체제에 의한 사회해체적 위험으로부터 단위사회의 통합-결속과 민주적 요구를 지켜내는 정치적 기능의 강화를 요구받고 있다. 21세기의 국가들이 모든 경우에 이 기능을 충분히 수행할 수 있을지는 물론 확실하지 않다. 이 불확실성, 혹은 국가에 의한 정치적 기능의 위축이나 포기의 가능성에 대한 우려를 반영하는 것이 시민사회와 비정부기구NGO들의 세계적 등장이다. 국제적 시민연대는 21세기 세계의 새로운 질서로 발전할 가능성이 있다.

세계화의 환경이 제기하는 사회적·정치적 도전은 21세기 한국인에게 요구되는 능력과 자질을 모색하는 작업에서도 탐색의 전면적 배경 문맥을 이룬다. 간단히 말했을 때, 21세기 한국인에게 제기되는 도전의 양상은 지금 단위사회에 제기되고 있는 도전의 내용을 그대로 반영한다. 21세기 한국인은 시장체제의 세계화에 적응할 고도의 경쟁력을 가져야 함과 동시에, 국지사회의 결속을 유지할 공존의 능력도 강화해야 한다. 경쟁이 지배적으로 사회해체적 성향을 띨 수 있다면, 공존은 지배적으로 결속과 의미를 지향하는 통합의 가치이다. 그러므로 21세기 한국인이 대면하는 도전의 핵심은, 그가 치열한 경쟁체제 속에 놓이게 되었다는 사실보다는 그 경쟁체제 속에서 경쟁과 공존이라는 두 가치의 병립을 추구해야 한다는 사실에 있다. 그는 그의 사적 생활세계와 공적 사회활동, 행위규범과 의식의 모든 층위에서 그 병립의 명령을 고려하고, 그것의 요청을 준수하지 않으면 안 된다. 앞에서 우리는 이 병립이 요구되는 환경을 '21세기 단위사회의 새로운 환경'이라 말했는데, '한국인'의 경우에도 그것은 전면적인 신환경이다. 다만 이 신환경에 대한 국가의 대응과 시민의 대응방식은 겹치기도 하고 구분되기도 한다. 국가의 대응이 설득, 동의, 강제를 수반하는 정책적 대응이라면, 개인의 경우 그것은 자발적·시민사회적 대응이다. 이 글의 초점은 시민사회적 자발성의 영역보다는 새천년의 한국인에게 요구되는 능력과 자질의 개발을 위한 공적 정책수단의 모색에 있기 때문에 자발성에 관한 고려는 일단 제외된다.

경쟁과 공존이라는 두 가지 명령을 화해시켜 양자의 병립을 추구할 수 있는 능력을 우리는 '창조적 대응의 능력'이라 규정코자 한다. 이 경우 창조적 대응의 능력은, 이미 여러 차례 언급한 대로, 시장체제에의 적응력만을 의미하는 것도 아니고 사회적 공존의 능력만을 강조하는 것도 아니다. 시장과 사회를 동시에 고려해야 한다는 명령은 두 요청을 화해시킬 수 있는 능력을 요구한다. 따라서 우리가 '창조적 대응력'이라 부르는 것은 정확히 경쟁의 명령과 공존의 요청 사이에서 화해의 전략을 찾아내는 능력이다. 그 창조적 대응의 방법은 무엇인가? 우선 21세기 한국인은 경쟁 대 공존이라는 두 가치를 상호대립적·배타적 구도 속에 놓기보다는 상호의존적 관계로 파악할 필요가 있다. '경쟁체제 속에서의 공존, 그리고 공존체제를 위한 경쟁'이라는 보완적 관계구도—곧 세계성과 국지성을 상호의존 관계로 파악하는 구도가 그것이다. 이 보완적 관계구도가 21세기 한국인에게 요구되는 새로운 환경정의이다. 이 정의에 입각해서 우리는 이 새로운 의미의 환경에 대한 창조적 대응력이 새천년의 한국인에게 요구되는 가장 중요한 능력이라 말할 수 있다.

세계성과 국지성의 상호의존적 관계구도라는 관점에서 정의된 창조적 대응력은 국지적 차원에서는 시장과 사회의 병립을 추구하는 능력이고, 세계적 차원에서는 각 지역단위 사회들 사이의 협력의 수단들을 찾아내어 시장체제적 세계단일화가 초래할 수 있는 비민주적 획일화를 방지하고 세계적으로 중요한 공익의 명분과 보편적 가치, 다양성과 관용을 추구할 줄 아는 능력이다. 국지 차원에서 창조적 대응력이 단위사회의 생존과 결속의 능력을 의미한다면, 세계 차원에서 창조적 대응력은 세계적 다양성을 유지하고 관용을 증대시키는 능력을 의미한다. 이 의미의 창조적 대응력을 우리는 '21세기 한국인의 자질'이라 규정코자 한다. 이 자질은 국지성의 자질과 세계시민적 자질을 동시에 의미한다. 21세기의 한국인은 한국인이면서 동시에 세계인이지 않으면 안 된다. 그는 국지단위 사회의 시민이면서 또한 국제사회의 시민이어야 한다.

21세기의 국지시민은 시간과 공간이 압축된 '하나의 세계'를 삶의 터전으로 갖게 되고, 그 터전의 보존과 개발

이 인류 전체의 공익이라는 준거에 의해 지배되어야 한다는 요청 앞에 서 있다. 정보소통의 기술발전은 어떤 역사 시대에서도 볼 수 없었던 효율적인 국제 협력의 수단들을 제공하고 있다. 이 수단들을 활용하는 능력은 말할 것도 없이 창조적 대응력의 일부이며, 그 능력을 무엇을 위해 어떻게 쓸 것인가를 아는 것이 자질이다. 정보소통의 세계화는 시장체제의 세계화를 보완한다. 경쟁력은 국지적으로나 세계적으로 새로운 기술, 지식, 정보의 생산력, 습득력, 유통력의 고도화를 요구하며, 그 고도화에 필요한 정책 수단의 동원을 요구한다. 그러나 국지적 결속과 세계적 협력의 필요성은 경쟁력의 고도화가 공존에 필요한 공공성과 공익성의 가치들을 배반하지 않아야 한다는 것을 요구하며, 사영역적 이해관계와 공익을 조화–조절하며, 다양성과 관용의 가치를 존중할 것을 요구한다. 이런 의미의 경쟁력과 공존능력은 세계성이냐 국지성이냐를 배타적 관계가 아닌 상호의존적 보완관계로 규정하게 하며, 경쟁환경으로서의 세계화를 동시에 세계적 차원에서의 공존의 틀로 파악할 수 있게 한다.

국제적 시민단체들의 시대가 열리고 있다는 사실은 단위 국가사회나 지역 시민들 사이의 세계적 협력과 공존을 가능하게 하는 새로운 환경으로서의 세계화가 21세기적 신국제질서의 하나로 대두하고 있음을 보여주고 있다. 이 신질서가 시사하는 것은 크게 두 가지이다. 첫째, 시민단체 NGO들 사이의 국제 연대가 강화되는 것은 단위 국민국가들의 통치력이 미치지 못하거나 그 권위의 적용이 실패하는 영역에서 세계적 명분의 공익(예: 환경, 문화, 여성, 노동)을 위한 시민적 대응방식이 국제화하고 있다는 점이다. 둘째, 그것은 단위 국민국가나 지역국가들이 세계시장체제하에서 존중하기 어려운 자국 혹은 지역주민의 민주적 요구를 세계시민적 차원으로 이동시켜 그 존중의 기회를 관철하려는 새로운 메커니즘이라는 점이다. 세계적 시민사회의 대두는 국지환경에서도 지역 시민사회의 강화를 촉발한다. 여기서 우리는 21세기의 세계가 경쟁환경의 심화를 보여줌과 동시에 그 심화에 수반하여 국제적 공존, 협력, 관용의 환경을 발전시키고 있다는 사실을 보게 된다. 정보망의 세계화와 국제 시민단체들에 의한 '시민적 세계화^{civic globalization}'는 단위 국가사회나 지역주민 사이의 세계적 협력과 공존을 가능하게 하는 새로운 환경으로서의 세계화가 21세기적 신국제질서의 하나로 대두하고 있음을 보여주고 있다. 이 환경이 21세기 한국인에게 요구하는 것은 국지적으로는 '경쟁력을 지닌, 그러나 경쟁력 이상의 능력을 가진 민주시민의 자질'이고, 국제적으로는 '다양성과 관용의 가치를 지키는 세계시민의 자질'이다. 두 자질의 함양은 새천년의 한국인에게 제기되는 도전이 아닐 수 없다.

3. 글의 전개와 문제 정의

새천년을 맞이하여 한국인의 미래를 그려보려는 작업은 세 단계의 작업 수순을 필요로 한다. 첫째는 20세기가 한국인에게 무엇이었던가에 대한 성찰의 단계이다. 성찰에 입각하지 않은 비전은 공허하다. 성찰의 시간은 새로운 세기의 도래를 축하하는 경축의 시간을 선행해야 한다. 둘째는 한국인이 그동안 성취한 것이 무엇이며, 성취하고자 했으나 실패한 것은 무엇인가를 냉정하게 따져보는 현실 점검의 단계이다. 역사는 전면적 단절이 아니라 단절의 순간들을 포함하는 긴 연속이다. 한 시대가 미완으로 남긴 과제들은, 적어도 그 과제들이 성취를 요구하는 현실조건이 사라지지 않는 한, 탕감되거나 면제되는 일 없이 다음 세기의 불가피한 숙제로 이월된다. 그 숙제들을 점검하는 일은 이미 새로운 시대를 준비하는 작업의 일부이다. 셋째는 우리에게 어떤 새로운 변화가 닥치고 어떤 도전이 제기되고 있는가, 그리고 그 도전 앞에서의 창조적 대응을 위해서는 공공부문에서 어떤 정책적 노력이 강구되어야 하는가를 생각해보는 의제 설정과 수단 모색의 단계이다. 이들 세 단계는 '성찰, 점검, 비전'으로 요약된다. 이 글의 집필자들은 각각의 부담영역에서 이와 같은 순서를 따르거나 내용상 그 절차를 존중하고 있다.

이 글은 21세기의 한국이 사회, 정치, 경제, 국제 관계, 문화 등의 차원에서 고도의 경쟁력과 공존의 능력을 가진

보이지 않는 가위손

한국인, 국내적으로는 민주사회적 시민 자질과 국제적으로는 세계시민적 자질을 갖춘 한국인을 요구하고 있다는 판단에서 출발하고 있다. 이 판단은 미래사회에 대한 전망임과 동시에 우리에게 닥치고 있는 현실적 요구에 대한 인식이다. 이 요구는 한국인의 삶이 영위되는 모든 분야에서 상호연관적 관계를 보이며 전면적으로 발생하고 있다. 효율적인 글의 전개를 위해 제1부는 크게 다음의 다섯 분야로 주제영역들을 나누어 '새로운 한국인'이 요구되는 영역별 현실 상황과 문제를 점검하고 새로운 도전의 내용들을 규정코자 한다.

- 정치문화와 21세기 한국인
- 법치문화와 21세기 한국인
- 성차사회의 극복과 21세기 한국인
- 교육영역과 21세기 한국인
- 경제영역에서의 21세기 한국인

이 다섯 영역들은 정책기획위원회가 진행한 다른 기획과제와의 중복이나 내용 중첩을 피하고 '한국인'을 중심 테마로 유지하면서 '새로운 한국인'의 능력과 자질을 규정·제시한다는 데 목표를 두고 있고, 그 목표에 필요한 분석, 기술, 정책 제시의 방법들을 사용하고 있다.

'정치문화와 21세기 한국인'은 제도의 문제를 다루기보다는 지난 반세기 동안 우리 '정치문화'를 전근대적 미발전

상황에 묶어둔 조건들을 점검하고, 정치문화의 영역에서 어떤 '새로운 한국인'을 지향 모델로 삼아야 할 것인가 라는 문제를 다루기 위해 선정된 것이다. 이 영역이 선택된 것은 새로운 정치문화의 창출 없이 새로운 한국인은 불가능하다는 사실을 21세기적 도전으로 보는 문제의식 때문이다. 이 문제의식은 정치문화의 선결성을 강조하는 데 있지 않고, 새로운 정치문화의 확립이 21세기 한국인에게 요구되는 능력이자 자질이라는 관점에 입각하고 있다. 말하자면 정치문화의 영역에서 한국인은 새로 탄생해야 하고, 재발명되어야 한다. 따라서 이 장에서는 지난 반세기 동안 우리 정치문화를 전근대적 상황에 묶어둔 조건들이 무엇인가를 성찰하고, 정치문화의 영역에서 미래의 한국인은 어떤 능력을 가져야 하며, "그 한국인의 정치적 능력을 위해 어떤 새로운 정치문화가 필요하고, 어떤 정책적 노력이 요구되는가?"라는 문제를 다루고 있다. 이 장은 우리 사회를 오랫동안 억압적인 권위주의적 정치문화 속에 묶어둔 수직적 계서구조를 민주적 수평구조로 전환시켜야 한다는 주장을 하면서도 전통적 정치문화와 민주주의 정치문화 사이에서 모종의 결합을 시도하는 '공동체주의'를 21세기 한국인을 위한 새로운 가능성으로 제시한다.

'법치문화와 21세기 한국인'이라는 주제영역에서는, '법치문화의 혁명적 변화를 위하여: 규범의 측면에서 본 새로운 한국인상'이라는 이 장의 제목이 시사하듯 법치문화의 근본적 변화 없이는 21세기를 대비한 합리적 사회도, 새로운 한국인도 불가능하다는 강력한 진단과 성찰을 전개하고 문제 해결의 방법을 제시한다. 지난 20세기 우리 사회와 한국인을 특징짓는 가장 현저한 결여缺如 자질의 하나가 법치문화의 부재이며, 따라서 이 결여태를 메우는 것은 21세기 국내외 환경에 창조적이고 적극적으로 대응하려 할 때의 한국인에게 요구되는 시급한 과제이다. 법의 정신은 부재하고 법기술자만이 있는 사회, '자유 없는 질서와 질서 없는 자유'로 특징지어지는 그간의 한국인의 법생활 양태, 파행적 입법의 역사, 이성의 공적 활용력을 마비당한 극도의 집단이기주의적 성향 — 우리 사회가 이런 문제들을 극복하고 21세기의 새로운 환경에서 공동체 유지에 필요한 공익성과 공공성, 인간의 존엄과 인권, 자유와 질서, 국제적 보편 규범 등을 어떻게 법치문화의 차원에서 살려내는가 하는 것은 21세기 한국인이 대면해야 하는 큰 도전이 아닐 수 없다. 법치문화의 영역에서도 새로운 한국인은 지금부터 발명되지 않으면 안 된다.

'성차사회의 극복과 21세기 한국인'이라는 주제영역은 21세기 한국사회의 중요한 과제 중의 하나가 '성차사회 gendered society'의 극복이며, 따라서 성차별적 문화전통, 관습, 가치관, 행태를 벗어나는 것이 21세기적 새로운 한국인의 능력이자 자질이 되어야 한다는 문제 정의를 갖고 있다. 우리의 정치문화가 사회적 계서구조를 재생산하는 매우 오래된 전통사회적 문화유습에 그 뿌리를 두고 있다면,

남녀의 생물학적 차이를 사회적 차별, 불평등, 억압의 기제로 전환시키는 오래된 성차별문화 역시 한국인의 창조성을 질식시키는 배제의 메커니즘이다. 신분, 학벌, 지연, 혈연, 성차 등에 의한 배제와 차별, 서열 만들기, 수직적 소통행태와 사회관계 형성, 계서구조적 가치관 등은 지난 반세기 동안 한국인이 자신의 사회관계, 위치, 행동방식을 규정해온 지속적인 문화적 '정의定義의 체계'를 구성하고 있다. 프랑스 사회학자 피에르 부르디외Pierre Bourdieu가 '아비투스habitus'라는 용어로 기술코자 한 이 지속적이고 전승 가능한 문화적 정의체계(예: "여자는 열등한 인간이다")는 교육, 의식, 시민사회의 생활문화 개혁, 개인 행동주체들의 자발적 문제인식과 자기교정 등의 방식을 통해서, 그리고 법과 제도의 개혁이라는 공영역적 노력을 통해서 변화되고 수정되지 않으면 안 된다. 더구나 성차사회의 극복이라는 문제는 21세기 국제사회의 공통의제이며, 세계적인 보편적 목표이기도 하다. 21세기 한국인은 "사회적 차별과 배제의 메커니즘을 강하게 작동시키고 있는 성차사회를 어떻게 극복하는가?"라는 도전적 문제에 직면하고 있다.

사회적으로 전승되는 지속적 정의체계로서의 아비투스라는 개념은 사영역과 공영역에서의 교육의 문제와 직결된다. 인간이 행동방식, 가치관, 인간관계 구성의 방법들을 체득하는 1차적 장소는 이것들이 의식적, 무의식적으로 실천되는 '가족'을 통해서이며, 그것들을 2차적으로, 또는

보이지 않는 가위손

3차적으로 결정하거나 강화하는 장소는 다른 여러 사회기구 가운데서도 특히 공교육의 장, 곧 '학교'이다. 인간 성장의 초기 조건으로서의 가족은 한 개인주체의 아비투스를 결정하는 사회화의 장소라는 점에서 중요한 환경을 구성한다. 초기 아비투스에서 체득된 일련의 정의체계들은 후일의 공교육 과정과 사회화 과정에도 부단히 영향을 주고, 후속 사회화의 결과들을 왜곡하거나 무력화할 수 있다. 새로운 한국인이라는 문제를 생각할 때, 그 한국인이 길러질 수 있는 1차적 장소는 가족이며, 학교는 2차적 장소이다. 그러므로 교육과 교육정책은 21세기 새로운 한국인의 탄생이라는 사회적 과제를 위해서는 극히 중요한 영역이 아닐 수 없다. 우리 사회의 경우, 이 1차 장소와 2차 장소 사이의 교육 과정, 강조점, 목표는 커다란 편차를 보인다. 가족환경에서의 한국적 아비투스는 대체로 공익성, 공공성, 공동체 의식, 보편주의 등의 함양에 결코 긍정적이랄 수 없는 편협한 이기적 성향을 띠기 때문이다. 이 편차로 인해 가족환경에서 체득된 정의체계와 공교육의 장이 강조하는 가치관, 행동방식, 취향, 이념 등은 많은 경우 상당한 괴리를 보이면서 제각각 따로 움직인다. 따라서 가족과 학교 사이의 교육적 편차를 어떻게 줄이는가 하는 문제는 교육영역에서 심각하고 중요한 정책적 도전이 되고 있다. 학교가 어떤 인성교육과 시민교육을 실시하는가에 따라 미래의 한국인이 결정된다.

경제영역에서 21세기 한국인은 무엇보다도 '경쟁력의 신장'을 요구받고 있다. 경쟁력은 창조성, 모험성, 생산성이라는 세 가지 능력으로 요약될 수 있다. 1990년대 들어 세계가 시장질서라는 새로운 체제로 재편되면서 자유시장경제는 지구촌의 전면적 경제환경이 되고 있다. 경제영역은 세계화의 과정이 가장 빠르게 그리고 광범하게 진행되는 곳이며, 경쟁환경이 가장 첨예하게 조성되고 있는 영역이다. 경쟁환경의 적대성을 최대한 방지하면서 경제적 국력을 신장하고 공존의 질서 속에서도 낙후성을 피하기 위해서 21세기 한국인은 20세기적 한국인이 지녔던 경제활동, 운영, 개발방식의 전면적 재검토를 요구받고 있고, 국제사회의 시장경제적 게임규칙들을 따르는 새로운 지식, 능력, 기법의 경제주체가 되어야 한다는 도전에 직면하고 있다. 21세기 세계경제는 지식, 기술, 정보를 기반으로 하는 새로운 유형의 경제이다. 이 경제유형은 21세기 한국인에게 기술, 정보, 지식의 고도화를 추진할 것과, 이것들의 창조적 생산력, 습득력, 유통력을 신장할 것을 요구하고 있다.

앞서 '도전의 정의' 부분에서 기술한 대로, 세계시장체제는 한편으로는 세계화를 촉진하면서 다른 한편으로는 국지국민 국가들 사이의 생존경쟁을 심화시키고, 개인주체들에게는 충성의 대상과의 제휴관계에 심대한 변화를 강요하며, "국지단위 국가의 시민적 요구와 시장의 세계체제 사이에 어떤 균형을 유지할 수 있는가 하는 부분에서 심각한 문제들을 발생시키고 있다. 민주주의와 시장경제의 균형발전이라는 현 정부의 국정철학은 국제경제환경이 제기하는 도전에 대한 대응의 한 방식이다. 그러나 초국가적 세계시장체제는 단위국민 국가들이 자국 시민의 요구를 민주적으로 존중할 수 있는 수단의 추구에 상당한 제약을 가하기 때문에 시장경제와 민주주의의 병행발전이라는 두 목표 사이에는 긴장과 갈등이 존재한다. 이 갈등을 어떤 방식으로 관리하고 공동체적 공존의 정의를 유지하면서 동시에 단위국가–사회의 번영을 추구할 것인가는 21세기의 '경제 한국인'이 직면하게 된 큰 도전이 아닐 수 없다. 그러나 경제영역에 한정할 때, 21세기의 한국인은 집중적으로 기술, 정보, 지식의 차원에서 '고도경쟁력을 가진 한국인'이어야 한다는 도전에 직면해 있고, 이 의미의 21세기적 경제 한국인의 재발명을 위해 유효한 정책과 실천의 방법들이 강구되지 않으면 안 된다.

4. 한국인의 20세기와 21세기: 성찰과 비전

한국인에게 20세기는 극히 짧은 세기이다. 한국인이 일제 식민통치를 벗어나 자기 운명과 삶에 대한 결정권을 행사하게 된 것은 '대한민국'이 수립된 1948년부터이며, 따라서 정치적으로 한국인의 20세기는 100년이 아닌 반세기에 불과하다. 영국의 역사학자 에릭 홉스봄Eric Hobsbawm은 역사적 의미에서의 20세기는 다른 세기에 비해 '짧은 세기'였다고 말하고 있다. 그의 산법에 따르면 20세기는 1917년에서 시작되어 1989년에 끝난다. 그가 이처럼 20세기를 '72년간의 짧은 세기'로 규정하는 것은 20세기를 '혁명의 시대'로 보고자 하는 그의 역사관에 따른 것이다. 한국인에게 20세기의 역사적 의미는 '건국'에 있다. 이 건국의 의미는 한국인이 잃었던 국권을 회복했다는 차원보다는 한국역사상 '처음으로' 전혀 새로운 국가를 탄생시킨 사건이라는 차원에 있다. 이 새로운 국가는 이전의 조선왕조를 계승한 것이 아니라 왕조 시대에 없었던 새로운 정치사상(주권재민)과 사회체제(민주주의)를 도입한 최초의 근대적 '국민국가'이다. 그러므로 국민국가를 탄생시키고 그 국가의 민주주의적 기틀을 확립하고자 한 시기, 그것이 한국인에게 20세기가 지니는 의미이다. 그런데 그 한국인의 20세기는 1948년 이후에 전개되는 절반의 세기에 불과하다.

한국인에게 20세기의 전반부 절반이 삭제되었다는 사실은 국가 수립 이후인 20세기 후반 50년간의 한국사회의 운명에 중대한 부정적 영향을 주게 된다. 세계의 선발 국민국가들이 사회근대화와 민주주의 정착에 소요한 시간은 나라마다 편차를 보이지만, 그 기간은 적어도 100년 이상이다. 전통사회가 근대사회로 옮겨간다는 것은 거대한 사회적 변화이며, 이 변화에는 상당 기간의 '이행기'가 필요하다. 전통사회적 질서가 신질서로 대체되는 데는 무엇보다도 시민의 자발적이고 자율적인 변화의 추구, 구세력

보이지 않는 가위손

의 쇠퇴, 변화의 필요성에 대한 국민적 동의 등의 과정이 요구된다. 이 과정에 소요되는 각종 경비를 부담하는 것이 이른바 '이행기'이다. 우리의 경우, 20세기가 짧은 세기였다는 것은 전통사회로부터 근대사회로의 이동을 준비하고 추진하는 데 필요한 이행기가 전면적으로 생략되었다는 것을 의미한다. 이 생략은 우리 근대사의 가장 불행한 국면의 하나이다. 사회변화를 준비, 추진, 실현하려는 주민의 자발적이고 자율적인 결정, 신질서의 이념 확산과 그 이념의 정당성에 대한 국민의 동의와 수용, 새로운 사회적 가치-규범을 내면화하는 시민화의 과정 등은 전통사회가 근대사회로 이행할 때의 필수적 단계이고 절차이다. 그러나 식민통치로 자율권을 박탈당한 사회가 그런 변화의 과정들을 '자율적으로' 거치는 이행기를 가질 수는 없다. 결과적으로 한국사회는 준비되지 않은 상태에서 해방과 함께 근대 국민국가, 민주주의로의 급작스러운 체제변화를 맞게 되고, 이런 상황은 국가 수립 이후의 한국사회를 극도의 혼란과 무질서에 빠뜨리게 된다.

　이 혼란은 근대성의 이념과 가치체계를 채 내면화하지 못한 사회가 근대적 사회체제를 도입해야 했다는 사실, 그리고 민주주의 질서라는 것에 사실상 생소했던 사회가 민주주의 국가체제를 선택해야 했다는 사실의 불가피한 결과이다. 1948년 민주공화국이 수립되었지만 한국사회의 내부적 민주역량은 '외피민주주의'의 수준에 불과한 것이었고, 근대적 제도들이 도입되었지만 한국사회의 내부적 근대성의 수준 역시 '표피적 근대'에 머문 것이었다고 말해야 한다. 한 사회의 근대성을 규정하는 핵심적 기준은 '합리성의 전 영역적 확장'이며, 한 사회의 민주적 역량을 재는 기본 잣대는 '자율성의 전사회적 확대'이다(일제 식민통치가 조선반도에 '근대'를 가져다주었다는 주장은 합리성과 자율성의 기준으로 보았을 때 사실의 왜곡에 지나지 않는다. 마찬가지로, 일제치하인 1930년대에 이르러 한국사회가 상당 정도의 근대를 경험하고 있었다는 관점 역시 옳지 않다. 1930년대의 '근대'는 근대성의 이념과 가치체계의 자율적 내면화와는 거리가 먼 식민치하의 왜곡된 표피적 근대에 불과한 것이었기 때문이다).

　1948년 국민국가의 정부 수립이 근대적 민주사회의 조건을 사실상 갖추지 못한 상태에서의 국가 탄생이었다는 사실은 이 '국가'에 부과된 가장 중요하고 시급한 과제가 무엇이었는가를 말해준다. 그것은 사회 근대화와 사회 민주화의 기틀을 다진다는 과제이다. 20세기 전반기에 우리가 성취할 기회를 갖지 못했던 과제가 21세기의 과제로 이월된 것이다. 역사 진행에 무상無償의 발전은 없다. 그러나 초대 정부 이후 1990년대에 이르기까지의 역대 정권들은 이 과제의 역사적 중요성을 인식하지 못했을 뿐 아니라 그 과제의 수행 역량조차 갖추지 못했고, 그 결과 20세기 한국의 사회 근대화와 사회 민주화 과제는 근 반세기에 걸쳐 사실상 방기되고 연기되기에 이르렀다(1960년대 군사정권에 의한 '근대화'는 정치영역을 포함한 사회 전 영역의 근대화가 아닌

산업근대화에 국한되었다. 이 시기의 근대화는 그러므로 식민치하에서의 근대문물 도입과 유사하게, 사회는 전근대적 권위주의체제에 묶어두고 산업 분야에서의 근대화만으로 '조국 근대화'를 달성코자 한 왜곡된 내국식민체제적 성격을 갖고 있다). 바로 이 실패——사회근대화와 민주화라는 과제의 중요성에도 불구하고 그 과제를 수행해내지 못했다는 사실, 그것이 한국인의 20세기가 보여주는 '실패의 부분'이다. 20세기에 대한 우리의 성찰이란 무엇보다 이 실패에 대한 성찰이다.

그 실패는 지금 극복되었는가? 1980년대를 통틀어 전개된 민주화투쟁과 그 투쟁의 결과 얻어진 문민정부의 실현이라는 성과에도 불구하고, 현재 한국사회는 여전히 민주주의의 정착이라는 과제와 사회적 합리성의 확장이라는 과제를 미완의 숙제로 안고 있다. 이 사실은 21세기를 준비하는 모든 정책적 고려와 판단에서 한순간도 망각될 수 없다. 왜냐하면 그 미완의 과제는 20세기를 넘어 우리의 21세기로 다시 이월되었기 때문이다. 민주주의는 한두 번의 문민정부 실현으로 그 기틀이 다져지지 않는다. 1990년대 초반 김영삼 정부의 판단착오는 그 정권의 성립으로 한국 민주주의가 완성되었다는 착각에 빠졌다는 사실에 있다. 동일한 판단 착오의 가능성은 현 정부에도 있다. 사회적 합리성의 확장이라는 과제 역시 긴 시간의 소요를 요구한다. 현 정부가 내걸고 있는 '개혁'이란 합리성의 전 영역적 확장이라는 과제의 다른 이름이며, 이 개혁은 앞으로도 상당 기간에 걸쳐 진행되어야 한다. 합리성의 자율적·자발적 추구가 비합리적 구조와 관행으로 차단되어 사회적 효율을 저하시키고 막대한 사회적 비용과 희생을 강요할 때, 국가는 합리성의 수준을 높이기 위한 노력을 정책적으로 추구하지 않으면 안 된다. 그런 노력이 포기되거나 연기되었을 때 그로 인한 희생과 비용은 국민 전체가 부담해야 하기 때문이다. 국제통화기금에 의한 구제금융 사태나 지난 수년간(1990년대에만 국한해도) 꼬리를 물고 발생한 각종 인재人災성 사고들은 바로 그런 사회적 희생과 비용을 대표한다.

'한국인의 20세기'에 대한 성찰은 21세기에 필요한 '한국인'을 탄생시키는 일이 바로 현시점에서의 우리의 과제라는 주장으로 이어질 수 있다. 절반의 세기인 우리의 20세기는 '민주적 한국인의 미탄생'과 '합리적 한국인의 미탄생'이라는 두 종류의 '미탄생'으로 특징지어지고, 따라서 민주적이고 합리적인 한국인을 탄생시키는 일이 곧바로 21세기형 한국인의 탄생이 되기 때문이다. 다른 모든 고려에 앞서, 21세기를 위한 공공정책과 투자는 무엇보다도 민주적 한국인과 합리적 한국인을 21세기 한국인의 기본모형으로 잡는 데서부터 출발하지 않으면 안 된다. 그 한국인의 지속적 탄생 없이는 21세기는 다시 우리에게 20세기적 혼란과 희생의 연장이 될 것이기 때문이다.

현재의 국내외 상황을 점검할 때, 민주적-합리적 한국인의 지속적 탄생이라는 과제 앞에는 몇 개의 도전적 장애가 있다는 사실도 지적되지 않으면 안 된다. 그 장애의 하나는 세계시장체제가 국지단위 사회의 민주적 절차에 제기하는 비민주적이고 반사회적인 요구이다. 민주주의와 시장경제의 균형 발전이라는 정책은 오늘날 단위국가의 영토 경계를 넘어서는 세계성을 그 실질적 환경으로 갖고 있다. 그러나 그 세계성은 앞서 여러 번 지적한 대로 국지사회의 민주주의 발전에 반드시 우호적인 것은 아니다. 이는 세계시장체제에 대한 일방적·무비판적 추수주의追隨主義가 경우에 따라 국지사회의 민주적 발전을 크게 위축시킬 수도 있다는 가능성을 보여주며, 따라서 국가의 정책 선택과 판단의 전과정에는 그 가능성을 고려하는 일이 필요하다. 달리 표현하면, 우리는 국민국가의 위상과 권능이 상당한 제약조건을 만나게 된 시대에 국민국가적 과제들을 왕성하게 추구하지 않으면 안 되는 모순된 상황 속에 놓여 있다. 또 다른 장애는 시장경제 논리가 반드시 사회적 합리성과 효율성을 제고시키지 않는다는 사실이다. 시장경제의 도구적 합리성은 사회적 합리성과 반드시 같은 것이 아니다. 여기서도 우리는 사회적 합리성의 추구가 시장경제 그 자체에 의해 상당한 제약을 받게 된 시점에서 사회 발전을 추구하지 않으면 안 되는 모순 상황에 놓여 있다. 경제적으로 잘사는 나라를 만든다는 것은 모든 정권의 의무이고 약속이다. 그러나 잘사는 나라 이상으로 중요한 것은 '사람이 살 만한 나라'이고, '국민이 사랑하는 나라'이며, 국민된 것을 자랑할 수 있는 '고품질사회'이다. 바로 그 살 만한 나라, 국민이 사랑하는 나라, 사람이 사람답게 살 수 있는 고품질사회를 만드는 것이 21세기 한국의 비전이어야 한다.

이 비전으로부터 나오는 것이 '창조적 한국인'으로서의 21세기형 한국인의 모습이다. 민주적 한국인과 합리적 한국인이 21세기 한국인의 기본적인 모습이라면, 창조적 한국인은 그 기본 위에서 국내외의 새로운 도전적 환경에 창조적으로 대응하는 한국인, 장애와 한계와 위협요소들을 인식하고 그것들을 넘어서기 위한 방략을 모색하는 한국인, 단순히 경재환경에 '적응'하기만 하는 한국인이 아니라 경쟁과 공존의 명령 사이에서 화해의 방법을 창안하는 한국인, 우리가 앞서 '창조적 대응의 능력'을 가진 한국인이라 규정한 바로 그 한국인이다. 우리는 21세기에 어떤 휘황한 '신인류'의 탄생을 기대할 필요가 없다. 민주적 한국인과 합리적 한국인의 탄생과 재탄생이 21세기에도 부단히 지속되어야 한다면 창조적 한국인은 21세기를 위해 지금부터 '발명'되지 않으면 안 된다. 그는 높은 경쟁력을 가진 한국이면서 동시에 공존의 정의에 봉헌된 '윤리적' 한국인이다.

"

민주헌법이 없고 제도가 없어서
한국 민주주의가 파행을 거듭한 것이 아니다.
제도와 법률 이상으로 중요한 것이 민주주의의 원칙,
가치, 이념을 사회적으로 내면화한 문화적 토대이다.
제도가 외피라면 문화는 내용이다.
민주주의를 떠받치는 문화적 토대는
민주주의를 지향하는 어떤 사회도 감히 생략할 수
없고 건너뛸 수도 없는 전제조건이다.

"

5부

시장전체주의를 넘어서

도정일 vs 여건종

여건종

숙명여대 영어영문학부 교수. 인문학 계간지 《비평》의 편집주간, '영미문학연구회' 대표, 김대중 정부 시절 대통령 자문 정책기획위원회 문화분과 위원, '사고와 표현학회' 초대 회장, 한국비평이론학회 회장, 한국영어영문학회 회장 등을 역임했다. 저서로 『일상적 삶의 상징적 생산』 『문학, 역사, 사회』(공저) 『현대 문화론의 이해』(공저) 등이 있고, 『현대 문학이론』 『햄릿』을 번역했다.

독서 체험과 삶의 문학

여건종 바쁘신 중에도 이번 심층대담에 응해주신 것에 감사드립니다. 심층대담은 우리 사회에 많은 영향을 끼친 지식인을 만나 그의 생각과 삶의 족적을 따라가보고 우리가 직면한 문제에 대해 의견을 듣기 위해 만들어진 자리입니다. 선생님은 대학에서 영문학을 가르치는 직업을 가지셨지만, 폭넓은 인문학적 사유를 바탕으로 지난 20년 동안 학문적으로나 사회적으로 중요한 국면에서 의미 있는 발언들을 해오시고, 많은 실천적 활동을 해오셨습니다. '종합인문학적 지식인'이라고 할 수 있을 것 같은데요. 먼저 지금의 선생님을 만들었다고 할 수 있는 성장기의 경험, 독서 경험 또 사상적 영향, 이런 것에 대해서 말씀해주시는 것으로 시작했으면 합니다.

도정일 사상적 영향? 틀림없이 있긴 있었겠죠? 사람 몸이 밥 먹고 크듯이 생각도 외부로부터 끊임없이 자극받고 영향받고 그러면서 커왔을 테니까 사상적 영향이라는 것이 왜 없겠습니까? 그러나 소싯적의 사상적 영향이라 그러면 사람들이 웃을 것입니다. 소년기의 아이들에게 영향을 주는 것은 바람소리, 물소리, 달빛에 잠긴 골목, 미친 여자, 겨울나무, 뭐 이런 것들이지 무슨 웅장한 '사상'은 아닙니다. 지적 성장이 시작되는 것은 내 경험으로는 고교시절 이런저런 책을 읽으면서부터가 아닐까 싶어요. 그런데 이런 이야기 꼭 지금 해야 되나요?

사상보다는 문학의 매혹 이야기나 먼저 할까요? 세상에 할 일이 참 많을 텐데 왜 하필 이야기니 문학이니 하는 것에 끌리게 되었는가, 그 이야기입니다. 기억이 흐릿하지만 초등학교 2학년인가 3학년 때에 읽은 어떤 동화가 하나 있습니다. 해방되고 얼마 안 된 시절 책도 귀하고 종이도 귀할 때라 시꺼면 말똥종이에 인쇄해서 나온 동화책이었는데, 누가 쓴 무슨 제목의 동화인지 아직 확인도 못 한 채 그냥 지내왔습니다. 굳이 제목을 붙이면 '별왕자와 소녀' 이야기입니다. 하늘나라에 별왕자가 살았는데, 그는 밤만 되면 별집 창문을 열고 인간이 사는 땅을 내려다봅니다. 자기가 좋아하는 소녀가 이 지상에 살기 때문이죠. 소녀도 밤만 되면 하늘에서 자기를 향해서 반짝이는 듯한 그 별을 바라봅니다. 어느 날 밤 그 별왕자가 지상의 소녀를 좀 더 잘 보려고 창밖으로 몸을 너무 숙이다가 그만 떨어지고 맙니다. 그는 별똥별이 되어 긴 불을 그리면서 떨어지는데, 소녀는 자기가 좋아하던 별이 갑자기 별똥별이 돼서 떨어지니까 깜짝 놀라 그 별을 치마폭에 받으려고 치마를 펼치고 달려갑니다.

이게 뭔가? 처음엔 잘 몰랐는데, 나중에 돌이켜 생각해보니 그 별 이야기가 어린 시절의 아이 가슴을 무척 아프게 했던 것 같아요. 제가 가진 몇 가지 관심사 중에 하나가 떨어지는 것의 이야기, 추락의 서사입니다. 이런 관심도 그 별왕자와 소녀 이야기에 영향받은 것이 아닐까 하는 생각을 가끔 하곤 합니다. 물론 갖다 붙이는 이야기지만 말이죠. 저는 문학이라는 것이 결합하기 어려운 것들 사이의 이야기, 가령 아주 높은 것과 아주 낮은 것 사이의 만남에 대한 것이라고 생각합니다. 행복의 경험보다는 가슴 아픈 일의 경험에서 문학은 시작되는 게 아닌가 싶어요. 그래서 그 별왕자 이야기가 지금껏 기억에 남아 있는지도 몰라요. 이게 문학에 끌리게 된 일의 시초였다고 말하면, 글쎄, 너무 시시한가? 더 가슴 아팠던 소년기 경험도 있지만, 그 얘기 지금 하지 않는 게 좋을 것 같아요.

여건종 선생님은 그동안 성장기에 책 읽기나 글쓰기 경험이 가지는 중요성을 강조하는 말씀을 많이 하셨습니다. 지금 말씀하시면서 드는 예에서도 알 수 있듯이 문학이라는 것은 밝은 것보다는 어둠이나 그늘, 혹은 상승하는 것보다는 추락하는 것에 대한 관심이 그 본질을 이룬다고도 할 수 있는데, 이런 관심들은 무엇보다도 삶에 대한 성숙한 관점과 관련되는 것 같습니다. 일반적으로 동화와 성인문학을 나눌 때 동화는 화해의 세계를 그리고 성인문학은 갈등과 모순의 세계를 그린다고 하는데, 이것이 동화의 경험을 완전히 설명해줄 수 없다는 생각입니다. 삶에 대한 깊은 느낌은 인간이 성장한 다음에 형성되는 것이 아니라, 사실은 선생님께서 지금 동화책의 경험을 말씀하셨듯이, 인간의 성장의 각 단계에서 만들어지는 것이라고 생각합니다. 그리고 그러한 것들이 바탕이 되어 인간에 대한 성숙한 관점으로 발전하는 것이 아닌가 하는 것이죠.

도정일 "모든 것은 우리의 어린 시절에 시작되었다"는 말이 있습니다. 동화나 성장소설이 아이들에게 중요한 이유는 인생행로를 결정짓는 어떤 비밀스러운 순간들이 그 독서 경험에서 만들어지기 때문입니다. 저는 한국전쟁 직후의 혼란기에 중고등학교를 다녔습니다. 전쟁을 치르고 난 사회의 긴장과 불안과 혼란이 뒤범벅되어 있었던 시절이었습니다. 그때는 책 사보기도 힘들었고, 학교에서 누가 체계적으로 책 읽기를 안내해주는 일도 전무했다고 느껴집니다. 책은 각자가 알아서 선택하고 알아서 읽어야 했습니다. 그러나 한 가지 중요했던 것은 월간지와 세계문학전집 읽기가 아니었나 싶어요. 그 무렵《학원學園》이라는 소년잡지가 나왔는데, 이 잡지의 문학사적 영향력은 아주 큽니다. 많은 문학소년·소녀들이 이 잡지를 통해 성장했으니까요. 그리고 지금까지 나오고 있는 월간《현대문학現代文學》이야기도 빼놓을 수 없습니다. 당시《현대문학》에는 황순원 선생의 어떤 장편이 연재되었는데, 그걸 읽기 위해 매월 잡지가 나오는 날을 목 빠지게 기다리다가 서점으로 달려가곤 했어요. 물론 사지는 않고 서점에 서서 읽는 거죠. 황 선생의 문체에 미쳐 있던 시절입니다. 지금 생각해 보면 '문장감각' 비슷한 것이 고등학교 때 길러지기 시작한 건 황순원 선생의 소설 덕분이 아니었나 싶어요. 문체라는 것이 있구나를 알게 된, 말하자면 산문의 발견, 혹은 문

보이지 않는 가위손

체의 발견 같은 것의 경험이지요. 을유문화사와 정음사의 세계문학전집도 그 시절 나오기 시작했는데, 한 권씩 신간이 나올 때마다 집어삼키듯 읽었습니다. 전집 제 몇 호로 무슨 소설이 출간되어 나왔다 하면 당시 부산 바닥 고교생 문학패거리들 사이에선 그게 일대 뉴스였습니다. 당시 전집 출판사들의 공로를 우리는 아직 충분히 인정해주고 있지 못합니다.

제가 고등학교 다닐 때 실존주의 철학이 한국에 상륙했어요. 사르트르, 카뮈, 키에르케고르를 알게 된 것이 그때입니다. 카뮈의 『이방인』 사르트르의 『실존주의는 휴머니즘이다』 같은 책이 문고판으로 나왔습니다. 사실 실존주의가 뭔지 알 턱도 없으면서 그냥 실존주의를 '옆구리에 끼고' 다녔습니다. 무슨 연유에선지, 니체에 푹 빠진 것도 고등학교 시절입니다. 아마 윌 듀란트의 『철학사화 The Story of Philosophy』 번역판 때문이 아니었나 싶습니다. 니체의 초상을 그려서 책상머리에 붙여놓기도 했어요. 그의 '초인'을 이해해서가 아니라 그냥 '초인'이라는 아이디어가 주는 이상한 매력에 홀렸던 거지요. 아이들은 모두 자기네가 일종의 초인이 될 거라 곧잘 생각하잖아요? 그런데 고교생 때의 이런 독서편력에도 소중한 부분이 있습니다. 사실은 놀라운 효과지요. 뭐가 뭔지 모르고 읽었지만, 그때 내가 몰랐던 것이 뭔가 싶어 그 시절 읽었던 책들로 후일 끊임없이 되돌아가게 하는 효과입니다. 아, 그때는 내가 이것을 몰랐구나, 차라투스트라는 이렇게 말했는데 난 저렇게 읽었지, 그러면서 말이죠. '무식의 발견'입니다. 지적 호기심이란 그런 식으로 평생 계속되는 게 아닌가 싶어요. 두고두고 무식을 발견하면서 산다는 건 보통 재미있는 일이 아닙니다. 무식도 보물이 될 수 있다는 것을 아는 사람은 압니다. 대학에 들어와서는 러시아 소설들, 플라톤 대화록, 그리스 비극 같은 것이 영문학 텍스트들보다 훨씬 매혹적이었습니다.

고전은 역시 고전이라는 생각을 자꾸 하게 됩니다. 얼마 전 책 정리를 하다가 대학시절 곧잘 들고 다니던 플라톤 대화록의 『국가론』 영문 포켓판을 발견했어요. 1965년 명동 국립극장에서 막스 프리쉬의 〈안도라〉가 공연되었는데, 그 티켓이 그 책의 책갈피에 끼어 있더군요. 책도 그렇고 티켓도 그렇고, 40년 전 친구를 만난 느낌이었습니다. 그런데 『안도라』를 희곡으로 다시 읽은 적은 없지만, 『국가론』은 그후 여러 번 읽었지요. 고전이란 이처럼 '읽기의 역사'를 축적하게 하는 책입니다. 내가 읽은 역사, 남들이 읽은 역사가 축적되고 거기서 생각이 자라지요.

여건종   선생님 세대도 그렇지만 저희 세대까지는 근대나 서구를 경험하는 첫 번째 관문이 아마도 세계문학전집이라고 할 수 있을 것 같습니다. 그것을 통해서 근대적 인간에 대한 이해, 더 정확하게는 서구적 근대의 이상이 내면 속의 경험으로 들어왔던 것이지요. 선생님의 첫 번째이자 유일한 단행본 도서의 제목이 『시인은 숲으로 가지 못한

다』입니다. 책 제목이 생태학적 사유와의 관련을 암시하는
데요. 이때 생태학이란 반드시 환경적 문제를 가리키는 것
이 아니라 보다 근본적 의미에서 삶에 대한 특정한 태도,
즉 느림의 철학, 슬픔의 정조, 어둠과 그늘을 사유하는 능
력 등과 관련되어 있다는 생각입니다. 다시 말해 생태학적
태도 자체가 문학의 본질을 건드렸다고도 할 수 있는데요.
또 다른 한편으로는 생태적 사유가 일반적으로 근대라고
부르는 것, 발전과 합리성의 승리에 대한 어떤 저항 같은
것도 포함하고 있다는 생각입니다. 그런 의미에서 선생님
의 문학관과 비평적 방법은 어떤 것인지 말씀해주십시오.

　도정일　많은 이가 책 제목 때문에 그 평론집이 생태학
적 비평 아니면 생태학적 사유를 비평의 방법론으로 사용
한 케이스가 아닌가 생각하는데, 솔직히 말하면 그 책은
생태학적 사유와는 별 관계가 없습니다. 평론을 묶어내면
서 마땅한 제목이 생각나지 않고 해서 그냥 '분문집'이라
달까 하다가 《녹색평론》에 썼던 평론의 제목을 그대로 쓰
게 된 겁니다. '분문집'이 뭔지 아세요? 제가 자꾸 '똥글모
음' '똥글모음' 그러니까 당시 민음사 박맹호 사장이 편집
자에게 "그럼 분문糞文집이네?"라고 말했다 해서 생겨난,
내 평론집의 별칭입니다. 말씀하신 것처럼 생태니 생명이
니 하는 화두가 문학판에 크게 번진 것이 대개 10여 년 전
부터였으니까 이 평론집도 생태학적 관심을 반영했다고
말할 수는 있지만, 제가 그 당시 가졌던 관심은 문학평론
을 문예비평의 울타리 밖으로 들고 나가자는 것이었어요.

그래서 문학평론의 새로운 모델 같은 것을 제시해보고 싶었습니다. 그것은 작품을 이야기하되 문예비평적 관심영역에만 묶이지 말고, 현대인의 삶의 문제에 연결지어 문학이 현실적인 어떤 적절성 같은 것을 가질 수 있게 해야 하지 않겠는가 하는 것이었습니다. 그러지 않으면 비평이라는 형식의 글쓰기가 대중에게 외면당하는 운명을 면하지 못할 것이라고 생각했습니다.

그래서 문학에 별로 관심이 없는 사람도 문학평론이란 게 재미있네, 뭐 오만가지 이야기가 다 있네, 정치, 경제, 사회문제도 들어 있고 그런 문제가 문학과 연결되네, 하면서 읽을 수 있는 평론 말입니다. 제 평론집을 읽고 그렇게 이야기하는 사람들이 꽤 있었습니다. 그것이 제 목표이기도 했고, 당시 저의 비평적 방법의 일부이기도 했습니다. 모든 문학비평이 그럴 필요는 없지만, 저는 지금도 문학비평이나 비평적 글쓰기가 독자를 생각하고 대중의 삶을 염두에 둔다면 마땅히 그런 방식을 유지해야 한다고 봐요. 지난 10여 년 사이에 문학비평은 거의 말라죽었습니다. 지금 비평, 특히 문학비평은 어떻게 어디서 회생의 길을 찾을 것인지 깊은 고민을 해야 합니다. 늦었지만 우리는 문학비평의 새로운 방식을 찾아야 하고 실천해야 한다고 생각합니다.

여건종 선생님께서 언급하신 문학비평의 위기는 결국 문학의 위기와 관련되어 있다는 생각입니다. 문학 자체가 특정한 문체적 감수성을 공유한 전문가 집단의 향유물로 변해가고 있습니다. 다시 말하자면 문학이 구체적 삶의 문제들과의 건강한 관계를 상실했다는 것입니다. 현실에 반응하는 행위로서의 문학의 기능을 상실했다고도 할 수 있습니다. 그리고 문학비평이라는 이름으로 진행되는 많은 행위가 이러한 현상에 대응한다기보다는 그것을 심화하고 있습니다. 문학을 실제 삶의 현장으로 되돌리는 데 보다 넓은 관점에서 문학을 볼 수 있는 문학에 대한 담론이 있어야 한다는 생각입니다.

그런 의미에서 선생님이 문학을 접근하는 방식은 조금 다른 점이 있다고 생각합니다. 선생님이 방금 말씀하셨듯이 문학이 현실적으로 절실한 것이 되어야 하고, 거기에 좀 더 넓은 의미에서 문학비평 담론의 기능이 존재한다고 할 수 있습니다.

한국인의 근대 경험, 그리고 포스트모더니즘

도정일   제 첫 번째 평론집과 관련해서 '근대로부터의 탈출' 또는 '근대적인 것에 대한 반란'이라 말씀하셨는데, 꼭 그렇다고 말하기는 어렵습니다. 생태적 사유 하나만으로 탈근대적이라고 말할 수는 없습니다. 근대나 근대사상은 매우 복합적이고 다층적입니다. 얼굴이 많아요. 정치, 경제, 사회의 근대가 있는가 하면 과학의 근대가 있고 사상, 가치와 태도의 근대도 있습니다. 한 측면만 잡아서 근대는 이런 것이다 저런 것이다 함부로 말할 수 없어요. 포스트모더니즘이 뜨면서 '근대배척'이니 '근대불신'이니 하는 말들이 번졌는데, 우리가 반성하고 성찰해야 할 근대기획이 있는가 하면 배척할 수 없는 근대도 있습니다. 예컨대 근대의 산물로서 정치적 민주주의나 학문방법으로서 '과학적 방법'을 우리가 내던질 수 있나요? '비판적 사고'도 근대과학과 인문학이 물려준 소중한 유산입니다. 이런 사고방식의 측면에서 보면 근대는 문제를 새롭게 보고 새롭게 접근하려는 지속적 혁신이나 혁명적 정신 그 자체입니다. 근대의 부정적 부분에 대한 비판은 필요하다고 생각하지만, 사회적 측면 특히 우리 사회와 연결지어 말하면 저는 지금도 철저한 근대주의자입니다.

우리가 근대 문물을 경험한 것은 식민지 시대가 처음입니다. 19세기 말, 20세기 초에 개화파들이 일본을 통해 서양의 근대적인 것을 도입하려고 했는데, 요즘 용어로 하면 '개화'는 '근대화'에 해당합니다. 하지만 왕조 말기의 개화운동은 불과 몇 년의 시도로 몰락합니다. 그럼에도 서재필이 《독립신문》을 통해 전개한 사회근대화 시도는 지성사적으로, 문화사적으로 높게 재평가되어야 합니다. 저는 학부생들에게 서재필의 《독립신문》 사설들을 기회가 있을 때마다 읽히거나 읽도록 유도합니다. 100년 전에 서재필이 본 '조선사회의 문제'는 아직도 현대 한국사회의 문제입니다. 전통사회를 근대사회로 이행시키려는 집단적이고 자발적인 노력 없이 외세에 의해 근대를 경험하게 되었다는

보이지 않는 가위손

것이 우리 근현대사의 한 특징입니다. 식민지 시대 일제에 의한 근대 도입은 제도와 문물의 근대였지 사상, 가치, 태도의 근대가 아니었습니다. 근대를 구성하는 가치, 사상, 원칙이나 정신상태로서 근대는 홀랑 빠져 있었지요. 식민지 시대에 경성을 중심으로 한 근대 경험이라는 것은 경조부박輕浮薄하고 피상적인 표피적 근대였습니다. 그것도 틀림없이 근대이긴 합니다만, 중요한 것은 '정신의 근대'입니다. 사실은 이것이 근대의 알맹이죠. 그런데 우리는 그 알맹이가 빠진 근대, 껍데기 근대만을 식민지 시대를 통해서 받아들였습니다. 그리고 해방 이후에도 예를 들면 근대적 정치제도로서 민주주의를 할 만한 기본조건으로서 정신적 문화적 근대를 우리가 성취하고 있었느냐면, 전혀 그렇지 못했습니다.

정신의 근대가 빠지고 없다 ─ 이것은 한국, 중국, 일본 등 동북아 3국이 가진 공통의 경험입니다. 이 관점에서, 동아시아 3국은 도토리 키 재기식의 차이가 있을 뿐이지, 사실은 3국이 서양의 산업적 근대를 쫓아가는 데 급급해서 사상, 가치, 이념의 근대 부분은 제대로 소화해내지 못했다는 입장을 저는 견지합니다. 일본은 아시아에서 가장 먼저 근대화를 시작했지만, 일본의 근대는 산업의 근대화를 통한 철저한 '부국강병의 근대'이고, 제국주의 근대입니다. 중국도 정신적으로는 아직 근대의 미성취국입니다. 한참 멀었어요. 그래서 제가 근대주의자입니다. 나중에 이야기할 기회가 있을지 모르지만, 탈구조주의나 포스트모더니즘에 대한 저의 평가나 태도는 그래서 상당히 양가적입니다.

    여건종   선생님께서도 말씀하셨듯이, 가령 근대라 하면 제도로서 근대와 내면적 과정으로서 근대를 구분할 필요가 있다고 생각합니다. 우리의 역사적 경험에서 보면 제도로서 근대는 위로부터의 근대, 식민지화 과정을 통해 이식된 근대로 시작되었습니다. 그러니까 대의적 정치체제와 시장과 사유재산제를 통해 재화가 생산되고 분배되는 제도를 말하는 것이지요. 반면에 내면적 과정으로서 근대는 근대적 주체의 형성 과정, 혹은 시민주체의 형성 과정이라고 할 수 있습니다. 근대적 개인이 등장했을 때에 그것이 정치적 투표권이나 사유재산으로 나타나기도 합니다만, 제일 중요한 것이 개인이 하나의 내면을 가진 존재라는 것, 그 자체로서 고유하고 자족적인 존재라는 인식입니다. 이것과 긴밀하게 연결된 것이 해방적 근대라고 부를 수 있는 것으로서, 보편계급의 자유의 확장, 즉 보통사람들이 더 자유로워야 하고, 더 많은 경제적, 정치적 자원을 가져야 한다는 규범적 가치의 실현이라고 할 수 있습니다. 제가 이해하기로는 선생님의 말씀은 우리가 제도로서의 근대를 받아들이고 완성해가는 과정에서 이 내면적 형성 과정으로서의 근대가 동반되지 않았다는 것을 지적하는 것으로 이해했습니다. 선생님께서는 아직도 우리에게 근대라는 프로젝트가 하버마스의 표현대로 '미완의 근대'

라는 것에 동의하신다고 생각합니다. 그런 의미에서 저도 선생님께서 '근대주의자'라고 생각합니다.

근대에 대한 서구의 자기반성이 포스트모더니즘이나 포스트구조주의라는 형태로 나타났는데, 우리나라에서는 사실 그것마저도 상당히 종속적으로 이식된 형태로 들어왔습니다. 1980년대 말에서 1990년대 초에 한국의 지식인들이 포스트모더니즘이라는 이름으로 서구의 자기반성을 수입해 가져왔지만, 그것도 사실 위로부터 이입되었다고 봅니다. 제 생각에는 그러한 전반적인 지적 경향이나 풍토에 대한 가장 적절한 반응을 하신 분 중에 한 분이 선생님이라고 생각합니다. 1990년대 초부터 우리 학계에 포스트모더니즘이라는 담론이 들어왔을 때, 우리 입장에서 그것을 구별해서 그것이 어떤 면에서 필요하고 또 어떤 측면에서 우리가 그것을 거부할 수 있는지에 대한 글을 선생님께서 많이 쓰셨던 것으로 기억합니다. 현재도 진행 중인 포스트모던 프로젝트나 포스트구조주의가 가진 인간관이나 인식론에 대해서 말씀해주셨으면 좋겠습니다.

도정일 네, 1990년대 초에 그런 글을 많이 썼습니다. 모으면 반 가마니쯤 될 겁니다. 포스트모더니즘을 베껴다가 정신없이 뛰는 사람들이 무척 보기 딱했습니다. 동유럽 사회주의가 몰락한 시점이어서 사람들을 허하게 하는 어떤 정신적 공백 같은 것도 있었지요. 어떤 사상이 외부에서 들어왔기 때문에 우리 것이 아니다, 비판해야 한다는 식의 관점은 전혀 타당치 않습니다. 조선시대는 유가담론에 대해서 깊게 생각하고 또 그것을 내면화하려고 했던 시대였습니다. 유교사상이나 유가담론을 자기 것으로 만들어가려는 지적 노력을 상당히 진행시켰지요. 그런데 20세기에 들어오면 우리가 어떤 사조나 사상, 방법론 등을 진중하게 따지고 우리 현실에 맞추어서 어떻게 활용이 가능할지 곰곰이 따질 겨를 없이 굉장히 많은 사상이 들락거리게 됩니다. 제가 1980년대 초에 한국에 들어와보니까, 주로 학계 이야기지만, 문학을 공부하는 사람들 사이에 구조주의가 대유행이었습니다. 구조주의는 서양에서 1960년대에 대두해 한 20년간 엄청나게 많은 연구업적들을 냈습니다. 그 유행과 성과가 1980년대 초부터 한국에 들어오기 시작했던 것 같습니다. 그 당시 한국에는 마르크스주의, 리얼리즘, 사회주의적 사실주의 등으로 대표될 만한 좌파적 이론이 한쪽에 있었고, 다른 한쪽에는 그 좌파적 이론에 맞설 만한 방법으로서 구조주의가 상당한 관심을 끌었던 것 같습니다. 그런데 구조주의가 무엇인지도 아직 잘 모르고 미처 소화되지 않은 상태에서 탈구조주의와 겹쳐서 들어왔습니다. 클로드 레비스트로스와 자크 데리다가 동시에 들어온 것입니다. 그리고 이어서 포스트모더니즘이 오색깃발을 흔들며 들어옵니다.

　이렇게 겹쳐서 들어온 이론과 사상들이 학계나 평단을 휩쓰는 바람에 대혼란이 벌어졌어요. 그 무렵 제가 생각하고 비판했던 것은 주로 이런 것입니다. 근대적인 것의 긍정적 유산을 내면화하고 우리 것으로 만드는 성숙기를 갖지 못한 나라의 지식인들이 분별없이 근대를 배척하거나 불신하는 소리를 함부로 해서는 안 된다. 탈근대를 말하자면 근대를 알아야 하는데, 그 근대도 잘 모르지 않느냐. 구조주의도 제대로 학습하기 전에 탈구조주의를 떠들면 어찌 되느냐. 좀 차분하게 가자, 그런 소리였어요. 물론 포스트모더니즘 그 자체에 대한 비판도 많이 제기했지요. 저는 지금도 포스트모더니즘이란 것이 외양은 화려해 보이지만 속은 텅텅 빈 지적 '쇼' 같은 것이라 생각합니다. 인간의 삶, 특히 현대사회에 가장 기본적인 제도, 사상, 윤리, 가치 등이 사실은 근대에서 제시됐기 때문에 우리가 그것들을 빼놓고 갈 수 없습니다. 그런데 포스트모더니즘이 들어오면서 그 생략할 수 없는 부분을 마치 생략 가능한 것인 양 잘못된 엉뚱한 환상을 파급시켰습니다. 근대를 무조건 비판하거나 배척해야 할 것처럼 생각하는 경박한 풍조가 만들어진 거지요.

제가 노상 주장하는 바이지만, 근대 혹은 근대성이란 것은 역사적으로 언제부터 언제까지라고 규정지을 만한 '시기적 개념'이면서 동시에 시기를 넘어서는 탈시대적 성격의 것입니다. 간단히 이야기하자면, 21세기인 '현대'에도 '근대'를 성취하지 못한 사회가 있습니다. 기술적·산업적으로는 현대에 살면서 정신적으로는 근대를 갖고 있지 못한 경우입니다. 아시아와 이슬람국가들이 그 대표적인 경우입니다. 물론 근대성의 문제적 국면들이 왜 없겠어요? 근대기획에서 배태된 제국주의는 근대의 가장 추악한 국면입니다. 그러나 중요한 것은 근대의 긍정적 유산입니다. 근대적 인권 개념이 없다면 지금 우리가 무슨 수로 인권을 주장하고 인권을 말할 수 있겠습니까?

포스트모더니즘과 탈구조주의에는 이론적 약점이 많습니다. 모더니티modernity는 좋은 의미에서이건 부정적인 의미에서건 인간의 주체적 역량, 자율성, 자발성, 내면성, 합리성 같은 것들을 중요하게 생각하고, 그것들을 개인적 사회적 삶의 원리로 확립하려는 정신적 결정이고 태도입니다. 인간의 기본권리, 인간능력의 발전 가능성, 선택과 판단과 실천의 주체적 책임 같은 것을 강조합니다. 이런 부분들을 인간중심주의니 이성중심주의니 해서 단칼에 자르고 매도하면 안 됩니다. 지금은 '자유'가 방종의 수준으로 차고 넘치는 반면, '책임'은 실종된 시대입니다. 제가 보기에 우리 사회는 물론 세계적으로 가장 심각하고 우려스러운 이 시대의 문제는 '몰가치사회의 대두'입니다. 시장원리주의와 무한개발주의가 중요한 가치들, 우리가 가치라고 부를 만한 것들을 거의 모두 파괴하고 있습니다. 현대 세계에서 가치는 오로지 '가격'으로만 표현 가능합니다. 가격과 가치는 지금 동의어가 되어 있습니다. 시장제일주의가 가격을 가치라고 부르기 시작한 지 오래되었습니다. 문제는 탈구조주의나 포스트모더니즘이 이런 사회에 대한 지적, 정신적 대응으로는 극히 무기력하고, 거의 전혀 쓸모가 없다는 점입니다. 가치의 문제에는 자유와 책임을 어떻게 연결시키는가, 개인의 삶과 공동체의 삶을 이어줄 교량

보이지 않는 가위손

은 무엇인가, 사회 발전의 목표를 어디에 둘 것인가 같은 문제들이 포함됩니다. 탈근대론이나 탈구조주의는 근대적인 것의 해제와 해체에 골몰한 나머지 '구성'의 노동에 대해서는 아이디어가 아주 빈약합니다. 현대 자본주의가 좋아할 이론들입니다.

미완의 근대와 문화적 민주화의 의미

여건종   포스트모더니즘의 근대해체 작업이 결과적으로 모든 가치를 상대적인 것으로 만들고, 가치의 준거점을 붕괴하고, 결과적으로 인간의 자유와 책임의 근거마저 해체하는 지점까지 갔다는 선생님의 의견에 동의합니다. 저는 이러한 '근본주의fundamentalism'에 대한 무차별적 부정이 결국은 비슷한 시기에 전 지구적으로 진행되기 시작한 신자유주의라는 새로운 정치경제체제를 공고화하는 데 무의식적으로 공모하지 않았나 생각합니다. 모든 가치를 무장해제하는 데 학문적, 지적 에너지를 집중하는 동안, 말하자면 1970년대 이후 지난 30여 년 동안, 현실적인 힘으로서 자본이 모든 가치를 대체하게 되었다는 것입니다. 한마디로 돈과 몸만 남았다는 것입니다.

그런 의미에서 근대적 가치의 어떤 것들을 다시 복원하는 작업이 중요하다고 생각합니다. 선생님께서 얼마 전에 '민주화항쟁 20주년 기념강연'에서 이 문제와 관련해 '문화적 민주화'를 주제로 강연하신 것으로 기억합니다. 근대는 말 그대로 보면 시대적 개념 구분인데, 근대라는 시대적 구분의 개념 밑에 깔려 있는 규범적 이상을 가치화한 용어가 저는 민주화라고 생각합니다. 절차적 의미에서 정치적 민주화나 산업화라는 의미에서 경제적 민주화는 달성했는데, 아직도 우리가 진정한 의미에서 민주화를 성취하지 못했다는 점을 문화적 민주화라는 용어를 통해 선생님께서 접근하셨습니다. 어떤 의미에서 문화적 민주화인가요?

도정일 문화의 민주화라면 두 가지 측면을 구별해서 생각해야 합니다. 하나는 서구 자유주의자들의 주장처럼 대중이 문화를 누릴 수 있는 기회를 훨씬 평등화하고 확장해보자는 의미의 문화적 민주화입니다. 옛날에는 귀족이나 부자 들만 음악회, 연주회에 갈 수 있었지만, 지금은 매체기술 덕분에 집 안에서도 싼값에 음악을 '향유'할 수 있습니다. 그 점에서 기술은 '평등의 위대한 실현자'입니다. 이런 의미의 문화민주화는 정치민주주의를 하는 나라라면 당연히 추구할 만한 목표지요.

그런데 제가 말하고 싶은 것은 그런 뜻에서의 문화민주화가 아닌 '민주주의의 문화'라는 것입니다. 정치제도로서 민주주의건 사회적 민주주의건 간에 민주주의는 그것을 지키고 발전시킬 수 있는 토대로서 가치, 신념, 태도, 정신 상태, 지향성 같은 것이 그 밑바닥에 튼튼히 깔려 있어야 합니다. 그런 문화적 토대가 없는 민주주의는 껍데기에 지나지 않습니다. 그건 언제나 위기에 처할 수 있고, 엎어질

보이지 않는 가위손

수 있고, 반전의 위기를 늘 만나게 됩니다. 우리 민주주의를 보세요. 정당다운 정당에 의한 '공당의 정치'가 도무지 되지 않습니다. 정치세력들은 누가 왕초(대통령)가 되느냐에 따라, 또는 누가 왕초가 될 것 같으냐에 따라 이합집산이 무상합니다. 왕조시대 이후 500년을 이어온 '왕초주의' 문화를 벗어나지 못했기 때문입니다. 지난 60년간 우리나라에 정당이 몇 개 생기고 없어졌는지 아세요? 다 세다가는 손에 쥐가 날 겁니다. 우리는 또 이성적이고 합리적인 토론에 의한 '공청회'가 전혀 불가능한 나라입니다. 사회적 이성 또는 이성의 사회적 사용이라는 문화적 능력이 자리 잡지 못했기 때문입니다. 이해관계가 충돌할 때 문화적 능력이 무슨 소용이냐고 반문할 사람도 있겠지요. 그러나 서로 다른 이익관계들이 맞부딪힐 때, 그것을 조절하고 사적 이익과 공동체의 전체 이익 사이를 중재하는 것이 이성의 공적 사용이라는 문화적 능력입니다. 이 능력이 없으면 상충하는 이익관계가 서로 발가벗고 달려드는 난장판이 벌어집니다. 그런 상태에서는 어떤 사회도 건강한 공동체로 유지되기 어렵고, 강제력의 동원이나 탄압 외에는 달리 갈등을 해소할 수단이 없게 됩니다. 사회적 소통은 정서적 소통과 이성적 소통이라는 두 가지 형태를 갖는데, 우리 사회에서 지금 가장 모자란 것이 바로 이성적 소통입니다. 민주사회에서 '토론문화'가 중요한 것은 그게 이성적 소통을 대표하기 때문입니다. 우리 사회에서는 문화에 대한 인식이나 사회적 사유가 상당히 피상적인 수준에 머물러 있습니다. 그 수준을 좀 들어올려보려고 제 딴에는 많이 노력하고 있습니다.

여건종   일반적으로 생각하기에 문화라면 정치적이고 경제적인 행위보다 부차적인 것, 더욱 절박한 문제가 다 해결된 다음에 하는 것, 좋은 것이지만 꼭 해야 한다기보다 장식적이고 잉여적인 행위라고 인식하는 경향이 강합니다. 그런데 선생님께서 지금까지 해왔던 지적 작업은 결국은 넓은 의미에서 민주주의의 문화, 문화적 민주화를 향한 작업이라고 생각합니다. 정치적 민주화 혹은 경제적 민주화의 실천 조건, 전제 조건이면서, 또한 정치적·경제적 민주화가 궁극적으로 가야 할 어떤 지향점으로서 민주화를 의미한다고 할 수 있습니다.

제 생각에는 현 단계에서 문화적 민주화를 달성하는 데 가장 큰 걸림돌은 역시 시장의 지배, 선생님의 표현을 따르자면, 시장전체주의의 문화라고 할 수 있습니다. 선생님께서는 특히 2000년 이후 문화적 관점에서 시장의 문제에 대해 많은 발언을 해오셨습니다. 시장전체주의는 선생님께서 중요한 의제로 만든 개념인데요.

도정일   저는 지금 우리 사회가 군사정권 시대 못지않게 악성 개발주의와 맹목적 성장제일주의에 깊이 병들어 있다고 생각합니다. 저는 경제성장이나 경제발전을 부정적으로 보지 않습니다. "우선 먹고사는 일이 급한데 무슨 소리냐"고 말하는 사람들이 있죠. 그러나 악성의 개발주의

보이지 않는 가위손

와 맹목적 성장주의는 잘사는 길이 아니라 잘못 사는 길이고 '먹고사는 일'을 불가능하게 하기 때문에 문제입니다. 지금의 기후변화를 보세요. 홍수, 가뭄, 게릴라성 소나기 같은 기후변화의 재앙들을 보면 인간이 21세기를 무사히 넘길 수 있을지, 정말 잘 먹고살 수 있을지 걱정입니다. 제가 '시장전체주의'라고 부르는 것은 천민자본주의의 가장 무지하고 악랄한 형태, 시장원리주의의 가장 무자비한 확장상태를 말합니다. 시장경제를 버리자는 것이 아니라, 시장제일주의의 원리가 사회의 다른 모든 영역을 장악해서 시장논리에 종속시키고 복속시켜버리는 상황에 대한 비판입니다. 기후변화의 주범은 인간인데, 그 인간은 무자비한 개발주의자, 성장제일주의자, 이윤제일주의자, 시장원리주의자로서 인간입니다. 지금 우리 사회도 그렇고 미국도 그렇고, 시장전체주의적 사고가 세계를 장악해가고 있어요. 그 사고법에서는 시장논리 말고는 다른 중요한 논리가 없고, '돈'과 '이윤' 말고는 다른 중요한 가치가 없게 됩니다. 그게 바로 몰가치사회라는 것입니다. 지금 몰가치사회의 세계화가 일어나고 있습니다. 저는 자본주의의 이런 상황이 로마문명 붕괴 시기의 사정과 아주 유사한 데가 있다고 생각합니다. 로마를 망하게 한 것은 외부의 적이 아니라 내부의 적, 곧 정신 타락과 가치 상실입니다. 지금 자본주의·시장전체주의는 막강해 보이지만 사실은 깊이 병들어 있습니다. 자본주의가 자기도 살리고 문명도 살릴 내적 힘을 발휘할 수 있을지는 지금으로선 전혀 알 수 없습니다.

　밀턴 프리드먼은 한 30년 전에 "기업의 사회적 책임은 이윤을 내는 것"이라고 말했어요. 맞는 말이죠. 그의 이런 발언은 기업하는 사람들에게 한때 무슨 계시와도 같은 영향을 주었는데, 그가 애덤 스미스적 정치경제학의 전통을 계승하는 사람이라면 마땅히 그 발언에 단서를 붙였여야 합니다. "그러나 이윤이 반사회적 행위까지도 정당화하는 것은 아니다"라는 단서 말입니다. 기업은 이윤을 추구해야 하지만, 이윤추구가 반사회적 방향으로 치달으면 그 기업은 반드시 망합니다. "무슨 수를 써서라도 돈만 벌면 된다"라는 조잡한 이윤제일주의는 기업에도 전혀 이익이 안 되는 가장 반기업적인 생각입니다. 돈으로 따지는 이윤 말고도 기업에 '이익'이 되는 것들은 아주 많습니다. 자본주의가 인류문명을 끌어갈 수 있겠는가 하는 질문이 늘 제기되는 것은, 그 체제가 반사회적이고 맹목적인 이윤제일주의의 탐욕을 다스릴 힘을 갖고 있느냐는 의문 때문입니다. 현대자본주의의 고용철학을 보세요. 비용만 따졌지, 인간의 가치는 고려하지 않습니다. 노동을 오로지 수요와 공급의 관점에서만 다룬다는 것은 비인간적 문명을 초청하는 일과 다르지 않습니다. 인간을 오로지 생산의 수단으로만 여기면 인간은 기계와 다를 것이 없어집니다. 인간의 품위는 여지없이 망가지지요. 천민자본주의일수록 인간이라는 가치를 팽개칩니다. 그런 가치를 고려하다가는 기업 망한다고 생각하니까요. 그런데 그게 그렇지 않아요. 기업을 망

　　　　　　　　　보이지 않는 가위손

치는 것은 불합리한 탐욕입니다. 미국, 한국 할 것 없이 망한 기업들을 보면 종업원 인건비 때문에 망한 것이 아니라 불합리하고 반사회적이고 반인간적인 탐욕 때문에 망합니다. 탐욕은 기업 망치고, 사람 망치고, 사회를 망칩니다. 욕망과 탐욕은 달라요. 욕망은 역사를 끌고 가는 동력일 수 있는 반면, 탐욕은 그렇지 못합니다. 자본주의 경제학에 철학적 토대를 만들어준 애덤 스미스가 이미 200년 전에 미래의 자본주의를 위해 경고했어요. "욕망과 탐욕을 구분하라. 탐욕을 다스리라"고 말입니다.

저는 지금 우리가 두 개의 큰 사회적 숙제를 안고 있다고 생각합니다. 하나는 삶의 가장 구체적이고 현실적인 문제인 경제영역에서 어떻게 사회적 평등을 확장해갈 수 있는가 하는 것이고, 다른 하나는 사람이 사람으로서 사람답게 살 수 있는 사회 공동체를 어떻게 일구어가는가 하는 것입니다. 우선 첫 번째 숙제부터 말하면, 근대민주주의는 정치적 평등의 확장을 이상으로 하고 있습니다. 그러나 정치적 평등만으로는 사회적 평등이 확장되지 않습니다. 경제적 평등이 따라붙어야지요. 그런데 민주주의는 정치체제이고, 자본주의는 경제체제입니다. 자본주의는 원천적으로 경제적 불평등의 추구 위에서 작동합니다. 정치 민주주의는 평등을 추구하고, 경제 자본주의는 소득, 부, 교육, 기회 등 모든 분야에서 불평등을 추구합니다. 민주주의에서는 평등이 정의지만, 자본주의에서는 불평등이 정의입니다. 두 체제는 서로 궁합이 맞지 않아요. 그 맞지 않는 모순된 궁합을 어떻게 조절하고 화해시켜 함께 살 수 있게 하는가, 이것이 우리처럼 정치적으로는 민주주의, 경제적으로는 자본주의를 채택한 사회가 풀어가야 하는 문제이고 숙제입니다.

경제보수주의자들의 눈으로 보면 평등주의는 시장논리에 반하고, 자유경쟁의 원칙에도 어긋납니다. 생산성 증대와 효율성 추구도 저해하는 것 같아 보이죠. 우리 사회의 보수론자들이 노무현 정부를 '포퓰리즘' 정권으로 몰아붙이면서 규제 철폐, 교육의 3불정책 포기, 특목고 증설, 기업 하기 좋은 나라 만들기 등을 주장하고 나서는 것은 그래서입니다. 이런 주장에 일리가 없는 건 아닙니다. 그런데 뭐가 문제냐? 평등의 이상이 널리 확산되고 거의 체질화되어 있는 현대사회에서는 초기자본주의에서와 같은 경제적 불평등의 노골적 추구가 불가능합니다. 이건 어떤 보수정권이 들어와도 마찬가지입니다. 수리적으로도 아주 간단한 원리죠. 열에 한 사람만 불평등의 득을 보고 아홉은 불평등 때문에 시달려야 하는 사회는 버티어낼 수가 없습니다. 현대에 혁명은 불가능하다고들 말합니다. 그렇지 않습니다. 불평등의 정도가 깊어지면 불만이 폭발하고, 혁명 또는 혁명에 준하는 사회적 소요와 소란이 반드시 발생합니다. 보수주의 정치철학의 근대적 할아비라 할 에드먼드 버크는 혁명을 당연히 싫어했습니다. 그래서 프랑스혁명을 상당히 비판하고 나섰지요. 그런데 그 버크도 18세기 프랑스사회 안에 혁명을 불러올 조건이 있었다는 사실을 인정

보이지 않는 가위손

했습니다. 다만 혁명을 불러올 조건이 있었다 해서 과격한 혁명만이 해결책이냐, 그건 아니라는 거죠. 교활하게 들릴지 몰라도 혁명을 미연에 방지하고 혁명을 무한히 연기하는 기술art이 정치입니다. 혁명이 터지기 전에 고칠 것 고치고 바꿀 것 바꿔야 합니다. 사실은 이게 보수정치의 지혜이고, 부르주아의 이상 아닙니까?

20세기 후반의 유럽국가들은 보수건 진보이건 간에 그 지혜를 정치 일반의 가이드라인으로 받아들입니다. 그런데 영국의 대처 정권, 미국의 레이건 정권 이후 미국식 자본주의와 우파 보수정치의 시장제일주의가 득세하면서 사정이 많이 달라지고 있습니다. 미국의 영향을 가장 심하게 받는 것이 한국사회입니다. 1997년 외환위기 이후, 특히 지난 3~4년 사이에, 우리 사회에는 우려할 만한 사태가 벌어지고 있어요. '사회적 다윈주의social Darwinism'의 한국 장악이 그것입니다. 사회적 다윈주의는 20세기 초 미국사회에 큰 영향을 주었던 '적자생존'의 이데올로기인데, 그것이 최근 미국에서 부활하고 한국에 상륙했습니다. 사회적 다윈주의에서는 불평등이 정당할 뿐 아니라, 불평등한 사회일수록 '정의로운 사회'입니다. 부자의 이데올로기죠. 이 이데올로기의 몇 가지 주장을 요약하면 이렇습니다. 적자생존은 사회가 작동하는 원리다, 부자는 부자가 될 만한 능력과 자질을 갖고 있으니까 그의 부는 정당한 것이고, 가난뱅이의 가난은 무능력, 게으름, 자질부족의 당연한 결과이므로 그의 빈곤은 누굴 탓할 일이 아니다, 사회는 평등의 추구보다는 불평등의 제도화를 통해서 더 잘 발전하고 더 안정된다―이런 겁니다. 현대판 사회적 다윈주의는 '착취'라는 말을 '능력·탁월성' 혹은 '수월성'이라는 말로 바꿉니다. '경쟁력'도 그런 어휘의 하나죠. 착취라니, 부자는 가난한 자를 착취해서 부자인 것이 아니라 탁월한 능력으로 탁월하지 못한 능력을 압도하기 때문에 부자라는 것입니다. 사실 '적자생존survival of the fittest'이라는 말은 다윈의 용어가 아니고 허버트 스펜서가 만든 말입니다. 그러나 현대 진화론자들 중에는 보수주의, 특히 고도 경쟁 시대의 자본주의·시장제일주의와 진화론을 결합하려는 사람들이 없지 않습니다. 한때 사회이론으로선 거의 폐기되었던 사회적 다윈주의가 새로 등장하는 것도 근년 진화생물학의 눈부신 부상과 무관하지 않습니다.

여건종　선생님 말씀 듣다 보니 "부자됩시다"라는 구호가 지난 몇 년 사이 우리 사회에 상당히 퍼졌다는 생각이 듭니다. 이 구호도 사회적 다윈주의적인 것이라 볼 수 있을까요?

도정일　저는 부자가 아니지만 부자되는 것에 반대하지 않습니다. 친구들 중에 부자가 많았으면 좋겠어요. 돈 되는 일보다는 돈 안 되는 일만 하고 다니는 사람들이 주로 내 친구들입니다. 그들이 다 무능력자냐면, 그게 아니죠. 탁월한 능력을 가진 이들도 많아요. 유능한 사람들이 어째서 돈 안 되는 일만 하고 다니는가, 이건 제가 잘 풀지 못하는 인생의 수수께끼 같은 것입니다.

"부자됩시다"는 구호의 경우, 몇 가지 생각해볼 문제가 있습니다. 첫째는, 제가 다른 데서도 많이 이야기한 것인데, 1997년 외환위기 이후 한국인을 나포한 '공포의 문화'를 짚어야 합니다. 실업, 실직, 노숙자, 부도, 열패자, 비정규직, 고용불안 같은 경험을 치르면서 상당수 한국인이 결국 '돈' 밖에 믿을 것이 없다, 무슨 수를 써서라도 돈 벌고 보자는 결론을 내리게 된 것 같아요. 이런 불안심리는 이해할 만합니다. 1930년대의 '대공황'이 미국인들에게 심어준 공황심리는 근 30년 지속됩니다. 거기 비교할 정도는 아닐지 모르지만 우리의 외환위기와 고용불안의 장기화도 열패자, 낙오자, 무능력자 되는 것에 대한 두려움, 곧 '공포의 문화'를 낳은 것 같아요. 두 번째로 짚어야 할 것은 보수론자들, 시장제일주의자들, 언론과 기업과 상업주의, 심지어 교육까지 그 공포의 문화를 정치적으로, 또 상업적으로 십분 활용하게 되었다는 점입니다. "낙오자가 되고 싶은가?"라는 질문은 아주 위력적이죠. 아무도 낙오자가 되고 싶지는 않을 테니까요. 그리고 부자 이데올로기가 퍼지기 시작하고, 부자를 선망의 대상으로 삼는 문화가 확산됩니다.

사회가 주의해야 할 것은 불평등의 추구가 사회적 이상이 되거나 불평등의 제도화가 일어나는 상황입니다. 가능하면 많은 사람들이 경제적 안정을 얻는 것은 그 자체로 사회의 이상이죠. 소수의 종교공동체를 제외하고는 궁핍을 지향하는 사회는 없습니다. 그러나 부자 되기보다도 사회적으로 더 중요한 원칙이 있지요. 하나는 부자 되기가 편법, 부패, 특혜, 사기, 협잡, 기만 같은 통로를 따를 수 없게 하는 공정성fairness의 원칙이고, 또 하나는 누구나 능력과 자질에 따라 부자가 될 수 있도록 길을 열어두는 일, 곧 이동성mobility의 원칙입니다. 이 두 가지 원칙이 무너지면 사회는 난장판이 됩니다. 자본주의는 불평등을 허용하지만, 자본주의사회들도 독점금지, 공정거래 같은 게임룰을 만들어 공정성의 원칙을 지키려고 합니다. 자본주의하에서 누구나 불평등을 추구할 수는 있으되, 그것이 공정성을 파괴하는 불평등한 방법으로 추구되어서는 안 되기 때문입니다. 불평등의 추구도 평등의 원칙과 이상 위에서 진행되어야 합니다. 그런데 오로지 불평등 그 자체만을 미화하고 정당화하는 사회가 되면 방법의 공정성 원칙은 무너지고, 불평등의 제도화가 시도됩니다. 불평등을 사회적으로 아예 제도화하는 것이죠. 예를 들면 부자들에게 특권을 주고 부자들만 갈 수 있는 학교, 부자들만 사는 동네, 부자들만 누릴 수 있는 기회—이런 것들을 제도적으로 굳히자는 것입니다. 사회적 다윈주의 논자들은 한술 더 떠서 우생학적 주장까지 내놓습니다. 부잣집 아이들은 능력이 더 뛰어나고 머리도 더 좋다, 그러니 그들이 좋은 학교에 가고 좋은 자리에 진출하고 빈곤층 아이들보다 더 잘, 더 빨리 성공할 것은 당연하다, 그들의 능력 발휘를 막는 것은 정의가 아니다, 같은 주장 말이죠. 이건 부자들 말고는 아무도 맥 못 추는 사회가 안정된 좋은 사회라는 주장입니다. 우습게 들릴지 모르지만, 지금 우리 사회에는 이런 사고방식과 주장이 대두하고 있습니다. 불평등의 제도화도 상당히 진행되었고요. 사회과학을 공부하는 사람들은 이 문제를 심각하게 연구해봐야 합니다. 불평등의 제도화는 능력주의meritocracy도 아닙니다. 오히려 그 반대죠. 물론 사회적 이동성의 원칙도 크게 위축됩니다. 부자가 된다는 것은 성취이지, 귀족적 신분 획득이 아닙니다.

여건종   앞에서 우리 사회의 두 번째 숙제라면서 사회 공동체 문제를 언급하셨지요. 그 이야기도 마저 듣고 싶습니다. '사회'라는 말과 '공동체'라는 말을 붙여 써도 되는 건가요? 공동체를 그냥 그렇게 표현하신 겁니까?

도정일   핵심을 찌르는군요. 현대사회는 개인, 집단 할 것 없이 서로 다른 이해관계, 가치, 이념, 사상으로 충돌하는 비동질적 이익사회로 변모해온 지 오래입니다. 이해관계에 따라 뭉쳤다가 이해관계에 따라 흩어집니다. 자기에게 단돈 100원이라도 이익이 되는 일이 아니면 철저히 외면하는 것이 부르주아의 특징이기도 하죠. 거기다 도시적 삶에서는 인간관계가 추상적·기능적 관계일 때가 대부분입니다. 점원과 고객의 관계는 기능적 관계이지 인간적 친밀성의 관계가 아닙니다. 우리 집 냉장고를 수리하러 오는 사람의 이름을 제가 알 필요는 없지요. 제가 그 사람을 다시 만날 일도 없습니다. 냉장고가 또 고장나서 사람을 불렀는데, 지난번 그 사람이 왔다, 이런 경우 외에는 말입니다. 그런데 공동체라는 것은 페르디난트 퇴니스의 '게마인샤프트Gemeinschaft'처럼 사람들 사이의 친밀관계, 상호책임성, 동질감, 결속력 같은 것이 중요한 인간 연결체입니다. 현대사회는 가족, 신도모임, 직장 같은 것이나 소규모 지역사회를 빼고 나면 이런 의미의 친밀 공동체의 형성을 거의 불가능하게 합니다. 그래서 사회 공동체라는 말은 서로 잘 맞지 않고 서로 다른 작동법에 따라 움직이는 '사회'와 '공동체'를 한데 이어붙인 모순어휘일 수 있습니다.

그러나 어떤 사회도 공동체적 성격을 갖지 않고서는 사람과 사람을 따뜻하게 이어주는 인간의 사회를 만들기 어렵습니다. 이해관계의 충돌 때문에 풍비박산 나는 사회일수록 더욱 그렇습니다. 지금 우리 사회가 그렇지요. 어떤 가치의 공유에 의한 결속이 거의 불가능한 사회가 되었어요. 문화는 한때 동질성의 공급자로 여겨졌지만, 지금은 문화조차도 반목, 대립, 갈등의 기원이 되어 있습니다. 결속과 연대가 가능한 것은 월드컵축구 때뿐입니다. 그러다 보니 아주 기이한 형태의 아주 광적인 애국주의, 대한민국주의 같은 것이 등장하죠. 저는 동질성주의자가 아닙니다. 다만 제가 중요하다고 생각하는 것은 사회가 적어도 사람이 살 만한 사회로 유지되자면 사회성원이 인정하고 공유하는 최소한의 기본적 가치는 있어야 한다는 것입니다. 그래서 저는 근년 지역사회 시민단체들이 벌이는 '공동체 복구'운동이 아주 의미 있다고 생각합니다. 공동체가 거의 무너지다시피 한 것은 도시지역이건 시골이건 대차가 없습니다. 제가 지난 몇 년간 관계해온 '기적의 도서관' 건립 운동이나 작은 도서관 운동도 공동체 되살리기의 성격을 갖고 있습니다. 필립 리이프라는 좀 괴짜 이론가가 있었는데, 그의 주장 중에 "공동체는 질문의 필요가 없는 도덕적 요구의 체계를 가져야 한다"는 것이 있어요. 도전적 주장이죠. '도덕적 요구의 체계'라는 말로 그가 무엇을 의미했느냐에 관계없이 저는 내 나름으로 그 도전적 주장이 상당히 의미 있다고 생각합니다.

여건종　모든 것을 질문의 대상으로 놓는 것은 선생님이 중요하게 여기시는 근대정신의 한 특성입니다. 모든 것을 의심하라는 것이 데카르트의 의심의 방법론입니다. 질문하고 비판하는 정신습관을 소중하게 내세운 것이 근대의 큰 업적 아닌가요? 선생님도 어떤 칼럼에서 질문하는 것이 인문학이 하는 일이라고 쓰셨어요. 질문을 잃어버린 아이는 자라서 바보가 된다고도 쓰셨지요? 그런데 '질문할 필요가 없는 도덕적 요구의 체계'란 무슨 뜻입니까?

도정일　맞아요. 의심하고 질문하고 비판하는 것이 근대가 넘겨준 큰 정신적 유산입니다. 근대 과학은 그런 정신의 산물이고, 근대 인문학도 마찬가지입니다. 그 점에선 저도 질문주의자입니다. 그런데 뭐가 문제냐면, 20세기 후반에 들어와서 탈구조주의, 포스터모더니즘 같은 사상이 인간의 삶에서 소중한 가치를 모두 해체하고 땅바닥으로 끌어내립니다. 이런 해체의 과잉 때문에 지금 남아 있는 게 없어요. 모든 진리주장들을 의심하고 '자명한 진리'의 근거를 따지는 일은 중요합니다. 그래야 보편을 빙자한 제국주의, 섭리주의, 숙명론, 독선과 독재를 막을 수 있으니까요. 그런데 이런 의심과 질문이 해체를 위해서만 작동하게 되면 남는 것은 무가치성의 보편성 혹은 무의미성의 보편성뿐입니다. 허무주의만 남는 거지요. 서구 지식인들이 양차 대전을 겪고 스탈린주의를 경험하면서 자기네 서구 근대를 열심히 반성한 것은 지식인다운 태도입니다. 그런데 해체 못지않게 중요한 것이 '구성'입니다. 과잉해체가 극단에 이르면 어떤 가치세계도 구성할 수 없게 됩니다.

사회에는 철학이 필요합니다. 그러나 철학적 의심이나 해체의 방법론만으로는 사회를 지탱할 수 없습니다. 가족 하나도 건사할 수 없게 되지요. 생명은 존엄하다, 인권은 존중되어야 한다, 같은 주장은 그 근거를 따지기로 하면 사실 아무 근거도 없지요. 서구 근대는 '인권' 개념을 창안했습니다. 그 인권은 오늘날 '보편인권'의 개념으로까지 올라섰습니다. 그런데 인권의 근거가 어디 있습니까? 보편인권이라니, 보편의 근거가 있나요? 없습니다. 17세기에 존 로크는 이 문제를 해결하려고 '자연'으로 달려갔어요. 인간의 권리는 자연이 모든 인간에게 준 거다, 그러므로 모든 인간은 양도할 수 없는 권리를 자연으로부터 부여받았다, 라고 말이죠. 근대 사상가가 '하늘'을 인권의 근거로 내세울 수는 없으니까 대신 땅을, 자연을 들이댄 거지요. 니체라면 인간의 권리니 품위니 하는 것은 어디에서도

보이지 않는 가위손

공급되지 않는다, 근거가 없다는 것을 인정하는 것이 지적 정직성이다, 이 정직성이 인간 품위의 근거라고 말할 것입니다. 20세기에 사르트르도 비슷한 방법으로 해결책을 내놓았습니다. 인권의 근거는 없고 누구도 자기의 권리를 내세울 수 없다, 그러므로 아무 근거도 없다는 것이 보편인권의 근거다, 라고 말입니다. 누구든 자기 인권을 주장하는 자는 불가불 남의 인권도 동등하게 인정하지 않으면 안 된다는 소리지요.

우리가 이런 철학의 노력을 높게 평가하는 이유는 해체를 넘고 무근거를 넘어 어떻게든 가치세계를 구성해보려는 안간힘의 인간적 고결성 때문입니다. 그런데 일상세계에 사는 우리들은 철학적으로 뭘 묻고 따져서 어떤 가치를 구성하는 것이 아니라, 인생살이에 어떤 가치가 소중한가를 경험으로 알고 직관적으로 압니다. 제가 '질문할 필요 없는 도덕적 요구의 체계'라는 말에 실었으면 하는 것도 그런 가치, 그런 도덕적 요구입니다. 신이 내린 도덕명령이 아니라 인간이 살면서 경험적으로 알게 되고 느끼고 공감하는 도덕적 요구지요. 저는 모세의 동판에 제6계명으로 오른 명령("살인하지 말라")도 사실은 그런 성질의 것이라고 생각합니다. 그건 공동체 유지에 필요한 도덕적 요구이며, 사람을 죽이면 왜 안 되냐고 구태여 질문할 필요가 없고 따지지 않아도 되는 요구, 사람들이 경험적으로 알고 받아들이는 요구입니다. 나자렛 예수의 황금률("남이 네게 해주었으면 하고 네가 바라는 것을 너도 남에게 행하라")도 그런 경험적 직관 위에 서 있다고 생각합니다. 공자는 이것을 '네거티브negative'로 표현하죠. "네가 원치 않는 것을 남에게도 행하지 말라"고 말입니다. 석가모니도 비슷한 말을 했고, 칸트도 유사한 요구를 이른바 '정언명령言命令, Categorical Imperative'이라는 것으로 표현했는데, 그것도 사실은 직관적 지식에 입각한 명령 아니겠어요?

그런데 지금의 시장전체주의, 막개발주의, 이윤제일주의는 이런 기본적 가치와 요구들을 파괴하고 시궁창에 내던집니다. 그래서 공동체가 함께 지키고 유지해야 할 가치들이 실종하지요. 몰가치사회란 바로 그런 사회입니다. "생태계를 파괴하지 말라" 같은 명령은 우리 시대의 질문할 필요 없는 도덕적 요구체계의 일부여야 합니다. 생명경시의 시대에는 생명이라는 가치를 질문할 필요 없는 가치로 거듭거듭 확인하는 일이 필요하고, 인간의 품위가 바닥에 떨어지는 시대에는 품위 존중의 명령이, 전쟁이 판치는 시대에는 평화와 공존, 관용 같은 가치가 공동체의 질문할 필요 없는 도덕적 요구체계에 포함되어야 합니다.

여건종   그런 의미에서 저는 근대가 인간이 이성을 사용하는 능력을 통해 추동되었다면, 그것이 어떤 성격의 이성이었는지를 구분할 필요가 있다고 봅니다. 근대는 두 가지 이성에 의해서 추동되었다고 할 수 있지요. 하나는 기능적 합리성에 근거한 시장의 이성이라고 얘기할 수 있는 것으로, 인간의 여러 자원을 보다 효과적·효율적으로 조직하고 분배하고 관리하는 능력으로서의 이성입니다. 이 것은 보통 '도구적 합리성'이라고 많이 이야기되었던 것입니다. 또 하나는 더 많은 사람이 보다 더 자유로워야 된다는, '해방적 합리성'이라고 할 수 있는 이성입니다. 해방적 합리성에는 단순히 정치적 자유뿐만 아니라 그것을 구성하는 사람들이 주체적이고 자율적인 인간, 더 나아가서 성숙한 인간이어야 된다는 시민사회의 이상이 포함되어 있습니다. 발전된 자본주의 시대 혹은 신자유주의의 시대는 근대를 같이 발전시켜왔던 이 두 가지 이성이 본격적으로 대립하게 되는 시대라고 할 수 있습니다. 그러니까 도구적·기능적 합리성이 이 해방적 합리성을 종속시키고, 해방적 합리성이 가진 에너지를 무력화하는 방향으로 가게 되지요. 이 단계에서 해방적 근대를 만들었던 적극적 가치들, 평등, 보다 많은 사람의 자유, 더불어 사는 삶에 대한 시민적 각성, 공동체를 통한 이해관계의 조절능력 같은 가치들은 시장사회의 다른 가치들에 종속되고 사라지게 됩니다.

도정일 맞습니다. 자본주의 경제체제는 도구적 합리성이 가장 찬란하게 구현된 한순간을 보여줍니다. 그런데 도구적 이성과 구분되는 비도구적 이성, 프랑크푸르트학파가 '비판적 이성'이라 부른 것도 제 생각에는 사람의 사회를 만들고 유지하는 데는 충분치 않은 것 같아요. 근대가 이 종류의 이성을 과도하게 내세웠다는 것이 도구적 이성의 과도함 못지않게 근대에 대한 불만을 야기합니다. 머리만 있고 가슴은 없다는 데 대한 불만이죠. 루소 같은 사람은 계몽·이성 시대의 한복판에서 이성에 대한 반란을 시도했습니다. 이성은 사회적 합리성을 지켜내는 파수꾼, 판관, 등대와도 같습니다. 그러나 인간은 동시에 감정, 정서, 감성의 동물입니다. 이성의 눈으로 보면 감성은 비합리적이고 본능적이고 무모해 보일 수 있지요. 그러나 이성적 능력과 감성적 능력을 통합해야 하는 것이 인간입니다. 그 통합이 깨지면 가슴에 큰 구멍이 생기고, 그 구멍으로 찬바람 씽씽 불고 사람들은 '허'해집니다. 생각해보세요. 근대 이성주의의 시대를 지나고 과학의 세기를 거치는 동안에도 종교는 죽어 없어지지 않았습니다. 이것은 리처드 도킨스처럼 과학적으로, 이성적으로 종교를 비판하고 나서는 사람들이 잘 이해하지 못하는 현상입니다. 저는 '사회'와 '공동체'의 통합이 이성과 감성의 통합에 해당한다고 생각해요. 그래서 '사회공동체'라는 말을 썼던 것인데, 사회에 비해 공동체에서는 훨씬 더 정서적인 친밀성, 본능과도 같은 돌봄과 이웃에 대한 선의, 연대감과 책임의식이 중요합니다. 물론 사회와 공동체를 이런 식으로 구분하는 것은 유형화를 위한 개념도구가 필요해서입니다. 사회라 해서 전적으로 이성에만 고삐를 쥐어준다거나, 공동체라 해서 순수하게 감성의 원리에만 의존하는 것은 아니죠.

여건종   그런데 선생님께서 말씀하시는 '공동체적 친밀성'이라는 것은 다분히 가까운 사람들로 이루어지는 친밀

집단을 이상화하고 있지 않나 하는 생각이 듭니다. 친밀집단적 공동체는 그 자체로 극히 자기중심적이고 이기적일 수 있습니다. 타집단을 배척하고 적대시하는 것이 그런 공동체의 본능 아닌가요? 그게 가족주의, 지역주의, 종교적 이기주의, 협소한 애국주의의 부정적 국면 아닙니까?

도정일 현대의 대도시사회는 전통사회에서와 같은 소규모 친밀공동체가 아닙니다. 인구 1,000만 명의 서울은 우리가 자란 고향마을 같은 데가 아니지요. 그러나 대도시에 살면서도 사람들은 친밀집단을 만들고, 규모는 적지만 소속감을 주는 소공동체도 만듭니다. 이 도시적 소공동체에서는 공간적 거리가 중요하지 않고, 정서적 연결이 중요합니다. 문제는 그런 정서적 연결이 자기의 친밀집단만을 위한 충성이나 그 집단의 이해관계에만 꽁꽁 묶이게 되면 그건 집단이기주의, 패거리주의, 배타적 이익집단을 만듭니다. 친밀집단은 이 유혹을 넘기가 쉽지 않아요. 그런데 공동체구성의 제1원리는 개인이 경우에 따라 자신의 당면이익과 직접적 이해관계를 넘어설 수도 있는 힘, 곧 초월의 능력입니다.

사회적으로 '시민'이라는 개념이 중요하다면, 공동체에서는 '이웃'이라는 개념이 중요합니다. 사회 공동체에 이 용어를 대입하면 '시민이웃'이 됩니다. 사회 공동체에서 사람들은 시민이자 이웃이지요. 근대민주주의는 시민윤리, 시민의 책임, 시민정신 같은 것을 잘 규정하고 있습니다. 그러나 이런 시민의 윤리, 책임, 정신은 공동체적 이웃의 윤리에 의해 보강되고 지원될 필요가 있어요. 이 경우의 '시민이웃'은 제가 잘 아는 사람들, 가까운 사람들, 친밀집단의 구성원들만을 의미하지 않습니다. 그렇다면 그 이웃은 누구인가? 우리는 늘 이 질문을 숙고해봐야 합니다. 그 질문에 가장 영감 어린 대답을 들려준 것은 무슨 사회이론이 아니라 나자렛 예수의 어떤 비유담입니다. 저는 기독교도가 아니지만 그 비유담은 예수가, 또는 기독교가, 인간사회에 준 위대한 가르침 하나를 담고 있다고 봅니다. 신약성경의 누가복음 10장에 나오는 '사마리아인 이야기'가 그것입니다. 이 비유담은 너무도 유명해서 모르는 사람이 없지만, 그 이야기의 '문맥'은 잘 알려져 있지 않아요. 그런데 그 문맥을 고려하지 않으면 예수의 답변이 지닌 놀라운 혁명적 돌파력이 드러나지 않습니다. 유대인 율법학자 하나가 예수에게 묻습니다. 율법에는 네 이웃을 네 몸처럼 사랑하라고 나와 있는데, "그 이웃은 누구인가?" 예수의 입에서 어떤 답변이 나오나 시험해보는 질문이죠. 이 시험성이 첫째 문맥입니다. 당시 유대사회에서 '이웃'이 의미한 것은 유대인들, 곧 동족 유대인의 집단이었습니다. 두 번째 문맥은 비유담에 등장하는 두 인물, 유대인과 사마리아인의 관계입니다. 이야기로만 보면 그 비유담은 죽을 위기에 처한 어떤 유대 사람을 사마리아인이 구해주었다는 선행담입니다. 그런데 중요한 것은 당시 유대인들과 사마리아 사람들은 친한 사이가 아니라 서로 미워하고 멸시하는 적대관계에 있었다는 문맥입니다. 이 맥락에서 읽어야 '사마리아

보이지 않는 가위손

인 이야기'에서 예수가 말한 '이웃'의 혁명적 성격이 드러
납니다. 리처드 도킨스는 예수가 말한 '이웃'이 사실은 동
족 유대인을 가리킨 것에 불과하다고 『만들어진 신The God
Delusion』에 썼어요. 완전히 잘못 알고 한 소리지요. '사마리
아인' 비유담의 문맥을 모른 데서 온 부박한 발언입니다.
문학론에서도 문맥은 텍스트의 의미결정에 참여하기 때문
에 중요합니다. 콘텍스트가 텍스트의 의미를 좌우하는 수
도 많지요.

여건종 이해관계의 충돌이 막심한 현대사회에서 개인
과 집단들은 우선 이익에 따라 뭉치고 헤어집니다. 특히
우리 사회는 공익이니 공공의 가치니 하는 것이 사적 이익
앞에서 여지없이 무시되고 무너지는 일이 너무도 많이, 자
주 발생합니다. 공동체적 연대나 결속을 가능하게 할 어떤
도덕적 요구 혹은 윤리적 명령을 누가 어떻게 만드는가,
또 그런 요구가 제시된다고 해서 그것이 사회구성원들의
폭넓은 동의와 공감을 어떻게 얻어낼 수 있는가 — 이런 문
제는 여전히 남습니다.

도정일 그렇습니다. 숙제지요. 사람들이 사익만 추구
하는 사회는 응집력도 구심력도 없기 때문에 황폐한 모래
알사회가 됩니다. 그러나 사익은 무시하고 공익만 내세우
는 사회도 위험하기 짝이 없는 '끈끈이주걱사회'가 됩니다.
공익이라는 명분이 끈끈이주걱처럼 사람들을 옴짝달싹 못
하게 옭아매면 사회는 무기력해지고 독재의 밥상이 되지

요. 그래서 사익과 공익이 반드시 대립적 반목관계에 있지 않다는 것을 말하려는 사회이론이 이미 18세기 계몽주의 시대에 영국에서 개발되어 나옵니다. 애덤 스미스가 대표적인 경우죠. 스미스는 스승 프랜시스 허치슨에게서 인간의 유일한 윤리적 덕목은 '선의benevolence'라고 배운 사람인데, 그렇게 배우긴 했지만 스미스의 생각에 선의의 윤리학만으로는 충분치가 않았습니다. 그래서 '자기이익의 동기'라는 이론을 내놓습니다. 선의가 인간의 또는 시민의 최고 도덕률이긴 하나 일상의 세계를 움직이는 것은 사람들의 '자기이익'이라는 동기이다, 이 동기는 하찮은 것이 아니라 작지만 칭찬해주어야 할 현실적 미덕이다, 사회는 사람들의 선의에 호소할 것이 아니라 먼저 자기이익의 동기에 호소해야 한다 ─ 이것이 그의 주장이었습니다. "우리의 한 끼 저녁식사는 푸줏간 주인, 빵가게 주인, 양조장 주인들의 선의에서 나오는 것이 아니라 그들의 자기이익 존중에서 나온다. 우리는 그들의 인간성에 호소할 것이 아니라 그들의 자기애self-love에 호소해야 하며, 우리의 필요를 말할 것이 아니라 그들의 이득을 말해주어야 한다." 스미스의 이런 생각은 후일 영국인들이 '부르주아의 미덕'이라 부르게 된 것의 토대가 됩니다. 그러나 스미스가 자기이익의 동기를 인간의 '유일한' 덕목이라거나 '가장 중요한' 미덕이라고 주장했던 것은 결코 아닙니다. 오히려 그의 관심은 일상을 살아가는 사람들을 현실적으로 움직이는 것이 자기이익 추구의 동기니까 그 동기를 존중해주되, 그 자기

보이지 않는 가위손

이익이 시민의 '진정한' 이익과 일치할 수 있어야 한다는 것이었어요. 지금 우리 용어로 풀면 자기이익은 '사익'에, 진정한 이익은 '공익'에 해당합니다. 공익과 일치하지 않고 공익을 배반하는 사익은 시민의 진정한 이익이 아니라는 거지요. 이 부분이 중요합니다. 그가 『국부론』을 쓴 동기의 하나는 진정한 이익으로 자기이익을 '계몽'하는 일이었어요. 이런 관심은 지금 시대에도 너무나 적절합니다.

사회의 공동체적 결속을 위한 도덕적 요구체계는 누가 만들어내는가? 이건 제가 답변할 수 있는 문제가 아닙니다. 제가 아는 것은 그것이 어떤 이론으로도 선명하게 공식화될 수 있는 문제가 아니라는 것 정도입니다. 한때 윤리적 명령을 발하는 자는 지배적으로 신이거나 하늘이었지요. 제왕, 선의의 독재자, 계몽군주, 국가, 엘리트, 깨친 귀족, 어떤 계급, 민중, 인민 등 법을 만드는 현실적 정치세력도 윤리적 명령의 저자가 되는 일에 끼어보려 했지만 다 실패했어요. 윤리적 명령은 법과 다릅니다. 그것은 가치의 세계이기 때문에 강제할 수 없고, 어겨도 형사처벌의 대상이 되지 않으며, 다수결로 그 채택 여부를 결정할 수도 없습니다. 굶주리는 사람을 구휼하지 않았다 해서 법으로 처벌할 수는 없지요. 법으로 모든 것을 규정하거나 지배하려 들면 가장 먼저 가치세계가 망가집니다. 지금이 그런 시대죠. 법만 어기지 않으면 만사 허용된다는 생각이 주요 사회행위자들의 지배적 행동지침이 되어 있습니다. 윤리명령의 기원지에 대해 서양 근대사상가들이 생각해낸 것도 이성, 자연상태, 일반의지, 실천이성, 보편정신, 혹은 시대정신 정도입니다. 에드먼드 버크가 사회적 관습이라 부른 양식, 전통, 제도 같은 것도 근대적 답변에 속하지요. 동양의 경우 가장 강한 답을 낸 것은 중국의 유가담론일 겁니다. 앞에서 잠시 언급했듯 저는 사람들이 삶의 과정에서 터득하게 된 경험적 지식과 직관적 통찰, 꼭 지식에 의존하지 않고도 옳고 그름을 판별하는 이상한 정의감, 타산과 이해관계를 넘어 행사되는 정서이입empathy의 능력, 이런 것들이 윤리적 명령의 발원지가 아닐까 생각하고 있습니다. 제가 이렇게 말하는 것은 문학 역시 이 문제에 깊은 관심을 갖고 있기 때문입니다. 덤으로 말하면, 저는 스미스의 도덕이론이, 심지어 그의 『국부론』조차도, 현실세계와 인간본성에 대한 그의 깊은 문학적 관찰에 빚지고 있다고 생각합니다. 그는 도덕철학 교수가 되었지만 대학 다닐 때는 그리스, 라틴, 프랑스, 이탈리아, 영국 등지의 문학을 6년이나 두루 공부한 문학도였어요.

시장전체주의

여건종 근대 시민사회의 핵심에 있는 것이 개인과 공동체가 따로 존재하는 것이 아니라 상호구성적 관계 속에 존재한다는 것입니다. 개인의 등장과 공동체의 등장은 동시에 진행되었다고 할 수 있습니다. 그런 의미에서 보면 시민의 이상은 스스로 지배하고 또 스스로 지배받을 수 있는 능력, 즉 공동체의 요구에 자율적으로 통제받을 수 있는 능력을 핵심으로 가지고 있는데, 이 능력이 점점 상실되는 것도 역시 시장사회의 한 중요한 증후로 볼 수 있다는 생각입니다.

도정일 근대가 전통사회를 해체하면서 전통사회적 공동체도 와해시킨 것이 사실이지만, 그렇다고 사람의 공동체가 깡그리 사라진 것은 아닙니다. 시민사회는 프랑스혁명 때의 '코뮌commune'처럼 시민의 공동체라는 성격을 가지고 있습니다. 그러나 현대사회의 이익사회적 성격이 강해지면서 공동체적 가치세계의 궁핍화가 진행됩니다. 큰 구멍이 뚫리지요. 그러는 사이에 시장이 그 구멍을 치고 들어와서 정말로 질문할 필요가 없는 가치체계를 제시합니다. 돈은 오늘날 질문할 필요가 없는 최고 최대의 가치, 다른 모든 가치들을 변방으로 몰아내고 자기 앞에 엎드려 복종하게 하는 제왕적 가치가 되어 있습니다.

여건종 이러한 시장전체주의의 가장 부정적인 결과는 사회적 이성과 공동체적 감성을 마비시키는 것이 아닐까 합니다. 선생님께서는 그 현상을 '공포의 서사'와 '선망의 서사'라는 말로 표현하신 것으로 기억합니다.

도정일 시장전체주의가 가져오는 거대한 공포가 있는데, 그건 경쟁의 무차별적 일상화를 특징으로 하는 정글사회 또는 밀림사회의 도래라는 공포입니다. 세계화 시대의 빈부 대비가 20대 80이라지만, 사실은 10대 90 혹은 그 이상입니다. 이 격차를 어떻게 좁힐 수 있을지는 제가 잘 모르는 분야의 문제입니다. 다만 제가 관심을 갖는 것은 이런 불평등이 사람들에게 일으키는 불안과 공포라는 문제입니다. '공포의 문화'란 삶의 안정적 전망을 상실할 가능성에 대한 집단적 공황심리가 사회적으로 확산되는 현상입니다. 일종의 거세공포지요. 낙오자, 열패자, 노숙자가 된다는 것은 사회적 거세에 해당합니다. 거세공포는 불안의 가장 강력한 기원입니다.

공포의 문화는 두 방향의 출구를 갖는 것 같습니다. 하나는 공포에 정면으로 맞서는 것이고, 다른 하나는 공포에 속절없이 항복하는 방향입니다. 앞의 경우는 공포의 기원을 뒤지고, 공포를 일으키는 현실적 조건들을 점검하고, 공포를 조장하는 사회세력들에 비판적으로 맞섭니다. 뒤의 경우는 공포의 기원이나 조건에 상관없이 우선 공포 그자체에서 벗어날 탈출구부터 찾습니다. 여기서 '선망의 문화'가 퍼지게 되지요. 공포의 문화를 조장하고 대중의 공황심리를 정치적 경제적으로 착취하려드는 사회세력은 "두려운가? 그렇다면 이렇게 하라"며 공포를 벗어날 방법, 행동지침과 목표, 성공의 모델들을 끊임없이 제시해서 사람들이 그 처방전을 따르도록 유도합니다. 이 고도 경쟁 시대에 낙오자, 열패자, 노숙자가 되지 않으려면 이렇게 하고 저렇게 하라고 말하는 처방전의 위력은 대단합니다. 그 처방전이 시키는 대로 해야 행복열차의 마지막 칸에라

보이지 않는 가위손

도 올라탈 수 있겠구나 싶은 생각이 사람들을 휘어잡을 때 '선망의 문화'는 절정기를 만나지요. 이때 선망의 대상은 돈, 명예, 권력을 다 가지고 있어 뵈는 사람, 우리 시대의 귀족적 영웅, 곧 '부자'입니다. 요즘 대학생 사이에서는 'CEO(최고 경영자)'가 단연 영웅입니다. 10대 청소년들에게 선망의 대상은 탤런트, 연예인, 스포츠스타지요. 치열한 사교육 열풍, 기러기가족, 여자들의 성형 중독 현상, 신데렐라 신드롬 같은 것은 선망의 문화가 어떻게 사람들을 장악했는지를 잘 보여줍니다. 시장, 정치, 경제, 심지어 교육조차도 정신없이 선망의 문화를 조장하고 부추깁니다.

저는 선망의 문화를 '서사narrative'의 관점에서 이해하고 설명해보려는 생각을 갖고 있습니다. 선망의 문화는 '성공서사'를 기본으로 하고 있지요. 우리 시대의 영웅서사, 로망스, 추구서사quest narrative는 거의 모두 부자 되기의 서사입니다. 대중문화, 광고, 상업시설, 기업문화, 심지어 교육까지도 부자 되는 것이 곧 행복의 길이라는 동화적 서사구조를 가지고 있어요. 공포의 문화도 적자생존이라는 무시무시한 사회 다위니즘의 서사를 갖고 있지요.

여건종　공포의 서사와 선망의 서사가 동전의 양면이라고 할 수 있겠습니다.

도정일　서사문화의 관점에서 보았을 때 시장은 공포를 퍼뜨림과 동시에 희망을 심어주고, 너도 잘하면 이렇게 될 수 있다고 길을 열어주는 듯한 매력이 있습니다. 사람들이 공포의 서사에 사로잡히는 것은 그것이 그냥 두려움만 주는 이야기가 아니라, 동시에 희망도 말하는 구원의 서사이기 때문입니다. 기독교의 에덴서사와 동일한 구조지요. 에덴서사는 추락의 서사임과 동시에 희망과 구원의 서사입니다. 물론 그 구원에는 '이렇게 저렇게 해야'라는 조건이 따라붙습니다. 탈출구를 보여준다는 점에서 구원의 서사는 선망의 서사이기도 하지요. 동전의 양면입니다.

여건종   문화적 제도란 인간 형성의 기제인데, 선생님 말씀대로 우리 사회의 중요한 문화적 제도들, 가령 미디어, 교육, 언론, 이런 모든 것이 그 공포의 서사와 선망의 서사에 지배된다는 느낌이 듭니다. 특히 교육 분야가 가장 심하게 공포와 선망의 서사에 지배된다고 생각됩니다.

도정일   교육이 시장전체주의적 사고에 장악되면 우선 교육의 이념과 목표가 바뀝니다. 인간 만들기가 교육의 본질 목표입니다. 그런데 시장전체주의에서 그 인간은 시장의 명령에 군말 없이 복종하고 시장에 적응하고 시장이 요구하는 경쟁력을 갖추는 인간, 곧 '시장인간Market Man'입니다. 그 체제하에서 기업은 기업조직에 충성하는 '기업인간Corporate Man'을 원합니다. 시장인간과 기업인간은 기능적 인간을 보여주는 우리 시대적 전형입니다. 기업하는 사람들은 요즘도 대학에다 대고 당장 써먹을 수 있는 인재를 길러내라고 요구하지요. 기업과 시장에의 적응력, 업무처리력 등을 갖춘 대학졸업생을 말하는 것입니다. 저는 이런 요구를 십분 이해합니다. 우리 대학들이 그동안 사실은 인간교육도 제대로 못하고 기능적 직업교육도 제대로 못해왔기 때문이죠. 그런데 기업이나 시장이 대학에 오로지 기능교육만을 요구하는 것은 기업과 시장의 장래를 위해 결코 현명한 요구가 아닙니다. 기능교육은 당장은 실무적 경쟁력을 길러줄 수는 있어도 현대 기업경영에 절대적으로 필요한 창의성, 모험심, 창조적 상상력, 비판적 돌파력은 고갈시킬 수 있습니다.

우리나라 주요 기업들을 일으킨 창업 1세대들은 대학에서 기능교육이나 열심히 받고 머리가 굳어진 '학삐리'들이 아닙니다. 지금은 상황이 달라졌다고 해도 창업의 능력이건 수성의 능력이건 거기에는 창조적 일탈의 정신과 창의적 상상력이 필수불가결입니다. 교육수요자의 입장에서도, 특정 분야를 위한 직업적 전문교육만이 아니라 평생에 걸쳐 한 인간의 사회활동을 지원하고 안내할 기본능력을 길러주는 교육을 대학에서 받을 수 있어야 합니다. 더구나 지금은 직업이동과 생애변경의 가능성이 엄청 높아져 있습니다. 평균수명도 길어졌어요. 인생 2모작 아닌 3모작, 어쩌면 4모작까지도 준비해야 하는 시대지요. 수명은 길어졌는데 은퇴연령은 오히려 짧아지고 있습니다. 50대 중반 60대 초에 은퇴하면 무얼 합니까? 퇴직금 받고 연금 받아서 그냥 빈둥거릴 건가요? 지금 시대는 개인이건 사회건 은퇴 이후의 제2활동기, 제3활동기를 설계할 수 있는 교육, 취업, 사회정책을 요구합니다. 60세 이후 70세 말까지

한 20년은 방구석에 들어앉는 은퇴기가 아니라 청장년기 못지않은 왕성한 제2활동기여야 합니다. 은퇴의 개념이 달라져야 해요. 그런데 교육과 사회는 이런 현실변화에 대비하고 있지 못합니다.

여건종　공포의 서사와 선망의 서사의 지배라는 현상은 우리 사회의 모든 분야에 걸쳐서 광범위하게 나타나고 있습니다. 특히 우리나라 교육 현실을 설명하는 데 중요한 어떤 설명틀이 될 수 있다는 생각입니다. 저는 개인적으로 한국의 교육 현실을 자본주의가 심화되는 과정의 한 현상이라는 관점에서 보고 있습니다. 다시 말하면 한국의 교육 현실에 시장사회의 문제로 접근할 필요가 있다는 것입니다.

도정일　2007년 초에 미국 하버드대학교는 2~3년 연구 끝에 대학의 '교양교육general education' 과정을 획기적으로 재편하기 위한 개혁안을 발표했습니다. 그러나 그 개혁안은 "대학 학부교육의 목표는 자유교육이다"라는 하버드의 오랜 교육이념과 목표를 재확인하고 있습니다. '자유교육liberal education'이란 특정의 전문 분야에 한정되지 않는 자유로운 탐구 행위로서의 대학교육을 말합니다. 그리고 또 확인하기를 '일반교육'(이게 우리식으로는 '교양교육'인데)은 바로 그 자유교육의 핵심이고 알맹이다, 라고 했어요. 이런 입장은 하버드만이 아니고 사실은 주요 사립대학, 아이비리그 대학들이 공통으로 유지하는 목표의식입니다. 하버드의 일반교육 개편안은 전문교육 강화를 위해서가 아니라 자유교육의 정신과 목표를 더 잘 실행하기 위해 나온 개혁안입니다. 자유시장경제의 본거지 같은 미국에서도 대학들은 시장인간, 기업인간 기르기를 목표로 하지 않습니다. 폴리텍polytech 같은 공과대학, 기술대학에도 반드시 인문학부가 있습니다. 그런데 우리 대학들은 어떤지 아시죠? 대학 교양교육을 '개똥' 취급합니다. 학교, 학생, 교수들이 교양교육이라면 슬렁슬렁 놀면서 해도 되고 적당히 성적관리나 하면 되는 쉽고 가벼운 과정, 강사들에게나 맡겨둘 과목쯤으로 여겨요. 교수들 중에는 교양교육이 전문교육을 준비시키는 저학년 초급과정에 불과하다는 완벽한 오해와 무지에 사로잡힌 사람들도 많습니다. 그게 아닌데 말이죠. 교양교육은 피교육자의 진출 분야가 무엇이건 간에 평생에 걸쳐 그의 활동을 지원하기 위한 기본교육입니다. 대학교육의 알맹이죠. 심지어 골프, 수영, 댄스, 영화 같은 것을 '학생들이 원하니까' 대학 교양과목에 포함시키는 대학들도 있습니다.

　한 2, 3년 전의 일로 기억되는데, 중국정부가 미국에서 전문가들을 불러다 중국 대학교육에서 무엇이 문제인지 진단하게 한 적이 있어요. 중국의 대학교육은 "미래를 끌고 갈 창조적 인재를 길러내고 있지 못하다"는 것이 진단 내용이었습니다. 중국교육은 놀랄 정도로 우리와 닮아 있습니다. 주입과 암기, 입시 위주, 학생들의 비자율적 학습 태도, 가르치는 대로 따라가는 수동성, 비판적 사고와 상상력의 결여, 명령복종 —— 이런 공통점이죠. 미국으로 유학간 중국학생들에 대한 현지 교수들의 평가도 한국 유학생들에 대한 평가와 똑같습니다. "자기 생각이 없고, 생각할 줄 모른다, 토론 못하고, 글 못 쓰고, 페이퍼 쓰라면 베껴낸다"는 거죠. 책을 안 읽는데 생각할 힘이 어떻게 길러지고, 글은 어떻게 씁니까? 중국정부는 그래서 '창의교육' '수월성교육'이라는 쪽으로 개혁의 가닥을 잡지요. 그런데 중국이나 한국에서 창의성과 수월성이라는 개념은 크게 잘못 이해되고 있어요. 입시과목에서 좋은 성적을 내기 위해 교과서나 파는 것이 창의교육, 수월성교육, 경쟁력교육이 아닙니다.

좋은 대학이란 수능성적 우수자들이 모이는 것으로 그 '좋음'이 결정되지 않습니다. 대학 입학을 위한 경쟁은 당연하죠. 달라져야 하는 것은 경쟁력 판단의 기준입니다. 수능성적 위주의 평가는 얼른 사라져야 합니다. 대학이 어떤 자질과 능력을 가진 학생을 뽑는가, 그 기준과 선발방식은 대학마다 다를 수 있고, 또 달라야 합니다. 획일주의는 교육의 적입니다. 그런데 우리가 그걸 뜯어고치지 못하는 가장 큰 이유는 선발의 공통 기준을 요구하는 잘못된 '평등주의'와 대학의 공정성을 믿지 못하는 '신뢰의 위기' 때문입니다. 우리 아이 수능성적이 저 아이보다 '1점이나' 높은데 왜 저 애는 붙고 우리 애는 떨어지느냐, 고발하겠다, 야단이 벌어지죠. 지금의 평등주의는 교육기회의 평등과는 아무 관계가 없어요. 수능성적이 못해도 다른 능력과 자질이 뛰어나면 원하는 대학에 갈 수 있어야 그게 기회의 평등이고, 기회의 확대죠. 선발 절차는 두되 입시는 하루빨리 없애버리는 것이 좋습니다. 수능성적은 대학이 확보하는 여러 가지 선발 자료 가운데 하나로만 사용해야 합니다.

여건종　우리 시대 경쟁담론의 가장 중요한 특징 중 하나는, 경쟁에 가장 기본적인 조건과 정당성이 되는 기회의 평등을 확보할 수 있는 조건이 갖추어지지 않았다는 것입니다. 그럴 경우 경쟁은 기득권을 공고하게 하는 기능만을 할 뿐이지요. 우리나라 시장자유주의자들이 제일 못마땅하게 여기는 기관이 공정거래위원회라는 것은 우스갯소리가 아닙니다. 경쟁지상주의자들에 의해 기회의 평등이라는 가치가 배제된다는 생각이 듭니다.

도정일　앞에서 제가 '불평등의 제도화'라고 말한 것은 주로 '기득권의 공고화'를 의미합니다. 불평등은 경쟁기회의 평등이라는 조건 위에서만 인정되고 허용됩니다. 특권, 기득권, 특혜집단의 대물림은 봉건사회의 신분세습제와 다를 것이 없지요. 신분사회가 무너진 것은 불평등의 제도화 때문입니다. 그런데 지금 나라 안팎의 '부자'들은 그런 불평등의 세습화와 제도화를 갈구하고 있습니다. 21세기 한국에 새로운 신분사회를 가져오자는 것이 그들의 꿈인 것 같아요.

시장, 대중, 대중문화

여건종   시장전체주의를 어떻게 극복할 수 있는지에 대한 구체적 대안은 매우 불투명한 상황입니다. 시장의 문제는 시장을 이루는 일반시민들 또는 대중들의 문제로 다시 환원됩니다. 대중을 어떻게 만들어갈 것인가 하는 문제서부터 우리가 시장전체주의의 문제를 다시 생각하고 그 실마리를 풀어나갈 수 있습니다. 시장사회를 전체주의라는 이름으로 부른다는 것은 결국 정치적 전체주의와의 어떤 유추적 관계를 통해서이고, 그것은 다시 말해 그 속에서 대중이 어떻게 지배적인 힘에 예속되고 자유를 박탈당하는가 하는 문제에 주목한다는 것을 의미합니다. 전체주의가 가진 가장 파괴적인 힘은 위로부터 일반사람들을 훈육하고 길들이고 동원하기 위해서 일반사람들의 여러 능력, 특히 생각하고 비판하고 개입하고 참여하는 능력을 마비시키는 현상들이 진행되고 있다는 것일 텐데요.

도정일   정치전체주의와 시장전체주의는 서로 유사성을 가지면서 또 매우 다른 점도 갖고 있습니다. 시장전체주의가 오늘날처럼 막강한 세력을 갖게 된 것은 소비대중 스스로 자유롭게 선택한 것이라는 자발성의 외피 때문입니다. 이 비강제성이 시장전체주의가 정치전체주의와 가장 많이 다른 점이죠. 그러나 시장전체주의하에서는 개인, 집단, 사회의 자유가 위축되고 제한받고 억압당합니다. 시장에 의한 개인 정보의 관리를 보세요. 직업 정보는 말할 것도 없고, 재정 상태, 신용도, 취향, 학력, 결혼정보, 교우 관계, 생년월일, 주민번호, 여행경력, 자주 다니는 곳, 사생활, 구매 패턴, 좋아하는 상품—지금 아무도 시장권력의 이런 광범한 정보망과 그 관리체제에서 자유롭지 않습니다. 그리고 그 권력은 어디 한 곳에 집중된 것이 아니라 모든 시장적 행위주체들에게 퍼져 있습니다. 이것도 시장전체주의의 작동법이 정치전체주의의 그것과 크게 다른 지점입니다. 정치전체주의에서는 감시, 통제, 관리의 권력이 하나의 중앙권력에 주어지는 반면, 시장전체주의의 권력은 중앙집권적인 것이 아니라 넓게 미세하게 그리고 모든 곳에 퍼져 있습니다.

언론의 경우, 이런 체제가 사상, 언론, 표현의 자유와 다양성을 크게 위협하게 된다는 것은 새삼 지적할 일도 못됩니다. 시장에 장악된 언론은 정치권력에 장악된 언론 이상으로 자발적 검열기제에 종속되고 자유를 제한받습니다. 한때 정치독재, 권위주의, 전체주의가 언론의 자유를 옥죄었다면, 지금은 시장이 언론과 표현의 자유를 옭아매고 있어요. 시장전체주의적 공포와 선망의 문화에 훈육되는 대중도 자기가 모르게 그런 자유 제한과 억압에 동조하고 자발적으로 유도됩니다. 그래서 시장전체주의 시대의 '대중'에 대해서 다시 진중하게 생각하고, 그 속성과 행동 방식을 분석 연구하는 일이 필요해지고 있습니다. 정예주의적 대중 멸시로 되돌아가자는 이야기가 아닙니다. 중요한 것은 오늘날 대중이 시장전체주의를 지탱하는 기능과 권력을 행사하고 있다는 점이지요. 대중의 감시권력은 아주 대표적인 경우입니다. 한때 시민감시는 정치권력의 일이었지요. 지금은 대중 자신이 감시자이고, 감시권력이며, 검열자입니다. 미셸 푸코가 말한 '전방위 감시탑(파놉티콘 panopticon)'은 오늘날 대중의 것이 되었습니다. 감시, 통제, 관리의 유령은 지금 어느 한 곳에 모여 있지 않고 우리가 아는 곳, 모르는 곳, 상상할 수 없는 모든 곳에 퍼져 있어요.

여건종　전략적으로 볼 때 시장전체주의가 물리적 강압이 아니고 자발적 의지, 개인의 자율적 선택에 의해 진행된다는 점을 인식하는 것이 우리가 시장전체주의에 저항하고 다른 형태의 삶을 꿈꾸고 만들어가는 출발점이 된다고 생각합니다. 저는 그러한 헤게모니적 저항과 대안이 생산되는 곳이 문화의 영역이라고 생각합니다. 대중이 자기 삶의 주인이 되는 역량을 만드는 것을 문화적 능력이라고 이름을 붙일 수 있을 것입니다. 그런 의미에서 우리가 가진 문화적 제도들, 넓게는 가족에서 학교, 대학, 미디어, 출판, 인터넷 등은 모두 형성의 제도로서 기능을 갖고 있습니다. 문화적 제도부터 바꾸는 것, 인간을 형성하는 제도부터 서서히 변화시켜가는 것이 대안적 삶의 형태를 만들어갈 수 있는 출발점이라고 생각합니다.

도정일　문화를 바꾼다? 얼마전 '프레시안 강연'에 제가 들고 나간 제목은 "문화는 무엇을 할 수 있는가?"라는 것이었어요. 당시 강연의 목적과 연결지어 말하면, 문화는 정치발전, 경제발전을 포함해서 사회발전 전반을 촉진하기도 하고 발목 잡기도 합니다. 지금도 우리 사회에 강하게 남아 있는 전근대적 문화유제는 민주주의 정치발전을 저해합니다. '문화'는 수많은 얼굴을 갖고 있어요. 그 많은 얼굴 중에는 추악하고 역겹고 냄새나는 것들도 있습니다. 문화는 좋기만 한 것이 아니라 그 자체로 타기, 비판, 개혁의 대상이 될 수 있는 문제적인 것이기도 하죠. 더구나 오늘날 문화는 사람들을 응집시키는 구심력보다는 뿔뿔이 헤어지게 하고, 싸우게 하고, 심지어 적대하게까지 하는 원심성도 가지고 있습니다. 문화 때문에 살육과 전쟁도 일어납니다. 그래서 중요한 것은 우리가 '문화적 가치'라고 부를 만한 것을 어디서 찾고 재확인하고, 없다면 어떻게 만들 것인가에 대한 사유가 필요합니다. 특히 지금처럼 일방적 경제성장, 개발논리, 시장유일주의가 사회를 지배하게 된 시대에는 사람을 지키고 사람들이 사람으로 사람답게 살 수 있는 사회를 만드는 데 꼭 있어야 할 본질적 가치를 거듭거듭 확인해가야 합니다. 저는 그런 본질적 가치들을 '문화적 가치'라 부르고 있습니다.

여건종 그런 의미에서 엘리트와 대중을 대립된 존재로 볼 것이 아니라, 사실은 우리 모두가 대중이라는 인식을 가질 필요가 있겠습니다. 선생님의 말씀과 연결시켜보면 대중문화는 한편으로는 대중들을 훈육하고 길들이고 동원하고, 또 자본주의사회의 파괴적 문화를 더 강화하는 기제로 작동하면서도 동시에 또 새로운 대중을 만들어낼 수 있는 대안공간이 대중문화가 아닌가 생각합니다. 그것과 관련시켜 대중문화의 핵심적 요소로서 문자문화와 영상문화의 관계에 대한 선생님의 생각을 듣고 싶습니다.

도정일 저는 영상과 문자가 대립관계에 있다고 보지 않아요. 영상이건 문자이건 간에 인간의 표현문화에는 다 필요하고 소중하다고 생각합니다. 다만 그 매체들 사이에는 성격상 중요한 차이들이 있고, 그 차이를 희생하는 것은 우리가 감당하기 어려운 문화적 손실을 초래한다고 생각해요. 이를테면 문자매체에는 그것만이 가장 잘 길러주고 누리게 해줄 수 있는 어떤 정신 활동의 영역이 있지요. 그걸 영상이 모두 잠식해버린다면 그건 문제입니다. 균형을 회복하는 일이 시급합니다. 영상이 주는 시각적 즐거움, 무매개적 즉자성, 소통의 용이성, 정신에너지 투입의 최소화를 가능하게 하는 절약성 등은 영상매체가 가진 장점들이지요. 그런데 이런 장점은 동시에 그 매체의 치명적 약점이기도 합니다. 교단에 서본 사람들은 인간의 종합적 사유 능력, 비판력, 상상력을 길러주는 데는 여전히 문자매체가 가장 유용하다는 것을 압니다. 영상은 사유의 매체는 아닙니다. 사유는 집중, 관조, 성찰 같은 정신 활동을 요구하는데, 그러자면 매체 자체의 시각적 비이동성과 비자극성이 필요합니다. 영상은 시각신경을 최대한 자극합니다. 시각자극의 과잉상태는 사유에 필요한 정신 집중, 관조, 성

　　　　　　　　　　　　보이지 않는 가위손

찰을 방해하고 때로 불가능하게 합니다. 영상매체가 아무
것도 생각하지 못하게 한다는 소리가 아닙니다. 영화도 생
각하게 하고, 생각을 자극할 때가 있지요. 문제는 우리가
그때그때 하고자 하는 지적 활동의 성격에 따라 그 활동을
가장 잘 돕는 매체들을 선택할 수 있어야 한다는 것입니다.

　　여건종　지금 선생님께서 말씀하셨듯이 문자문화는 인
간의 어떤 지적 능력의 적극적 개입이 필요하지만, 영상문
화는 수동적이 될 가능성이 많습니다. 그런데 사실 문자문
화와 영상문화가 독자적으로 가지고 있는 매체적 가능성
은 그 자체로서보다는 그것이 구체적인 시대적 조건 속에
서 어떻게 작동하는가가 더 중요한 문제로 보입니다.

　　도정일　한때는 영화도 예술이 될 수 있다 해서 영화작
가들이 생각하게 하는 영화, 예술영화를 만들려고 노력했
습니다. 그런데 오늘날 그런 영화는 거의 다 죽었습니다.
한국에서도 그런 영화 나오면 이틀 만에 내려야 합니다.
우리가 한류다 뭐다 해서 돈 좀 번다고 좋아하는데, 돈 벌
게 해주는 영상산업 중에 대표적인 것이 영화와 비디오게
임·온라인게임 같은 겁니다. 그런데 한국판 대박 영화라
는 것을 분석해보세요. 제작 공식에서 지배적 요소가 꼭
세 가지 있습니다. 폭력, 섹스, 판타지라는 거죠. 인간의 삶
과 경험, 생각과 정서는 그 폭이 깊고 넓고 복잡합니다. 그
깊이, 다양성, 복잡성이 몇 가지 지배적 표현 요소만으로
표현될 수 있는 건 아닙니다. 대중영상문화는 지금 그 제

작의 문법, 유통과 향수의 방식이 전적으로 시장원리와 오락원리에 종속되어 있습니다. 저는 사람을 바보 만드는 지금의 대중문화 생산과 유통의 방식으로는 시장유일주의의 시대적 폐해와 착오를 교정해갈 수 없을 것이라 생각합니다. 현대 대중문화는 철저하게 하향사회下向社會를 지향하고 있어요.

여건종 문자문화와 영상문화의 구분에서도 선생님의 근대주의자로서 입장이 그대로 드러나는 것 같습니다. 실제로 문자문화를 이야기할 때, 근대주의자와 탈근대주의자가 가장 첨예하게 대립합니다. 근대주의자는 근대가 가진 긍정적 가치를 구성했던 매체가 문자문화를 통해 구현되었고, 아직도 그 잠재력을 가지고 있고, 그것이 쇠퇴하는 것을 애도하는 입장인 반면, 탈근대주의자들은 근대의 억압적 지배문화가 문자를 통해서 구현되었다고 주장하고, 오히려 새롭게 등장하는 영상문화가 가지는 해방의 잠재력에 주목하고 있습니다.

영상문화로 가는 것은 사실은 우리가 그것을 거부할 수 없는 어떤 흐름이고 조건이란 생각이 듭니다. 문제는 영상문화와 문자문화를 구분하는 것이 아니라, 영상문화 속에서 문자문화가 원래 가졌던 여러 가지 긍정적 자원들을 어떻게 전유할지를 생각합니다.

도정일 저는 근대의 긍정적 유산들을 계승해야 한다고 주장하는 점에서는 근대주의자이고, 근대판 이성중심주의와 인간중심주의를 비판하는 면에서는 제 나름으로 탈근대주의자입니다. 밀란 쿤데라의 말처럼 세계는 우리가 생각하는 것보다 훨씬 복잡합니다. 이 복잡성에 대한 사유를 포기하지 않는 것이 인문학이지요. 근대가 신을 배척했다고 해서 근대사상가들 모두가 무신론자였던 것은 아니고, 모두가 이성주의자였던 것도 아닙니다. 근대성 자체가 복잡한 양상을 갖고 있어요. 포스트모더니스트들은 하나의 딱지로 무얼 재단하는 것이 근대적 습성이라 말하면서도, 실제로는 그들 자신이 가장 열심히 딱지 붙이고 분류하고 배척하고 경계를 만듭니다. 비인문학적 태도지요.

문자매체가 이성중심주의라는 주장도 터무니없습니다. 아도르노에게서 시작된 그 주장이 지금도 무비판적으로 수용되고 있어요. 소설은 문자서사이고, 시도 문자매체에 의존합니다. 그런데 소설과 시가 이성중심주의인가요? 물론 근대는 '사상의 시대'였지요. 그러나 이건 근대의 수치가 아니라 영광이고 업적입니다. 저는 근대 유산 중에서도 과학혁명과 철학의 사상혁명을 아주 소중하게 여깁니다. 계몽철학자들은 철학으로 세계를 바꾸어낸 사람들입니다. 과학혁명 시대의 과학자들, 갈릴레오, 코페르니쿠스, 뉴턴 등은 그들 나름으로 철학자들이었지요. 스미스는 철학으로 경제학의 토대를 놓았습니다. 볼테르, 루소, 디드로는 프랑스혁명의 초석을 마련했습니다. 지금의 강단철학자들과는 전혀 다른 일을 한 사람들이지요. 현대세계는 그들의 사상과 아이디어에 큰 부채를 지고 있습니다. 인간의 사상, 생각, 아이디어가 그처럼 중요한 역할을 수행할 수 있었다는 것은 놀라운 일이죠. 그들의 '생각'이 아니었다면 근대 민주주의, 자유, 인권, 평등은 불가능했거나 한참 더 기다려서야 가능했을 겁니다. 사유와 행동, 지식과 실천을 결합하는 것이 인문학적 실천이고, 이런 실천은 지금 이 시대에 절실히 요청되고 있습니다. 근대 사상가들이야말로 그런 인문학적 실천의 모범을 보인, 요새 한국학계가 '실천인문학'이라 부르는 것의 가능성을 가장 잘 보여준 사람들이었다고 저는 생각합니다. 영상매체가 문화매체의 장점들을 전유할 수 있는지는 대단히 회의적입니다. 매체연구 결과들을 보면 인간의 기억, 사유, 판단, 상상에 가장 유용한 매체는 문자매체입니다. 매체들은 제각각 특징들을 갖고 있고, 그 장점들은 대체하기가 어렵지요.

여건종 오랜 시간 좋은 말씀해주셔서 대단히 감사합니다.

보이지 않는 가위손

3부 기억의 도덕과 윤리

기억의 도덕과 윤리 독일의 기억과 일본의 기억
— 《녹색평론》 2007년 5·6월호

일본 내셔널리즘의 우울과 자학 야스마루 요시오 선생의 글에 대한 답서
— 《당대비평》 2001년 가을호

망각과 기억의 변증법
— 《지성과패기》 1997년 7·8월호

4부 배제와 분할을 넘어

남북 정상회담의 서사적 구조
— 《현대문학》 2000년 9월호

남북 공존 시대를 위한 사회문화적 접근 배제와 분할의 정치를 넘어서
— 문화연대 2000년 6월 22일

평양 회동 3일의 의미 위반과 과잉을 넘어서
— 《대학원보》 2000.08.17

민족주의 에너지의 재구성 문화 양극화의 다른 두 측면
— 《국민일보》 2004.06.11

한강의 기억과 비전 강은 누구를 위해 흐르는가
— 《신동아》 2009년 2월호

:: **수록 원고 발표 지면 및 연도**

광복 60년의 문화에 대한 성찰
— 『광복60년문화백서』 2006년 6월 5일

새천년의 한국인 새로운 도전, 성찰과 비전
— 『새천년의 한국인 한국사회』, 도정일 외, 나남출판, 2000

5부 對談 시장전체주의를 넘어서 도정일 vs 여건종
— 《비평》 17호, 2007년 겨울호

보이지 않는 가위손

"

핵심적 사회 모순을 '한사코' 보지 않고
말하지 않고 들추어내지 않으려는
무의식적 의지—그 의지는 오히려
'적극적 무지' 또는 '무지에의 적극적 의지'이다.
지식이 언제나 지식-권력의 연합정권이라는
푸코의 관점은 수정될 필요가 있다.
권력을 향한 의지는 지식과 연정을
구성하는 것만이 아니라,
많은 경우 무지·무의식 또는
무지에의 의지와 연대한다.

"

보이지 않는 가위손

공포의 서사, 선망의 서사

초판 1쇄 인쇄 2021.03.03
초판 1쇄 발행 2021.03.15

지은이 도정일
펴낸이 김선식

경영총괄 김은영
편집주간 김지환
디자인 choi design studio
마케팅본부장 이주화
채널마케팅팀 최혜령, 권장규, 이고운, 박태준, 박지수, 기명리
미디어홍보팀 정명찬, 최두영, 허지호, 김은지, 박재연, 임유나, 배한진
저작권팀 한승빈, 김재원
경영관리본부 허대우, 하미선, 박상민, 김형준, 윤이경, 권송이, 이소희, 김재경,
            최완규, 이우철

펴낸곳 다산북스 출판등록 2005년 12월 23일 제313-2005-00277호
주소 경기도 파주시 회동길 490
전화 02-704-1724
홈페이지 www.dasanbooks.com
이메일 samusa@samusa.kr
종이 · 인쇄 · 제본 · 후가공 ㈜갑우문화사

ISBN 979-11-306-3554-5 03300